虞城名郡：

韶关虞舜文化遗存史料辑录

苗仪 刘姣妹◎编

暨南大學出版社
JINAN UNIVERSITY PRESS
中国·广州

图书在版编目（CIP）数据

虞城名郡：韶关虞舜文化遗存史料辑录/苗仪，刘姣妹编．—广州：暨南大学出版社，2022．8
ISBN 978－7－5668－3038－8

Ⅰ．①虞…　Ⅱ．①苗…　②刘…　Ⅲ．①文化遗产—史料—韶关　Ⅳ．①K296．5

中国版本图书馆 CIP 数据核字（2020）第 216954 号

虞城名郡：韶关虞舜文化遗存史料辑录
YUCHENG MINGJUN：SHAOGUAN YUSHUN WENHUA YICUN SHILIAO JILU
编　者：苗　仪　刘姣妹

出 版 人：张晋升
统　　筹：苏彩桃
责任编辑：黄　斯　亢东昌
责任校对：孙劭贤　冯月盈　林玉翠
责任印制：周一丹　郑玉婷

出版发行：暨南大学出版社（511443）
电　　话：总编室（8620）37332601
营销部（8620）37332680　37332681　37332682　37332683
传　　真：（8620）37332660（办公室）　37332684（营销部）
网　　址：http：//www. jnupress. com
排　　版：广州市天河星辰文化发展部照排中心
印　　刷：韶关市新华宏达印务有限公司
开　　本：787mm×1092mm　1/16
印　　张：23
字　　数：370 千
版　　次：2022 年 8 月第 1 版
印　　次：2022 年 8 月第 1 次
定　　价：79. 80 元

编写说明

古邑韶郡，虞舜人文肇始于隋。据《元和郡县志》载，隋开皇九年（589），郡以东衡州属始兴郡，取州北韶石以名州。自此，以德治教化为本的虞舜文明，成为古隅传统人文代代相承、生生不息的文化源泉。

由唐至宋，郡邑续汉化行礼教，定婚姻制，教民以礼，美政耕桑等，从地方自然山水人文、社会风俗人文，于崇德、敦礼、教化，蔚美乡邦，郡邑山水，被赋予了传统虞舜人文的理念；城隅人文建筑，亦烙上虞舜人文、文化的印痕；民风教化，唯兴庠序之风，申以虞舜人文传承，弘传仁爱、敦孝、廉耻之义，致郡邑、乡邦，移风易俗，社会虞舜人文之风徜徉。得益于地处五岭通衢之优势，伴随南北文化在郡邑内的聚集、交流与沉淀，传统儒、释、道人文于韶郡地方演绎、繁衍。历元至明清，郡邑形成了具有本土地方特色的民风、民俗。韶州亦被赋予“古虞名郡”“虞舜之邦”之称谓。

为汇集韶关郡邑地方虞舜人文历史遗存史料，并展现地方人文历史文化、文脉，助力地方本土历史文化、文脉的研究，挖掘地方传统优秀文化人文内涵，以推进本土乡邦传统优秀人文的推广、宣传，编者立足于地方文化史料、资料的挖掘整理，辑录韶邑虞舜人文、文化典籍遗存的记载，汇编成本书。

本书分上、下两编。上编包括“山水形胜第一”“人文景观第二”，选辑了韶郡历代与虞舜文化相关的自然地理人文、山水人文与城建人文的历史变迁和沿革，辑录内容涵盖城池、祀祠、书院及亭、台、楼、堂、塔等遗存艺文。下编包括“石刻碑拓第三”“典籍辑录第四（影印本）”，其中石刻碑拓部分辑选了在古代典籍记载中尚有遗存的地方碑拓、石刻文记，典籍辑录部分影印了与地方虞舜文化有关的具有代表性的典籍《九成台记》《丹霞山记》《风度楼记》《曹溪记》《梅岭记》等。

本书辑录的遗存史料与文选，于时间维度上，取虞舜文化之肇起隋（开皇九年，取州北韶石名州），下迄清末。于史料、文选的选择上，辑录文选力求反映地方虞舜人文、文脉传承，并具一定代表性；辑文则立足忠实原文、原著。

辑录内容，发凡起例如下：

一、本书辑录内容原则上取材于官修方志、艺文与文集，并有正式刻印、存版专类地史典籍，金石碑刻等文献。力避非正史类、野史类或杂述、荒诞类等记载。

二、为便于读者阅读，除“典籍辑录”影印本外，本书各部分辑文或进行了校勘与点注，或择其点校本辑录。

三、具有多版本记载的文献内容，原则上首取较早版本正史、文集辑录；次依校勘、点注本辑录。各校勘、点注本辑录原文。

四、辑录原文数字表述除公元纪年统一使用阿拉伯数字表述外，其他数字表述，原则上保持原文记载。相关建筑计量，依原文使用丈、尺计量单位；面积单位采用公顷、亩。

五、除“典籍辑录”影印本外，本书辑录统一使用现代规范简体字。部分与现代汉语有歧义的文字，保持原文字（繁体、异体字）。错别字加［　］纠正，漏字加〔　〕补充。

六、本书典籍艺文作品辑录统一格式，分列：艺文题名；（朝代）撰著者；题要；正文。

作为一部立足于地方虞舜文化史料的辑录本，本书可为读者了解韶关地方历史文化与人文提供翔实资料，亦可为地方人文史、文脉史研究专家和学者提供史料上的支撑。

然而，限于编者的水平以及辑文版本历千百年的勘订、演变等，本书仍存在不足，所辑录文本与辑文校勘恐存有勘误、疏漏、错误之处，恳请广大读者、学者不吝赐教、指正。

祈望本书能对韶关传统文化、人文历史研究与建设起到积极的推动作用。

编　者

2022 年 4 月

目 录

上 编

下　编

●石刻碑拓第三

●典籍辑录第四（影印本）

上　编

山水形胜第一

自然与地理

韶州方舆纪要[①]

韶州府：东北至南雄府二百九十里，东至江西龙南县三百七十里，南至广州府界七百二十里，西至广州府连州四百里，北至湖广郴州四百里，自府治至布政司见上，至京师七千三十五里。

《禹贡》扬州南境，战国属楚，秦属南海郡，汉初属南越，元鼎以后属桂阳郡，后汉因之。三国吴甘露元年分桂阳南部都尉置始兴郡，治曲江县。《寰宇记》云：后汉置始兴都尉。误。晋因之。宋泰豫初改曰广兴郡。齐复为始兴郡，梁、陈因之。隋平陈郡废，属广州，寻属番州，大业初属南海郡。唐武德四年置番州于此，寻曰南衡州。贞观初改曰韶州，天宝初曰始兴郡，乾元初复为韶州。五代时属于南汉。宋仍为韶州，亦曰始兴郡。元曰韶州路。明改曰韶州府，领县六。今因之。

府唇齿江湘，咽喉交广，据五岭之口，当百粤之冲，且地大物繁，江山秀丽，诚岭南之雄郡也。晋末，徐道覆以始兴之众逾岭而北，几覆建康。陈霸先当萧梁之季，倡义始兴，卒平侯景。唐皇甫湜曰：岭南属州，韶为最大，蛮越有事，提兵逾岭，韶为必争之险也。宋初，潘美伐南汉，拔连州，而东进拔韶州。韶，汉之北门也，于是汉人大惧。美进拔英州，长驱至广州而汉亡。蒙古南略，遣降人吕师夔败宋师于南雄，进取韶州，而广东悉为残破。明初命将取广东，陆仲亨自大庾而南入韶州，捣英德以西如破竹然。韶之所系，顾不重哉？

曲江县：附郭。汉置县，属桂阳郡，吴为始兴郡治，隋属广州，唐、宋以来皆为韶州治。今编户三十六里。

---

① 本文据顾祖禹《读史方舆纪要》（韶州）辑录。题名自拟。顾祖禹，字瑞五，号景范，南直隶常州府无锡县（今江苏无锡）人，生于明崇祯四年（1631），卒于清康熙三十一年（1692）。由于久居无锡城东宛溪，被学者称为宛溪先生。他自幼聪颖过人，好学不倦，背诵经史如流水，且博览群书，尤好地理之学。

始兴郡城，在府城南官滩下十里。晋卢循寇番禺，以徐道覆保始兴，因徙郡城而北，当岭门以自固。刘裕讨之，遣沈田子筑城伏兵于此，后遂为郡治，亦名沈将军垒。志云：汉城在浈水东莲花岭下，隋城在武水西，地势卑湿。五代时，南汉移治于中洲，在武水之东、浈水之西。白龙二年，始筑州城。宋皇祐以后，屡加增修。明洪武三年，因故址修筑。永乐初城圮，十五年复修治。天顺、成化以后，时加营缮。有门五，城周九里有奇。

临泷废县，在府西。唐武德四年置，属番州，寻属韶州。贞观八年废。又西南有良化废县，亦武德四年置，贞观八年废。

永通废监，在府城内。宋皇祐中，诏韶州钱监为永通监。先是庆历八年以天兴场岁采铜置监，至和二年以韶州岑水场铜发，令漕司益铸钱。《宋志》：曲江县有永通钱监、灵源等三银场、巾子银场，是也。

莲花山，府南五里，与郡治相对。宋开宝三年，潘美伐南汉，南汉主刘鋹使其将李承渥列象为阵，拒美于莲花峰下，美大败之，遂进拔韶州。又笔峰山，在府北一里，一名帽子峰，松竹蓊蔚，团圞如帽，左浈右武，悉聚目前，志以为郡之镇山也。其北二里曰皇冈山，高峻端整，俨如屏障，阳有虞泉，以虞舜名也。又北六里曰越王山，一名武临原，俗呼白虎山，下有皇潭，西流二里入武水。

芙蓉山，在府西五里。山形簇起，状如芙蓉。山半有石室，顶有玉泉井。志云：府东五里有灵鹫山，旧名虎市山，山多虎。晋义熙中改今名。又玉山，在府东北五里。《湘州记》："其山草木滋茂，泉石澄润，曾有得玉璞于此者，因名。"又东北里许有灵石，高三十丈，广圆五百丈，浈水经其下。

桂原山，府西北四十里。亦曰桂山。宋李渤《记略》云："山之盘礴方广几千百里，峻极崇高几五千仞，青峰碧嶂，云霞所栖，为郡之望。上有温泉三穴，其下桂水出焉。"志云：山周数百里，多产菌桂。又西北七十里有林源山，山有石室，林水出焉，南流六十里入于武水。

韶石山，在府北四十里，迤逦而东，有三十六石，古名曲红冈。旧《图经》："汉初置县，本名曲红。"或云古江字皆作"红"也。《郡国志》："韶州斜斗劳水间，有韶石二，状如双阙对峙，相去不一里，高百仞，广圆五里。相传虞舜南游登此石奏韶乐，因名。”今呼左阙、右阙。又有宝盖、奏乐、骆驼三峰，其凤阁、左右球门、大小香炉等石，即三十六石也，双阙尤为挺拔。惟太平石稍低平，屹立犹二十余仞，樵人牧子，尚怯攀援也。

钱石山，府东北六十里。山形四方如台，巨石三面壁立，上有碎石如钱。又大峒山，在府东北八十五里。宋余靖《记略》云：“自州治水行七十里，得月华山，舍舟道樵径，又十五里乃至大峒，其山磅礴耸峭，秀倚天际，绝顶之上，千里在目，涧声泠泠，清入毛骨，真可遗世而绝俗也。”

石头山，在府北十三里，上有巨石特起，俗名鸡冠石，石上有洞深邃，一名貂蝉岭。又浮岳山，在府东北二十里，其山蹑一处则百余步皆动，若在水中，后没于五渡水。

南华山，府南六十里。峰峦环抱，如莲花然，曹溪水出其东南。又虎榜山，在府南四十里，西面临江。有石高十余丈，阔五十余丈，中有小洞，容二百许人。府南十五里又有宝石山，一名伏虎山，潭溪之水出焉，南流二十里入于曹溪。

书堂岩，在府东南二十里。岩洞豁然，泉清而洁，为张九龄读书处。又城西南十二里有紫薇洞，中若大厦，容百余人，其东大涌泉出焉。宋舍人朱翌谪居时游此，因名。

浈水，在府城东。源出大庾岭，经南雄府而南，至府东南武水流合焉。二水相合，谓之相江。其水抱城回曲，故曰曲江。又流经城东，亦曰东江也。西南流经英德县，谓之始兴江。志云：府东北有利水，浈水之沱流也，一名斜斗劳水，经韶石山南流，经灵石下注于东江。余详大川北江。

武水，在城西。源出湖广临武县西山，流经宜章县南入郡境，又流经乐昌县西，东南流经城西，又东南合浈水为北江。《郡志》：府城三面有濠，西临武水无濠是也。古名虎溪，唐讳虎，改今名。岩崖峻阻，湍泷危急，亦名泷水。又桂水，在府西北四十里，源出桂原山，东南流合于武水。志云：府北有卢水，南流合武水，至为湍险，亦名新泷水，相传汉太守周昕所开。

修仁水，府东北二十里。源出浮岳山，《水经注》谓之邸水，下流为五渡水，注于浈水。又灵水，在府东七十里，志云：源出始兴县界清化岭，西流九十里入浈水，俗呼零溪。又府东九十里有黎溪，出始兴县界东坑岭，西流百五十里入浈水，岸多棠梨，因名，亦曰利水。

双下水，在府西五十里，有两涧合流，因名。南流五十里入于浈水。又胆矾水，在府西南三十里，宋初置场采铜，谓水能浸生铁成铜。又出生熟胆矾，役民采之，岁以充贡。明成化初，督臣韩雍奏革。

曹溪，府东南三十里。源出南华山之狗耳岭，西流三十五里入浈水。又宣溪，在府南八十里，源出螺坑，南流入于浈水。

目岭水，在府东北百里。水中有石穴如人眼瞳子，黑白分明，下流五十里入浈水。

平圃镇，府北九十里，有巡司；又府南百里有蒙浬巡司。俱洪武十六年设。

上道营，在府东北。又乌石营，在平圃巡司东三里。蒙浬营，在蒙浬驿西五里。又有白土营，在府南五十里。志云：府境又有中堂、苏渡、乱石、鱼梁、磨刀、白芒、蓑衣、黄茅、高桥、小坑、连环、土岭、官村等十三营。

鸡冠寨，府北十里。又北二十里有老龙寨，又北二十里有古羊寨，西北三里又有上窑寨。

白沙堡，在府南。志云：曲江县境又有总铺、古羊、白芒、黄金等堡，向俱设官兵戍守，以防沿江盗贼。又有幽溪、列溪、葵溪、西山等瑶山凡四。

芙蓉驿，在府治东。又新馆驿，在府治北。平圃驿，在平圃巡司东。蒙浬驿，在蒙浬巡司东。《舆程记》：自南雄府黄塘驿而南百里至平圃驿，又百里而至芙蓉驿，又百里为蒙浬驿，又百里为英德县之清溪驿。

浈水馆，在府城南，宋州守狄咸建。又有迎山馆，在府城东南通津门外曲江亭西偏，为过客憩息之所，亦宋时建。志云：曲江亭，临江舣舟处也。又东浮桥，在城东门外，横江，长七十丈。又西门外有西浮桥，用舟六十有二。

英德县（今属清远）：府西南二百二十里。西南至广州府清远县二百七十里，东南至惠州府长宁县百六十里。汉置浈阳县，属桂阳郡。后汉因之。三国吴属始兴郡。晋因之。宋泰始三年，改浈为贞。齐仍为浈阳县。梁、陈因之。隋平陈县属广州，开皇十六年省入曲江县。唐武德五年，改置贞阳县，属浈州。贞观初，州废，仍曰浈阳县，属广州。五代梁贞明中，南汉置英州治焉。宋因之。宣和二年曰贞阳郡，庆元初以宁宗潜邸，升为英德府。元至元十五年改为英德路，寻降为州。大德五年，复升为路。至大初，又降为州，以浈阳县省入。明初降州为县，又改今属。城周三里，编户九里。

浈阳废县，即今县治。汉置，隋废，唐复置，元省。《城邑考》：古县城，在县北一里大庆山上。今城宋庆元中所筑，后毁。明天顺五年重修，七年复筑外城。成化三年，增修。正德初，内外两城门皆甃以石。嘉靖以后，屡经修筑。

含洭废县，县西七十五里。汉县，属桂阳郡。后汉因之。三国吴改属始兴郡。晋、宋、齐因之。梁置衡州及阳山郡。隋平陈，郡废，改州曰洭州。开皇二十年，州废，县属广州。唐武德四年，复置洭州。贞观初州废，县属广州。南汉因之。宋开宝四年改隶连州，六年隶英州，又改含洭曰含光县。元属英德州。明初于故址置含光巡司。正德初，修筑故城，恃为保障。嘉靖以后，亦屡修筑。

南山，县南二里。以当县治之南而名。其阴为鸣弦峰，相传舜南巡时尝弹琴于此。峰下为涵晖谷，谷有晞阳岛、飞霞岭、凌烟嶂、梦弼岩及桃花、栖云、潜灵三洞。山之阳有莲花峰，攒簇高耸，如莲花然。

金紫山，在县北十里。石山耸拔，冈脉南出，为县北一里之大庆山，俗名龙山。其右则绵亘数十峰，自西北徂于南山。鸣弦峰壁立江浒。

浈山，县北四十里。县之主山也。相传尉陀筑万人城于此，今浈水经其南。又北二十里有龙头影山，山势雄峙，其下石壁玲珑，临清溪水，即浈水也。

英山，在县东二十五里，州以此名。

皋石山，县西南十五里。一名团山。在浈水西，崖壁千仞，猿猴莫上。又西南二十二里，曰太尉山，一名香炉峡。汉邓彪尝至岭南，召还为太尉，因名。《舆地志》：皋石、太尉二山之间，是为浈阳峡，两崖杰秀，壁立亏天，昔尝凿石架阁，令两崖相接，以拒徐道覆。由此南出至清远峡。宋嘉祐四年，转运使荣諲（字仲思）开峡至洸口，作栈道七十余间，以便行旅。其下矶石横截，水势湍急，名牯牛石，又名抄子滩。《一统志》：牯牛石，在县南十九里浈阳峡中。浈水为峡山所束，两石相抄，故名抄子滩。其下巨石横截，即牯牛石，为行舟之害。谚云“过得牯牛抄子滩，寄书归去报平安”，言其险也。

尧山，在县西四十里，四面瀑布悬流，倾泻万丈。王韶之《始兴记》：“尧山下有平陵，陵上有古大堂基十余处，谓曰尧故亭，父老相传尧南巡时登此。”

观州岭，县东北五里。盘礴蜿蜒，登之可望一境。又有浈石，在县东北二十八里，一名赌妇石，东枕浈水。又弹子矶，在县北六十里，一名轮石山，高数十丈，壁立江浒，崖半有窝，高广数尺。

麻寨冈，县西十三里。唐末黄巢犯境，有虞夫人者，率兄弟及乡人拒巢于此，贼为之却。又蛾眉冈，在县西南五十里。志云：在旧含洭县南，高三百余丈，东西望如蛾眉。其西十五里有石莲冈，以形似名。又碧落洞，在县南十七里，石室深邃，旁有小洞，号云华洞。南汉主晟尝假宿于此。志云：洞南二里又有通天岩，横冈峻岭，奇胜万端。

浈水，县西十五里。自曲江县南流，经县北浈山下，西南流出浈阳峡，又西南入广州府清远县界。县境群川皆流会焉。

洭水，在县西南四十里。一名湟水。自广州府连州境东南流入县界，经废含洭县，又南流入广州府清远县界，而会于浈水。

泷头水，县南十里。源出翁源县翁山，经象冈流至此，亦谓之翁源水，与泷水合。泷水，即武水之别名，浈水合于武水，故兼有泷水之称。其地险隘。宋潘美伐南汉，由韶州进克英、雄二州，次泷头，刘鋹遣使请和，美疑有伏兵，乃挟鋹使速渡诸险是也。

隆水，在县东六十里，源出县东百四十里之羊岭，东南入翁源水。又沱水，出县东南九十七里茗茶山，北流合翁源水。又县有风水，出县北二百里重岭下，南流入于浈水。

清溪，县北六十里。岑水自翁源县流入界，经龙头影山与曲江水合，伏流三湾，环山而潴，澄澈可鉴，故曰清溪。清溪驿以此名。

滑溪，在县西一里，源出县西旗山，南流合浈水。又桃溪，在县西四十里，源出崇山。溪上多桃，因名。又西有桂溪，源出旧含洭县之五山，旁多桂树，因名。又有凤溪，流合焉，俱注于罗溪。罗溪，即洭水之别名也。

洭浦关，在县西南。《唐志》：浈阳县有洭浦故关。又清溪镇，在县北百里，有巡司，洪武二年设，有将军寨、箭筒径等处，防三板滩诸贼巢，清溪驿亦置于此。又象冈巡司，在县东百里。洭口巡司，在县西南五十里，扼大小罗山，陈、黎二峒之吭。又县西有浛洭巡司，即旧含光县也，扼五山径、大小枫林之冲，皆为要害。

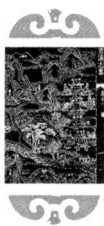

浈阳驿，在县西南四十里。《舆程记》：自清溪驿南行百里，至浈阳驿，又一百二十里而至广州清远县之横石驿。

跌牛石营，在县西二十里。志云：县境旧有金皂口、虎尾径、鱼梁埠、燕石、麻埠、丹竹径六处戍兵。嘉靖三十四年，议以跌牛石为适中地，因置营于此，增设官兵，倚为重地。

虎尾径营，在县北五十里，清远西山瑶寇出没，道每经此，旧有戍兵，后并于跌牛石营，仍调兵驻守。又县境有大庙、黎峒、杀鸡坑、流寨、鹿子矶、波罗坑，及黄寨、大塘、沙口埠、三板滩、望夫岗、石尾、大平等十余营，又有榄坑隘，俱拨兵戍守。志云：县境江道，上达韶阳，则有高桥、观音坑诸营，弹压上游；下通广海，则有洸口、大小樟、杀鸡、蚊虫诸营，控制浈峡。其瑶山则有杉木角、黄茶山。

乐昌县：府西北八十里。西至连州阳山县百八十里，西北至湖广宜章县界百五十里。汉曲江县地。梁置梁化县，属始兴郡。隋平陈，县属广州。开皇十八年，改曰乐昌县。唐武德四年，县属番州，寻属韶州。今城周二里有奇，编户十五里。

乐昌废城，县西南二里。志云：秦时任嚣所筑，置戍兵于此，后废。隋为乐昌县治，后又移今治。《城邑考》：“今县城，洪武二年筑。成化三年，复修城浚濠。弘治九年，因旧城增拓，并砌以砖石。嘉靖二年以后，屡经修治。”

平石废县，在县南。梁置平石县，属始兴郡。隋开皇十二年，省入梁化县。志云：县南五里有任嚣城，昔秦楚之际，南海都尉任嚣因中国鼎沸，筑此城以图进取云。

昌山，县东三里。有二石山相连，上小下大，如昌字，旧产磬石及紫竹，可为乐器，县以此山名。又桂堂山，在县北三里，宋元兵乱，民倚为险，亦名寨山。北崖有谷，产菌、桂。《邑志》：县东十里有五将军山，五峰竦立，如甲胄之士。

周山，在县北十五里，一名白石岭，亦曰宝山，为北达郴州之道。

又北五十里曰九峰山，下有巡司。

泠君山，在县东北三十五里。泠，亦作灵。高数十仞，周回数百里，山巅有池，广十里，深五尺。其西有龙山，亦幽胜。

监豪山，在县西六十里。旧志：山广圆五百里，接曲江县界，崖岭峻阻，其上交柯云蔚，霾天晦景，谓之泷中，以泷水所经也。泷水悬湍回注，崩浪震山，有新泷、腰泷、垂泷之名，曰三泷水，皆周府君昕所凿，甚险峻。亦名韩泷，以唐韩愈尝过此也。元邑人张思智任本县尹，始凿新泷东西路。嘉靖二十年，署邑推官郑文锡复凿之。今为坦道。《图经》云：“县西北九十里又有蔚岭，联络三泷，高入云汉，有径通郴、桂。上有泉甘洌，俗名六祖泉。”

泐溪岩，县西北三里。岩有石室，深三丈，广五丈余，道书以为七十二福地之一。其北五里泐溪水出焉，南流入武水。

武水，在县西。自湖广宜章县流入境，又东南流入监豪山中，谓之三泷水，亦曰新泷。《图说》：“武水环绕县西，飞湍急溜，有星泷、垂泷、崩泷、腰泷、金泷、白茫泷，谓之六泷。”又东南下祁门滩，峻急如瞿塘，经县南入曲江县界。志云：县西百四十里有白石溪水，源出西北衡口岭，东南流二百里入武水。

泠溪水，县东北三十里。《水经注》：泠水东出泠君山，山群峰之孤秀也。晋太元十八年，崩千丈，于是悬涧瀑挂，倾流注壑，颓波所入，灌于泷水。今泠溪南流四十里，入于武水，是也。

萦溪水，在县南三十里，源出乳源县北境，东流四十里入于武水。又沧湖，在县东南七里，周围三十五里，东通泷水。

高胜镇，县东三十里。有巡司，今废。又县北六十里有九峰巡司，其地四山壁立，称为险隘。县西北百二十里有罗家渡巡司，在长涟山峡中，有塘口、杨毡二隘，称天险，惟临封梅花峒瑶宜防。县西北百六十里又有黄圃巡司在山谷间，接近楚省，有白石隘、担盐凹隘及更鼓坪隘为防守处。俱洪武中置。

黄土岭隘，在县东三十里，路通仁化县。又县东北三十里有龙山口隘，北三十里有铜锣坪隘，西北百里有象牙山隘，百五十里有塘口隘，路出宜章县界。县南五十里又有九牛岭隘，又县东南五十里有企冈岭隘，俱通乳源县。向皆设兵戍守。志云：县境象牙山、老虎洞等处，旧为贼巢，正德中讨平之。又县东南有梳妆台，接曲江县界。又有狮子寨，防九阳僮寇。皆县之巨防也。

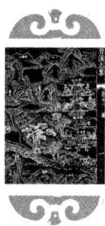

仁化县：府东北八十里，东北至江西南安府二百四十里，东至南雄府百八十里，北至湖广桂阳县界百五十里。本曲江县地。唐垂拱四年，析置仁化县，属广州。天宝中，改属始兴郡。南汉仍属韶州。宋开宝五年省入乐昌县，咸平三年复置。今城周一里有奇，编户五里。

仁化旧城，县北百三十里。志云：尉陀自王南越，筑城于此。唐垂拱中，置县于仁化乡之走马坪，在古城南二十里。宋咸平中，改置县于光泽乡，即今治也。成化四年，始筑土城，寻复增修，砌以砖石。

廉石山，县北二十里。县之主山也。相传黄巢过此，投枪竿于石罅中，至今不朽。又骆驼山，在县东一里，下临深潭，环绕县治。

凉伞山，在县南十五里，山形圆耸。志云：县南十里有书堂岩，壁立千仞，岩窦隐见，无路可攀。又南五里即凉伞山也。山南七里曰锦石岩，石壁斑斓，望之如锦，分上、中、下三岩，宛若堂殿。其径湾环，直上千余级，夹道杉松，高凌霄汉，幽胜并于武夷。岩前有锦江，分流为锦石溪。

青云峰，县北五十里，高耸凌云，一水萦回，四山环拱。又北十里曰康溪岭，康溪水出焉，西流五十里合于滇水。

吴竹岭，在县西北三十里，吴溪水出焉，下流亦入滇水。又七里径，在县西七十里，径长七里，通乐昌县。

会浈水，在县治南。源出廉石山，流经锦石岩，为锦江水，又西南流会于浈水。

扶溪水，在县东北百里。志云：源出南安珠子山，经左泷岭，东南流百八十里，合浈水。今县东北五十里有紫岭，扶溪经其下。一云县东三十里有潼阳溪，即扶溪下流也。经县南六十里有潼夹石，二石并峙，潼水经其中，又西南合于浈水。

恩溪，县北百里。志云：源出湖广郴州界，入县境，注于浈水。又有合溪，在县北五十里，源出康溪东平岭，北流与浈水合。

扶溪镇，在县东北五十里紫岭下。有巡司，接江西南安府界，洪武七年设。又恩村巡司，在县北八十里，地名城口，接湖广郴州界。

高冈堡，在县东北十里。又平安营，在县东北五十里。盘石营，在县东五十里。其相近者又有厚塘营，县北七十里又有水西营。志云：县东南五十里有繁华堡。

风门凹隘，在县东北。又赤石径隘在县西四十里，七里径隘在县西六十里，长江隘在县北七十里，城口隘在县北百三十里。志云：县境又有界牌、洞口、百步、水头等营，皆有官兵戍守。

乳源县：府西百里。东南至英德县百五十里，西北至连州阳山县二百里。本曲江、乐昌二县地。宋乾道二年，析置今县。今城周一里有奇，编户四里。

乳源故城，县东十里，地名虞塘。宋乾道二年，以韶州诸县水道不通，因置县于依化乡花村头津口。明年筑土城，其后屡为贼毁。明洪武初，迁于洲头津，修筑土城，即今治也。天顺六年，改以石，浚濠环之。成化十七年以后，屡经修筑。

双峰山，县西二里。有两峰对峙。又县治北一里有钟乳岭，一名丰冈岭，形如卧象，县之主山也。山腰有岩穴，穴中有水南流，产钟乳充贡。成化初，督臣韩雍奏革。

文秀山，在县南五里，有三峰尖耸。

云门山，县东北十里。盘礴高峻，常兴云雾。又风门山，在县西十五里，两山夹立，中通一路，风从中出。又县西百三十里有石城山，高三十余丈，峙立如城，盘回如龙，一名石龙山。

腊岭，县西七里。高四百余仞，周三十里，脉接风门山。郴州骑田岭，为五岭之一，此其支也。夏天寒如腊月，因名。一名支岭。

关春岭，在县西二百二十里，路通宜章，即古入京之道。

洲头水，在县城南。源出双峰山，东北流入曲江县境，注于浈水。又小溪水，在县西，源出腊岭，南流经文秀山，复北流至县前，入洲头水。又紫泷水，出县东三十里三峰石，亦流合洲头水。

武阳镇，县西二百七十里。有巡司，司前有武阳渡。

风门关，在县西风门山下。又有小梅关，在县西三十里。志云：县北百八十里有白花营，东十五里有天德寨。

分水凹隘，县南百二十里。又高车岭隘，在县西北百七十里。旧志：县北有平头隘，又有黄金峒隘，皆路出宜章。又西北有月坪、杉木角隘，路通阳山县。《图说》："县境有高车、坪址、青石、深庄等十四隘。中间若黄公岭、沿沙隘，与跳石、高车俱瑶民错杂。其西山、牛婆洞，与湖广宜章及阳山县接壤，旧皆贼巢也。"

翁源县：府东南九十里。东南至惠州府河源县二百五十里，东北至江西龙南县三百里，北至南雄府始兴县百三十里。汉桂阳郡浈阳县地。梁置翁源县，寻又置清远郡治焉。隋平陈，郡废，县属广州。唐武德五年，置浈州治此。贞观初，州废，县属韶州。宋因之。元大德五年，改属英德州。明初仍属韶州。今城周二里有奇，编户二里。

翁源故城，志云：县治至明初凡六徙。一在今县东北六十里安阳里之罗江，一在今县北五十里之下窖，一在曲江县南百里之巡司，一在今县西北四十里岑水之东，一在今县东南四十里之细草冈，洪武初建县于长安乡，即今治也。《城邑考》："县城，元末尝筑土城。天顺六年，改筑砖城。成化三年以后，屡经修缮。"

建福废县，县东五十里。宋宣和三年，析曲江、翁源二县地，置建福县，属韶州。建炎初省。

宝山，县北二十五里。山产铜矾，高千仞，周百余里，巅有巨石，下有池，环绕左右。东岩出泉，深不可测，岑水盖源于此。又北三十里为九曲岭，盘旋凡九，旁有耽石泉，高山绝顶，巨石倚空，飞泉泻落，为绝胜处。唐时有僧耽玩不舍，泉因以名。

灵池山，县东百二十里，亦曰翁山。壁立千仞，巅有石池，池中有泉八，曰涌泉、温泉、香泉、甘泉、震泉、龙泉、乳泉、玉泉，乃翁溪之源，所云八泉汇而为池者也。相传有老人隐此，故山溪俱以翁名。又东十里曰利山，一名甲子山。又东五十里曰铁山，山出铁，接惠州府河源县界。志云：县东南八十里又有纸山，产竹，可造纸。

狗耳岭，县西北九十里。两峰并立，状若狗耳，曹溪水出焉，即南华山之支岭也，与曲江县接界。又梅岩，在县西十三里，深邃纡曲，容数百人。志云：宋天圣间，邑人梅鼎臣者读书于此，因名。

白石岩，在县东南七十里，石室高敞，可容千人，秉炬穷入，深逾数里，有泉下滴，味极香冽。

羊径，县北七十五里。两崖对峙，岑水中流，石径二十余里，险峭曲折，不亚羊肠。旧志：岭南每深山穷谷，中通一路，即谓之径。县境万山环合，两壁屹峙，以径名者甚众，羊径其最著者。县东三十里又有猿腾径，亦深险。又东十里曰书堂石，在罗江泷水中，高九十丈，周围五里。唐邑人邵谒读书于此，因名。罗江泷水，即翁溪水也。岭南水石相激处，多谓之泷。

翁溪，在县东。源出灵池山，西南流二百四十里至英德县，合于湞水，所谓泷头水也。

岑水，在县北。源出羊径，一名铜水，可浸铁为铜。水极腥恶，两旁石色皆赭，不生鱼鳖禾稼之属，与曲江县胆矾水同源而异流，入英德县界，会于清溪水。

桂丫山镇，县东百二十里。有巡司，洪武初设。又县东百四十里有黄峒巡司，旧为贼巢，弘治十四年设，后改入兴宁县，万历中革。

三华镇，在县北三十里三华山下。有城，嘉靖中筑，控制诸隘，为保障。又有大功桥，路通曲江。又麻砂寨，在县东南五十里。又东南有李坑、黄茅畲二隘，通惠州府河源、和平二县界。

南北岭隘，县东百八十里。又县东百二十里有冬桃岭隘，百五十里有银场径隘。又有桂丫山、冬瓜岭、佛子凹等隘，皆在县东百三十里。相近又有甲子磜、道姑岩等隘，俱与惠州府河源县、南雄府始兴县、江西龙南县接界。

梅花隘，在县东南百二十里，亦接河源县境。又县东北百九十里有画眉隘，亦接龙南县境。又九曲隘，在县北三十里，路出曲江及英德县。志云：县东李村有人头径、花瓶径，路通惠州府长宁县。又县北九十里有开场里铁场，其地有天子岭，亦险峻。

附见：韶州守御千户所，在府治东南，即元万户府旧址也。明初为韶州卫，洪武初改为所，属清远卫。

南雄府：东至江西信丰县界二百四十里，东南至江西龙南县界三百里，西南至韶州府二百九十里，西北至湖广郴州三百五十里，北至江西南安府百二十里。自府治至布政司一千九十里，至京师六千七百四十五里。

《禹贡》扬州南境，战国属楚。秦属南海郡。汉兼属桂阳郡。后汉因之。三国吴属始兴郡。宋属广兴郡。齐复属始兴郡。梁属安远郡。隋属广州。唐属韶州。五代初，南汉置雄州。宋开宝四年，曰南雄州。以河北有雄州也，宣和二年又赐郡名曰保昌。元曰南雄路。明初改为南雄府，领县二。今因之。

府当庾岭要口，为南北噤喉。秦王翦降百越，谪戍五万人守五岭。汉武平南越，遣杨仆出豫章，下湞水，即此地矣。南汉置雄州，为北面重镇。宋末，叛将吕师夔以元军度岭，败宋军于南雄，遂取韶州。旧记云：州以雄名者，盖控带群蛮，襟会百越，岭南气息，仰此一州也。

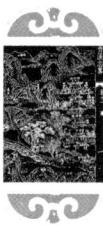

保昌县：附郭。晋始兴县地，属始兴郡。隋属广州。唐属韶州，光宅初，始置浈昌县，仍属韶州。南汉置雄州治此。宋以仁宗嫌名，改为保昌。今编户四十四里。

浈昌废县，在府治东。唐县治此。宋曰保昌。《城邑考》：郡有古城，仅环府治。宋皇祐四年，始开拓之。元至正十七年，因故址重修。明洪武初，增缮土郭，名曰斗城。寻以旧城浅隘，于东门外增筑土墉，名曰顾城。成化四年，甃以砖石。七年，又于城北筑土城，沿河俱设木栅。十四年，斗城为西河所决，复营治之。弘治十一年，流贼穴入土城，明年复修筑。正德三年，并砌以砖石，九年城始就。其南面滨江，仍周以木栅，谓之新城。三城共有门七，周六里有奇。

大庾废县，在府北。本始兴县地。志云：三国吴尝置斜阶县，属始兴郡。似误。一云萧齐置正阶县，梁并入始兴也。《隋志》：梁置安远郡，属东衡州。隋平陈，改郡置大庾县，属广州。开皇十六年，废大庾入始兴县。《新唐书》：始兴县东北有安远镇兵，开元中置，盖在大庾岭上。

大庾岭，府北六十里。一名东峤，以在五岭最东也。汉初为南越之北塞。武帝讨南越时，有将军庾姓者筑城于此，因名大庾岭。由豫章趋岭南，此为噤喉之道。唐开元四年，诏张九龄开新道于此，自是益为坦途。大庾而东南四十里，又有小庾岭，间道所经也。详见江西重险大庾。

州案山，府南二里。状如马背，一名金马山。又三峰山，在府西十里，三峰并峙。

巾山，在府北三十里。郡治主山也，端正如巾。凌江水绕其南。巾山之东为威凤冈，高耸轩举，形如翥凤。

天峰山，府东北八十里。山形陡峻，高插霄汉，有泉出焉。兵乱时，乡民多避难于此。其东十余里曰洪崖山，高数仞，周围五十里。志云：府东北百二十里有油山，高数十仞，其势突兀，旁有一小穴出油，人取以为利。又东三十里曰冯大山，形势高耸，山顶宽平，可容千人。

青嶂山，在府东南四十里，翠阜屹立，松桧阴翳，瀑布潺湲，称为奇胜。

杨历岩，府西北二十里。山巅方广百余丈，前后皆奇峰怪石，飞泉泻空。相传汉楼船将军杨仆曾经此，因名。

仙女岩，在府东北百里，一名阚象山，松桧蔚翳，泉石潺湲，如仙女之秀丽，因名。

浈水，在府城西。一名保水。源出大庾岭，东南流复折而西南至城西，与凌水合，又绕城而南出，入始兴县界，萦回城邑，如腰带然。详见大川北江。

凌江水，在城西北。源出府西北百余里百丈山，南流，绕巾山西麓而南出，至城西合于浈水。宋天禧中，保昌令凌皓凿渠堰水灌田，因名。

昌水，在府北三十里，源出江西信丰县界，西流入境，合于浈水。志云：县旧名浈昌，以浈水、昌水合流也。又有长圃水，在府东北四十里，亦出大庾岭，流合浈水，一名长浦水。

鲢水，在府西北四十里，源出凌江，流合浈水。

修仁水，在府南三十里，亦流合于浈水。

五云泷，府西北四十里。群峰险峻，泉水潺湲，飞流曲折，高下成潭，深不可测。相近又有九牛泷水，自山巅飞注深潭，响应远近。

叶陂，在府北，明初守臣叶景龙开以灌田，因名。

梅关，在大庾岭上。两崖壁立，道出其中，最为高险。或以为即秦之横浦关也。旧志：府东北四十里有秦关。《南康记》：大庾岭横浦有秦时关，后为怀化驿。盖横浦关，秦所置也。唐、宋以来，谓之梅关。明成化中，好事者更为岭南第一关。今亦详见江西重险大庾岭。

盐关，在府城南。明天顺二年抚臣叶盛奏置，以榷盐税。成化以后，屡经修葺。志云：府南有太平桥，跨浈江上，桥之南即盐关也。

小梅关，在府东北四十里小梅岭上。山径荒僻，有路通三洲、五渡、龙南、信丰等处，贼每由此窥窃往来。旧有土城，恃为限蔽。嘉靖三十四年，贼从此突入，寻复由此逸去。三十六年，改砌砖城，东西二十余丈，与新城相为形援。万历以后，屡经修筑。又中站递运所，在梅岭东，去府城七十里，与江西南安府接界。嘉靖三十六年，盗贼出没于此，劫掠商贾，因与南安府共筑城垣，设兵戍守。其城阻溪负岭，周不及一里。

平田镇，府东南百里。有巡司，洪武二年置。又百顺巡司，在府北百里，洪武十年置。志云：府北又有红梅巡司，洪武十六年置于梅关下，后迁火径村，与中站相近。

平田凹隘，在府北。又有红梅、新茶园二隘，极险峻。府东有南亩、杨婆岭等隘，西有百顺侧、旧百步等隘。志云：旧百步隘山，最深僻。又有旧茶园隘，则南雄通道也。杨婆岭隘，临九渡水，为兵冲之地。府东南又有冬瓜隘。其地有犁壁山，近龙南贼巢。又东有上泷头隘，亦贼境要口也。县境又有不劳石及白石冈等隘，向俱设兵哨守。

叶田口，在县东南。志云：平田司相近有叶田等六口子。又有林溪、石闲、塘源等三口子及红地村口子，与百顺司相近。北坑村及赵坑口子，与红梅司相近。又修仁堡，在府南。又有古塘、塘角、界滩等堡。俱江防巡哨处也。

凌江驿，在府城南。志云：宋置寄梅驿，取江淹“庾岭折梅逢驿使”之语。明改曰凌江驿。又黄塘驿，在府南。宋置沙水驿，在沙水镇。明改置今驿。《舆程记》：自红梅关六十里至凌江驿，下水九十里至黄塘驿，又百里至韶州府境之平浦驿。

始兴县：府西南百十里。西南至韶州府曲江县百十里。汉豫章郡南野县地。三国吴置始兴县，属始兴郡。晋、宋因之。梁末置安远郡，兼置东衡州。隋平陈，郡废，改置广州总管府于此。开皇末，广州移治南海，县仍属焉。唐属韶州。南汉因之。宋开宝五年，改属南雄州。今城周不及二里，编户七里。

始兴故城，在县东北。三国吴置县治此。晋以后因之。梁承圣中，置东衡州，授欧阳頠为刺史。时衡州治含洭，故以此为东衡州也。陈大建初，广州刺史欧阳纥叛，攻衡州，即此。隋改置广州，寻移治南海，并移县于今治。《城邑考》：县旧无城，明天顺中始筑土垣，成化十一年砌以砖石，十八年以后相继增修。

丹凤山，县北五里。其峰如戟，为县主山。相传梁天监中，有凤集此。又九凤山，在县西二十里。一名天柱峰，奇峭秀拔，高插霄汉。相传梁天监中，有九凤来集。

机山，在县南十里，一名玲珑岩。平地石峰屹立，有二石室，高大如屋，窍户相通。志云：山有下三岩、上三岩，皆绝胜。

谢公山，县南三十里。峰峦耸拔，独高诸阜。昔有谢姓者隐此，因名。

白牛山，在县东南三十里，其势昂耸，与谢公山对峙。

桂山，在县北百里，林谷深邃，桂树森立，张九龄故宅在焉。

塔岭，在县西十里，巍然耸峙，上有浮图。

浈水，县西十里。自保昌县流入境，又西南流入韶州府界，亦谓之始兴江，县境群川悉汇入焉。

濯溪水，在县东四十里，源出江西龙南县界，流入境。又有杜安水，在县东北三十八里，源出江西信丰县，流入境。俱西流会于浈水。

斜阶水，县南百三十里。源出曲江县东南界丹桂岭，北流至县西，与浈水合。

肥水，在县西南十五里。源出曲江县云溪岭，东北流会于斜阶水。

清化水，在县南百二十里。源出翁源县界，东北流至县东，合于朔水。志云：朔水出江西龙南县界，流经县东四十余里，又南合清化水，月朔则涨，至晦则减，因名。亦西注于浈水。

墨江水，县西十五里。志云：源出翁源县界，水色如墨。又有官石村水，亦出翁源县界。下流皆入于浈水。

凉水，在县东南三十里，自江西信丰县界竹岭分流，经白牛山下，合清化水。旧志云：凉水流合斜阶水。恐误。

黄塘镇，在县东北五十里。有巡司，洪武二年设。志云：旧置于东北四十里璎珞铺，寻移于黄田铺，即今司也。

清化径巡司，在县南百里，洪武十五年置。

黄田隘，在县东北。志云：县东南有河溪、桂山丫二隘，县东有花腰石、沙田二隘，西南有杨子坑隘，西北有上台隘。又有凉口隘，当河溪、桂山丫、花腰三隘之会。猪子峡隘，当沙田一路之冲，而河溪为东南险要，沙溪为东北险要，杨子坑为西南要会，防御最切。又有界滩、斜潭、江口、水口诸哨堡，则江防所系也。

附见：南雄守御千户所，在府治西。洪武初建，隶清远卫。

韶州地理沿革

古邑韶州，先秦时期，分属荆州、扬州。据《禹贡》，南（雄）、韶（州）、连（州）所属十二县，以及连县、连南、连山为荆州属地，其余为古扬州南境。春秋、战国时期，三连为楚地；南雄、始兴、乐昌、曲江、仁化、乳源、翁源、阳山、英德各县，均为百越地，战国时统属楚境。

秦略定扬越，建置南海郡属县。秦亡，属南越国，以五岭为界，筑“三关”（横浦、湟溪、阳山）、秦城、任嚣城、佗城。汉初，桂阳、曲红（曲江）、浛洭、浈阳等陆续建县。高祖五年（前202），以长沙、豫章、南海、象郡、桂林五郡封给长沙王吴芮。十一年，高祖遣陆贾使岭南，和辑百越。汉元鼎六年（前111），汉武帝统一岭南，于五岭以南置桂阳（今连县、连南、连山、阳山）、曲江（今曲江、仁化、乳源、乐昌）、浛洭（今英西）、浈阳（今英东及翁源）数县，隶属桂阳郡辖，郡治设于郴，内属荆州；又南雄、始兴浈江流域，改属扬州豫章郡。

一、两汉至三国时期

据《汉书·地理志》载：“桂阳郡，高帝置。莽曰南平，属荆州。县十一……阳山，侯国。曲江，莽曰除虏。浛洭、浈阳，莽曰基武。阴山，侯国。”又《后汉书·郡国志》载：“桂阳郡，十一城……桂阳（今连州）……曲江，浛洭、浈阳。”

三国时期，吴楚分设桂阳南都尉，建置始兴郡。《宋书·州郡志》载：“广兴公相，吴孙皓甘露元年，分桂阳南都尉，立为始兴郡……领县七。曲江侯相，汉旧县，属桂阳……”《元和郡县志·岭南道》记：“韶州，秦南海郡地。汉分置桂阳郡，今州即桂阳郡之曲江县也。后汉置始兴都尉，今州即都尉所部。吴甘露元年，初立为始兴郡。管县六。曲江，郭下，本汉旧县也，属桂阳郡。江流回曲，因以为名。吴置始兴郡，县属焉。”《旧唐书·地理志·岭南道韶州》记：“曲江，汉县，属桂阳郡。在曲江川，州所治也。”《太平寰宇记·岭南道》

记："韶州，今理曲江县。禹贡扬州之域，春秋战国时皆楚地。秦属南海郡，二汉属桂阳郡。吴甘露元年于此置始兴郡……今三（县）。曲江县，汉旧县，以湞水回曲为名。后汉于此置始兴县。本桂阳之南部，吴甘露元年于此置县并郡。"

汉至三国地名、城址考记

考韶州古地名、城址，《山海经》有载"神话"传说"过于荒杂"；《禹贡》始有约略划分，到《周礼·职方》只具轮廓，《汉书·地理志》有记，但诸史地理典籍，均不详备。直至刘宋庾仲雍撰《湘州记》，又有北魏郦道元注《水经》，古邑韶州地名、城址，始见有记。

郦道元注《水经》，记古邑韶郡，于郡水经"溱水"记：溱水出桂阳临武县南，绕城西北与屈东流。

郦注：溱水导源县西南，北流迳县西，而北与武溪合。《山海经》曰：肄水出临武西南，而东南注于海，入番禺西。肄水，盖溱水之别名也。武溪水出临武县西北桐柏山，东南流，右合溱水，乱流东南，迳临武县西，谓之武溪。县临侧溪东，因曰临武县，王莽更名大武也。溪又东南流，左会黄岑溪水，水出郴县黄岑山，西南流，右合武溪水。武溪水又南入重山，山名蓝豪，广圆五百里，悉曲江县界，崖峻险阻，岩岭干天，交柯云蔚，霾天晦景，谓之泷中。悬湍回注，崩浪震山，名之泷水。

又：东至曲江县安聂邑东，屈西南流。

郦注：泷水又南出峡，谓之泷口。西岸有任将军城，南海都尉任嚣所筑也。嚣死，尉佗自龙川始居之。东岸有任将军庙。泷水又南合泠水，泠水东出泠君山。山，群峰之孤秀也。晋太元十八年，崩十余丈，于是悬涧瀑挂，倾流注壑，颓波所入，灌于泷水。泷水又右合林水，林水出县东北洹山。王歆之《始兴记》曰：林水源里有石室，室前磐石上，行罗十瓮，中悉是饼银，采伐遇之不得取，取必迷闷。晋太元初，民封驱之家仆，密窃三饼归，发看，有大蛇螫之而死。《湘州记》曰：其夜，驱之梦神语曰：君奴不谨，盗银三饼，即日显戮，以银相偿。觉视，则奴死银在矣。林水自源西注于泷水，又与云水合，水出县北汤泉，泉源沸涌，浩气云浮，以腥物投之，俄顷即热。其中时有细赤鱼游之，不为灼也。西北合泷水。又有藉水，上承沧海水，有岛屿焉。其水吐纳众流，西北注于泷水。泷水又南历灵鹫山，山本名虎郡山，亦曰虎市山，以虎多暴故也。晋义熙中，沙门释僧律，葺宇岩阿，猛虎远迹，盖律仁感所致，因改曰灵鹫山。泷水又南迳曲江县东，云县昔号曲红。曲红，山名也，东连冈是矣。泷中有碑，文曰：按《地理志》，曲江旧县也。王莽以为除虏，始兴郡治，魏元帝咸熙二年，孙皓分桂阳南部立。县东傍泷溪，号曰北泷水。水左即东溪口也。水出始兴东江州南康县界石阁山，西流而与连水合。水出南康县凉热山连溪。山，即大庾岭也，五岭之最东矣，故曰东峤山。斯则改装之次，其下船路名涟溪。涟水南流，注于东溪，谓之涟口。庾仲初谓之大庾峤水也。东溪亦名东江，又曰始兴水。又西，邪阶水注之，水出县东南邪阶山，水有别源，曰巢头。重岭衿泷，湍奔相属，祖源双注，合为一川。水侧有鼻天子城，鼻天子，所未闻也。邪阶水又西北注于东江。江水又西迳始兴县南，又西入曲江县，邸水注之，水出浮岳山，山蹑一处，则百余步动，若在水也，因名浮岳山。南流注于东江。东江又西与利水合，水出县之韶石北山，南流迳韶石下，其高百仞，广圆五里，两石对峙，相去一里，小大略均似双阙，名曰韶石。古老言，昔有二仙，分而憩之，自尔年丰，弥历一纪。利水又南迳灵石下，灵石，一名逃石，高三十丈，广圆五百丈。耆旧传言，石本桂林武城县，因夜迅雷之变，忽然迁此，彼人来见叹曰：石乃逃来。因名逃石，以其有灵运徙，又曰灵石。其杰处，临江壁立，霞駮有若缋焉。水石惊濑，传响不绝，商舟淹留，聆翫不已。利水南注东江，东江又西注于北江，谓之东江口。溱水自此，有始兴大庾之名，而南入浈阳县也。

又：过浈阳县，出洭（横）浦关，与桂水合。

郦注：溱水南迳浈阳县西，旧汉县也，王莽之綦武矣。县东有浈石山，广圆三十里，挺嵒大江之北，盘址长川之际，其阳有石室，渔叟所憩。昔欲于山北开达郡之路，辄有大蛇断道，不果。是以今行者，必于石室前汎舟而济也。溱水又西南历皋口、太尉二山之间，是曰浈阳峡。两岸杰秀，壁立亏天，昔尝凿石架阁，令两岸相接，以拒徐道覆。溱水出峡，左则浈水注之。水出南海龙川县西，迳浈阳县南，右注溱水。故应劭曰：浈水西入溱是也。溱水又西南，洭水入焉。《山海经》所谓湟水出桂阳西北山，东南注肄，入敦浦西者也。溱水又西南，迳中宿县会一里水，其处隘，名之为观岐。连山交枕，绝崖壁竦，下有神庙，背阿面流，坛宇虚肃，庙渚攒石巉岩，乱峙中川，时水洊至，鼓怒沸腾，流木沦没，必无出者，世人以为河伯下材。晋中朝时，县人有使者至洛者，事讫将还，忽有一人寄其书云：吾家在观岐前，石间悬藤，即其处也，但叩藤，自当有人取之。使者谨依其言，果有二人出外，取书并延入水府，衣不霑濡。言此似不近情，然造化之中，无所不有，穆满西游，与河宗论宝。以此推之，亦为类矣。溱水又西南迳中宿县南，吴孙皓分四会之北乡立焉。

与郦道元《水经注》记，又有《汉书·地理志》《初学记》引《吴地记》，以及《始兴记》等，散记有韶州（曲江）相关地名、古城等。明、清以后，此类记载更为详明。在历代《韶州府志》及《曲江县志》等方志中，古郡韶州曾三次筑城：一是秦汉时期筑于“浈江东莲花岭下”的古城，二是唐武德初期，刺史邓文进迁城府至武水西一带建城，三是位于“府城南官滩下十里”的“沈将军垒”。

另有乐昌（泷水）任嚣、赵佗城，始兴（邪阶水）鼻天子城。

浈江东莲花岭下古城，建于何时，现已无迹可考，但据史料记载，春秋战国时期，在古韶境内已有古城存在。据《吴越春秋》等史料考，公元前473年，吴被“卧薪尝胆”的越国勾践所灭，吴王子孙迁徙岭南，“避越岭外，筑南武城”，“以御见伐之师”。公元前250年，楚国灭越国后，越王（勾践）子孙避入始兴，时“越王子孙自皋乡入始兴有鼻天子城，令公师隅（越相国）修吴南武城”。从史料记载中，韶境故城有“南武城”“鼻天子城”之名，南武城系吴王阖闾始筑的城名，而“鼻天子城”取自“舜封象于有鼻”的传说。

秦末汉初，中原战乱，占据岭南的任嚣、赵佗“急绝道聚兵自守”，韶州古城境从秦建置的“南海郡”成为“南越国”境。莲花岭下的古城，成为拱卫广州（番禺）的军事重地。据史料记载，秦统一岭南后，置新道，并于新道筑横浦、阳山、湟溪三关。中原战乱发生后，任嚣、赵佗，先后于乐昌泷口、仁化城口筑城二，与韶州莲花岭古城，形成拱卫南越国的第一道“军事三角防线”，并成为附属于“秦三关”的军事设置。《乐昌县志》等史料有记：“赵佗为南海尉，值中原大乱，移檄南安横浦关、桂阳湟溪关，绝新道筑城二：一在今仁化县北（城口），一百三十里，以壮横浦。一在今县治西南二里，以壮湟溪。”又“自韶至英德，水路一日，故佗又筑‘万人城’于浈水也”。

公元前202年，刘邦建立西汉政权后，对南越国实行怀柔政策，遣使陆贾“招谕故秦南海尉赵佗臣属汉朝，立为南越王”。刘邦的“开关梁，弛山泽之禁”，曾一度使韶州成为南北贸易的“关市”。公元前112年，南越相吕嘉叛汉，汉武帝遣伏波将军路博德、楼船将军杨仆平定。公元前111年，汉武帝以岭南地置七郡，将原南越国所属“曲江、浈阳、浛洭”三县以北划入桂阳郡，属荆州，屈大均在其《广东新语》中，将此评价为“所以扶粤之门户，为犬牙参错，意深哉”！由此，韶州莲花岭下古城入属“汉城”，直至三国吴孙皓于甘露元年（265）分桂阳郡南部，置始兴郡。

二、两晋至唐宋时期

《宋书·州郡志》载：“至晋武帝平吴，以属广州，成帝度荆州。宋文帝元嘉二十九年又度广州，三十年复度湘州……泰豫元年……改始兴曰广兴，领县七；曲江侯相，汉旧县，属桂阳……”

《南齐书·州郡志》湘州下记“始兴郡：曲江、桂阳、仁化、阳山、令阶、含洭、灵溪、中宿、浈阳、始兴”等县。南齐建安四年，改广兴复为始兴郡。

《隋书·地理志》扬州部记：“南海，旧置南海郡……大业初置郡。曲江旧置始兴郡。平陈废，十六年又废浈阳县入焉。有玉山、银山。始兴齐曰正阶，梁改名焉，又置安远郡，置东衡州。平陈，改郡置大庾县，又于此置广州总管。开皇末移向南海，又十六年废大庾入焉。翁源梁置，陈又置清远郡。平陈郡废。……乐昌梁置，曰梁化，又分置平石县。开皇十二年省平石入，十八年改焉。……又有乐昌郡。平陈，二郡并废。大业初又并始昌县入焉。……含洭梁置衡州、阳山郡。平陈，州改曰洭州，废郡。二十年州废。有尧山。政宾旧置东官郡。平陈，郡废。”

《元和郡县志》岭南道韶州下记：“梁承圣中，萧勃据岭南，于此置东衡州。开皇元（九之讹）年平陈，改东衡州为韶州，取州北韶石为名，十一年废入广州。十二年自今南海县移广州理曲江之废韶州城，即今理是也。仁寿元年改广州为番州，大业二年又自今始兴故镇移番州治南海县……武德四年平萧铣，重于此置番州。贞观元年改为韶州，复旧名也。管县六：曲江县，郭下，本汉旧县也……吴置始兴郡，县属焉。隋置韶州，县属不改，皇朝因之。”

《太平寰宇记》岭南道下记：“韶州，今理曲江县……吴甘露元年于此置始兴郡，晋因之。宋明帝改为广兴郡，齐高祖复为始兴。梁元帝于郡理置东衡州，隋开皇（九）年平陈，改东衡州为韶州……仍省始兴郡。十一年废韶州，以县属广州，十二年自南海移广州理废韶州。仁寿元年改广州为番州，复还治南海县，曲江县复属番州，三年以番州为南海郡。唐武德四年平萧铣，复置番州，领曲江……五县，贞观元年改为韶州……乾和二年割浈昌、始兴二县置雄州。”①

《旧唐书·地理志》岭南道下记：“韶州，隋南海郡之曲江县，武德四年平萧铣置番州，领曲江……五县。贞观元年改为韶州。”又记：“曲江……在曲江川，州所治也。”《新唐书·地理志》岭南道下记：“韶州始兴郡，本番州。武德四年析广州之曲江……置，寻更名东衡州。贞观元年又更名，县六：曲江……”

（一）刘宋至隋县域城址

从刘宋到梁，曲江县城的位置，有过数次迁移。《舆地纪胜》广南东路韶州下记：“古城在州南官滩下十里。晋末卢循窃据番禺，以徐道覆为始兴郡守。道覆保始兴（郡），因险自固予北岭门，增修城守，今官滩下地名古城是也。”《元和郡县志》韶州曲江县下记：“玉城，一名故都城，在县南六里，地势险固。晋义熙初，卢循克广州，循将徐道覆移始兴军据此城。”清光绪《曲江县志》亦载：“有古城

① 《元和郡县志》所记自梁承圣中于此置东衡州迄隋大业中，与《太平寰宇记》所记相同一段时期的建置，是错误的。梁、陈二朝的东衡州，隋文帝时期的韶州、广州、番州治所都不在曲江县境。是曲江县挨次属于东衡州、韶州、广州、番州。辩见《始兴县沿革》。《太平寰宇记》“三年以番州为南海郡”句，“三年”前脱落大业二字。陈始兴郡有时属衡州，有时属东衡州，废、置多次。

二……又城南十里官滩下，亦有古城，徐道覆所筑。”又记官滩在曲江县城南三里。

《元和郡县志》在曲江县下，谓有古城称“玉城”，又另有一玉山条说：“玉山在县东南十里，有采玉处。”《元和郡县志》前一记“玉城”谓“故都城”应系“故郡城”之讹。《舆地纪胜》韶州下引《元和郡县志》作“故郡城”。徐道覆于义熙中从《水经注》所记对应东溪口的武水西岸，把始兴郡城南移六里，应在今韶关市区南十里处。以下还有引文记始兴郡城位置是在武水的东岸，从上面的记载中可以看出，此所记始兴郡城在武水东岸。在《元和郡县志》称之为“玉城”，又记“玉山”在曲江县东南十里、武水东岸，城址在玉山之下，故名玉城。《舆地纪胜》伍崇曜刻本玉城讹作王城，玉山讹作王山。以上引文中，又记始兴郡城“地势险固”，又记徐道覆迁此“因险自固”，表明此城是靠近山岭的，说明玉城之名和玉山有关系。

《元和郡县志》所记“玉城”，是徐道覆陷始兴郡后移郡于这城而据守之，可以说是“一名故郡城”。《舆地纪胜》记载的“古城”，当是徐道覆为始兴郡守，保据古城，亦可知“玉城”即旧韶州“古城”。《舆地纪胜》记古城的位置“在州南官滩下十里”，而玉城的位置，《元和郡县志》记作在曲江县南六里，好像是两个地方，其实所记均为同一城址。

城南十里官滩下古城，据《韶州府志》等史料记，此城为东晋末徐道覆据始兴（郡）所筑。公元399年，东晋南朝爆发孙恩、卢循领导的农民反晋起义，元兴三年（404），卢循破番禺（今广东广州），自称平南将军，遣徐道覆为始兴郡守。据王象之《舆地纪胜》记，为保始兴（郡城），徐道覆“因险自固”，于城南十里官滩下古城增修“北岭门城守”。义熙六年（410），卢循、徐道覆从韶州出师北伐东晋，失败后，卢循据广州，徐道覆仍保始兴（郡）。义熙七年（411）初，宋武帝遣振武将军沈田子与右将军刘藩，攻讨始兴（郡），沈田子在始兴（郡）古城旁设伏“亦筑一城”，与徐道覆对垒，二月，徐道覆据守的郡城被攻克，徐道覆被杀，此后，沈田子所筑城改称为“沈将军垒”，“后遂为郡治”所在城。

南北朝时期，官滩下古城，曾历多次修缮，宋齐之际，桂阳人邓鲁为始兴郡太守，任内“营建城池道路，经画有方……”又梁天监中，何远任始兴内史，史料记“远在官，好开途巷，修葺墙屋，民居市里，城隍厩库……”

据《韶州府志》等史料记载，隋大业年间（605—618），邓文进任韶州刺史，在任“移州治于武水西”建州“隋城”。

（二）唐、宋县域城址

入唐后，韶州“隋城”得到极大的发展，虽其间曾一度遭洪水毁坏，但到唐代中后期，经数次较大规模的增建、扩建，古城最终成为唐代岭南的名城。据史料考，在唐代增建、扩建武水西“隋城”中，至唐贞元年间，徐申为韶州刺史“规模最大”。据唐李翱《徐公行状》等史料记，徐申任韶州刺史时，继续扩建和改建韶州城，“创六驿，新大市、二道、四馆”，又“大治垣屋厩，置市列道桥”。其中，“六驿”专供往来韶郡官宦、行客商旅休止之用。这从侧面反映出当时的韶州古城已是岭南的商贸重镇。

据《舆地纪胜》广南东路韶州下记：“古州城在水西，去今州城一里，唐刺史邓文进移州西水改为之。今号古州城。”《清嘉庆一统志》广东省韶州府下记：“曲江故城在曲江县西，《唐书》武德初邓文进为本州刺史，移州于水西。盖自晋末徐道覆移治水东，至是复还故治也。”可见自从徐道覆把始兴郡治（一般情况是把附郭的曲江县治也带去）迁到水东，到唐初方搬回水西，但那时已废郡改州（隋时以“州北韶石，名韶州”），是以番州的名字迁回去的。唐州治应该说是迁回到义熙前的东晋旧城，即《水经注》所记对着东溪口的曲江县城。《舆地纪胜》说唐州城在水西，距南宋韶州城只有一里，南宋韶州城就是今韶关市区，这和《水经注》所述曲江县城位置几乎一致。《舆地纪胜》说“邓文进移州水西改为之”，“改为之”即旧址扩建或缩小之意。

（清）光绪《曲江县志》记：“有古城二……一在武水西，唐武德初刺史邓文进所筑，洪水崩割，无迹可寻。宋初于此置钱监，今号监前。”又记此城：“梁乾化间大水淹没，录事李光册移迁中洲，今府治是也。”梁乾化元年（911），武水西隋城再次被洪水冲毁，州录事李光册迁州治于中洲（今韶关市区），由此，古韶州城建设开始移向“中洲岛”。南汉白龙二年（926）韶州刺史梁裴在中洲笔峰山下（今帽子峰）“始筑中洲城”。古郡韶州城的发展，定位在今韶关中心小岛上。

《清嘉庆一统志》韶州府下引《韶州府志》说：“五代梁乾化初，录事李光册又移治中洲，在武水东，溱［“浈”字之误］水之西，即今治也。”今韶关市区仍然在武水和浈江二水交会处所夹的洲上，所以在五代梁乾化初大水淹没武水西岸的唐韶州城（即曲江县城）后，迁府治到武、浈二水间的中洲上。《舆地纪胜》另有永通钱监条，说在韶州城水西一里，北宋庆历八年（1048）置。五代梁乾化间的大水，主要是淹没，逼使州城迁移，所谓崩割，只能崩坍沿岸的土地，所以《舆地纪胜》记后来北宋置永通钱监的地方，还在宋韶州城的水西一里。《水经注》所记的曲江县城址和唐曲江县韶州城址，均在今韶关市区水西一里。

五代时曲江县的属隶关系，据《舆地纪胜》说：唐末昭宗天复二年（902）虔州卢光稠攻岭南，陷韶州，使其子卢延昌守之。卢光稠死于开平四年（910），卢延昌归虔州袭位，以其将廖彦守韶州。乾化元年（911）刘岩发兵攻韶州，刺史廖爽奔楚，从此韶州属于南汉。乾化二年（912）梁又命谭全播为虔、韶二州节度开通使，谭全播治虔州，韶州已早一年属于南汉了。因为从五代时期第一年的开平元年（907），到乾化元年之间首尾五年内，韶州还没有属于南汉，所以《五代史记·职方考》表中，韶州在梁代先为梁有，后属南汉。

北宋开宝三年（970），宋太祖赵匡胤遣潘美伐南汉，南汉王刘鋹遣都统李承渥率十余万兵列象阵于莲花峰下。此役潘美大败南汉军，并攻占韶州，莲花岭下韶州古城址亦一并毁之殆尽。

据《太平寰宇记》，宋平南汉前，韶州属岭南道。北宋至道三年（997）分天下为十五路，韶州属广南东路。《元丰九域志》广南东路下记：“韶州，治曲江县。”《宋史·地理志》广南东路下记：“韶州，县五……”

三、元、明、清时期

元、明、清三朝，韶州的建置和属隶关系如下：

《元史·地理志》江西等处行中书省海北广东道肃政廉访司下记：“韶州路，唐初为番州，又更名东衡州，又改韶州，又为始兴郡，又仍为韶州。元至元十三年内附。未几，广人叛，十五年始定，立总管府，设录事司……领司一、县四。”记“曲江……元初分县城西厢地及城外三厢，属录事司。”又记：“南雄路……本始兴县。唐初属韶州。五代刘氏割韶之浈昌、始兴二县置雄州。宋以河北有雄州，改为南雄州。元至元十五年，改南雄路总管府……领县二：保昌，本浈昌，宋改今名。始兴。”

《续通典·州郡》记载：“韶州府，元韶州路，属广东道宣尉司。洪武元年为府。领县六。西距布政司八百里。”

记领县六：“曲江倚。永乐二十二年建淮王府，正统元年迁于江西饶州府。南有莲花山。东北有韶石山。西有桂山。浈水在东，东南有曹溪水，西有武水，俱流入焉，抱城回曲，故谓之曲江，下流即始兴江。东北有平圃、南有蒙浬二巡检司。”

“乐昌府西北。南有昌山。东北有灵君山。西有三泷水，即武水。北有九峰、西北有黄圃、又有罗家湾三巡检司。东有高胜巡检司，后废。”

“英德府西南。元英德州，直隶广东道。洪武二年三月降为县，来属。南有皋石山，一名浈阳峡。又浈水在县东，一名溱水，洭水在县西，一名洸水，至县西南合流，谓之洸口，有洸口巡检司。又南有泷头水，与浈水合。又东有象冈、北有清溪、西有含洸三巡检司。又南有南崖巡检司，废。”

“仁化府东北。治水西村，后迁城口村。西北有吴竹岭，吴溪水出焉，下流为潼溪，入浈。东北有扶溪巡检司。又北有恩村巡检司。”

“乳源府西。本治虞塘，洪武元年迁于洲头津。西有腊岭，五岭之一。西北有武水，自湖广宜章县流入，有武阳巡检司。”

“翁源府东南。元属英德州。洪武二年三月改属。故城在西北，今治本长安乡也，洪武初，迁于此。北有宝山。东有灵池山，滃溪出焉，即泷头水。东有桂丫山巡检司，初治茶园铺，后迁南浦。”

又记：“南雄府元南雄路，属广东道。洪武元年为府。领县二……”

“保昌。大庾岭在北，亦曰梅岭，上有梅关，浈水所出。西北有凌江水，流合焉，南至番禺入海，谓之北江。又县东有小庾岭。西北有百顺、东南有平田二巡检司。又东北有红梅巡检司，旧治梅关下，后迁于此。”

“始兴府西。西有始兴江，即浈水。南有清化径巡检司。又东北有黄塘巡检司，本治璎珞铺，后迁黄塘江口，又迁黄田铺。”

又有《明史·地理志》广东下记：“韶州府元韶州路，属广东道宣尉司。洪武元年为府。领县六。西距布政司八百里。”

“曲江倚。永乐二十二年建淮王府，正统元年迁于江西饶州府。南有莲花山。东北有韶石山。西有桂山。浈水在东，东南有曹溪水，西有武水，俱流入焉，抱城回曲，故谓之曲江，下流即始兴江。东北有平圃、南有蒙浬二巡检司。”

“乐昌府西北。南有昌山。东北有灵君山。西有三泷水，即武水。北有九峰、西北有黄圃、又有罗家湾三巡检司。东有高胜巡检司，后废。”

“英德府西南。元英德州，直隶广东道。洪武二年三月降为县，来属。南有皋石山，一名浈阳峡。又浈水在县东，一名溱水，洭水在县西，一名洸水，至县西南合流，谓之洸口，有洸口巡检司。又南有泷头水，与浈水合。又东有象冈、北有清溪、西有含洸三巡检司。又南有南崖巡检司，废。”

“仁化府东北。治水西村，后迁城口村。西北有吴竹岭，吴溪水出焉，下流为潼溪，入浈。东北有扶溪巡检司。又北有恩村巡检司。”

“乳源府西。本治虞塘，洪武元年迁于洲头津。西有腊岭，五岭之一。西北有武水，自湖广宜章县流入，有武阳巡检司。”

“翁源府东南。元属英德州。洪武二年三月改属。故城在西北，今治本长安乡也，洪武初，迁于此。北有宝山。东有灵池山，滃溪出焉，即泷头水。东有桂丫山巡检司，初治茶园铺，后迁南浦。”

又记：“南雄府元南雄路，属广东道。洪武元年为府。领县二。西距布政司千九十里。”

“保昌倚。大庾岭在北，亦曰梅岭，上有梅关，浈水所出。西北有凌江水，流合焉，南至番禺入海，谓之北江。又县东有小庾岭。西北有百顺、东南有平田二巡检司。又东北有红梅巡检司，旧治梅关下，后迁于此。”

“始兴府西。西有始兴江，即浈水。南有清化径巡检司。又东北有黄塘巡检司，本治璎珞铺，后迁黄塘江口，又迁黄田铺……”

《清嘉庆一统志》广东下记：“韶州府属县六：曲江县附郭、英德县、乐昌县、仁化县、乳源县、翁源县。又记：南雄府属县二：保昌县附郭、始兴县……”

又有“北据五岭”条目记“五岭”山：“五岭之首曰大庾岭，在南雄府北六十里，与江西分险。绵亘而西为骑田岭、都庞岭，与湖广分险。秦王翦降百越，以谪戍五万人守五岭。《淮南子》曰：始皇使尉屠睢发卒五十万，为五军：一军塞镡城之岭（见湖广黔阳县），一军守九疑（即“九嶷”，湖广名山）之塞，一军处番禺之都，一军守南野之界（即江西南安府），一军结余干之水（见江西饶州府）。或谓此为五岭，非也。《汉书·张耳传》：秦有五岭之戍。裴渊《广州记》：五岭，大庾、始安、临贺、桂阳、揭阳也。邓德明《南康记》：南康大庾岭一，桂阳骑田岭二见湖广郴州，九真都庞岭三见湖广蓝山县，临贺萌渚岭四见湖广江华县，始安越城岭五见广西兴安县。《水经注》：最东曰大庾岭，在南康；第二曰骑田岭，在桂阳郴州；第三曰都庞岭，在南平县；第四曰萌渚岭，在冯乘县；第五曰越城岭，在始安县。邓氏以都庞在九真者，误也。杜佑亦曰：塞上岭一也即大庾岭。今详见江西重险大庾，骑田岭二也，都庞岭三也曰在湖广永明县，与《水经注》不同，萌渚岭四也，越城岭五也。周去非则曰：五岭之说，旧以为皆指山名，考之乃入岭之涂五耳，非必山也。自福建入广东之循、梅一也，自江西之南安入南雄二也，自湖广之郴入连三也，自道州入广西之贺县四也，自全入静江五也。今大庾岭实为北面之巨镇云。”

有“其重险则有梅关”条目记“梅关”：“梅关，在南雄府北六十里大庾岭上，东北去江西南安府二十五里，雄杰险固，为南北之襟要，亦谓之横浦关。自秦戍五岭，汉武遣军下横浦关，常为天下必争之处。有驿路在石壁间，相传唐开元中张九龄所凿。宋嘉祐中，复修广之。旧时岭上多梅，故庾岭亦曰梅岭，关曰梅关。今梅废而关名如故，有官军戍守……”

又有“北江东江附”条目记“北江”水：“北江，即湟水溳水合流之水也。湟水，出湖广宁远县九疑山，流入广州府界。《通志》：湟水，俗呼溳江，以出于郴州黄岑山，亦名黄水。经连州阳山县东，西南流经州城东，又折而东南入韶州府英德县界，又南流入广州府清远县境，至县东南与溳水合，亦曰洭水，亦曰洸水，其合溳水之处，亦曰洭口，亦曰洸口。汉元鼎五年，伐南越，伏波将军路博德引兵出桂阳，下湟水。陈大建二年，广州刺史欧阳纥以州叛，陈将章昭达将兵讨之，兼行至始兴。纥闻昭达奄至，出顿洭口，多聚沙石，盛以竹笼，置于水栅之外，用遏舟舰。昭达居上流，装舰造拍，乘流突进，纥众大败，遂擒之。宋开宝三年，潘美克南汉之郴州，刘馔，遣其臣邵廷屯口是也。溳水出南雄府北大庾岭，东南流，复折而西南，经府城南，又西南，经始兴县西，而入韶州府界。经府城东，有武水，出湖广临武县之西山，流经郴州宜章县南，而入韶州府乐昌县境，又东南流至府城东南，而合溳水，亦曰曲江，亦曰相江，亦曰始兴江。又南流，经英德县西，出溳阳峡，入广州府清远县界，经县东，又南，则湟水流会焉。又南流经三水县西，至府西北三十余里，逶迤而下，会于西江。汉伐南越，楼船将军杨仆引兵出豫章，下溳水是也。今自庾岭而南，取水道，繇始兴江口，可以径抵广州，且东达惠、潮，西届浔、梧矣……"

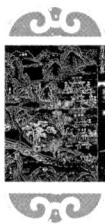

《清史稿·地理志》广东下记："韶州府：冲、繁、疲。隶韶连道治所。南距省治八百七十里。广一百九十五里，袤三百一十一里。……领县六。有太平桥钞关，旧在南雄，后迁府治西南。又有太平分关，在英德。"

记领县六：

"曲江繁，难，倚。北：浮岳。东北：韶石。西：芙蓉山。东南：南华山。溳水在东，一名相江，自始兴入，西南流，合锦江、零溪，迳府治东南，武水自北来会，曰曲江，又谓之始兴大江也。又西南，过虎榜山，屈东南，右纳泷水，左纳曹溪水、宣溪水，南入英德为北江。县丞治莲花岭村。有濛浬、平圃二巡司。曲江县驿。旧芙蓉驿，废。有粤汉铁路。"

"乐昌冲，难。府西北八十里。东：昌山，县以是名。北：桂山。东北：冷君。西北：九峰山。武水在西，一名虎溪，古谓之溱水，出湖南临武，东北至宜章。屈而南，入县西北境，武阳溪自乳源东流合焉。屈东南，历蓝毫山，为三泷水，与罗渡水、九峰水合。过县治西南，莲花江分流注之。又东，屈而南，左纳长埈水，右纳杨溪水，入曲江。有九峰、罗家渡二巡司。有粤汉铁路。"

"仁化简。府东北百里。西北：黄岭山。东南：丹霞山。东：锦江出分水坳，西南至恩口，与恩溪水合，即蓝田水也。西南流，左纳扶溪水、康溪水，过县治东南，澌溪水合潼阳水自西北来注之。屈东南入曲江。有扶溪巡司、仁化县驿。"

"乳源简。府西九十里。北：云门山。西南：腊岭。武阳溪自湖南宜章入，东北迳武阳司，右合七姑滩水，左纳瀫溪，屈东至乐昌入武水。杨溪水出西北神仙坪，亦至乐昌入武水。泷水一名洲头水，出西南梯子山，北屈而东，左纳员子山水，右纳汤盘水，过县治南，大布水北流合焉，又东南入于曲江。南有武阳巡司。世袭抚瑶厅一，管埠市。"

"翁源冲，难。府东南百八十里。嘉庆十六年改隶江西南安府，十七年仍来属。北：鸡笼。东：玉华。东北：婆髻山，罗江水所出，西南迳翁山南，浦水自东南来注之。屈南，右纳芙蓉水，左纳龙仙水，又西南与周陂水合，迤西过三华镇入英德。又西，太平水，一名江镇水，出东北桂袪山，南流至英德合罗江水，是为翁江也。桂山、磜下二巡司。"

"英德冲，难。府南二百二十里。北：英山。南：南山。又南：皋石山，一名浈阳峡。北江在北，自曲江入，过浈石山，屈西至县治东南，东有翁江，右合曲潭水，左合罗纹水，西南流合焉。南至洸口，洭水合波罗水自西北来会。洭水者，湟水也，亦曰洸水，东南流入清远。有洸口、象冈二巡司。英德县驿。旧浈阳驿，废。有粤汉铁路。"

又有《清史稿》卷七二《志四七·地理十九》载"南雄直隶州"记："南雄直隶州：冲，繁，疲。隶南韶连道。初沿明制为府，领县二，治保昌。嘉庆十一年，降为直隶州，省保昌县。十六年，复升为府。十七年，又降为直隶州。西南距省治千一百七十里。广一百七十里，袤一百二十一里……领县一。大庾岭在东北，一名梅岭，有梅关。东：天柱。东南：青嶂山。南有浈水，出东北油山，南迳浆田镇，与昌水合。西南流，左合平田水、芙蓉水，右合东溪水，至长浦桥，北坑水合横水南流入焉。水出梅岭，又谓之大庾河水也。又西合长潭水，过州治南，楼船水自西北来注之，西南与修仁水合。又北纳半径水，入始兴。又西北，分水坳，石峡水出，为康溪水，入仁化。有平田、红梅、百顺三巡司。有保昌驿。旧临江驿，废。"

记领县一："始兴冲，繁。北：丹凤山。南：机山。北：浈水自州入，西南至圆岭铺，跃溪水北流合焉。又南，墨江，出西南沙子岭，迤东为清化水，屈西北为凉伞水，右合翔水为始兴水，即古斜阶水也。又西北过县治南，与官石水合，又西北合浈水入曲江。有清化径巡司。在城驿。”

又有《清史稿》卷七二《志四七·地理十九》载“连州直隶州”记：“连州直隶州冲，难。隶南韶连道。初沿明制，隶广州府。雍正五年，升为直隶州，其阳山、连山割隶。嘉庆中，连山直隶。东南距省治七百六十里。广八十里，袤一百六十八里。……领县一。南：楞枷，一名贞女山。西南：昆湖。西北：桂阳。湟水在西，一名洭水，汉志以为汇水。上源为卢溪，出西北黄蘗岭，又曰蘗水，南迤东过圭峰山，东北合奉化、潭源、黄娇诸水，至州治西南，高良水自连山西来注之，东南过同冠峡，入阳山。州判治皇子墟。有朱冈巡司。阳山难。州东南二百里。雍正十五年自广州府来属。北：骑田岭。西北：阳岩。东北：宝源山。湟水自州入，一名阳溪，南合同冠水，又东南过县治南，通儒水自马丁岭东流注之，又东与青莲水合。水出县北大陂墟，又谓之大陂水也。又东南，过三峡入英德。有淇潭、七巩二巡司。”

记领县一：“连山直隶厅繁，难。隶南韶连道。本连山县，隶广州府。雍正五年，改隶连州。嘉庆二十一年，升为绥瑶厅。东南距省治八百七十里。广一百里，袤一百二十六里。……北：昆湖山。西北：钟留、大雾。南：黄帝源山，一名黄连山，中有大排瑶五，小排瑶二十四。高良水在南，一名大获水，上源为横水，出西北天堂岭，东南流，迳厅治南，屈东北，与茂古水合。过鸡鸣关入连州，合于湟水。又，上吉水出厅西分水坳，西南流，至木羌墟，八排瑶水自东南来注之，屈西北，过钟山，入广西贺县，又为贺江别源也。有宜善巡司。”

四、民国时期

据民国行政区域简表广东省下记：曲江县，元年裁（韶州）府。今移县治马坝，于曲江旧城改置韶关市，并割围绕曲江旧城附近一些曲江县旧境以益市区，辖曲江一县，直属广东省。又置韶关地区驻韶关市内，辖乐昌、仁化、南雄、始兴、翁源、佛冈、英德、清远、阳山、连县十县及连山、连南、乳源三自治县。

山记　附艺文

大庾岭：史载大庾岭凡有六名：一曰台岭，一曰梅岭，一曰大庾岭，一曰塞上，一曰连溪山，一曰东峤山。

《越绝书》曰："越王子孙姓梅氏。秦并六国，越王逾零陵往南海，越人梅鋗从，至台岭家焉，而筑城浈水上，奉王居之。乡人因谓台岭为梅岭。"及统众归吴芮，留其将庾胜兄弟居守梅岭，故又称大庾岭。《舆地志》曰："台岭亦名塞上。"今名大庾。《水经注》曰："连溪山，即大庾岭也。五岭之最东矣，故曰东峤山。斯则改装之次，其下船路，名涟溪。"《后汉书·郡国志》："豫章南野县有台岭山。"《名胜志》云："有石平如台，故名。"即平亭也。张勃《吴录》曰："南野有山，其路峻阻，螺转而上逾九磴，二里至岭下，七里平行，十里至平亭。平亭者，横亭也。为古入关之路，其后改名梅岭，又改名庾岭。"本《越绝书》，可信。《南康记》乃云："汉兵击吕嘉，众溃，有神将戍是岭，以其姓庾，因谓之大庾。"《元和郡县志》云："前汉南越不宾，遣将军庾姓讨之，筑城于此。"为说小异又以"其上多梅而先发，亦曰梅岭。"《白帖》云："庾岭梅花，南枝已落，北枝方开。"其说恐属附会。塞上本出《史记·南越传》，《索隐（引）》以为即大庾岭也。详见"土地"连溪山本以连水得名。《水经注》又谓之东峤。峤即岭也。《尔雅》曰："山锐而高曰峤。"

又有记：大庾岭即五岭之一也。《广州记》曰："大庾、始安、临贺、桂阳、揭阳，是为五岭。"《南康记》曰："大庾岭一也，桂阳骑田岭二也，九真都庞岭三也，临贺萌渚岭四也，始安越城岭五也。"戴凯之《竹谱》曰："余往交州，行路所见，兼访旧老，考诸古志，则今南康、始安、临贺为北岭，临漳、宁浦为南岭。五岭界内各有一岭，以隔南北之水，俱通南越之地。南康、临贺、始安三郡，通广州；宁浦、临漳在广州西南，通交州，或马援所并，或赵佗所通，厥迹犹存。故陆机云'伐鼓五岭表'，道九真也。"考五岭之说，互有不同，皆首大庾，举重要也。昔人谓"五岭者，天地以判中外"，《南越志》独云"经大庾，则清秽之气分"，亦是其意。《豫章记》"南距五岭"，实止大庾一岭连及之耳。李翱《来南录》曰：“自洪州至大庾岭一千八百里，逆流，谓之章江。自大庾岭至浈昌一百一十里，陆道，谓之大庾岭。”

渡大庾岭

（唐）宋之问

度岭方辞国，停轺一望家。
魂随南翥鸟，泪尽北枝花。
山雨初含霁，江云欲变霞。
但令归有日，不敢恨长沙。

渡大庾岭

（清）朱彝尊

雄关直上岭云孤，驿路梅花岁月徂。
丞相祠堂虚寂寞，越王城阙总荒芜。
自来北至无鸿雁，从此南飞有鹧鸪。
乡国不堪重伫望，乱山落日满长途。

渡大庾岭

（清）张问安

庾岭高插天，向背迷阴阳。
薄云飞鸟不得渡，中原一气回青苍。
势连南斗接穹昊，戍楼缥缈旌旗扬。
鸾翔凤舞万木聚，红栏夹道青天长。
两崖对峙到绝顶，崎危诘曲如羊肠。
崭岩不受巨灵劈，相见巨斧摩天扬。
珊瑚本难百宝装，羽毛齿革分两箱。
鱼盐漆丝百产备，肩舆负笈行担囊。
作椽之行截其腹，如牛负轭交相望。
不骑而人人力尽，纷纷鱼贯森成行。
忆昨行经豫章野，古驿人迹殊荒凉。
适从何来遽集此，蚁缘蜂集交攘攘。
长松修竹渐葱翠，僧雏汲水供茶枪。
羚羊挂角妙思议，化人阅世悲无方。

我独何为辞故乡，足迹万里穷炎荒。
客行虽乐古所慨，回看落日天茫茫。

渡大庾岭

（清）梁承淑

峻岭雄交广，蛮烟瘴雨间。
盘空围杂树，拓地辟重关。
迟我探梅去，逢人折柳还。
鹧鸪声不断，疑是故乡山。

唐丞相张文献公开凿大庾岭碑阴记

（明）丘濬①

岭南自秦时入中国，历两汉、三国、南北朝至于唐，八百八十八年，丞相张文献公始钟光岳全气，而生于曲江之湄。时唐高宗咸亨四年癸酉也。公生七岁，即知属文，（年）十三以书干广州刺史王方庆，是时已为张燕公所知。年三十五登进士第，授校书郎。盖公长于武后时，不欲仕女主，迨至中宗复辟之三年始出也。玄宗即位之初，又策道侔伊吕科，为左拾遗、内供奉。开元四年，承诏开大庾岭路。《唐书·地理志》谓开路在十七年，非也，当以公序文是年为是。燕公于开元十三年荐公可备顾问，明年燕公卒，玄宗思其言，召公为秘书少监、集贤院学士，知院事。会赐渤海诏书，命无足为者，召公为之，被召辄成。迁工部侍郎、知制诰，寻迁中书侍郎。是岁，又拜同中书门下平章政事，又进中书令，与李林甫、裴耀卿并相。林甫无学术，见公文雅，为玄宗所知，内忌之，竟为所倾而罢。公在相位甫三年耳。俄以周子谅事出为荆州长史，卒年六十有八。公之气节文章，治功相业，著在信史，百世共知。自公生后，五岭以南，山川烨烨有光气，士生是邦，北仕于中州，不为海内士大夫所鄙夷者，以有公也。凡生岭海之间，与夫宦游于斯土者，经公所生之乡，行公所辟之路，而不知所以起敬起慕，其非夫哉！

予生岭海极南之徼，在公既薨之后六百又八十年，甫知读书，即

① 丘濬，字仲深，海南琼山人，明代宗景泰年间进士。官至礼部侍郎，加太子太保兼文渊阁大学士，卒赠太傅，谥“文庄”。丘濬学识渊博，是明代著名学者，有《大学衍义补》《五伦全备记》等传世。

得韶郡所刻《千秋金鉴录》读之，已灼知其为伪。既而即史考之，史臣仅著其名而不载其言，意其遗文不具也。求之偏方下邑，无所谓《曲江集》者。年二十七，始道此上京师，游太学，遍求之两京藏书家，亦无有也。三十四登进士第，选读书中秘，见《曲江集》列名馆阁群书目中，然木天之中，卷帙充栋，检寻良艰，计求诸掌故，凡积十有六寒暑，至成化己丑始得之，乃并与余襄公《武溪集》手自录出。是岁丁内艰南还，道韶，适乡友涂君应曼停是郡，因话及之，留刻于郡斋。公之遗文，至是始传于人间。窃睹集中，有公所作《开大庾路序》，而苏诜（字廷言）为之铭，意公此文当时必有碑刻，岁久倾圮磨灭，今陈迹如故，而遗刻不存，岂非大缺典欤？每遇士夫之官广南势力可为者，辄为浼其伐石镌文，以复当时之旧。诺之而食言者多矣。上即位三年，岭北袁君庆祥由秋官属擢广东按察司佥事，奉敕提督雄、韶等府兵备。临行别予，予复申前言。君曰诺哉。又明年，以书抵予，谓近得碑石于英，磨珑以就，将求善书者录公序文及苏公之铭，刻诸其阳，属予一言以识其阴。

呜呼！天地大势，起自西北，而趋于东南。大庾岭分衡岳之一支，东出横亘江广之间，自此之南以极于海岛，奇材珍货出焉。战国以前，未始通中国也。秦时始谪徙中原民戍五岭，汉武帝始遣将分路下南粤，楼船将军杨仆出豫章、下浈水，疑即此途也。然序又谓岭东路废，人苦峻极，行径夤缘，数里重林之表，千丈层崖之下，意者大岭迤东，旧别有一途。公既登朝，始建议相山谷之宜，革坂险之故，以开兹路也欤。兹路既开，然后五岭以南之人才出矣，财货通矣，中朝之声教日逮矣，遐陬之风俗日变矣。公之功于是为大。后之人循其途而履其迹，息肩于古松之阴，寓目于新亭之下，读公之遗文，想公之风度，岂徒若晋人望岘山而思羊叔子哉。万世之后，亦有过洛水而歌大禹，如昔人者已。虽然，公之功固大而著矣，然使千载之下，往来之人，临公遗迹而知开凿之功，真出于公无疑，传诵感戴于无穷，盖亦有赖于斯碑之重建焉。佥事君之功亦不可以不纪也。君字德征，赣之雩都人，其家去此百里而远，盖在岭之北也。君在太学时，建言国计，大有补于时用，是名闻远近，今持宪节于岭南，声誉籍籍以起，其进盖未可量也。予虽家岭之南，然去此几二千里，年逾公薨之岁，始见知于当宁，而日薄西山，无能为矣。所以追前人之芳躅，而振发其英华者，不无望于岭南北后来之俊彦，而于佥宪公，盖倦倦焉。予也幼有志尚友古人，而于乡衮尤所注意，今年七十有二矣，将归首丘，素愿乃酬，岂非平生一快事哉！不胜忻幸，勉为书之，畀以刻焉。

皇冈山：清同治《韶州府志》载：“城北三里，连接貂蝉石，绕出笔峰之后。高峻端整，俨如屏障。旧传舜南巡，奏乐于此，因祀舜于皇冈之麓，名其水曰皇潭，泉曰虞泉。山顶旧有翠华亭、虞帝祠，下有舜峰寺。”

作为韶州的人文名山，皇冈山，历代均有名人登山题诗，并将“皇冈夕照”列为曲江县旧二十四景之一。明代萧远为此景赋诗云：“万仞高冈插碧空，翠华亭畔气菁葱。衡阳飞雁来秋色，荆水风帆挂落虹。芳草昔曾经御辇，滩声凝是奏焦桐。南巡帝子今何处，愁见青山夕照中。”

题皇冈山

（唐）韩愈

诗题：从潮州量移袁州，张韶州端公以诗相贺，因酬之。

明时远逐事何如，遇赦移官罪未除。
北望讵令随塞雁，南迁才免葬江鱼。
将经贵郡烦留客，先惠高文谢起予。
暂欲系舟韶石下，上宾虞舜整冠裾。

送交代秘丞归阙

（宋）林渭夫[1]

分携何必恨依依，三载无私得意归。
烟雨乍随孤棹去，鸳鸿重入九霄飞。
旧题诗句刊文石，新创儒宫在翠微。
后夜月明迴首处，汀风萧飒动行衣。

① 林渭夫：宋真宗咸平二年（999）进士，景德四年（1007）擢溳阳从事，后知英州。

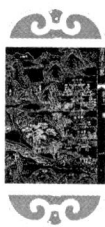

题皇冈山

（明）解缙[1]

千里来寻故相[2]家，曲江南畔夕阳斜。
钧天此日闻韶乐，步上皇冈望翠华[3]。

皇冈怀古

（清）廖燕

叠翠屏开按郡城，依稀犹识旧韶音。
入山径曲曾通辇，隔代音希尚啭莺。
秋老碧岩松半折，寺荒金殿草全生。
登临漫作无穷想，话到兴亡月已横。

帽子峰（笔峰山）：清同治《曲江县志》载：“城北一里，郡主山也。初名笔峰，后人称帽子峰，以其端圆如帽。”又有《韶州府志》载：“郡后一里，郡主山也。初名笔峰，后人呼帽子峰，以其端圆如帽。宋绍兴间，舍人朱翌屏居，有《登帽峰序》；淳熙间，郡守梁世安创亭于上，曰整冠。又薙草得断碑，毕文简公《登笔峰》诗，始知为笔峰。今诗序皆无存。明成化十五年，知府王宾于半山创观风亭。《商辂记》：嘉靖元年，知府周叙重建观风、半山二亭，随废。七年，通判符锡始建八角亭于山顶，额曰风来，植松夹道。十七年，复由郡丞出守，作石栏，修复观风、半山二亭。崇祯九年，知县潘复敏重修，有诗。”

---

① 解缙：字大绅，一字缙绅，号春雨、喜易，江西吉安府吉水（今江西吉水）人，明代大臣，文学家。史载，解缙自幼颖悟绝人，他写的文章雅劲奇古，诗豪宕丰赡，书法小楷精绝，行、草皆佳，尤其擅长狂草，与徐渭、杨慎一起被称为明朝三大才子，著有《解学士集》《天潢玉牒》等；总裁《太祖实录》《古今列女传》；主持编纂《永乐大典》；墨迹有《自书诗卷》《书唐人诗》《宋赵恒殿试佚事》等。

② 故相：指张九龄。

③ 翠华：即翠华亭，原建在皇冈山顶，现不存。

登笔峰山

（明）湛若水①

万里历危途，芙蓉是小歇。
幸逢地主贤，庶燕开漻泬。
拍手仪凤来，高歌韶石裂。
九鱼入馔筵，两溪尊俎列。
乐矣忘主宾，天籁天际发。

帽峰山（笔峰山）

（清）陈王猷

空山如笠散秋烟，屐齿西风寄远天。
抱郭南流双水汇，压城高出一峰圆。
芳销百草愁啼鴂，叶落初林急暮蝉。
旧日亭台灰劫后，整冠何处听姚弦。

登帽子峰

（清）欧堪善②

碧峰耸峙俯层峦，螺髻烟须万叠攒。
何日菊樽吹落帽，他时云路庆弹冠。
风迥五岭千家回，岸夹双流午夜寒。
翘首海疆冲要地，天教顶立壮奇观。

笔峰山

（清）欧樾华③

江城如画翠屏开，宿雨初收淑气催。
人带微云凌绝顶，亭杯绿水矗中台。
烟风蕴藉千峰立，霜如澄清一雁来。
我欲闻韶盘古磴，整冠天际指层台。

---

① 湛若水：初名露，字元明，表民泽，避祖讳，改名雨，后定今名。广东增城甘泉都（今新塘）沙贝村人，学者称他为“甘泉先生”，明代著名的思想家和教育家。

② 欧堪善：字绍文，一字韶文，号眉庵。广东韶州府乐昌县人。清朝进士、政治人物。清乾隆二年，中进士第二甲第六十九名，赐进士出身。初授编修，历官监察御史，官至太仆寺少卿。

③ 欧樾华：号蓉冈，曲江人。清咸丰十一年（1861）拔贡，同治三年（1864）举人。同治十一年（1872）纂修《曲江县志》《韶州府志》，均任主纂。为清代广东修志名人。

笔峰山记

（明）符锡①

皇帝改元壬午，大司徒厚山周公适守是邦，越甲申锡始从事公，掖而饮于观风半山之亭。从容顾锡而言曰：“兹峰郡主山也，古称地灵人杰，若郡有二相标揭，千载庸知，钟灵不根于此，而笔反为帽，名实不称何如?”余促应曰：“曷不名之‘凤来’乎？书云：箫韶九成，凤凰来仪。且言兹峰，广不逾于千亩，高不出乎百寻，然而重冈回合，而影附二水，委蛇而玦环，皇冈北峙，亭拱翠华，江郭前迎，台雄九成，乃离然特立，尊若冈对。颠倒陵谷，栖泊象纬，韶之具美，容不在兹乎？名以“凤来”，容不称乎？抑尝考之前代，若舍人朱仲新之谪居，登临有序。郡守梁世安之建亭，整冠劚草，而得毕文简断碑之什，是知亭障观游之盛，其来尚矣。比如国朝郡守苏公铧之肇创偕乐，王公宾之续建观风。人随世远，亭亦就荒。余始捐俸建亭八角，上锐下方，颇类文笔，榜以“凤来”，用湔俗号。暌违一纪，讵意重临，俯仰旧贯，慨乎陈迹。时则护以石栏，易其蠹柱，帘隅再饰，丹雘重施。观风半山，亦以次葺。半山之后，仍结小庵，名曰“普济”，守以一僧，可供洒扫。而又叠石峰顶，结砌松阴，昔之险巇攸为坦途。每遇休暇，或寮寀意惬，或嘉宾远临，辄相与出，望京登并济，而迄于“观风”“凤来”。几筵式叙，尊俎前陈，饮谐文字，情忘主宾。顷焉，风生远峤，雾涌霞蒸，夕阳初敛，皓月方升，不觉神清气爽，声迹俱沉。客偶见者，遽拟余如山公，将酩酊高阳而忘情。世故者与，会不知勋华世胄，有非韦素之可伦，荆玉豪奢又何简陋之足齿哉！若乃朝廷清明，海宇宁谧，守土小臣亦惟夙夜兢兢，丕承化理，是又时异势殊，虽山公有不可得而兼之者也。众宾于是敛衽与辞，揖谢不敏，余亦欣然慰藉，命驾言还。诘旦书之，以贻同志，庆兹峰之有遭也。

芙蓉山：韶郡人文名山之一。在郡西五里，旧传山有芙蓉得名，汉末康容炼丹于此，半有石室，岭有玉井泉，近时泉出，半山石罅井，泥可疗小儿头疮，居民取之有验，唐许浑有句云：宋玉含凄梦亦惊，芙蓉山响一猿声。明知府符锡有九日登山次韵诗。《广东通志》记：

① 符锡：举人。嘉靖十七年（1538）任韶州知府，政绩甚好。

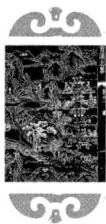

芙蓉山。王韶之《始兴记》曰：郡西南有芙蓉冈，高若玉山邻枕，郊郭可四十余里。《郡图志》云：芙蓉冈半有石室伏洞，深莫可测，汉末道士康容得仙于此。在州西五里，其山先有芙蓉株，故名。

韶阳早秋

（唐）许浑①

宋玉含凄梦亦惊，芙蓉山响一猿声。
阴云迎雨枕先润，夜电引雷窗暂明。
暗惜水花飘广槛，远愁风叶下高城。
西归万里未千里，应到故园春草生。

芙蓉山

（明）李三近②

雨霏芙蓉曙，春深草树馨。
夕阳千岭紫，晴霭万松青。
薜护烧丹炉，泉霏避俗亭。
仙山多胜景，人世一浮萍。

芙蓉山

（明）符锡

双旌日晏渡河西，绝顶芙蓉路不迷。
石臼竹竿泉袅袅，风檐露井村萋萋。
龙山事往怜吹帽，渔父言欺笑掘泥。
谷口尚堪留一醉，黄花香衬马头低。

同诸子游芙蓉山

（清）陈王猷

出郭见佳色，始得春山青。汩汩武溪水，滔滔初欲平。
渺渺惬神契，超超违俗情。风日况暄和，缓步徐览登。

① 许浑：字用晦，江苏丹阳人。唐宣宗大中三年（849）任监察御史，曾出使南海郡，写过不少描绘广东风光的诗篇。

② 李三近：字预凡，乐昌人。对诗有兴趣，且有成就。

渐与江城隔，屡自冈峦升。芙蓉削千仞，高无尘壒生。
康容去我久，留此泉源清。朅来饫云腴，忽若御风行。
至味乃淡泊，大道绝扰营。寥阒空山中，时闻天籁声。
我意本能适，欣然怀耦耕。虽乏买山物，宁负丘壑盟。
逍遥且为乐，聊复招友朋。辛苦仙人灶，徒存千载名。

芙蓉山

（清）许炳文

重至画桥东，蓉山今古同。
鹿游仙灶外，僧卧佛堂中。
径僻尘心断，峰高月色融。
行行回首望，楼阁与天通。

芙蓉山

（清）李式准①

芙蓉胜迹旧仙家，古道迂回石磴斜。
月出上方窥下界，云迷前路乞南车。
夜猿拾得供僧果，春鸟衔将献佛花。
欲向丹池寻妙诀，等闲挥尘拂烟霞。

芙蓉山

（清）欧敬修

西风飒飒曜晴晖，三五游人上翠微。
绕路长松生远籁，悬崖古刹掩寒扉。
重寻丹灶云披帽，坐听流泉露湿衣。
管领青山权作主，相看一鹤傍霄飞。

重修芙蓉庵记

（明）熊士逵

芙蓉山之著如韶，始自汉时，异人修真之地。盖灵迹所存，相传至今。余始来韶，曾游之其上，有高台可坐，举韶之山川、封域历历

---

① 李式准：韶州乐昌人，清康熙戊午（1678）岁贡，为遂溪训导，善文好诗。他在外地做官，晚年返回粤北，游览韶州名胜古迹，写有不少记游诗。

在几席之前，以供樽俎之玩。有泉焉，在山之半，石龙吐之，清吞殆不减惠山，诚此中之最胜也。岁戊寅之春，予以御寇登城，忽望西域有烟焰上彻，询之，则寇于兹山纵火而然也。因叹向所游览之处，今灰烬中矣！其后主僧行俊募修之，持薄求印，余为之怆然。念兹山虽僻在一隅，游屐时至，其得以久存者，有僧为主而寺为之依也，使寺废僧散，此景将翳没于荒烟野草之中矣，时按志而访胜者，只致叹于沧桑之变而已。夫一物可玩，人不忍弃之，况兹古迹胜概之所遗，而忍心不为郡留之乎？是俊之重修，非只为虚栖已也，由前言之灵迹，托以不朽，由后言之访胜，赖以寄游。自汉以来于百年之仙迹，几烬灭寇焰中，而再造于俊手者，其又可忘耶！余行矣，聊纪数语，用垂不忘。

韶石山：郡北四十里，相传舜奏乐于此，其石有三十六，名曰左阙、曰右阙、曰宝盖、曰奏乐、曰楼阁、曰骆驼、曰三峰、曰凤阁、曰侍石、曰左球门、曰新妇、曰狮子、曰大香炉、曰小香炉、曰太平、曰马鞍、曰虹霓、曰富、曰石臼、曰石井、曰朝仙、曰盘龙、曰圆、曰石钟、曰石船、曰石砚、曰石帽、曰石桃、曰罗仙、曰上鱼鳞、曰下鱼鳞、曰石仓、曰石廪、曰石田、曰二使。韶之山多奇，而韶石为最，双阙又为韶石之绝奇者，挺拔百余仞，旁有香炉、花瓶二石，状皆怪异。余不可胜纪，逶迤而为曲红冈，有诸诗。

宋周去非《岭外代答·古迹门》记：韶石山，在韶州东北，高七十丈，阔一百五十丈，昔虞舜登此石奏韶乐，因以名州。晋永和二年，有飞仙游其上。张循州《韶石图》有三十六石名，因具于左：新妇石、球门石、大禾仓石、小禾仓石、太平石、盘龙石、狮子石、侍石、上鳞鱼石、下鳞鱼石、帽子峰石、凤阙石、罗仙峰石、双阙石、马鞍石、四接石、使石、三峰石、桃石、大香炉石、小香炉石、骆驼石、奏乐石、楼阁石、宝盖石、砚面石、虹霓石、朝仙峰石、覆船石、五羊石、圆石岩石、钟石、续石、石臼、石井。

清同治《韶州府志》记：郡北八十里迤逦而东，有三十六石，为曲红冈，县昔号。曲红又名东连冈。《水经注》云：两石对峙，似双关，名曰：韶石。昔有二仙，分而憩之，自尔年丰弥历一纪。《太平寰宇记》云：韶州科斗劳水间，有韶石，永和二年，有飞仙衣冠分游二石上。昔舜游登此石，奏韶乐，因名。唐初遂以名州，又张循州《韶石图》有三十六石，名新妇石、球门石、大禾仓石、小禾仓石、太平石、盘龙石、狮子石、侍石、上鳞鱼石、下鳞鱼石、帽子峰石、凤阙石、罗仙峰石、双阙石、马鞍石、四接石、使石、三峰石、桃石、大香炉石、小香炉石、骆驼石、奏乐石、楼阁石、宝盖石、砚面石、虹霓石、朝仙峰石、覆船石、五羊石、圆石、岩钟石、续石、石臼、石井，缺一。

清张庆长撰《岭海见闻》记韶石：粤山之奇者惟罗浮，粤石之奇者惟韶石。罗山之阳有浮山自蓬莱浮来，韶石之阳有逃石自武城逃至，则又奇中之奇也。韶石三十有六，皆奇，而以双阙为最。若球门，若宝盖，若骆驼，若狮子，若凤阁，若盘龙，则诡特雄杰，耸拔百仞。相传舜南巡，作乐于此，故石以此得名。考《舜典》，命夔典乐，夔曰："於！予击石拊石，百兽率舞。"八音之中而独言石者屡，殆乐以石为重欤？或谓南交属火，石应离明，岩洞玲珑，窍穴激射，风入其中而成声。万籁齐发，《九韶》并举，则舜乐固至今存也。

清范端昂撰《粤中见闻·地部》卷九记韶石：韶州北四十里，舜曾奏乐于此。其石有三十六，各为本末，不相联属，曰左阙，曰宝盖，曰奏乐，曰楼阁，曰骆驼，曰三峰，曰凤阁，曰侍石，曰左球门，曰右球门，曰新妇，曰狮子，曰太平，曰马鞍，曰虹霓，曰大香炉，曰小香炉，曰富，曰石臼，曰石井，曰朝仙，曰盘龙，曰圆，曰石钟，曰石船，曰石砚，曰石帽，曰石桃，曰罗仙，曰上鱼鳞，曰下鱼鳞，曰石仓，曰石廪，曰石田，曰二使。诸石俱空心，窍穴相通，风入其中，大小声一时响应，仿佛箫韶遗音。韶山多奇，而韶石为最。双阙又为韶石之最奇者，耸拔百余仞。旁有香炉、花瓶二石，状皆怪异。又东北一里有逃石，高三十余丈，广圆五百丈有奇。相传从武城逃来，临江壁立。语曰："蓬莱一山，合于罗山；东武一石，附于韶石。"盖谓此也。

清屈大均《广东新语·石语》记：粤东之北之西北，皆多石。其所为山，皆石也。居人所见无非石，故皆不以为山而以为石。盖自梅岭以南，湟关以东南，千余里间，天一石也，而石外无余天，地一石也，而石外无余地。岩岩削出，望之不穷，其高而大者以千数，小者纷若乱云，亦无一不极其变。石多中空，或一峰为一洞，或数峰相连为一洞，此出彼入，四际穿漏，外视之皆无所有。色青蓝，间以白理，雨后若新染然。花木蒙茸其上，恍若锦屏，是皆绝奇石也。然尤以韶石为大宗。韶石在韶州北四十里，双峰对峙若天阙，相去里许，粤人常表为北门。旁有三十六石环之，一一瑰谲无端，互肖物象，各为本末，不相属联。有记其状者云："韶石前后怪石相望，直若危柱，削若堵墙，圆若廪囷，半削如疈瓜，首尾翘翘似舟航，方幅如布帆，廉起如檐宇。"约略尽之。大抵韶之山多奇，而韶石为最，若双阙又韶石之最。他处石亦多诡，特以所处幽邃，故罕知名。然大抵形如火焰，森立崖谷间，以千万计。光芒四射，与日精争烈。盖吾粤处天下正南，其位丙午，火之奥府在焉，故火之山居十之六，水之山居十之四。火之山纯乎石者也，故多中虚而成岩洞，离之象也。韶石皆空心，窍穴相通，风入其中，大小声一时响应，箫韶遗音，犹可仿佛其一二也。东北一里有逃石，高三十余丈，广圆五百丈有奇。相传从武城逃来，临江壁立，与韶石相丽。语曰："蓬莱一山，合于罗山。东武一石，附于韶石。"盖谓此。大抵粤之山，罗浮最名；粤之石，韶石最名。浮傅于罗，逃依于韶，是皆能得其所主者也。

游韶石

（宋）余靖

世务尝喧嚣，物外有真赏。结友探胜概，放情谐素想。
韶石南国镇，灵踪传自曩。双阙倚天秀，一径寻云上。
长江远萦带，众峦疑负襁。千里眇平视，高形罗怪象。
日影避昆仑，鳌头冠方丈。青螺佛髻高，群玉仙都敞。
霞城晴煜爚，桃浮春浩荡。仰攀霄汉近，俯瞰神魂恍。
涧深流如织，严虚动成响。造化与真质，妙画胡能仿。
贱子生海隅，逢辰辱朝奖。靡成彝鼎勋，甘从岩壑往。
惊禽恋故林，因骥畏羁鞅。兹游得幽深，同怀乐清旷。
世言帝有虞，朔南声教广。丹穴卜巡幸，翠华临苍莽。
箫韶曾此奏，钟石无遗象。但觉薰风存，翛然天籁爽。
姬公著治典，历代所遵仗。九野奠山川，万灵通肸蠁。
医闾与吴岳，半列戎夷壤。四时迎气祠，犹烦礼官掌。
况乃祝融区，群物资含养。来仪威凤居，乐育菁莪长。
肤寸起成霖，崇高一方仰。跻之佐衡霍，无惭公侯享。

韶石山

（宋）祖无择①

纯音何寂寞，秀色自崔嵬。岩草遗箫在，溪禽学凤来。
余希探禹穴，人似畏轩台。登眺秋风里，烦襟尽日开。

望韶石（三首）

（宋）苏轼

望韶石

双阙浮空照短亭，至今猿鸟啸青荧。
君王自此西巡狩，再使鱼龙舞洞庭。

晓登尽善亭

蜀人文赋楚人辞，尧在崇山舜九嶷。
圣主若非真得道，南来万里亦何为。

宿建封寺

岭海东南月窟西，功成天已锡玄圭。
此方定是神仙宅，禹亦东来隐会稽。

韶石山（二首）

（宋）蒋之奇②

其　一

当日昌黎系缆初，曾瞻双阙整冠裾。
致君尧舜今谁是，想象闻韶更起予。

其　二

城东溱水碧渊洄，杨朴楼船向此来。
我亦扁篷今下濑，拟寻韶石上崔嵬。

---

① 祖无择：字择之。河南上蔡人。宋仁宗时，历官至龙图阁学士。曾为广东路提点刑狱，广南东路转动使。

② 蒋之奇：字颖叔，常州宜兴（今属江苏）人。曾知广州，在广州建十贤堂，希图改变官吏贪婪的恶习。

韶石山

（元）许有壬①

世去重华远，名偕二石存。溪寒清见底，榕老乱根垂。
野色偏宜晚，民居仅似村。曲江人已矣，楚些拟招魂。

韶　石

（明）王士祯

昔闻韶石奇，今睹韶石状。奇峰削凡体，斗绝各雄长。
怪石走中流，牙角怒相向。峡迫舂湍豪，撞舂力破抗。
双阙屹东西，球门始谁创？其旁有阿阁，灵凤昔来觋。
传闻帝南巡，九成奏崖嶂。后夔不可作，畴与辨真妄。
飘摇翠龙架，仿佛钩陈仗。西望苍梧云，临风独惆怅。

韶　石

（明）汤显祖②

舜帝南巡日，传闻此地回。秋风响灵峡，还似凤飞来。
谒帝苍梧道，行歌赤水滨。乐昌好鸣磬，能待有心人。
五月奏南薰，千秋仰白云。可怜箫管韵，不得到徐闻。
大圣虚忘味，何曾到海涯。今朝抚韶石，直似见重华。

曲江韶石

（明）李东阳

曲江通长溪，巨石平若掌。
浮云荡空寥，野望豁疏莽。
崚嶒见孤高，寻丈得余广。
迹非禹凿后，代出秦封上。
虞皇昔南巡，旌旆息兹壤。

① 许有壬：字可用，河南汤阴人。元英宗时，官至监察御史，行部（派驻）广东，对贪官、恶吏、豪绅，或弹劾罢免，或逮捕法办，以严明著称。

② 汤显祖：字义仍，号海若、若士、清远道人，江西临川人。万历十一年（1583）进士，任太常寺博士、礼部主事，因弹劾申时行，降为徐闻典史，后调任浙江遂昌知县，因不附权贵而免官。在戏曲创作方面，颇有造诣，作有传奇《牡丹亭》《邯郸记》《南柯记》《紫钗记》，合称“玉茗堂四梦”，以《牡丹亭》最为著名。在戏曲史上，和关汉卿、王实甫齐名，在中国乃至世界文学史上都有着重要的地位。

乾坤来清风，丝竹振遗响。
凤仪方炳焕，龙化惊惚恍。
江山无推迁，人世同俯仰。
黄生好古流，少小慕通傥。
穷幽极遐方，况乃接乡党。
朅来幽燕客，尚结江湖想。
文章藉流传，此志吾所赏。
平生怀古心，踔厉非技痒。
高歌未终曲，深夜神独往。
送子天东南，何时税归鞅。

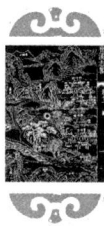

韶 石

（清）杭世骏

治定作乐，肇自黄羲。箫韶九成，继尧咸池。
浮磬未贡，玉环不来。所击拊者，世儒莫知。
函胡之音，僻在南陲。亦艮其趾，迤而扈而。
天鸡夜应，风水汩之。帝南巡狩，税驾厓巘。
象纬周圜，乾坤恢夷。张乐广野，鼓力物机。
虡业崇牙，翠旄金支。弹五弦琴，歌南风诗。
方岳毕朝，环听忘疲。神人胥悦，凤凰来仪。
此石发响，韵流山坻。苍梧一去，三妃未随。
此石喑伏，摈落荒碕。阅四千载，至人乘离。
有虮虱臣，轻舠暂维。流眄崇阿，神游帝期。
欲补韶节，而忘其辞。松阴偃盖，萝条罥衣。
迢迢古欢，悠悠我思。沧波曷极，白云自飞。

韶 石

（清）李文藻

湾头至平圃，上水一日程。左右皆韶石，刺眼纷峥嵘。
相对如故人，弥叹造物灵。记我初来时，见此心神惊。
欲以告弟妹，兼示济南生。据舷就片纸，持笔图其形。
有客见大笑，谓我画竹萌。鹿鹿七年来，绝景寤寐萦。
重至幸天霁，惟恐眼不明。溪路互曲折，山形俄变更。

横侧各异态，随人为呼名。东西屹双阙，仙子白玉京。
缥缈靡不有，十二楼五城。帝乐昔何音，诸石皆立听。

韶　石

（清）张锦麟①

浮山没寒溪，逃石傍荒岸。
韶阳供客眼，雄独此其冠。
挨排四九峰，物象呈变幻。
图经不待借，指点名可按。
尚嫌太高寒，岚霭凝不散。
日华赖相照，丹翠纷绚烂。
巍然见双阙，桀立倚天半。
削成疑鬼工，其下平若案。
儿孙丈人行，远视不可乱。
攀援绝钩梯，万古樵迹断。
传闻雪衣仙，对坐十昏旦。
凌虚恣周览，爱此尚留玩。
怅望无由升，凡骨自悲叹。

韶石山

（清）梁麟生②

岭南名胜传韶石，想象八风今似昔。
梁生昨驾舟楫来，将按舆图访陈迹。
途中积雪一尺深，乘马乘车行不得。
入春三日天气清，好鸟唤人时一鸣。
暖弃敝裘挟孤策，问人取道北城行。
北城行行四十里，不见箫韶见遗址。
大小香炉春藓青，上下鱼鳞暮烟紫。

---

① 张锦麟：字瑞光，一作瑞夫，广东顺德人。生卒年不详，乾隆三十三年（1768）举人。幼绝慧，有隽才。十岁通经能诗，以“碧天如水雁初飞”句得名，时呼为张碧天，又因“三面青山四围水，藕花香处笛船多”二句称“张藕花”。及长，性孤介，与兄锦芳并为翁方纲所赏，有“双丁雨到”之目。又与胡亦常齐名。

② 梁麟生：清代岭南诗派诗人。广东顺德人。雍正年间，与佘锡纯、罗天尺、陈份、严大昌等人在顺德结社联吟，时称“凤城五子”。

长啸一声天地愁，满林叶振如清秋。
老僧招手共探讨，三十六峰同一邱。
三十六峰尽奇绝，上插天门爰双阙。
芙蓉不算是峰峦，下瞰貂蝉如蚁蛭。
因思虞帝南巡时，左钟右鼓遥相随。
一就高岑陈大雅，至今名郡仍因之。
夏夔之才久不作，曹部伶伦都寂寞。
欲向王庭召太常，对坐坡陁共商榷。
廿年耳目蒙氛埃，遥忆薰弦此亦开。
今日暂酬风日美，明朝还上九成台。

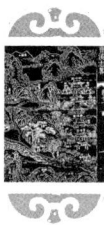

韶石攒奇

（清）廖燕

参差乐石拂云稠，虞帝曾经奏此丘。
岩宝窃虚声自响，钟匏韵古迹堪留。
千秋绝调空山和，一部元音大地收。
数遍峰峦怀未已，天风吹籁满沧州。

韶石说①

（宋）李昴英

"韶"，尽善之乐也，以名州，嘉矣。名之则昉于唐初，去舜之时，如此其远也。山有异状石，耆老相传，尝于此奏九成焉，故石之形肖之，其说甚荒唐无稽。粤岭秦始通，南巡狩未必至此，然圣人声教之溥，如日月所照，霜露所坠，粤当舜之世，独不在舜之天地中乎？

甚矣，圣人之德，感人之深且久矣。后乎舜千有余载。季札观乐，三叹不已。夫子闻道遗音，肉食焉而不知味，至于今千有余载，而石其思，庙其依，常隐然在人心。舜何以得此于州之人？州之人何以不能忘于舜也？孰谓州之人非其遗民乎？则此石特人心感触之一机，不必致疑可也。

教授赵君崇禋既模南海礼乐器，以文丁奠，且将乐于有虞氏之祠，以实是州之名，好古敏以求之者也。舜何人也？有为者亦若是，此当

① 摘自李昴英《文溪存稿》，本文原标题为"韶石说送曲江赵广文"。

求之于金石丝竹之外。赵君淑诸生而古其心，必有道矣。淳祐八年二月朔。

过韶石说①

（宋）黄庶

韶石，参错布列，崛起且秀，远近皆可爱，为川陆上下者观游之胜。旧说帝舜南巡，奏韶乐于此，因名焉。古今往来者，莫不踟蹰顾盼，既嘉石之可爱，又恨韶乐不可复见，至于叹息者多矣。且韶之所以为韶也，抑有以也。舜为天下，其治之大要：举八元八凯，去四凶，敷五教，明五刑而已。卒至于比屋可以封，而垂拱无为。故韶者，乃舜一时天下至和大治之音尔。彼兽率舞，凤来仪。使无之，不害为韶也。假舜也，其始不能举八元八凯，与去四凶，又不能敷五教，明五刑以为治，且安能使比屋可以封，而垂拱无为也。则其乐也，乌得谓之“韶”哉！夫举八元八凯，进贤也；去四凶，退不肖也；敷五教，纳民于善也；明五刑，去其恶也。后世有天下之君，能进贤，退不肖，使郡守县令，台阁之间，庙堂之上，无不得其人；能敷五教，使父父、子子、兄兄、弟弟、夫夫、妇妇，无不得其和；能明五刑，使其民悉迁善远罪，蛮夷戎狄，无不畏戒。如是，而天下不至和大治，盖未之有也。从而播之八音，饰的五声，文以六律，是亦一时之“韶”矣，何必舜也。予之官番禺，道出石下，追古今往来者之意，为之说云。

南华山：韶州禅宗人文名山。清《韶州府志》载：在郡南（曲江）六十里，算溪都，溪水回环，峰峦奇秀。唐仪凤元年，六祖卢惠能传黄梅衣钵后，于此建寺。又《广东通志》载：南华山在县南六十里，溪水回环，峰峦奇秀，产茶与椒，上为象岭，唐仪凤初僧卢能传法于此，一名仪凤山。

见六祖真相

（宋）苏轼

云何见祖师，要识本来面。亭亭塔中人，问我何所见。
可怜明上座，万法了一电。饮水既自如，指月无复眩。

---

① 作品摘自《伐檀集》，作者黄庶，黄庭坚之父，字亚夫，或作亚父，晚号青社，生于宋天禧二年（1018）。黄庶幼年即好诵习。庆历二年（1042）登进士第，史载其“历仕一府三州，皆为从事”，后终于知康州（今广东德庆）。嘉祐三年（1058），卒于任所，时年仅四十一岁。

我本修行人，三世积精炼。中间一念失，受此百年谴。
抠衣礼真相，感动泪雨霰。借师锡端泉，洗我绮情砚。

督诸军求盗梅州，宿曹溪，呈叶景伯、陈守正

（宋）杨万里

南斗东偏第一山，白头初得扣禅关。
祖衣半似云来薄，金钥才开雾作团。
一钵可能盈尺许，千年有底万人看。
今宵雪乳分龙焙，明日黄泥又马鞍。

南华山

（宋）文天祥

北行近千里，迷复忘西东。
行行到南华，忽忽如梦中。
佛化知几尘，患乃与我同。
有形终归灭，不灭惟真空。
笑看曹溪水，门前坐松风。

诗跋：六祖禅师真身，盖数百年矣。为乱兵刲其心肝，乃知有患难。佛不免，况人乎？

南华山寺

（清）施闰章

祖衣留岭外，古刹面沧洲。地阔岩扉绿，松高塔院秋。
荒台过虎迹，灵瀑吼龙湫。谁识曹溪意，年年水自流。

望南华山

（清）邓显鹤

人言六祖住，遥指南华峰。寒日抱孤影，莲花生几重？
津梁疲远道，山石立奇宗。欲溯曹溪水，香源不可逢。

凤凰山：韶郡内有三，一在韶郡西五十里，脉接桂山。一在乐昌，《乐昌县志》载：凤山，在蔚岭西北下二十里，其山尖秀，形如凤凰，下即白方伯故居。一在乐昌，称作凤凰冈：在县西北二里许，俗传旧有凤凰鸣此。

题凤凰冈

（宋）李渤

嶙峋峭壁武溪东，耸起昌文叠秀峰。
空谷流声浑管籥，断云出岫倚崆峒。
依稀玉韫含辉晓，烂漫花飞点翠融。
自是山灵开淑气，遥看拱璧郁青葱。

乐昌山：乐昌人文名山之一。在乐昌县城南郊五里之武水东岸。《乐昌县志》载：“乐石，山石嶙峋……暗藏石窦，声由石罅传人，呼之则应，俗称‘应声公’。奏乐其间，双音并发，清越可听，故名之曰‘乐石鸣韶’。”

又有记：山在乐昌县东三里，与乐山相对，两山小大相形，形如昌字，山下有乐石，其石疏理有声，故名县亦因之以名。又《方舆纪要》载：县城东南二里处有一座山称昌山，山上有两块大石，叠在一起，上面的石较小，下面的石较大，看起来像个“昌”字。清代白清颢有诗赞曰：“鸿蒙窍乱邑之东，日曰成形叠石峰。”这就是人们所说的昌山。乐石，称为乐山。一说是在附城乐石塘，山石嶙峋，高数十仞，暗藏石窦，声由石罅传入，呼之则应。俗称应声公。奏乐其间，双音并发，清越可听，故名之曰：“乐石鸣韶。”

乐石鸣韶

（明）白莹①

赫赫虞皇绍治平，翠华曾向此南行。
风微林谷和丝竹，日暖温泉漱锦筝。
三月味忘韶乐美，九成音协凤凰鸣。
昌山今幸留遗迹，愿奏钧天入大廷。

乐　石

（明）李近三

乐石曾充虞代悬，夔于搏拊向流传。
人今德让思皇后，凤昔来仪叶五弦。

① 白莹：乐昌人，明正统戊辰进士，任户科给事中职。

微物犹教谐庶尹，高贤谁不觐光天。
因怜圣世怀奇璞，被褐无由到御前。

游乐石

（清）程敱

嶙峋千嶂郁，空谷奏韶来。丝竹随流水，宫商体硐隈。
音谐忘断续，味解凭徘徊。几日青山色，迢迢去复回。

乐　石

（清）邓嗣玥①

戛击当年奏治平，箫韶遗响尚分明。
奇呈拔地玲珑势，韵协钧天雅颂声。
古乐云遥知俗尚，至仁可慕慰予情。
囊琴时际薰风好，仿佛收身入帝庭。

登乐石

（清）欧堪善

香霭崆峒紫气迎，铿锵雅乐叶歌赓。
何来洞石千层秀，特奏钧天第一声。
涧水自谐箫管韵，高冈时有凤凰鸣。
闻韶此日真忘味，来往青山听九成。

莲花峰：韶郡人文名山之一。据清《韶州府志》载：在郡南五里，状如莲花拱揖，郡治旧城建于浈水东，即此山下。又《广东通志》载：莲花峰，在州东五里，形似莲花，故名。《宋史》记：开宝三年，潘美伐南汉，刘鋹使其将李承渥列象为阵，拒美于莲花峰下，既此。又《大清一统志》记莲花岭，在城南五里，高八十丈，鼻祖袤二十里，旧城建于浈水既此山下。

韶州韶阳楼夜宴

（唐）许浑

待月西楼卷翠罗，玉杯瑶瑟近星河。
帘前碧树穷秋密，窗外青山薄暮多。

① 邓嗣玥：乐昌人。清康熙癸巳恩贡。

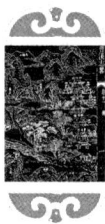

鸲鹆未知狂客醉，鹧鸪先让美人歌。
使君莫惜通宵醉，刀笔初从马伏波。

貂蝉岭：郡北五里，山顶石突起如貂蝉，俗云鸡冠石，上有洞，一窍通天。清代在貂蝉岭下曾设立名叫“鸡冠寨”的关隘，派兵把守，以扼北上仁化、东入韶石两途。道出鸡冠寨穿步泗（亦作白虎坳）过良村、帽子峰入韶城。《广东通志》载山名“石头山”，在县北十三里，高三十余丈，上有巨石特起，俗名鸡冠石，上有洞一窍通天，亦名貂蝉岭。

题鸡冠岭

（清）廖燕

未晓鸡声已屡催，送郎常起五更时。
鸡冠罚作山头石，省得人间早别离。
注：城北三十里有貂蝉岭，俗呼鸡冠寨。

貂蝉秋月

（清）廖燕

万峰齐拥一峰尖，绝顶当秋早吐蟾。
夜半渡江浮影湿，天涯随处照人纤。
光分遥岫频抬首，凉透深闺尚倚帘。
正欲腾空窥碧落，露华如水滴前檐。

招隐岩：韶郡禅宗人文名山。光绪《曲江县志》载：招隐岩，城南四十里，唐新州卢居士尝隐于此。提刑耿南仲书“招隐”二字勒于石，编修程文德有题。相传唐代禅宗六祖惠能禅师自黄梅得法南归，因遭恶僧追杀，曾在此岩隐避。后人于此岩建寺，名曰“招隐寺”。明清时期，曲江列二十四景，其中“狮岩招隐”既为此景。又有《曹溪通志》记招隐岩：在寺西十里，有巨石卓起，高十数丈，其半有岩。《郡志》：“能禅师尝隐居于此。”后僧即岩中祀师父母，提刑耿仲南大书“招隐”二字刻于石，督学周公有诗。

题招隐寺

（唐）刘禹锡

隐士遗尘在，高僧精舍开。
地形临渚断，江势触山回。
楚野花多思，南禽声例哀。
殷勤最高顶，闲即望乡来。

狮岩招隐

（清）廖燕

石室空隆透几层，翠微深处见云兴。
洞阴斑藓生虚壁，树老苍松桂古藤。
山鬼檄驱衣锦客，野人书约种畲僧。
到来注易经年久，流水岩前早冻冰。

狮子岩

（清）刘献臣①

径转云迷杖，奚童扣石扉。风生猿共啸，霞带鹤孤飞。
一水浮青碧，千峰竞翠微。夜来云汉近，与子摘星归。

招隐卢公居士灵迹录〔记〕

招隐岩者，宋仁宗朝嘉祐中有一白衣居士，自新州而来，乃南华六祖宗人也。修行于兹，后三月三日成佛坐化，乡人未知，于是以火焚之，三日不化，居士肉身矻然如故。祷之曰：“如若有灵，降雨天上。”祷声未绝，阴云滃合，即降在雨□□入千□敬奉，惟岩□李□姑□□□士行状南峰，岁给灯油□□与道者奉然。崇宁三年本道提刑耿公南仲□月□日感灵梦，次早登陆放岩览□之秀气，遂命曰“招隐”，幽入石室□□成曲江知县李公奉议为天旱祈感灵梦，祈祷于岩，雨连日而□□号□神□上能应天护国，下能苏槁□□现□□□□□在至□□间，大军群盗皆仰眺而去，□遗炬□然，居士灵骨依旧。

丹霞山：清《仁化县志》载：在县南十五里，重岩绝巘，踞锦

---

① 刘献臣：仁化县人，曾任万安知县。

岩之巅。清康熙二年有高僧澹归卓锡于此，辟为丛林，几与曹溪并峙其胜。

又：丹霞山风景区划分为上、中、下三层。下层风景区以锦岩寺为主，风景奇特而幽静。岩内顶壁有天生而成的龙鳞片甲，四时变色，宛如天龙横卧。从岩头举目远望，可见“群象”“姊妹”“茶壶”“玉女”等诸峰，惟妙惟肖，气象万千。中层风景区以别传寺为主体。此外，还有一线天、丹梯铁索、玉女拦江等诸多景点可供观赏。上层风景区集丹霞山之奇、险、美的精华，攀登“通天关”“登天关”之后，可直上长老、宝珠和海螺三峰，是赏丹霞百景和观丹霞日出的理想胜地。

丹霞山

（明）凌云

林里栖精舍，师行亦有缘。孤灯寒照雨，群峭碧摩天。
风递幽香出，吟惊宿鹤迁。未能先隐迹，常愿奉金仙。

丹霞山

（明）龙章尧

一幅画图气象分，参差起伏异同群。
千层锦水螺浮海，万叠苍屏雁荡云。
卓锡龙蛇俱可践，悬崖鸡犬不相闻。
绕回一匝风光起，踏破芒鞋笑语欣。

丹霞山

（明）鲁士

一入奇峰眼倍清，晴岚到处送人行。
片鳞岩远云横度，双镜池空影倒迎。
翠玉千竿摇月色，回风四面绕松声。
从今始识丹霞好，不独天台擅赤城。

忆丹霞山居

（明）李永茂①

云半结庐夜授经，流泉细细晓来听。
天空但立千群竹，月落犹如数点星。
雁阵南飞悲故国，螺川西望恨街亭。
三岩一出秋容老，惭愧闲身泛水萍。

丹霞山

（清）廖燕

白云横青嶂，登之凡几重。
岂知天地内，奇峰如心胸。
取险快游目，绝壁曳孤筇。
鸟道渐高危，石龛僧方钟。
群岫接一线，元化弥其缝。
岩倚草树杂，肃气托青松。
悠然望前岭，云起西北峰。
雷雨相汩没，安知山始终。
嵌字使苔蚀，千载认游踪。

春夜丹霞山乐说上人院坐雨

（清）廖燕

高斋添客坐，灯影隔长林。一雨催春尽，千峰落磬深。
电奔岩石火，寒逼草蛩吟。莫厌通宵语，平生只此心。

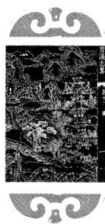

① 李永茂：字孝源，号约生，今邓州市人。明天启七年（1627）中河南乡试解元，崇祯十年（1637）举进士，授大名府浚县知县，十五年授兵科给事中。十七年二月，奉使去留都南京。李自成破北京，崇祯自尽，福王朱由崧逃到淮安，永茂与明南京兵部尚书史可法、凤阳总督马士英等迎福王入南京称帝，号弘光。次年五月，南京陷落。朱由崧败亡，唐王朱聿键即帝位于福州，号隆武，诏永茂为兵部侍郎，后因父病故，永茂去芜湖奔丧。隆武二年（1646），朱聿键败走汀州遇害，次年，李永茂与瞿式耜等复拥桂王朱由榔在肇庆即帝位，改元“永历”。永历二年（1648），羊城失守，永历帝败走桂林。永茂同弟充茂，芒履道服避居廉白山（今丹霞山）中，历尽辛苦，四月病逝，终年四十八岁。永历帝赠永茂武英殿大学士、少保兼太子太保，谥“文定”。李永茂著述甚丰，仅存《荆襄题稿》和《蒙难记》一卷、《经筵疏稿》二卷。

登紫玉台

（清）沈皞日

有石皆成岭，无松不见云。曲阑围处绝，峭壁转时分。
路与星辰接，游同鸾鹤群。西山绵邈地，江影澹斜曛。

丹霞山

（清）欧堪善①

铁练从空挂，险峻行路难。一条白云径，百折石梯盘。
螺髻临风回，仙衣坠露寒。维摩金粟地，莫作等闲看。

将游丹霞，由相江进艇，夜泊仁化江石

（清）陈王猷

春草青未歇，春水流尚浅。曲折溯清湍，逶迤漾轻艑。
出门惬嘉游，旷焉胸怀展。飞鸟时去来，闲云自舒卷。
落日生野烟，前溪忽已远。石壁截横江，群峰势回转。
眷兹丘壑情，人事惭仰俯。停舟渔火中，明月独相款。

丹梯铁锁

（清）鲁超

层峦叠嶂连崔嵬，天门高绝天风吹。
嵚崎陡壁一千丈，人行直在飞鸟上。
勾连絙索锁云梯，磴道难容足步跻。
后人不敢相牵引，前人足踏后人顶。
恍如傀儡挂屏风，望之摇曳心怔忡。
又如蝼蚁缘绝壁，手生目注不得息。
一上天门心爽然，纵横骋目星辰摘。

绕丹霞山诗

（清）方云停

山中恰好高僧住，山外犹宜短杖行。
远近延绵千里目，参差偃蹇万峰情。

① 欧堪善：乐昌人，进士。曾掌四川道，升刑科给事中，提督贵州学政、太仆寺少卿等职。著有《泷涯诗集》三卷。

横云路断石梁险，倒树崖空心地平。
周匝芒鞋多自得，世间那有法王城。

游丹霞山

（清）陈象谦

步步寻幽到梵宫，入云楼阁影玲珑。
霞铺锦石千林醉，翠拥虹桥一线通。
心遇旷时诗易就，境逢佳处画难工。
几能倩得如椽笔，书遍层峦叠涧中。

游丹霞山

（清）郑绍曾①

岭峤名山此日逢，琳宫缥缈控提封。
较量东粤无双地，鼎峙南华第一峰。
怪石森岩疑伏虎，芳泉注泻俨蟠龙。
是谁巨手开灵岫，览胜何须访岱宗。

游丹霞山

（清）郑绍曾

梦觉关头正渺茫，不知尘世几沧桑。
深山虎豹凭虚出，大泽龙蛇竟日藏。
仙迹漫传金粟种，禅心终老白云乡。
探奇自是归来晚，点点钟声落上方。

游丹霞山记

（清）廖燕

余游丹霞至再矣，兹岁已卯，晋江蔡子雪髯来韶，心艳丹霞甚，强予再游，不得辞，时友人李子宏声、男瀛从焉。于是记之曰：

四月二十一日晚，抵仁化江口。次日由江口抵铜鹤峡，望观音石，仿佛花冠璎珞，江水绕山三匝。舟行忽远忽近，皆与像相值，而像之正背侧面，望之无不极肖者。是夜宿潼口。

二十三日，舟转潼口，已近丹霞前山。山下为放生潭，水为山光

---

① 郑绍曾：广西宁明人。举人。清代曾四次莅任仁化知县，人颇贤明。

树影倒映渲染，皆作碧绿色，故又名绿玉潭是也。仰观层峦叠嶂，罗列如画。疑无不知此中有胜地者，而必俟之数千百年后，人事迟速之不可强，亦犹是矣。舟抵护生堤登岸，沿堤修竹围绕，左折至磴道，曲折而登。每至折处，李子辄拾片磁画石上记磴数。至半山亭稍憩又行，夹路松阴亏蔽，不复知有暑气。路左右壁陡立，右偏下临深壑，竹树间之，望之不甚了了也。临关门，倚栏望众山，皆在趾下。栏之下有小径，左折而行，下临无底。稍前，两壁夹立，中露天光，名一线天。以路险而止，且欲登山未暇也。李子画石记磴数，至此凡得四百一十九级云。入关门，右折为苇桥。桥下荷叶田田。恨尚未花。稍上，即三岩高处，为李文定公讳永茂故居，今为客堂。僧迎入，进茶毕，循廊左行，有泉一泓，清澈甘洌，为芳泉。上为松岭，松数百皆大数围，听松涛飕飕不忍去。前为竹林岩，是时笋新成竹，粉箨初褪，净绿娟娟，一碧无际。林中为正气阁，供汉寿亭侯像。阁后峭壁插天，右望隐隐见海，山门如在天半。予顾同游指曰：“明日从此上海螺岩。”众颇有惧色，然亦急欲试之，以将暮而止。左折入一岩，不甚深，岩瀑霏霏，时溅客衣。稍入则不能去，丹霞之右路尽此，而山势则殊未尽也。复循松岭上双镜池，池因巨石形势凿成，内种荷花，旁有小石几，可坐啜荷香。少顷返客堂旧路，由藏经阁后登紫玉台，领略诸峰形势，时有小鸟飞翔松杪，红绿异色。僧云山多各色鸟，别山无之。亦一奇也。

二十四日晨起，复由松岭数折至绝壁下，攀铁链面壁而上，至御风亭，为海山门之半。小憩复上。路益高而陡，至海山门，神稍定，扶筇右行，至海螺岩，澹师塔在焉。师为开山第一祖，予曾从之游，今别一十有八年矣，为下拜，泫然者久之。左转为龙王阁，阁下有池，泉水涓涓出石隙，池深阔不盈丈，此岂龙潜之所耶？抑龙为神物，得点水便可飞腾，则此一勺之多亦可藏鳞伏甲也？稍前为雪岩，望焰慧、菡萏、麒麟与夫天台、绿萝、玉笋、负子、七如来诸峰，历历可数。而绿萝峰则为寿春万子欲曙约予偕隐处也，予梦寐不忘焉。再左转上舍利塔，为丹霞绝顶，大抵此山从斗母阁而望，则可尽山之前面。从紫玉台而望，则可尽山之左面。从雪岩而望，则可尽山之左右与背面焉。惟此绝顶，周遭远眺，杳无穷极，而百千峰峦，高下怪奇，簇拥兹峰，盖山水之巨观也。随下迤北，渡虹桥，岭长如虹，故名。登顿数折，至片鳞岩，又倦而馁，僧为饮食。山中诸岩多面西，惟此岩南向，轩敞而高，为此山之最胜者。予周行审视，觉前雪岩所见诸峰，至此又成异观。盖峰有定形，特人行高低远近莫定，而峰形亦随之而变，况朝暮烟岚变幻不一，而人之心目亦遂为其所眩，不复能自作主，而游者反以此而取快焉。此惟善游山者能知之。去此又有朝阳岩、禹山石室，景绝胜，以路险难行，且将暮，遂返。至水帘岩，明季贺康年曾挈家避难隐此，薪爨烟墨犹存。再折一岩西向，时已薄暮，西方霞起，烂若五彩，光射岩内，林木闪烁。岩名晚秀，真为此岩写照也。急下山，至海山门，俯首下视，神为之战。身去链尚一二尺，侧身坐定，先将右足踏磴，然后徙左足，始得扶链而下，似上易而下难者。盖上可面壁，故无惧，而下则不得不外望，俯而扶链故也。蔡子曰：“此路宜略斸宽，以便游屐。”予曰：“不然。此山之奇，奇在险，非此则无以见其奇。且游山岂厌奇险耶？”甫至檐廊，天忽大雨，同游且惊且喜，凭栏看山中雨景，云气忽从栏外拥入，一时对面不能见物，衣屐欲湿，予亦几飘飘欲乘云飞矣。须臾忽霁。

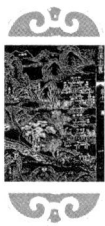

二十五日，出关门，复至山趾。右行茶树林底，折而东，皆悬岩峭壁，人言岩外，声应岩中。历石磴数折，入梦觉关。瀑布从丹霞山顶飞下，滴沥有声。又数武有瀑差小，循瀑仰睇，头为之眩。有岩稍阔而隘。岩侧有墨书“出米岩”三字，相传曾有米出于此，以给僧众。僧屋皆傍江就岩磊成。稍进为佛殿，前有楼可以登眺。隔壁又有一岩，盖就此一岩，截而为二者，轩豁宏敞，较丹霞之岩更逾十倍。岩顶有鳞甲浮起，色如苔痕翡翠，阔三尺有奇，横亘二岩而长，逶迤夭矫，宛若神龙飞挂其上，特不见首尾耳，岩得名“锦石”以此。旁有石如榻，名仙人床。下临深潭，即仁化江也。烟帆上下，沙石杂错，对面金盆、狮子诸峰，明媚相向。身在画中，而画外有画，宁复知此身在人间世耶？日暮返山，明日买舟回归。

予游丹霞至是凡三往返。始则予一人独游，再则为古杭冯君彦衡拉予同游，至此则蔡、李二子与予男并从者某，共得五人而游焉。又始与再，俱再宿而返。此游独越四宿，因得山之梗概。蔡子善画，拟作《游丹霞山图》，予先记其略如此。

时四月二十六日也。

游丹霞记

（清）袁枚

甲辰春暮，余至东粤，闻仁化有丹霞之胜，遂泊五马峰下，别买小舟，沿江往探。山皆突起平地，有横皴，无直理，一层至千万层，箍围不断，疑岭南近海多螺蚌，故峰形亦作螺纹耶？尤奇者，左窗相见，别矣，右窗又来，前舱相见，别矣，后舱又来。山追客耶，客恋山耶？舛午惝恍，不可思议。

行一日夜，至丹霞，但见绝壁无蹊径，惟山胁裂一缝如斜锯开，人侧身入，良久得路，攀铁索升，别一天地。借松根作坡级，天然高下，绝下滑履；无级处则凿崖而为之，细数得三百级。到阑天门最隘，仅容一客，上横铁板为启闭，一夫持矛，鸟飞不上。山上殿宇甚固甚宏阔，凿崖作沟，引水僧厨，甚巧。有僧塔在悬崖下，崖张高幂吞覆之。其前群岭环拱，如万国侯伯执玉帛来朝，有豪牛丑犀、黎軒幻人，鸱张蛮舞者。

余宿静观楼，山千仞衔窗而立，压人魂魄，梦亦觉重。山腹陷进数丈，珠泉滴空，枕席间琮琤不断。池多文鱼泳游。余置笔砚，坐片时，不知有世，不知有家，亦不知此是何所。

次日，循原路下如理旧书，愈觉味得。立高处望自家来踪，从江口到此，蛇蟠蚓屈，纵横无穷，约百里而遥，倘用郑康成“虚空鸟道”之说，拉直线行，则五马峰至丹霞，片刻可到。始知造物者故意顿挫作态，文章非曲不为功也。第俯视太陡，不能无悸，乃坐石磴而移足焉。

僧问：“丹霞较罗浮何如?”余曰：“罗浮散漫，得一佳处不偿劳，丹霞以遒警胜矣。”又问：“无古碑何也?”曰：“雁宕开自南宋，故无唐人题名；黄山开自前明，故无宋人题名；丹霞为国初所开，故并明碑无有。大抵禹迹至今四千余年，名山大川，尚有屯蒙未辟者，如黄河之源，元始探得，此其证也。然即此以观，山尚如此，愈知圣人经义更无津涯。若因前贤偶施疏解，而遽欲矜矜然阑禁后人，不许再参一说者，陋矣妄矣，殆不然矣。”

锦石岩：在县南十七里。岩高数十丈，石五色间错，四时变态，故名。自唐宋历暨五代时，有僧伽憩此，并无管构。相传南宋有僧法云，始见兹山之奇，攀援而上，叹曰：半生在梦里过了，今日始觉清虚。聚众建庵半岩，有小洞门即号梦觉关。锦岩之名始著。由洞门傍岩南行二里，有四岩宛若堂殿，曰千圣岩、祖师岩、伏虎岩、龙王岩，皆深达虚关，其景之奇绝，虽名工莫能摹写。明成化时，知府符锡于大岩之前作厅三间，辅以来室，表以石坊，护以石关，题曰：紫府清都。诸往哲游者，皆有诗。

仁化锦石岩

（宋）余靖

巉岩绚烂倚云隈，万玉无香结作堆。
不是虬龙眠铁树，原来假石作根荄。

锦石岩（二首）

（宋）子发

其　一

巉巉怪石锦鲜明，不假人为自织成。
频向水晶帘外立，泉声那更杂溪声。

其　二

倚空峻壁列松杉，水色岚光总不凡。
一段画图奇绝处，夕阳天际认归帆。

丹霞锦石岩

（明）刘稳

万丈丹崖古，临风一振衣。沿阶苍藓合，满目彩云飞。
野鸟投林宿，山僧乞食归。尘缨如可谢，结屋尽相依。

丹霞锦石岩

（明）张大辂①

东粤名山未易穷，锦岩风景一何雄。
天生石屋旷千古，地拥青螺倚半空。
逸客觞壶明月下，老僧衣钵白云中。
兴长调短徘徊立，忽迓林间送暮钟。

---

① 张大辂：明万历十四年（1586）任韶州通判。

丹霞锦石岩

（明）李璧

暗羡桃源花最鲜，那知岩窦锦龙妍。
天孙巧手现凡世，神女回文织峻巅。
曲折洞门朝雾锁，嵯峨石顶暮云连。
我来登眺忘归去，笑对清江瞰万川。

丹霞锦石岩

（明）梁维巩

兴入清秋磴几巡，夕阳盘礴倚松筠。
时登小阁堪怀古，偶瞰长江欲问津。
万掌岚烟奔石浪，一龛丹碧幻龙鳞。
山僧宁解生公意，领略云霞自有人。

丹霞锦石岩

（明）徐九皋①

仙台缥缈枕江干，阆苑层城碧玉栏。
绝讶清虚宜豹隐，竭来杖履出云端。
千岩过雨诸天晓，万木含风五月寒。
尘世凡人真梦觉。紫芒白石空赞玩。

锦石崖

（明）王继芳②

峭壁飞来锦水滨，仙人洞壑捧星辰。
禅宗已去留丹灶，龙蛰犹传起赤鳞。
云里石盘千佛古，雨余烟锁万家春。
天风吹送重游梦，欲老相逢问讯频。

① 徐九皋：明时曾任韶州参政。
② 王继芳：举人。明嘉靖四十五年（1566）任仁化知县。

丹霞锦石岩

（明）管谷

百尺丹梯可共扳，振衣同处断尘寰。
岩开锦室霞明户，瀑泻澄潭月印湾。
法乘宣搜空二酉，翠微高敞即三山。
诸天一线藤萝外，不尽探奇不攘还。

仁化司马明府邀游锦石岩

（明）王弘诲①

白石苍烟半有无，锦岩春色霭青都。
探奇地主逢司马，望气人寰集县凫。
阴洞微茫天一线，悬崖飘缀雨千珠。
不妨跨鹤凌瑶岛，聊尔停骖醉玉壶。

丹霞锦石岩

（明）黄华秀②

境岩古洞辟苔矶，曳杖寻诗近翠微。
达槛浮航时泛泛，半空真水自霏霏。
云烟疏发漫天蔼，卉木幽芳带露晖。
伫望安期人不识，长歌一曲菇芝归。

锦石岩

（明）唐昇③

万丈悬崖挂薜萝，攀缘自叹此生多。
桃源莫谩无人到，僧寺偏宜好客过。
成癖爱山能绝顶，悯时无策隔颓波。
夜深难放笼中鹤，又被闲愁引睡魔。

---

① 王弘诲：定安人。明代曾任礼部尚书。
② 黄华秀：福建人。明万历十八年（1590）任韶州府推官。
③ 唐昇：明代曾任韶州郡守。

丹霞锦石岩

（明）司马讳

削壁芙蓉翠窦开，神仙灵宅共徘徊。
层层喷雨千珠落，绝磴封苔一线回。
天外云霞堆锦绣，云间钟磬净氛埃。
登临翻笑尘缨缚，独立风前一举杯。

锦石岩（二首）

（明）欧阳铎

其 一

悬岩仿佛见巢居，具眼谁当混沌初。
瑶草翻风殊自得，瀛州隔水定何如。
老僧鸟语传云窦，小吏猿攀护使车。
尘俗可怜奇绝地，暂时登览亦吾庐。

其 二

平生懒性宜丘壑，到此风流却认真。
疏竹长杉春自好，山僧野鹜日相亲。
笑无玉带堪留寺，折得松花已满巾。
谷口雨晴云卷卷，低头惭负百年身。

丹霞锦石岩

（清）肖继昌

龙鳞谁斧凿，片片赤城霞。细路入云峭，幽岩飞瀑斜。
白归江上鹤，红绕洞门花。最是僧探异，悬龛三两家。

丹霞锦石岩

（清）蔡嘉复①

步入丹梯草树香，洞门天半广斜阳。
云从岫顶飞珠练，石向岩前缀锦章。
龙甲千年留脱骨，仙人一去有遗床。
山灵未必遗逋客，惜榻时时列上方。

① 蔡嘉复：浙江衢州人。顺治四年（1647）任仁化知县。

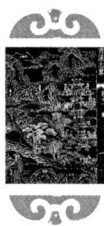

锦石岩

（清）赵　璧

三窍玲珑倚碧空，洪蒙开辟自天工。
炼云不假娲皇力，刊木谁劳禹后功。
雪点寒梅晴月白，光分锦石夕阳红。
岭南岩洞多佳胜，到处看来独此雄。

锦石记略

（宋）邓嘉猷

仁化南隅有崖［岩］在缥缈〔间〕。石纹四时改易，五色俱备；而形或如寒梅吐玉，千葩万蕊，故名“锦石岩”。岩前有江，皎洁如练，周回区曲，曰“锦江”。岩之状，蛤岈如口，深邃虚阔五六十步，出于自然。一曰“千圣岩”，二曰“祖师岩”，三曰“隐虎岩”，四曰“龙王岩”。岩上有白龙池。开基唐末，百年乃有今云师平危叠险，营构堂室。砖砌岩地百丈，制石为栏数百尺，妆饰诸佛像。于松间卓一庵，曰“圆通庵”。

重修锦石岩记

（明）王宾

成化庚子春二月辛未，余抵仁化会记筑城，保障地方。事既竣，命舟还韶。去治邑二十里许，左右皆曰：“是中有仙境，穹壤间不多见。”余然其语，乘舆登览。四面皆奇峰恠［怪］石也，满座皆幽草琼花也。岩之畔，飞泉瀑布者，不卷之珠帘也；岩之前，禽声松韵，若笙簧之交奏也；岩之下，江水皎洁，若素练也；岩之中，深邃虚阔，若殿宇也。实天造之自然，非人力之使然。清风徐行，浮岚袭袂，使人脱然而忘世虑贤！仰而视之，石有五色如寒梅。时有僧曰净寿、曰慈志者，拜首告曰：“石间之绣纹，四序改易，变色不常，故名其岩曰‘锦石’。”是岩肇基唐末，代有方外士居之，而〔一〕砖一瓦未置也。南宋崇宁间，居士号“法云”者，聚众善百余，开山建庵，力食焚修，而锦岩之名始闻于天下。景泰壬申，有僧曰“清行”者，率徒净寿来岩住，特有化善信，而处士李克谅、谭彦淳辈，资金施财，妆饰诸像。凿石为阶级数百丈，斫石为栏杆数百尺，制石为香桌十八座。平危垒险，营构堂室，迥然南方之胜景也。成化乙酉间，清行圆寂。

而净寿手植杉松数千株，历岁既久，群木郁茂。间取其尤茂者，构伽蓝堂六楹，廊房二十八楹。岩之下，构庵五十余楹。古迹狮子岩庵已颓，亦从而鼎新之。岩无常住田，乃募财买田二十余亩，率徒躬耕，以备斋供。净寿之功视昔尤多也。岩顶有天然庵遗址，成化癸巳，慈志募缘重建，修行悟道，矢不他适，得非知止者乎？二僧者，恐前迹之未彰，虑已功之无述，不逾月，诣余请记，镌石以永其传。辞弗获已，于是乎书。

赐丙戌进士中顺大夫赞治尹韶州府

知府前云南道监察御史淳安王宾书

锦石岩记

（明）符锡

仁化锦石岩，高数十丈，石五色间错，四时变态，故名。或曰：岩中时有五色云气，故名。游舫初泊，但见芳洲翠筱，怪石苍松，使人酬应不暇。东行不百武，蹑石梯而南，复折而东，而南，皆有石梯。过小石门，即宋僧所号“梦觉关”。自是，边岩有石径，约二里，左临绝壑，右扪陡岩，傍有石池，色深黑，帘泉丁丁落池中。岩稍深处，辄有塑像，有杵臼之具。又过小石门，则见僧房数区，半倚窦穴，户西向，尽东有门，屋一座。门东即大岩，深广可六七丈，上下平直，俨如堂皇。前临石栏，俯视松顶，远见澄江数十里蜿蜒出岩下。岩东有小岩，亦可三四丈，有龟拆锦文，如蜂房悬缀壁上。近东亦可五七尺，渐杀而西，长与岩并。人语岩中，声出岩上，时命从者取管吹之，疑若钧天之奏。惜乎，天造仙境，人恨尘迹。往判郡时，即欲于岩唇掀处建亭设门，以便偃息，蔽风雨，傍作板房，以待宿客，未几迁去。讵兹假守，乃获申命。二三耆民，一偿初志，常谓宪副陈公，锦石山水奇胜，当不亚于武夷。公矍然曰：“武夷安得如此，然而名不著于天下，不见于载藉，岂山水显晦，抑有待于人耶？”拙作故云：名胜不逢仙迹隐。顾余菲劣，非能显晦山水者也。姑志以俟。

书堂岩：据清同治《韶州府志》等史书载韶郡书堂岩有三：

一在仁化县境。《仁化县志》载：在县南十里，壁立千仞，穷实隐见而无路可攀，俗传余襄公尝读书于此舟中，遥望隐若书案，不详其故，明台使朱英①有诗。

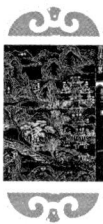

二在韶郡城南。《曲江县志》载：郡东十五里，白茫渡相对，岩洞划然，泉清石洁，曲江公尝读书于此。元志有元次山题名，朱新仲跋：次山好奇，所至遇佳山水，必加雅目，使促此出涪台瀼溪，遂传不朽，此岩独无品题，岂以曲江公尝读书其中，故不欲更称述其中。清《韶州府志》载：书堂岩在本府曲江县郡城东十五里曹口里白芒渡之傍，岩洞划然，泉清石洁。昔曲江公张九龄尝读书于此，有元次山题名云："次山自道州刺史，为容管经略使。是时贼尚据本道，以苍梧为治所，北归取道于此。"不书岁月，盖大历间也。舍人朱新仲跋云："次山好奇，所至遇佳山水，必加雅目，使促此出涪台瀼溪，遂传不朽。此岩独不辱品题何也？岂以曲江公尝读书其中，故不欲更称述。"即今次山题刻不存，惟新仲题名宛然。

三在翁源。旧称书堂石，翁源县人文古迹之一。其位于翁源三华镇山罗江下流二里江心。书堂石方圆不足百米，怪石嶙峋，江水自北向南流经书堂石山脚，一泻而下，数里之内可闻哗哗水声。相传，唐著名诗人邵谒曾在此读书，故称作读书石。宋代，有僧在此石开书堂僧院，至明嘉靖间，僧院遭水火继灾，寺僧流离别徙。明隆庆年间，又有乡贤文士黄器先作《书堂石怀古》，诗曰：数里飞湍似吕梁，梁山之上读书堂。秋来江色流黄叶，雨后人家住碧湘。中古有音传姓氏，少微无恙乐虞唐。踏歌野眼看溪鸠，双聚双飞亦雁行。明万历丙子，有僧重修书堂院，设邵谒先辈主其上，书堂院于万历十三年落成。万历十六年，有罗江山人黄子为制碑文。

读书岩中寄沈郎中

（唐）张九龄

素有岩泉僻，全无车马音。
溪流通海曲，洞豁敞轩阴。
石几渔舟傍，沙湾鸥鹭临。
仙禽胡不至，野鹤恒自吟。

---

① 朱英（1417—1485），字时杰，号澹庵，又号诚庵、任真子。郴州桂阳县（今汝城县）人。明朝中期政治家、诗人。正统十年（1445），朱英登进士第，授监察御史，历任广东、陕西、福建等地参议、布政司参政、布政使等职，又以都察院右副都御史之衔巡抚甘肃。成化十一年（1475），升任两广总督。他为官清正严明，治理甘肃、两广，皆立大功。朱英去世后，获赠荣禄大夫、太子太保，追谥"恭简"。著有《认真子集》《澹庵纪年》《诚庵奏稿》等。

虑定时观易，泉深间抚琴。
真有清凉处，不令炎热侵。
寄语吾知己，同来赏此心。

寄题书堂岩

（唐）沈佺期

南山有岩洞，崆峒敞奇境。
直顶多悬峦，陡壁开轩景。
一水石底穿，澄潭鉴人影。
几席排天然，读书堪昼永。
岩外云霞联，溪间岚气冷。
幽寂透心空，清旷彻理静。
虽未常遨游，友我神相领。
寤寐时及之，尘眸豁然醒。
寄语与山灵，只今愧萍梗。
无能伴主人，响答长岩冋。

书堂石

（明）朱景运

一拳宛见古堂烟，月漱溅溅石自坚。
千载知音流水在，诵君国子旧诗篇。

书堂夜雨

（清）廖燕

烟锁层岩古洞深，凄其夜雨正堪吟。
檐飞细瀑书声湿，寒照孤檠独影沉。
积久苔痕宜绣壁，劈空雷火欲烧林。
此中有客怀高尚，独自支颐坐碧岑。

咏书堂石

（清）郭正嘉

堂留遗址石留名，学羡先生得至精。
模范俨同卷石古，虚明如似一泓清。
若无文字昭万代，那有芳型律后生。
截髻竟成千载志，浩然正气鬼神惊。

重修书堂院记

（明）黄德先

书堂僧院，旧筑三华镇山下流二里江心书堂石，即晚唐邵先辈谒读书处，开山者能禅师之裔孙道显也。宋季水灾，迁上游落钟潭，迨明嘉靖季年又值水火继灾，寺僧流离别徙。万历丙子，僧性圆悯先师遗迹不可失，沿河稍上三合渡高陇筑寺，塑佛前堂，门第缭垣，广于数亩，佛像西偏，设邵先辈主其上，四时崇祀之，盖辉煌焉。又买田数十亩为赡后计。落成十三年矣，性圆恐后湮没无纪，请于罗江山人黄子为制碑文，树之以垂不朽。

黄子家罗江玉华山之阳，宅面迤右即书堂石，屹然中流。先辈，予乡之先彦也，兄龙山先生曾为刻其集以风后。予兄著《两京赋》，以建宁府学训导落落殒身，与先辈赴官不知所终俱如此矣！罗江之上，前后出二文人，相类若此，念兹伤哉！今性圆筑寺，拉先辈祀之。先辈子孙无传，魂归萧寺，与佛氏共燃一灯。予兄踵其后尘，另续一灯焉。性圆生于千载之下，筑刹祀佛，附祀先辈，先辈寓此，其东坡之托宝陀寺耶？乃今坡仙，先辈蔼然并永其名。书堂、宝陀二院俱以江心古迹，或迁或不迁。书堂院以水迁之高陇，宝陀与金陵金山不畏水而不迁，三山同一派云。乃诗以祝之，其词曰：有寺有寺，宿号书堂。金人丽丽，先辈同藏。灯传五叶，先辈共焉。灭度至今，有僧性圆，迁筑中兴。三华东偏，灵池远峙，罗江面蹱，陇上云封，灯燃万年。

万历十六年五日　罗江山人　黄德先　撰

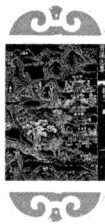

玲珑岩：在始兴江口。城南有二山对峙，左大而右小，左山多岩穴，大者曰“玲珑岩”。岩中有岩，以大小相间，燠室凉房靡〔无〕不备，类巧者之所为。其最胜者凡八岩，初自南壁上为二小岩，形如半月相环，外隔而中通。数十步一岩差大，上至山半，一岩甚大，可容人数百，日月盛实其中，名“天光岩”。路左一岩差小，石〔钟〕乳垂莲，有红绿苍翠色。稍上又一岩，两柱屹立如楼阁，一窍当东，日初出则阳光先贯〔射〕，朝霞满壁。内有洼，注水可饮，是谓“下岩”。白天光前绳屈而上数十级，有一岩穹然。其石乳悬者为杵，陷者为臼，云晋葛洪炼药之所。又级而上有一岩，石龙势欲昂举，泉自颔垂滴，味甘以洌，下有坎不盈不涸。又有琉璃草生其上，可疗风疾，曰“风药”。折而左，路稍黑晦，火行数十步，一窍圆明上通，是谓“上岩”。自半月至此，凡八岩。而山中人但称为“上三岩”“下三岩”云。岩之外，奇石丛罗，铅衔豁间，诡瓌万状。凡绕玲珑岩者数匝，一一中虚，盖石之上拔者下必有根，根为云之所畜，故中虚。石山多岩洞，土山则否。云生于石，不生于土也。

玲珑岩记

（唐）戴科

五岭楚粤之界也，交广诸州居其南，故称百粤者，曰岭外。云五岭皆崇高峻阻，而大庾岭为最。岭之下为雄郡，郡之南九十里为始兴县，县之南十里为杨公岭。其平原中有二山，负石齿齿，无膏土少，草树石隙间亦生之，故其山苍碧色。二山对峙，右山小，左山大。左山多岩洞，岩洞之中多相通，故邑人呼之曰“玲珑岩”。云山之外石笋嶙峋，如旗如帜，如戈如戟，如矛如盾，如犀如象，如马如虎，如鹰隼之搏击，如狐兔之潜藏，如奇花之开丽，如异卉之萌茁，如游云之变幻，如落霞之腾衍。环山周遭，自址至巅，皆石也，则皆状也，取而扣之作金玉声。登高未有路，蹑石笋以上。上其巅望之，四山环抱，平畴广野，远村近落，城郭闾阎，溪涧陂池，林丽沟涂，蔚如也。

山之址为池，十亩有奇，形如半璧。春夏芙蕖甚盛，秋冬水净如鉴。有渠入山下，出山背，可溉田百余亩。池之上平冈横亘，自东徂西，与此山称。冈之外崇峦绝巘，高入云霄，列如屏障。山之内虚空者为岩洞，其中石乳融结千百。或青白黄紫异其色，或上出，或下垂，或列之壁，或藏之窍，皆有状，状甚奇。曰“半月岩”，其形如月之弦也；曰“天光岩”，其光上射于天也；曰“观音岩”，乳石如神像也。“天光”去“半月”不百武，“观音”在“天光”之后，有上下洞，下洞石壁之上有小孔，穿而入之可登。上洞有擎天柱，屹立于洞之中，宛若楼阁。然俯而视之，下洞之壁如梵宫所塑者。仰而观之，城村山墅，苍茫入目，盖岩之最奇处也。由“观音岩”而北，少右而下，有“冲虚岩”，金莲上垂，碧水下注焉。由“冲虚岩”沿石磴上数级曰“转身岩”，取释氏轮回之说也。其南向之闳敞者曰“狮象岩”，石乳上悬者如杵，下突者如臼，磨薄其石，置之器中，二石相离少许，沃以醯则相就合，亦可异也。旁有乳结石如狮象状，象白而狮青，盖咫尺而色殊焉。循“狮象岩”而上数级少南，岩上垂乳，状如骊龙，头角爪鬣，宛然具有，水从颔中出，不盈不涸，瑞草生于其上，故其名曰“玉龙岩”。岩之北有幽窦焉，窅窅然不敢入，必秉烛乃可直抵其奥，有丹灶在焉，世传为葛稚川烧炼处。洞之顶有隙光，耿耿透于上岩，故其名曰“通天岩”。其他小而可坐可卧，大而可庐可室。无处无之，未可以筹计指数。此皆大造炉锤之所成，而非人力之所能与，宁非天下之奇观耶？若夫隐而未显，剥而未复，天地之秘未尽泄，人士之目未尽睹，则又不知其几何也。戴子夙有山水癖，遇名山川必访之，先守广时，雄郡理殷君濡，为予道此岩之胜，心向往焉。顷归，自罗浮过雄，郡守林君应节于韶石之下，又相与谭其胜，始兴令谢君成贤来款曲，居数日，遍搜岩之奇，复按邑志证之，盖有志，所未及载者，谢君属为记。科不敏，窃以张曲江公产此地，凿山通道，古今人颂之，而于此岩未尝为之表。曩韩昌黎公过始兴江口，有感怀之作，自江口至岩，方十余里耳，未尝一至其地。君子察于此，则于岩穴之士，怀才抱奇，不能超达以自见于世者，可类推矣，悲夫！

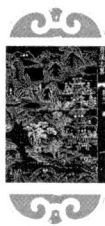

重修玲珑岩记

（民国）吴种石

玲珑岩为始兴名胜。粤北岩壑称灵秀者，鲜有出其右。灵秀所钟，代出俊杰，文献张公而后，千数百年有向华张将军兴焉。将军抗战立勋，彪炳中外。客秋任四战区司令长官，整军经武之余，关怀桑梓庶政。种石权篆是邦，叠承垂示，复殷殷以保存地方名胜为念，捐千金命督修玲珑岩。遂芟荆棘，输土木。因旧庙址改玲珑精舍，辟甘露轩，建向华堂，垦地植桐竹桃李梅杏，以彰德厚生，匪特纪胜也。于万松岗筑玲珑古道，朱栏碧砌，蜿蜒而上者，慈悲岩也。叠石缀级，不假攀援者，龙首岩也。折而西则狮象岩，折而东则仙羊岩，左通莲花洞，右达灵龟岩。其薰风、半月诸岩，各具幽胜，游者如置身九曲之珠，索隐翻穿，奥妙始发，于此知玲珑之名不灵也。种石与名山有缘，得负督修之责，然以战时人力物力所限，于愿未偿，毋以对名胜之钟灵，有负将军之雅望。后之来者，将有以补吾之过欤。

民国二十八年十月

云门山：乳源人文名山之一。康熙《乳源县志》载：山在县北十三里，脉从乐昌派分丰岗，盘博［驳］高峻。常兴云雾，其阳有寺，曰云门，为文偃禅师场。南汉时建为禅宗五灯之一，今肉身尚存。

云门寺礼匡真大师

（明）释今释

望人群峰一黛痕，古人面目至今存。
报恩只许陈三语，并化何容有二尊。
威风不妨留法眼，游鱼争敢驻云门。
一回瞻仰成呜咽，谁拨韶阳慧日昏。

云门寺

（清）赵霖吉

闻说云门寺，瞻依未有期。缅怀香积古，寤想水山奇。
啖饼传宗派，寻幽贵品题。自惭尘俗吏，托笔志遐思。

云门寺山门记

（明）赵佑卿

尝阅《六祖坛经》，以佛之教，其诸经典，多微文隐义，未易了悟，惟《坛经》则直指本体，尽泄秘藏，如初偈云："菩提本无树，明镜亦非台；本来无一物，何处惹尘埃。"其终偈云："兀兀不修善，腾腾不造恶，寂寂断见闻，荡荡心无着。"只此二偈，其真无上等等旨哉。余来尹兹邑，得以谒南华，参六祖真相，知其于曹溪说法化度，得道者如林，皆曹溪之裔也。

有若匡真大禅师者，独嗣一叶焉。师承六祖正印，益演法宗，乃得敕赐。开云门山为禅院，肇自后汉大宝元年，迄今垂五百余祀，而师之真相亦埒南华并存。余礼六祖，旋谒云门，诵其碑记，悉出名公巨笔，则知其来亦甚古矣。

兹因山门颓圮，僧法传独募缘重葺之，而请余为之记。余惟师嗣南宗正脉，其问答奥义，如"非法无法""真空不空"等语，则知其真悟"本来无物"之旨，深得"荡荡无着"之音，《坛经》授受，密付此心，盖甚于师有赖。然则此地道场，乌可废而不振也？昔释迦求给孤独祇园为说法之场，六祖求曹侯溪为驻锡之所，皆据名山以普化度，则师之灵迹，宜永存之。

呜呼！禅河汹涌，佛日辉华，说多多缘法，开种种导门，凡世沉沦，宜登彼岸多矣。何如求？即在目前，而对面千里，莫得其门而入。

今大师之门，重以新辟，轩如也，廓如也，人人得瞻宝座，参真相而礼佛矣，其亦知是法门从妙果入乎，从圆觉入乎，抑从顿悟入乎？上乘者不可得而求之中乘，中乘者不可得而求之下乘。今所喜舍善众，即此善念，其亦得佛之初乘，可以入教矣。尝见市井之人，为争半钱之利，虽骨肉亦不稍让。至其供佛喜舍，一无吝心。即此念推之家人，则无争于家而一家让矣；推之国人，则无争于国而一国让矣。一家让，一国让，则不必剖斗折衡，无俟鞭朴捶楚，黎民相逊成风，而天下平矣。然则佛法广大，不有以阴助王化者乎？是故设教之一端，要亦不可轻弃者也。特为记之。

万历十二年岁次甲申三月朔，知乳源事越人东华赵佑卿撰。

梯云岭：在乳源县境。康熙《乳源县志》载：县西五十里，高百余仞，升如蹑梯。接梅花，通湖广宜章。石上残碑，字藓蚀，讹不可读。俗呼梯上梯下，相传韩愈曾经此。康熙元年，知县裘秉钫建昌黎祠其上。

左迁至蓝关示侄孙湘

（唐）韩愈

一封朝奏九重天，夕贬潮州路八千。
欲为圣明除弊事，肯将衰朽惜残年。
云横秦岭家何在，雪拥蓝关马不前。
知汝远来应有意，好收吾骨瘴江边。

蓝关怀古

（清）裘秉钫

萧萧匹马万层梯，过客伤心武水西。
再贬岭南忠更著，一生肮脏道非迷。
绵连岫岭云初暗，磊落岩泉雨后凄。
欲洗磨崖搴薜荔，徘徊落叶数猿啼。

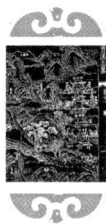

蓝　关

（清）赵霖吉

昔年冒雪冲寒度，今日依然见斗山。
应是圣明开瘴疠，故全贤达化愚顽。
一鞭往迹迷茫里，千古芳踪咫尺间。
衣破流风深仰止，不辞拙笔赋蓝关。

梯云岭记

（清）郭弘缵

余备匮知乳，在顺治鼎革之第四载。丁亥秋其时，叛贼杀正施公劫库藏，焚庐舍，掠男妇，而城内外凄楚也。县四境风鹤，才者不能经其始，智者不能善其后。而梅辽上三都，尚声教未暨然。郡城三大镇拥厚兵，屡趣进剿梅辽。余惴惴然，巩屠毒生齿未忍也，力止发兵之举。议者亦以上三都崇山峻岭，冯［凭］险恃危。如梯头一径，尤巉峭崎岖。只身而上，伛偻而攀，害之大者，有暴负隅，丸泥可封。害之小者，往来行李，陟降为艰。

余思欲开凿之，而有志未逮焉。私计曰：前之人皆避其难，后之人必有贤者，以办此也。果于康熙改元之吉，裘明府始捐资开凿，遂成坦途。征记于余曰："自不佞承乏以来，改创文庙，修城浚池，稽理津渡。诸所废堕，期必具举。夙兴夜寐，惟靖共此位耳。但《周礼》有司险，掌周知山林川泽之阻，而达其道路。则梯头之阻，孰为大焉；而道路之达，孰当先焉。此司土者之责也。今不佞已铲其险而达其阻矣，此君之所未逮而不佞勉之。惟君悉此地之情形，故为记莫君若也。"

余唯唯然。余不工谀，惟道其实耳。是役也，有三善焉：险阻既达，不轨消萌，功在社稷，一善也。道路既平，往来自适，德在来世，二善也。催征输纳，六里均一，便在赋役，三善也。即向所谓害之大者，丸泥可封；害之小者，陟降为艰。今日去其害，而以其美矣！《诗》有曰："周道如既，其直如矢。君子所履，小人所视。"此之谓也，而记之。

水记　附艺文

浈　水：即郡城东河，源出大庾岭，经乌迳入保昌县南，流至郡城与武水合。汉征南粤楼船将军，入浈水即此，因晋置相州，遂谓相江。今濂溪书院地，即古相江书院。

又《舆地纪胜》记：浈水，在城东六步。源出南雄州大庾岭，南流三百六十里，入曲江合武水。刘子厚“酬裴韶州”诗云：“浈水澄湾”，谓此也。

次韶州

（明）欧大任①

腊月渡浈水，系舟韶石间。山高连汉徼，树远接秦关。
禹甸通诸粤，尧封尽百蛮。九成台下路，犹想翠华还。

浈水纪行

（清）郑献甫

海疆万里，浩然生风，泽国一隅，环之以水，地与江左异，与峤右亦异焉。丁巳六月初吉，延陵季子为修水大夫。招我以弓，驰书先至，接人用槐，拿舟即行，将访峡山。初浮浈水，而心已驰于清远之间矣。春夏异候，旦夕不常，梅雨欲来，先叩篷背，樵风已过，犹摇树头，不觉微寒，几忘徂暑。盖其风气如此。江海所交，澒洞无际，目前白浪，不点一鸥，背上黄沙，但浴五牸。凝眸虽远，畅意甚希，盖其风景如此。老树之僵卧者，为水所啮，半掀其根。苦竹之丛生者，出土无几，即缀以叶。舟多于屋，只工捕鱼，岸平若田，反不种麦，盖其风俗如此。将尽广州之界，犹未及英州之界也。逶迟一程，忽见新境，睥睨两岸，宛如故乡。舟行其间，乍阴乍阳，不知作客。峨峨

---

① 欧大任：字桢伯，号仑山。广东顺德人。出生在世代书香之家。14 岁时，三试皆列第一，名噪诸生。后人著名学者黄佐门下读书，无奈文运不佳，八次乡试均落榜，直到嘉靖四十二年(1563)，欧大任才一鸣惊人，以岁贡生资格，试于大廷，考官展卷阅览，惊叹其为一代之才，特荐御览，列为第一，由是此名声远播。

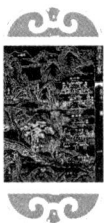

者，山旁张两屏，浩浩者，水中束一带，是则中宿峡矣。薜荔雨余，菰芦风定，草木之翠，格外垂青。云日之光，空中曳白。游楚中者，有空舲峡之感，居粤中者，又有理定峡之思焉。人影照水，自然生凉；鸟声穿林，不意向晚；峰回路转，滩急舟高；绀宇四垂，禅门半启；鸽怖钟外，狮蹲镜中；满月坠波，正似佛面；孤云出岫，时牵客心；是为峡山寺矣。鹤翘未终，鸦轧已过。凝望久之，目迎目送，不觉神往。既出高峡，乃见孤城，兵燹初经，瓦砾犹积，津吏关上，空掉一旗。酒楼水边，第余四壁，凄然生憾，不复措意。自此以往，连江西界楚，梅关北界吴，其为光景亦殊焉。茗碗在手，偶然一啜，篷窗回首，不禁三叹。盖羊城去吾乡千里而遥，此行去羊城又千里而近矣。计自初十日泛棹，行六日始过英州，又二日始过韶州，又一日始抵仁化云。

武　水：即郡城西河，古名虎溪，又名泷水。唐改为武溪，又名武阳溪。源出湖广衡州府临武县，西经郴州宜章县，流入乳源县西北，又东经乐昌县，又东南流入县界，合东江下注。孔平仲句云：箫韶有遗韵，流入武溪中。《水经注》："武水南入重山，山名蓝豪，崖壁险阻，岩岭干天，谓之泷中，悬湍回注，崩浪震山，名之泷水。"

《古今图书集成》记"武水"：即郡城西河，源出郴州临武县，经宜章南流入乐昌，又流百里，经府治西南，与浈水合，古名虎溪，唐改今名。

又有《乐昌县志》记"武水"：古名虎溪，唐改今名，源出湖广莽山，经临武鸬鹚石，南流三百里入县西为三泷，曰新泷、腰泷、垂泷，皆汉周府郡煜所凿。水石险峻，飞湍激流，故名曰：泷。韩文公贬潮过此，有《泷吏》诗后因呼新泷，曰韩泷。土人以险外颇多，又增三名，曰金泷、梅泷、白茅泷。东流六十里，经县治南，又流八十里，经府治西，南合浈水。汉熹平间于此建府君祠，立碑记功辞翰奇，古碑今不存。元至正二年，邑令张思智始凿新泷西路。明正德间，主簿宋奎凿东路。嘉靖二十年，知府符锡复沿江开凿垒石为迳，竟［迳］二十里。万历四十八年知县吴运昌，又加开凿，今府君祠并祀文公，有汉唐以下诸名贤诗。

又记：九泷十八滩，是乐昌坪石镇至乐昌县城百里水路中的一个著名河段。在离罗家渡不远的韩泷祠，是九泷十八滩的“泷头”。“九泷”指百茫泷、惊泷、腰泷、燕泷、梅泷、崩泷、垂泷、新泷、老泷等。“十八滩”指切玉滩、三层滩、百鸡滩、新秦滩、伸腰滩、岐门滩、小滩、蓑衣滩、雀子滩、大长滩、石板滩、滑石滩、冲花滩、麻滩、张滩、胡滩、和尚滩、剥皮滩等，九泷十八滩多以水势及河情命名。

武溪深

（汉）马援

武溪源发自楚南郴州，绕宜章南流入乐昌，又流百里，经韶府治西南，与浈水合。古名虎溪，唐改今名。孔平仲句云：箫韶有遗韵，流入武溪中。昔马援南征，其门人袁寄生善吹笛，援作歌以和之，名曰《武溪深》。

滔滔武溪一何深，鸟飞不度，兽不敢临。嗟哉，武溪何毒淫！

武溪水

（清）王士祯

南纪标铜柱，滔滔万里征。我穷伏波道，重和武溪行。
斜日闻吹笛，谁为辕寄生。因思少游语，回首不胜情。

皇潭虞泉：清《曲江县志》载：皇潭水，在皇冈岭下，合武水，澄莹可爱。又虞泉：源出郡北舜祠东祠东崖，味甘美，冬夏不竭，宋郡守方信孺为文，刻石名虞泉。又《廖柴丹年谱》记：曲江郭北一里许，有涧名皇潭，水道通乐昌，为曲邑十二水之一。涧介笔峰皇冈之间，下合武水，遇山泉陡发，则汪洋巨浸，无舟不能济。先有一桥，以木为之，为水所冲毁，本年乃易以石，计阔一丈三尺，长五丈八尺有奇。既落成，先生为撰《新建皇冈桥碑记》。

虞泉小记

（宋）方信孺

韶之西北有山，联绵如屏障，是为皇冈。虞帝祠奠其麓。提刑使廖君德明既作新之。有泉出祠东崖，甚甘而洁，与他泉异。余仲夏有事祠下，徜徉林间，因谓是泉幸与虞祠相始终而名，独未得与舜峰韶石并著，虽泉之不造亦好事者之责，于是命匠刻石，名之曰“虞泉”。

宣　溪：清《韶州府志》《曲江县志》等志载：宣溪，在曲江县南八十里。源出罗坑，东流注于北江。

晚次宣溪辱韶州张端公使君惠书叙别酬以绝句

（二首选一）

（唐）韩愈

韶州南去接宣溪，云水苍茫日向西。
客泪数行先自落，鹧鸪休傍耳边啼。

将至韶州先寄张端公使君借图经

（唐）韩愈

曲江山水闻来久，恐不知名访倍难。
愿借图经将入界，每逢佳处便开看。

修仁水：《大清一统志》载：在南雄“州南三十里，源出江西龙南县界，西流一百三十里至修仁都入东江”。按，修仁都在曲江县境，《韶州府志·曲江县》载：修仁水在“郡东二十里，下流谓之五渡水，西流数里与武水合，南齐时有三枫亭，临其上，梁范云为郡守，尝游此有诗”。

酌修仁水赋诗

（南齐）范云

三枫何习习，五渡何悠悠。
且饮修仁水，不挹背邪流。

胆矾水：清光绪《曲江县志》记：胆矾水，在城南七十里。宋初置场采铜，曰岑水铜场，谓场水能浸生铁成铜，又出生、熟胆矾。其取矾极艰，役夫死者十常五六，岁贡生矾二斤，熟矾十斤，都御史韩雍奏罢。

岑水铜场，位于今韶关市南35公里处大宝山矿一带，方圆约15公里。生产方法是“浸生铁成铜”，即当今的铁置换法。产品为金属铜，结晶硫酸铜和无水硫酸铜。据张子高著《中国化学史稿》载：“宋徽宗政和六年（1116），韶州岑水铜场年产铜达百万斤”，可见其生产规模。其时正是我国铜生产的极盛时期（995—1127），同时也是火法冶炼的兴盛期，至今在矾洞、凉桥一带，还保留着近200万吨的古代炼渣及400多个古代老窿。据《韶州永通监记》载：宋时韶州一带，以盛产铜、铅、锡、银著名，采冶业较为发达，时“四方之人，弃农田，持兵器，慕利而至者不下十万”。据记载，宋神宗元丰元年（1078），岑水场和中子场一年共产铜12 808 430斤，占全国总产量的88%，比原计划产量高出28.8%。

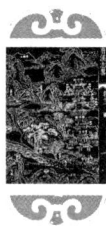

月华寺

（宋）苏轼

诗跋：寺邻岑水场施者皆坑户也，百年间盖三焚矣。

天公胡为不自怜，结土融石为铜山。
万人採斫富媪泣，只有金帛资豪奸。
脱身献佛意可料，一瓦坐待千金还。
月华三火岂天意，至今茇舍依榛菅。
僧言此地本龙象，兴废反掌曾何艰。
高岩夜吐金碧气，晓得异石青斓斑。
坑流窟发钱涌地，暮施百镒朝千锾。
此山出宝以自贼，地脉已断天应悭。
我愿铜山化南亩，烂漫黍麦苏茕鳏。
道人修道要底物，破铛煮饭茅三间。

曹溪水：清光绪《曲江县志》载：在韶郡东南五十里，源出狗耳岭，西流三十五里合溱水。昔西僧智药经溪口掬饮，香美异之，曰：此水与西天之水无别，源上必有胜地。苏东坡句曰：七年来往我何堪，又试曹溪一勺甘。

赠龙光长老

（宋）苏轼

斫得龙光竹两竿，持归岭北万人看。
竹中一滴曹溪水，涨起西江十八滩。

作酌水题有感

（明）游朴

偶酌曹溪水，言寻不二门。空传无相偈，谁识本来存。
衣钵真尘物，风播亦呓言。只余山上月，彷佛鉴师魂。

卓锡泉：清光绪《曲江县志》载：在郡东南五十里南华山，六祖浣衣卓锡处，苏东坡有铭。《曹溪通志》载：（卓锡泉）在寺后一里许。师欲浣所授衣，苦无美泉，因见寺后山林郁茂，瑞气盘旋，师振锡卓地，泉应手而出，乃跪膝浣衣石上。至今流溢香美，甚宜瀹茶，东坡有铭。先是，憨大师龛为强者移往匡庐，泉忽竭。及师龛还山，溢流如故。又崇祯癸未八月复竭，至甲申岁，适吉水李公日宣入山礼祖，率众祷之，水复流。公有诗并记甚悉。至清康熙四年泉复涸。越丁未春，俺达尚公随王入山谒祖，历探古迹，见泉竭草荒，嗟叹久之，乃顾谓众曰："吾当为师卓一锡也。"仍默祷之，泉复喷涌，有盛他时。是则盈虚消长之故，山灵亦若有待其人，不然，何感通之神若是也。

卓锡泉铭

（宋）苏轼

六祖初住曹溪，卓锡泉涌，清凉滑甘，赡足大众，逮今数百年矣。或时小竭，则众汲于山下。今长老辩公，住山四岁，泉日涌溢，闻之嗟异。为作铭曰：

祖师无心，心外无学。有来扣者，云涌泉落。
问何从来，初无所从。若有从处，来则有穷。
初住南华，集众须水。水性融会，岂有无理。
引锡指石，寒泉自冽。众渴得饮，如我说法。
云何至今，有溢有枯。泉无溢枯，溢其人乎。
辩来四年，泉水洋洋。烹煮濯溉，饮及牛羊。
手不病汲，肩不病负。匏勺瓦盂，莫知其故。
我不求水，水则许我。讯于祖师，有何不可。

卓锡泉来复记

（明）李日宣

夫道之行世，如水之行地，无往不在。故地中有水，取义曰师。师，众也，故称容民蓄聚。夫民一日不饮水则渴，非水何以能蓄？惟地脉有疏淤，而水通塞因之，有识者亦惟信其无往不在，而淤疏通塞，偶然之数，可勿问也。曹溪为六祖传道地，环两溪四山，悉载道场版图，无他别业。至本山前有卓溪，后有明通两泉，泉有时巨细，而流绝无淤塞，自唐至今，未之有异。惟卓锡泉于万历十三年八月偶竭，有异人来言："此必山中有暗圩者为之祟。"圩者闻其恐，即暗自掘去，异人亦随乘空。次年三月，泉果复，山灵之不受玷若此。此后无闻也。今崇祯甲申，余奉宪入蜀，为寇阻，乃假道两粤，来谒六祖，涤卤取泉，而僧众谓："去年癸未八月，泉忽竭，今未复也。"余为怅然。闻去冬僧众曾祷于祖，得"利见大人"签，今春太守黄公循故事行寮，得徙一二圩，至五月，余值至，不数月，同观察李公、督军宋公与家叔祖司李及金令君先后亦至，皆徘徊雨中。僧众有举术数家言者，谓欲取厚利。时同坐黄公子观生、李明经预凡等，相视沉吟。余未之然，则草一口占诘之，时五月二十有二日也。诸公既别去，余灼艾假馆，调摄至六月初三日午刻，忽有僧奔来告泉至者，余急走，捷足视之，井久枯而冷，今果生寸水。按井口，遂有暖气炙手。少顷，龙口下滴不断。至次日早起视，则引之长流矣。僧众急鸣钟，约会合寺叩祖殿谢。余复为口占记之，时初四日辰刻也。僧众复谒谢余馆，余避席不敢当。因谓众僧曰："和尚无以祖签有'利见大人'语，今见大人多矣。"因忆周海门先生序《曹溪志》，有取于萧方伯"禅林洙泗"题，谓"禅本曹溪，儒宗洙泗，庶几近之"语，与余初至所见合。意念古圣贤，凡识道地源流，必取诸水，以水有浸入濬发义。而入有浅深，发有巨细，关系世道不小，但勿为坎止，流行自如，要在人自悟取。曹溪山田，旧有定界，年来值邻近侧目，挖石诱水，几乎断龙废田，大为道地虑，寻得憨大师料理，先后徼诸地方宰官执正护持，始复睹曹溪威仪。乃泉流告竭，行者心测，此诸和尚所以于兹泉去来，深用忧喜，即我辈之溯曹溪思振者，亦未有不诵祷赞叹于兹泉之来复也。若夫祖灵自在，一脉流行，千载万派，真气不移，亦在诸和尚努力承当，仰答祖德。余幸逢其盛，因众僧来请，留一口占，为之书始末，以报诸宰官。

时监司李讳含朴，顺天人；督军宋讳纪，浙江人；太守黄讳锟，山东人；司李即家叔祖讳邦英；邑侯金讳鼎，江西人。

紫薇岩：韶郡古代人文胜迹之一。清光绪《曲江县志》载："城东南二十里，宋朱翌谪居韶州，放意山水，遇父老指示，始得游此洞，可容数百人。"胜迹分层，第一道山门，前有半亩莲池，池边种有许多梨树。山门内右侧有口小水池，清泉水从地岩裂缝中潺潺流出，供饮水、清洗衣物用。沿石级上去约17米处，是第二道山门，有厢房两楹包围着洞口，院内空地上种有蔬菜和奇花、异草、盆景。山水与建筑物交辉映漾，环境显得十分幽雅。

第二道山门入内，就是天工造化的紫薇岩古洞，洞额上刻书“紫薇岩”三个大字。进入洞穴，宛如厅堂，高宽约15米，长约80米，可容数百人。洞厅末端有供奉佛像的佛龛，旁边悬挂一只直径一米的铁铸钟。除此以外，还有较短矮的洞穴三四处供游人穿游。其左还有一个狭长的暗洞，宽高约一米，长约300多米，此洞上可达山顶，下可达地下水，流水声音，潺潺可闻，洞内深长处，还有许多支洞，变幻莫测。清代卢克谦有《紫薇岩》诗，曰：

五里缘修陂，兰若穷深翠。奇卉茁疏林，修篁夹短砌。
佛殿压山门，铃铎语天际。忽闻流水声，洞底凝阴翳。
欲窥风旋来，寒气袭人袂。疑有魑魉藏，行行不敢看。
空谷暗传声，巨灵擘此地。有庐可养云，有石可作砺。
遥忆朱舍人，逍遥感秋蕙。为对老僧谈，泉飞雨初霁。

大涌泉：位于紫薇岩洞门北约一里许翠绿丛中。清光绪《曲江县志》载：大涌泉在城东南二十里，泉涌出石罅中，西流十里入浈水，宋守杜植作涌泉亭，余襄公记。

大涌泉记

（宋）余靖

峤南溪山之胜，曲江称最，然其绝境多在远郊。徙州治，以跨二江，百余载矣。亭榭池馆，面高临深，前创后续，不逾雉堞，耳目所诣不为难能。尚书外郎杜君挺之为守也，狱无冤私，赋役以时，事举条领，民用休息。近郭胜概，亡不周览。梁济浈水，越长亭，得涌泉焉。始其出喧嚣，入杳霭。层峦曲涧，岚碧相照。涧极崖平，泉源在焉。横冈屈盘，隐若伏兽。疏洼为沼，泉出石罅，大若涛涌，细如鼎沸，久旱不竭，经冬常满。南方瘴暑，酷如炎焚，暂息泉上，寒竦毛骨。挺之乘闲，一来吟酌。末日，自非嘉宾，无预兹赏。

旁有精庐，因泉得名。于是知事僧谋于众曰：“古之君子，必观于水，盖有道焉；习氏之石，千载若存，盖有遇焉。今太守适意水石，而露坐泉旁，虽旷淡自适，岂吾人之所安也。”乃募金伐材，构亭泉心，贯之飞梁，虹横波际，翼以堂室，备宾游之憩。外营碓硙，为民事之观。挺之暇则造焉，以涤烦虑。既罢郡归阙，且半岁靖与。后太守潘伯恭，南康倅李仲求，共涉泉亭，一饭一啜，不同于俗。皆当时之事，乃书名屋壁，以志其游。复一月，又书亭之始，以寓仲求，请模石而书之，因叹曰：“韶处岭厄，杂产五金，四方之民，聚而游手，牒诉纷拏，称倍他郡。挺之以诚应物，庭无事日，自适于山水间，乃知为政，自有体也。斯游斯景，书之其无愧。”挺之名桓，伯恭名凤，仲求名定。

上 编

人文景观第二

城池记　附艺文

韶州城建沿革

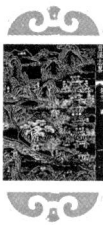

在历代韶州方志等史料记载中，韶州有三座古城址，一是秦汉时期筑于“浈江东莲花岭下”的古城，一是唐武德初期，刺史邓文进迁城府至武水西一带建造的古城，另一是位于“府城南官滩下十里”的沈将军垒。

浈江东莲花岭下古城建于何时，现已无迹可考，但据史料记载，春秋战国时期，在古韶境内已有古城存在。据《吴越春秋》等史料考，公元前473年，吴被“卧薪尝胆”的越国勾践所灭，吴亡国后，吴王子孙迁徙岭南，“避越岭外，筑南武城”，“以御见伐之师”。后楚国灭越国，越王（勾践）子孙避入始兴（郡），时“越王子孙自皋乡入始兴有鼻天子城，令公师隅（越相国）修吴南武城”。在史料记载中，韶境故城有“南武城”“鼻天子城”两名，南武城系吴王阖闾始筑的城名，而鼻天子城取自“舜封象于有鼻”传说。

秦末汉初，中原战乱，占据岭南的任嚣、赵佗“急绝道聚兵自守”，韶州古城境从秦建置的“南海郡”成为“南越国”境。莲花岭下的古城成为拱卫广州（番禺）的军事重地。据史料记载，秦统一岭南后，置新道，并于新道筑横浦、阳山、湟溪三“秦关”，中原战乱后，任嚣、赵佗“急绝道聚兵自守”，于乐昌泷口、仁化城口先后“筑城二”，与韶州莲花岭古城形成拱卫南越国的第一道“军事三角防线”，并成为附属于“秦三关”军事大三角的设施。《乐昌县志》等史料有记：“赵佗为南海尉，值中原大乱，移檄南安横浦关、桂阳湟溪关，绝新道筑城二：一在今仁化县北（城口）一百三十里，以壮横浦。一在今县治西南二里，以壮湟溪。”又“自韶至英德，水路一日，故佗又筑‘万人城’于浈水也”。

汉高祖刘邦建立西汉政权后，对南越国实行怀柔政策，遣使陆贾“招谕故秦南海尉赵佗臣属汉朝，立为南越王”。汉高祖刘邦的“开关梁，弛山泽之禁”，曾一度使韶州古城成为“南北”贸易的“关市”。公元前112年，南越相吕嘉叛汉，汉武帝遣伏波将军路博德、楼船将军杨仆，经过一年时间平定南越。公元前111年，汉武帝以岭南地置七郡，将原南越国所属“曲江、浈阳、浛洭”三县以北划入桂阳郡，属荆州，屈大均在其《广东新语》中，评价为“所以扶粤之门户，为犬牙参错，意深哉”。由此，韶州莲花岭下古城入属“汉城”，直至三国吴孙皓于甘露元年（256）分桂阳郡南部，置始兴郡，设治所曲江莲花岭下“汉城”。

城南十里官滩下古城，据《韶州府志》等史料记，此城为东晋末徐道覆据始兴（郡）所筑。公元399年，东晋南朝爆发孙恩、卢循领导的农民反晋起义。元兴三年（404），卢循破番禺（今广东广州），自称平南将军，遣徐道覆为始兴守，据宋王象之《舆地纪胜》记，为保始兴（郡城），徐道覆“因险自固”，于城南十里官滩下古城增修“北岭门城守”。义熙六年（410），卢循、徐道覆从韶州出师北伐东晋，失败后，卢循踞广州，徐道覆仍保始兴。义熙七年（411）初，宋武帝遣振武将军沈田子与右将军刘藩攻讨始兴，沈田子在始兴（郡）古城旁设伏“亦筑一城”，与徐道覆对垒，二月，徐道覆据守的郡城被攻克，徐道覆被杀，此后，沈田子所筑城改称为“沈将军垒”，后遂为郡治所在城。南北朝时期，官滩下古城，曾历多次修缮，宋齐之际，桂阳人邓鲁为始兴郡太守，任内“营建城池道路，经画有方”。又梁天监中，何远任始兴内史，史料记“远在官，好开途巷，修葺墙屋，民居市里，城隍厩库……”

隋大业年间（605—617），邓文进任韶州刺史，在任“移州治于武水西”。入唐后，韶州隋城得到极大的发展，虽其间曾一度遭洪水，但到唐代中后期，经数次较大规模的扩建，古城最终成为唐代岭南名城。据史料考，在唐代增建、扩建武水西隋城中以唐贞元年间，徐申刺史期间“规模最大”。据唐李翱《徐公行状》等史料记，徐申任韶州刺史时，继续扩建和改建韶州城，“创六驿，新大市、二道、四馆”，又“大治垣屋厩，置市列道桥”。其中，徐申“创六驿”专供往来韶郡官宦、行客商旅休整之用，反映出当时的韶州古城已是岭南的商贸重镇。

后梁乾化元年（911），武水西隋城再次被洪水冲毁，州录事李光册迁州治于中洲（今韶关市区），由此，古韶州城建设开始移向小岛。南汉白龙二年（926）韶州刺史梁裴在中洲笔峰山下（今帽子峰）“始筑中洲城”。古郡韶州城的发展，定位在今韶关中心小岛上。

北宋开宝三年（970），宋太祖赵匡胤遣潘美伐南汉，南汉王刘鋹遣都统李承渥率10余万兵列“象阵”于莲花峰下。此役潘美大败南汉军，并攻占韶州，古城址亦一并毁之殆尽。

自南汉灭亡后，古州城建设不断得到发展，尤以中洲东浈水航道城建发展最快。据余靖记述，宋宝元二年（1039），时任韶州知州常九思在城西“顺启塞之训以门其下”，另开一城门为“通阛门”，“因临观之美以台其上”，筑城门楼，名之为“望京楼”，又改北门为“郴阳门”，命北门城楼为“闻韶台”。历宋、元，至明初，浈江古城经历代不断鸠工“因故址（中洲岛）修筑”、增建。至明洪武二年（1369），古城修有敌楼29座，建有城门5个，即相江门、乾门、东门、南门、西门。

明代，浈江韶州古城水患频繁，城楼屡有坍塌，因而城建亦屡有重修、增修之举。明天顺七年（1463），广东左参政刘炜、都指挥使裘忠曾重修五城门楼。明成化四年（1468），都御使命千户赵雄、推官余铎修盖串楼1 153间，重修敌楼26座。明弘治十四年（1501），知府曾涣清出军民私占地，盖房屋346间，园地278米，每年纳官租银，以备修城之用。明嘉靖四年（1525），知府唐昇修筑倾毁城垣20余处。嘉靖二十年（1541），知府符锡又改版筑土城为砖砌筑城墙，修串楼350间及五门楼，并在五门竖坊立匾，命东门曰“闻韶”，即后称老东门，西门为“镇越”（今西桥街西端），改相江门为“迎恩门”（今中山路东端），南门为“阜民门”（约为今薰风路南口），新开一门为“望京门”（今升平路南口）。明天启四年（1624）知府吴兆元在东城增筑“青来门”。明崇祯九年（1636），青来门因风水向北移数十步，即今风采路东口，后改称新东门。至此，明代古城共有六门，“城周九里有奇”。

清代，古城渐趋完备，清康熙十六年（1677）古城增筑北门子城，城周长达至4 530米，城墙高8.3米，基广6.7米，上广3.3米。城区范围大约北起今中山路，南至今解放路南，东至东堤路，西至西堤路。

民国时期，浈江韶州古城开始近代化城市建设。1916 年粤汉铁路广韶段通车后，粤赣湘边防督办、滇军总司令李根源经营韶州，注重地方城市、人文建设，先后修建州城至东河坝再到火车站公路（军路），并修筑南门口通往火车站军桥（曲江桥）。1928 年，浈江古城建置市政局，由李晖南任韶州市政局局长，其间，李晖南提出“有建设之破坏未为破坏”主张，开始拆城墙辟马路，拆棚店扩街道，划庙堂空地兴市场、屠场，并辟南区建体育场，兴建曲江桥，使古城一改旧貌，初具近代城市规模。1943 年后，韶关成为广东战时省会城市。因城区体制及市政建设不能适应全省政治、经济、文化、军事中心和枢纽地位的需要，1941 年 10 月，民国广东省政府通过《韶州市政筹备处组织规程》，开始实施战时三年市政建设规划。按照规划，曲江县城划分太平、武城两镇（中洲老城区），及东厢、黄岗、协安等四乡。城内规划新辟马路 27 条，总长 9 387 米；新建码头 10 座；并在原有连接市区小岛与东西两河浮桥（包括民生、风采、老东门、西河、罗纱、黄田坝等浮桥）的基础上，新增五里亭浮桥。抗战结束后，因广东省政府迁回广州，战时城建规划并未能完成。至中华人民共和国成立前，浈江韶州古城扩至浈、武两江沿岸及北至五里亭、皇岗山等地，面积达 131. 9 平方公里。

韶州城池　附街、桥、税关

《韶州府部汇考・韶州府城池考》记：韶州府城池，周围九里三十步，高二丈五尺，基广二丈，中广一丈五尺，上广一丈。吴末始筑于浈水东莲花岭下。唐刺史邓文进移于武水西南。梁乾化初，录事李光册移州治于武水东浈水西。五代伪汉白龙二年，刺史梁裴始筑州城。宋皇祐绍熙间屡加增修，宝元二年，郡守常九思修望京楼门，见余襄公记。明洪武二年，知府徐真重修敌楼二十九座，复建五门：曰相江，曰乾门，曰东门，曰南门，曰西门。永乐初，楼坏城圮。十五年，千户赵铭、赵贵先后砌筑。天顺七年重作五门城楼，成化四年修盖串楼一千一百五十三间，敌楼二十六座。弘治十四年，知府曾涣清出军民私占南壕一段，北壕二截，各城门外近城脚壕岸、官楼、店房、瓦草房及赁空地自盖房屋通共三百四十六间，园地八十三丈五尺，每年各赁纳官租银以备修城之用。嘉靖四年，知府唐昇修筑倾圮城垣二十余处。二十年，知府符锡修串楼三百五十间及五门大楼，东曰闻韶，西曰镇越，新开门曰望京，相江门曰迎恩，南门曰阜民。万历丙辰，洪水决西城而入，随即补葺。天启四年，知府吴兆元另开新东门。崇祯九年，以堪舆言稍徙上数十武，俾巽水隐通泮池。池东南六百零一丈，西临武水，无壕。北二百一十六丈，东北四百零四丈。

清《考工典》① 记韶州府城池：周回九里三十步，高二丈五尺，基广二丈，上广一丈。吴末，始筑于浈水东莲花岭下。唐刺史邓文进移于武水西南。梁乾化初，郡录李光册移于武水东。南汉白龙二年，刺史梁裴始筑州城。宋皇祐、绍熙间，增修敌楼九十有八。明洪武三年，知府徐真复建五门：曰相江、曰乾、曰东、曰南、曰西，西门即古望京楼也。成化四年，都御使韩雍创串楼千一百五十三，敌楼二十六。嘉靖二十年，知府符锡重修串楼三百五十及五门大楼：东曰闻韶，西曰镇远，新开曰望京，相江门曰迎恩，南曰阜民。其池东南六百一丈，西临武水，无濠，北二百十六丈，东北四百四丈。天启四年，知府吴兆元另开新东门。崇祯九年，稍徙去数十武，令巽水隐通泮池。曲江县附郭。

附：街

韶郡古城，自梁乾化元年（911），韶州录事李光册迁州治于中洲，至南汉白龙二年（926），州刺史梁裴在中洲笔帽山下（今帽峰山）始筑中洲城，开韶邑州城肇建，历宋宝元二年（1039），知州常九思筑城门楼，州城始成。再历南宋、元至明，韶州城开“六城门”，曰：闻韶、镇越、迎恩、望京、阜民、青来，“城周九里有奇”。清康熙十六年（1677），韶州府增筑北门子城，州城建置完备，时城墙周长一千三百五十丈，墙高二丈五尺，基广二丈；城内街道设风度、罗成、西华、丰积、武镇、皇华、晏公、同风、相江等九街。清同治年间，城街调整为五街。又有童谣：左莲花，右芙蓉，万年弓箭射云龙；十字罗纱筛豆粉，浈武江绕帽子峰。其中，弓箭、云龙、罗纱、豆粉皆为古街巷名。

---

① 见清《考工典》第二十三卷，引自《古今图书集成》。

风度街：韶郡人文古街之一。街道南北向，北起今韶关市政府，南至解放路。街名取自宋天禧年间，时郡守许申为祀一代名相、乡贤张九龄，命名郡城中轴线主街道。又于风采、风度交叉路口，兴建风度楼。明清时期，街名风度。

罗成街：街道得名于韶郡祀隋唐罗成庙所在。

西华街：韶郡人文古街之一。街道南北向，今风度中路。旧街北起风度楼，南至风烈楼（又称“文奎楼”）。

丰积街：韶郡人文古街之一。街名取“米谷丰积”之意。街有两段，分丰积上街和丰积下街。上街为今风采路西段，因地建有康王庙故名康王街，明清改称丰积上街，民国十七年（1928），街道更名为忠信路。丰积下街在今和平路西，明清时期交界于西华街，下街又被民间称为罗纱巷，与东端仁爱路，称豆粉街相对，谓“十字罗纱筛豆粉”。

武镇街：韶郡人文古街之一。原街南北向，北起今上后街和下后街，统称武镇上街，南至今武镇街，称武镇下街。街名取韶城“武备”机构所在地名（旧属城区武城镇）。明清时期，两街中隔今建国路，分东西两段，东段为“城镇总镇署”所在，命名“总镇街”，西段因街道售卖弓箭，被民间称为“弓箭街”。因地建有龙云亭，而谓“万年弓箭射云龙”。①。

皇华街：韶郡人文古街之一。街名取《诗·小雅》：“皇皇者华，君遣使臣也。送之以礼乐，言远而有光华也。”

晏公街：明代韶郡古城旧街。街名因地建晏公庙而得。

同风街：清《曲江县志》载：在韶郡古城南门外，为古城南出口。

相江街：清《曲江县志》载：在韶郡古城北门外，为古城北出口之一，因街通帽子峰下相江书院，又临浈水相江，故得名。

九成路：韶郡人文古街之一。旧街系民国十七年（1928）旧城改造时所建，南北向，北起今中山路口，南至西堤南。街名由旧城上的九成台而来。1972 年更名西堤中路。

薰风路：韶郡人文古街之一。旧街系民国十七年（1928）旧城

① “万年”指武镇街迳内“万年井”。

改造时所建，南北向，南起今解放路，北至老东门建国路口。街名取宋余靖诗："箫韶曾此奏，钟石无遗象。但觉薰风存，翛然天籁爽。"1972 年更名为东堤南路。

附：桥

太平桥：在韶城浈江相江门外。浈水上通余赣，为赣入粤水路桥之一。桥旧建于南雄太平桥税关，清康熙九年（1670），税关迁移建于韶州城东北浈江上，桥与桥名一并迁移，成为粤境内陆著名税关——太平桥税关。

遇仙桥：在韶城武江西门外。武水上通泷水，接楚之宜章。宋天圣间，殿中丞陈宗宪建。嘉靖十八年，知府符锡更造方舟六十二，翼以扶栏，表以绰楔，东曰平政，西曰济川，又建燕誉楼于津口。嘉靖二十六年，知府陈大纶梦游芙蓉山，次日登山果见一人修炼，询之云汉康容，随隐身不见，后重建，桥成请名大纶，即题云遇仙，有诗。是岁始税商舶，其额每年三千一百四十两，后因时盈诎增减不常，旧属府厅，就近接管，皇清仍之。至康熙九年，内奉部差专理，而榷政始有分司矣，桥每为水冲。顺治中，巡道林嗣环重建，有记。未几复坏。

曲江竹枝诗

（清）廖燕

遇仙桥下水澄鲜，遇仙桥上路通天。
谁信神仙容易遇，遇郎难似遇神仙！

附：税关

历史上韶州曾以岭南内陆税关闻名。明清时期，郡城遂有"韶关"称谓。时在韶城浈水、武水与英德浈阳（连江），分置有三大税关，各关皆以铁索串联木船东西相接拦江成桥，税讫则开桥放行。

太平桥税关：此关开设于明天顺二年（1458），榷关设在南雄城南浈江上游，以榷盐为主，后逐步发展成为征收由浈江上岸过大庾岭路的货物商税、铁课税等。清康熙九年（1670），南雄太平桥关被移建于韶州府城东北"江西入粤要津"的浈江上，称太平关，北门"旱关"建立后，改称太平东关。

遇仙桥税关：此关设于明嘉靖二十六年（1547），榷关设在“湖广通粤要津”的韶州府城西武江上，对过往船舶征收货税和船税。由太平东关统辖后，又称“太平西关”。

浛洸税关：此关设于英德浛洸“湖广通粤”小北江往连江通道上，对过往连江，至连山、阳山等与湖南商货往来船舶征收货税、船税。

除上述三大水路税关外，在韶城北另设有旱关，亦即“北门旱关”，又称“太平北关”。以上四关，成为控制岭南北部出入内陆各水陆商贸运输的关口，故商贾往来韶州，被称“过关”，“韶关”亦由此得名，并沿用至今。

明清时期，韶州太平关为中央财政和地方财政主要税源之一。清乾隆年间，太平东关成为广东内陆粤北总税关后，统辖包括遇仙桥关、太平东关、北门旱关（又称太平北关）以及英德浛洸税关等，税关归属清政府户部直管，称户关。时清政府户部掌管的税关共32处，其中岁额银10万两以上仅有12处，韶州太平关即为其中之一；清道光年间，韶州太平关岁额银达21万两，比当时粤海关55个税口每年征税总额11万两，多出近一倍。1840年，经历第一次鸦片战争后，由于清政府被迫开放沿海及内河口岸，以及粤汉铁路的开通，太平关亦日渐式微，直至民国二十三年（1934）八月，包括太平关在内的全部税关均被裁撤。

南雄城池 附路、桥

春秋时期，南雄其境为百越地，是岭南通往中原的要道，史称“居五岭之首，为江广之冲”，也有“枕楚跨粤，为南北咽喉”之说。唐光宅元年（684），置浈昌县。南汉乾亨四年（920），在浈昌县置雄州。宋开宝四年（971），改名南雄州。明洪武元年（1368），置南雄府。清嘉庆十二年（1807），改为直隶南雄州。1912年后，改为南雄县，隶属广东省。1996年6月，撤县设市（县级市）。

北宋皇祐四年（1052），南雄始筑城墙，由知州肖渤倡建，名为“斗城”。城周长六千八百六十尺、高二丈五尺，女墙六尺（据清道光二年《广东通志》卷一百二十八）。设城门三座：东曰春熙（后建钟楼），西曰凌江（后改为“武定”），南曰政平。三门均设有外瓮城。南宋淳熙五年（1178），知州李嵘重修。嘉定七年（1214），知州刘公亮重修。嘉定十年，知州黄庶重建三门。嘉定十三年，知州孙密重修。嘉定十七年，知州赵汝纶重修。绍定六年（1233），知州张友重修（据清道光四年《直隶南雄州志》卷十一）。

元至正二十五年（1365），镇守指挥王玙率民重修斗城，并在斗城东面连接扩建土城，名曰“顾城”。土城周长三百四十丈、高和宽各一丈余。增设三门：东曰朝阳，又称“小东门”；南曰迎薰，又称“小南门”；北曰拱极（据清道光二年《广东通志》卷一百二十八。《考工典》称“明初”）。城壕周长与城垣相当，深一丈余。

明成化二年（1466），南雄知府罗俊又改顾城土墙为砖石，后将斗城与顾城合称为“老城”。城墙周长合共七百二十七丈，共设城门5座，分曰小东门、大北门、大南门、小南门、西门。成化五年，巡抚都御史韩雍命佥事陈贵率南雄吏民扩建南雄城，即从小北门起向东北方筑土城至牛轭潭，所筑城墙长三百余丈，并沿浈江河岸竖立木栅，称“新城”。成化十二年，斗城西河泛滥，知府江璞筑堤以卫城。正德三年（1508），为防流寇作乱，知府王珀改新城土墙为砖墙。正德九年，知府李吉将新城女墙增高六尺，并增设东面宾阳门和东南面文明门（据清道光四年《直隶南雄州志》卷十一），城壕宽和深各一丈。嘉靖五年（1526），知府伍箕重修。嘉靖十三年，知府何岩重修。嘉靖四十三年，知府欧阳念倡沿河筑城，改木栅为砖石结构，称为“水城”，并入新城。至此，南雄城经近百年的大规模营建、扩建，斗城、顾城、新城三城连环，其城墙总周长达至一千一百三十一丈七尺。设城门11座：曰小北门、宾阳门、文明门、龙蹲阁水门、大马头水门、青云水门、云衢水门、皇华水门、槐花水门、太平门、小西门，其中水门6座（据清道光二年《广东通志》卷一百二十八）。万历四年（1576），斗城水陷导致坍塌数十丈，小东门右至小南门倾圮城垣三十余丈，沿河水城尽废，倾圮四百余丈，知府周保重新修筑。

清顺治八年（1651），南雄内、外城陆续倾圮，知府郑龙光修葺。

顺治十四年，大水。斗城、顾城、新城俱陷，水城全圮。灾后，知府陆世楷重修。康熙十五年（1676），因逆贼进犯，内、外城俱倾圮，后由郡守党居易修筑。康熙三十四年，知府罗衔嗣开文明门。雍正七年（1729），知县逯英动帑大修城池。雍正十一年，知县朱金山补修。乾隆九年（1744），知县范容治重修。乾隆十三年、十六年，知县杨天德重修，城壕宽一丈，水城未修城壕（据清道光二年《广东通志》卷一百二十八）。嘉庆十三年（1808），在南门上建南薰楼。

1912 年后，南雄城墙大部分已毁，仅留有部分城墙以及正南门等城门、城楼。

20 世纪 80 年代后，据当地文物部门调查，正南门位于现南雄市区中山街，为明万历年间改筑。城楼门额嵌有石匾，石匾通高 100 厘米、宽 60 厘米，直书阴刻正楷，右落款直书刻："万历二十三年五月吉旦"；左落款直书刻："南雄府知府张东旸、同知陆鲤、通判谢文炳重修"。其城门楼则为清嘉庆年间重修，楼坐北朝南，用麻石砌基和青砖平卧顺放叠砌。城楼高 8. 2 米、进深 12 米、上宽 10. 25 米。城门拱券高 3. 6 米、宽 3. 95 米；穿斗式和抬梁式梁架结构，重檐歇山顶。2002 年，南雄城墙遗存被列为省级文物保护单位。

南雄府城池记一

清《考工典》载南雄府城池：城仅环府治。宋皇祐壬辰，知州肖渤辟之。为三门：东曰春熙，西曰凌江，南曰政平。明初，镇守指挥王玙修改三门为东、西、南，谓之"斗城"。增筑外郭三百四十丈，崇一丈有奇，厚称之。东、南、北各开小门。成化丙戌，巡抚都御使韩雍檄知府罗俊石甃之。己丑，佥事陈贵自小北门至牛轭潭筑土城三百余丈，沿河固以木栅。正德戊辰，知府江璞请于都御使林廷选奏以瓴甋易之。甲戌，知府李吉增女墙六尺，门其东曰宾阳，谓之新城。其池广一丈，深亦如之。保昌县附郭。

南雄府城池记二

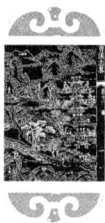

据清道光《直隶南雄州志》记：旧州城仅环府治。宋皇祐壬辰，知州肖渤辟之，为门三：东曰春熙，今为钟楼。西曰凌江，今名武定。南曰政平。淳熙戊戌，知州李嵘修。嘉定甲戌，知州刘公亮修；丁丑，知州黄庶重建三门；庚辰，知州孙密修；甲辰，知州赵汝纶修。绍定癸巳，知州张友修。元至正乙巳，指挥王玙修，名旧城曰斗城，外筑土城三百四十丈，崇一丈有奇，厚称之。池如城之数，深如崇之数。增建东、南、北三门，北曰拱极，东今名朝阳，南今名向明，以小别之，谓之顾城。明成化丙戌，巡抚都御史韩雍檄知府罗俊甃以石。己丑，佥事陈贵自小北门至牛轭潭，筑土城三百余丈，沿河固以木栅。丙申，斗城西河决，知府江璞筑堤御之。正德中，流贼啸集。戊辰，知府王珀请于都御史林廷选奏发帑藏，甃土城以砖。甲戌，知府李吉增女墙六尺，门其东曰宾阳，东南曰文明，谓之新城，其池广一丈，深如之。嘉靖丙戌，知府伍箕修；甲午，知府何岩修；己亥，知府郑朝辅修。嘉靖丙子，知府欧阳念倡郡民甃沿河水城。万历丙戌，斗城水陷数十丈，自小东门右掖至小南门倾圮约三十余丈，迤北约圮十余丈，水城沿河尽废，自小梅关至太平桥，约圮四百余丈，知府周保修。皇清顺治八年，内外二城倾倒，知府郑龙光修。丁酉大水，斗城、顾城、新城俱陷，水城全圮，知府陆世楷修。

附：路、桥

梅岭路：又称大庾岭路，在南雄。史载：秦始皇统一岭南后，开五岭新道。秦末，中原战乱，南海尉任嚣以“盗兵且至”嘱赵佗“急绝道，聚兵自守”，割据岭南。西汉王朝建立后，和辑百越，分封南越王，梅岭成为通往五岭南越孔道之一。至唐代玄宗朝，一代名相张九龄请开大庾岭路，自此，梅岭路成为进出五岭南北官道、通衢。通商“齿革羽毛之殷，鱼盐蜃蛤之利，上足以备府库之用，下足以赡江淮之求”。

从唐、宋，至明、清，梅岭路一直系五岭南北政治、经济、文化、商贸交流的渠道，伴随历史的沿袭与传承，历代不断有扩修、重修岭路之举，包括人文遗址、传说及史实亦不断增多，从而成为南雄人文名迹、名胜。

开凿大庾岭路序

（唐）张九龄

先天二载，龙集癸丑，我皇帝御宇之明年也。理内及外，穷幽极远，日月普烛，舟车运行，无不求其所宁，易其所弊者也。

初，岭东废路，人苦峻极。行径夤缘，数里重林之表；飞梁嶫巇，千丈层崖之半。颠跻用惕，渐绝其元。故以载则曾不容轨，以运则负之以背。而海外诸国，日以通商，齿革羽毛之殷，鱼盐蜃蛤之利，上足以备府库之用，下足以赡江淮之求。而越人绵力薄材，夫负妻戴，劳亦久矣，不虞一朝而见恤者也。不有圣政，其何以臻兹乎！

开元四载冬十有一月，俾使臣左拾遗内供奉张九龄，饮冰载怀，执艺是度。缘磴道，披灌丛，相其山谷之宜，革其坂险之故。岁已农隙，人斯子来。役匪逾时，成者不日，则已坦坦而方五轨，阗阗而走四通。转输以之化劳，高深为之失险。

于是乎，镰耳贯胸之类，殊琛绝赆之人，有宿有息，如京如坻。宁与夫越裳白雉之时，尉佗翠鸟之献，语重九译，数上千双，若斯而已哉！

凡趋徒役者，聚而议曰：虑始者功百而变常，乐成者利十而易业。一隅何幸，二者尽就；况启而未通，通而未有斯事而盛，皆我国家玄泽寖远，绝垠胥洎，古所不载，宁可默而无述也！盍刊石立纪，以贻来裔。是以追之琢之，树之不朽。

重修岭路记

（清）毛世荣

庾岭自唐宰相张文献公芟刈荆莽，鞭石凿磴，遂成周行。至宋嘉祐间，甃壁砌石，成化末复修，距今已二百余载。幸际光天化日，冠盖纷驰，商贾络绎，风雨担逐于庾岭间者，踵相接踵。我皇上德泽恩薄，令各省税课赢羡均留充地方公用。今钦命署理广东巡抚邱务户部右侍郎，世袭三等阿达哈哈番，加二级大中丞敬公莅治，两年间，宣布德化，政通人和，年谷顺成，工后可举。念岭道久已不修，崎斜崒嵂，不便行旅，爰发太平桥额税羡余银两，给守土保昌令勘丈经理，命世荣董其成。起自五里山，绵延越岭至梅关以外，驾石以通水道，桩木以固危崖，逼者廓之，洼者补之，凡三阅月而厥功告成。自兹以往，坦坦阗阗，步赴斯岭者，咸知大中丞，敬承天子之治，以勤兆民之事。守兹土者凡利益民生之举，可以知所当务，而推类以尽其余，益加勤勉焉。

雍正八年岁次庚戌　南雄府知府毛世荣　吉旦

南雄太平桥：旧太平桥在浈水南雄城南，史载：太平桥创自宋之开禧。明天顺二年（1458），明朝政府在桥设立太平桥关，先以榷盐税为主，后延伸至征收由赣江经大庾岭路入粤货物商税、铁课税等。正德四年（1509），天降豪雨，河水暴涨，壑谷中泉水沸腾，河溢高丈许，桥被冲毁，巡抚周南重修桥梁，“檄闻当途，算缗创建，诹吉鸠工，斫木伐石”，在旧桥址上重修起“长二十七丈，广二十尺”的新桥，桥七孔，桥上“为庐阴覆之”，周南有记。清康熙九年（1670），南雄太平桥关被移建于韶州府城东北“江西入粤要津”的浈江上，成为岭南内陆水路著名税关。

重建太平桥记

（明）周南

南雄当岭表首，百粤北门也。距联吴楚，控带蛮裔，形胜盘郁，屹然一都会。壑谷间渍，漱出泉众，澌成河，会于凌江，迤演与牂牁下濑合，值天潢，旁江星动。且明，则水瀑，涨溢为害。往牒所纪多有之。

今年夏四月，天垂象则江星益动，而明月且离于毕矣，物征兆则毕方绕，自东南垂翅翔于小梅关侧。十八之夜，欻尔霖雨滂沱，峦嶂几颓堕，而洪崖较甚。壑谷中泉水沸腾，河溢高丈许；沿河堧为亩、为庐，若延福、上朔等治地，半被冲陷。延洎郡内外城、市廛、廨宇、桥梁，倾圮无限。噫嘻，祸亦惨哉！

余承守是邦，拊膺恻惕于田庐菑伤、民命漂溺，已为检勘报上。城堞廨宇亦次第修葺矣。惟太平桥，创自宋之开禧，迄今凡数百祀，间尝递废递修，未有如今荡澌殆尽。使轺监镭，飞挽沮格，邮马弗迅，帆舸鹢舰无所维舣，军需租税莫可措办，公私均病之。乃檄闻当途，算缗创建，诹吉鸠工，斫木伐石，仍旧址兴复。计长二十七丈，广二十尺。砌以石墩，为中流砥柱。设关孔者七，层架巨木于上。奠以平板，树以栏槛，植楹衡桷，为庐阴覆之。悉如旧制，高犹踰尺焉。

是役也，荒度于六月徂暑，鸠僝于隆冬沍寒。因感《瓠子歌》之卒章曰：“归旧川兮神哉沛，宣房筑兮万福来。”注曰：“水还旧道，则群害消除。神佑滂沛，宣房筑则永贞固而福臻也。”噫嘻！是桥告成，即瓠子塞而宣房筑也。将见河不泛涨，堧不改变，神其相之而福佑滂沛，历千万祀弗摇矣。且也，祥光总至，协气四塞。士立于朝，农歌于野。土宇殷阜，奸宄戢伏。来蛮裔之，贡篚应国。帑之储需，通万国之货泉，度四方之车马，皆兆祺于是桥也，雄其获福无疆哉。

乳源城池　附路、桥

城周回一百八十三丈有奇，高二丈五尺，厚一丈五尺；池周城深一丈五尺，阔二丈。宋乾道三年置县于虞塘，摄事司理刘天锡始筑土城。至淳熙丁未为贼所毁，十五年知县曾造修复，德祐乙亥又为贼毁。元至正三年，山寨罗一、罗二据城叛。十二年，郴寇攻陷，义士邓可贤率民置寨固守。

明洪武元年，知县张安仁迁于今治，在洲头津筑土城守之。天顺六年，通判杜宥、知县李鉴始易以石，并浚外濠。成化十七年，知县孔俊复创串楼一百七十六间，建东南二门：楼东曰拱阳，南曰迎薰。正德十二年，乐昌瑶贼龚福祥、高快马等二千余众，围攻五日。作滚地车，用大木五六丈推撞城墙，城中汹涌。夜缒敢死二人，潜入地车，放火烧毁。贼失计退走，随被乐昌总甲龚镇各等，伏兵杀败，始解围去。嘉靖十二年，知县何澄重修城墙，并浚外濠。嘉靖四十三年，大罗山流贼逆流而上，游劫乡村，韶南戒严，邑民筑围自守。时重臣督珍征剿，知县李继芳亲持牛酒犒师。诸将领感奋，誓死驱逐，城池赖以保全。万历元年，知县侯应爵重修城楼。十八年，知县林文丰重修。三十年，大风损塌，知县吴邦俊重修。崇祯十三年，知县蒋明凤增高五尺。康熙二年，南东方城房倾卸七十五间，知县裘秉钫修复，并重建东南二城楼。①

① 见清康熙《乳源县志·城池》。

附：路、桥

西京路：又称西京道，清康熙《乳源县志》载：西京路，在乳源县西，由大富桥上腊岭，谓之西京路，由腊岭过风关，下至燕口。相传唐武德间开，岁久榛芜。明嘉靖十二年，义民刘浚等，以石砌坦。万历三十三年，知县吴邦俊扩大之，斩其榛棘，锄其沙石，自腊岭直至宜章，计二百余里许，楚粤之人往来称便。

又有吴邦俊曰：西京路，旧传唐武德年间，未必然也。唐太宗建京在太原，岭南朝贡俱从大庾。至玄宗朝，张相国开梅岭，西京之名何取焉。意者，玄宗幸蜀，南粤使臣或由此朝贡，肇此名耶？韩昌黎之潮阳，所经曰秦岭，曰蓝关，曰祭泷文，大约亦由此途出。但以武丰梯为秦岭，风门关为蓝关，则未敢信然。当是时，乳邑尚属乐昌，昌黎畏乐昌三泷之险，取道于兹欤？姑记之以备参考。

通咽路：在乳源县。清康熙《乳源县志》载：通咽路在县东二十里便民墟起到县，谓之通咽路，俗云通贤路。明弘治十七年，义民利福捐财募工，在岭腰凿石成路。福男利保更广之，阔六尺，长十余丈。万历三十年，知县吴邦俊更于岭上开大路，脱去崎岖，冠盖车舆为便。自墟尾至通咽路，义民黄鸾砌以石，为道计一千二百四十余丈。天启四年，知县黄甲鸾、孙永福重修。

梯云岭路：在乳源县，清康熙《乳源县志》载：岭高百仞，盘曲险峻。康熙元年，知县裘秉钫捐资开凿，遂成坦途。

通济桥：清康熙《乳源县志》载：在县西一百里，乡民饶仁建。署县李盛春题匾曰："厉揭通登，舆徒侔济。"

石高溪通济桥记

（明）吴邦俊

石高，古溪名也，石高渡，南北士民济涉处也。问溪谁源？楚郡宜章之莽山。问溪谁纳？南粤古虞之浈江。盖匪沟浍间，众可以涉行也。

余令兹邑将瓜期，而直指李公报命帝廷，思避乐昌泷险，檄余视乳道而辟之，达于宜章。余三复兹桥，询之乡父老。父老称曰："此石高渡也。石高渡之有桥，自乡民饶仁始也。"余喟然叹曰："嗟夫！兹桥岂易建哉！彼仁一黔首耳，乌能竣是役也？"对曰："兹渡之泅溺多矣。方春雨集，川源瀋发，建瓴而下，其势湍急。触石成声，为湍为湃，人睹之却步，马牛靡然肱栗。能建者啬，欲建者弱。惟仁慨然当之。”余曰：“即当之，讵能襄之?”对曰：“危哉！仁之襄此举也，议兴以后，乡之丰者靡不奋笔书助。维时，樵者、凿者、曳者、担者，鸠徒众相与执役，而饩者，色吝不前。仁则不顾其妻儿之饥，且啼寒且号市，其素腴之田给之，而后桥甫成。”余低徊啧啧不置，父老曰：“抑亦天幸耳!”木石既兴，桥梁稍基。洪水暴发，时有商民之棕杉桐顺流前奔，势排山岳，莫可挽援。役者色惧，计必垫泻无存矣。仁乃誓曰：“吾与此桥为存亡，基不获全，我不愿生。”于是，坐基以毕命，众挽之不可得。乃群木徒虚逸去，基遂获存。

于是，百工气奋，持斧錾，纠绳墨。匠石崇基，工师构庑。桥凡三门，门布木板，上通徒乘。檐廊桷瓦，以避风雨。肖真武像于中，旦暮香水而镇之。于是往来士忆，履坦无虞矣。夫不为一家计，而便一邑之通；不为一生惜，而图万人之济。至于今，行者出于梁，倦者憩于庑，雨不润征裘，日不燥炎笠，孰非兹桥之有成耶？呜呼！有仁而桥以建，有继仁起者，时复葺之。而桥以久，则楚粤其有幸哉！石高介均容、深源间，距县将百里。人民易调，余深幸出入便也，往来通也。作通济桥记。

仁化县城池

唐垂拱年间，仁化始筑城，城址在县北十里（《考工典》记为“北三里”）的走马坪，规制、范围等详情俱不可考。宋开宝年间，县治迁入乐昌，城逐渐荒废。咸平三年（1000），县治重新迁回，未筑城。

明成化四年（1468），通判蔡周始筑土城，周长不可考，高3.3米，并设有护城河。成化十一年，知县李淮清以石砌四门。成化十六年，知府王宾、知仁化县翁同修葺（《考工典》记为“知县翁”，疑漏字），周长933米，并以砖石建门楼4座、串楼286间。成化十八年，知县张同以石砌东面坍塌处200米。成化二十三年，知县丘瓛以砖砌南城墙脚200米，并修西门护城河，长267米。正德十年（1515），知县李萼重修北门外子城，并疏浚城壕，城壕西、南、北长950米，宽

6.7 米，东面临河，未挖城壕。嘉靖二十六年（1547），知县严时中重修串楼，推官黄□重修城楼。万历二十二年（1594），知县司马炜重建四门城楼及串楼。崇祯十四年（1641），知县杨宪卿增筑城垣数尺。

清康熙二十三年（1684），知县吴黈主持重修城垣。嘉庆年间，门楼、串楼几乎全部倾圮，西北城垣坍塌数十丈，藩篱全部倾塌。咸丰六年（1856），署县事吴裕徽倡议修全城，易砖以石，城墙增高至 6 米、周围 933 米、厚 6 米。有城门楼 4 座，改迁东门于学宫前。设有串楼 280 间，并疏通护城河，建成城门、炮台等比较完备的城池。

1912 年后，仁化城墙部分地段及附属建筑出现损毁。1951 年，因仁化城市建设的需要，当地政府拆除了仁化旧城墙，将拆下的大方石筑了一条长 400 多米、高 3 米、宽 18 米的河堤，并在河堤中间铺了 6.6 米宽的水泥路。至此，仁化旧城几乎无存。

据《考工典》记：周回二百八十丈，基广一丈，上七尺。旧城筑于唐垂拱中，在令县北三里走马坪。宋开宝间，县废。咸平三年，复置县。明成化四年，通判蔡周始筑土城。十一年，知县李淮清修四城以石。十六年，知府王宾、知县翁同修以砖石建门楼四，串楼二百八十六。二十三年，丘瓛砖砌南濠，城脚八十余丈。正德十年，知县李萼修北门子城，其池东、南、北二百一十五丈，西七十丈，阔一丈，南临河，无池。

（见清《考工典》第二十三卷，引自《古今图书集成》）

乐昌县城池

西汉时期，乐昌境属曲江县地。梁天监七年（508），析曲江县西北境置梁化县，为乐昌县建县之始。隋开皇十八年（598），改梁化县为乐昌县，因其县内有乐石、昌山而得名，直属韶州。元朝隶属韶州路。明清时，隶属韶州府。1912 年后，属岭南道。1994 年，撤县设市（县级市）。

隋开皇九年（589），乐昌迁治于赵佗城。唐武德四年（621）县治北移，迁往泐溪和禄溪之间，未建城垣。北宋开宝四年（971），县治迁往城南都（今县治所在地）。元至正十五年（1355），县治复迁赵佗城。

明洪武二年（1369），知县索彦胜又复迁县治于城南都，始筑土城。其周围1 200米、基厚4.3米、高8.7米、垛墙高1.3米，四门。成化三年（1467），知县潘昱重加版筑，并疏浚城壕，西北长500米、深1.6米、宽3.3米，南临武水，东接禄溪。弘治元年（1488），通判伍惠，知县吴景温、叶蓁、宋湖辈相继易土为砖，扩166米，建串楼268间。弘治十三年，知县袁尚宾重修城门4座：东曰东川，南曰武水，西曰西泷，北曰桂山（据清同治十年《乐昌县志》卷二）。正德七年（1512），知县林琦筑东、南、北三门子城。嘉靖二年（1523），知县龙章修串楼37间。嘉靖十六年，知县张坚重修城门。嘉靖四十一年，知县王三聘在西门口增筑一座子城，周围半里，子城的西、南、北共三门，后被洪水冲毁。万历八年（1580），知县张祖炳重修四门城楼。崇祯十四年（1641），知县罗铭鼎重加筑城池，增高2米，加厚0.7米，并增添雉堞。

清顺治十六年（1659），乡人白世师等合子城居民倡捐修葺。雍正七年（1729），知县马燧重修乐昌城，并于四门上添设城楼：东曰丰乐，南曰文明，西曰阜城，北曰承恩。道光十三年（1833），知县姚鼎略重修。咸丰三年（1853），泷水上涨，县城水深过丈，三日始退，城墙崩塌数处，知县经文改筑正东门。咸丰五年，知县方鉴源□进行重修，并改建了原四门，改名东曰朝阳，南曰阜财，西曰韩泷，北曰拱宸，四门皆钉以铁叶。咸丰十年，知县吴裕徽修造城楼8座。其后因风雨侵蚀，年久失修，城墙逐年崩塌，所存无几（据1931年《乐昌县志》卷七）。

1915年，淫雨为灾，县城南门崩塌数处，乡村房屋损失巨大。1930年，因城建需要，拆除古城南门及城墙200米，开辟马路。此后，拆城不断。1949年后，乐昌城墙基本无存。现仅存一座4~5米高的拱形石砌关口，名曰“蔚岭关”。太平天国将领石达开曾多次率部往返于湘、粤时，均经此关。

据《考工典》载：周回二里有奇，凡三百六十丈，高二丈二尺，广一丈三尺，上一广一丈，垛墙高四尺。明洪武二年，知县索彦胜始筑土城。弘治元年，通判伍惠，知县吴景温、叶蓁、宋湖辈相继甃砖，拓五十丈，置串楼二百六十八间。正德七年，复作子城。嘉靖十六年，知县张坚修四门：东曰东川，西曰西泷，南曰武江，北曰桂山。四十一年，知县王三聘筑西门外子城。其池西北二百五十丈，阔二丈，深半之，南临武水，东临禄溪。

（见清《考工典》第二十三卷，引自《古今图书集成》）

祀祠、书院记　附艺文

一、祀祠　附艺文

舜峰寺：在府治北五里皇冈岭虞帝祠之下。时享舜帝于此宿斋，山水幽迴，祠今移城中，寺仍不废。嘉靖十九年重修，《旧志》载有明符锡舜峰寺诗。又记：明嘉靖十九年，居民重修寺，知府符锡命延祥寺僧真鉴、应坚主之，有诗。

又《传法正宗记》卷八载：大鉴之九世曰：韶州舜峰山韶禅师。其所出法嗣四人。一曰磁州桃园山曦朗者。一曰安州法云智善者。一曰韶州邓林善志者。一曰韶州大历志聪者。

舜峰寺

（明）符锡

帝纪曾于此地供，斋房禅室往来通。
天垂翠幄迷行径，山簇青螺绕梵宫。
野衲惯迎仍倒屣，村翁乍见拟观风。
雨晴林静花争发，犹似薰丝覆育中。

韶州舜峰韶和尚①

初问云门和尚："宝月为什么于此分辉？"云门曰："千光同照。"师曰："谢和尚指示。"云门曰："见什么？"僧正入师方丈，乃曰："方丈得恁么黑？"师曰："老鼠窟。"僧正曰："放猫儿入好。"师曰："试放看。"僧正无对，师拊掌笑。

师与老宿渡江次，师取钱与渡子，老宿曰："囊中若有青铜片？"师揖曰："长老莫笑。"

① 本篇为禅宗公案，出自《景德传灯录》卷二二。"韶和尚"在《五灯会元》卷十五中作"义韶禅师"。

虞帝祠：旧在皇冈岭，唐谢楚碣曰：曲江有虞帝祠，故老言舜作乐于邑东磐石上，故石号韶，而州以韶名。宋嘉定间，提刑廖德明创祀，配以皋稷契益。洪武以来屡修，正统二年知府湛礼重创。天顺七年，佥事戈立作正殿，广拜台。弘治七年，知府曾涣去像，易以牌。嘉靖九年，知府彭大治，以祠荒僻，时享不便，还于城东旧王府。十七年知府符锡重修，守以一僧。

又《广东通志》卷五十四《韶州·祠庙·虞帝庙》：“旧在皇冈岭，相传舜南巡作乐于曲江磐石上。宋嘉定三年，提刑廖德明创祀，配以皋陶、稷、契、益。明正统二年，知府湛礼重修。嘉靖二十三年，知府彭大治始迁于城东，每岁春秋二祭。”

又《广东通志·建置略》卷一百四十七载：虞帝庙旧在皇冈岭，唐谢楚碣曰：曲江有虞帝庙，故老言舜作乐于邑东磐石上，故石号韶，而州以韶名。宋嘉定间，提刑廖德明创祀，配以皋稷契益。洪武以来屡修，正统二年知府湛礼重创，有《虞帝祠记》。

题虞帝庙

（宋）陈宗礼

南国熏风入帝歌，至今遗庙只嵯峨。
一天晓色怀明哲，四野春光想太和。
存古尚瞻虞衮冕，抚时几换禹山河。
海滨乐可忘天下，解写灵明是老轲。

韶州谒虞帝庙

（明）林弼

快雪过青涧，初霞隐丹冈。登台望韶石，乃在江之阳。
薄言荐苹藻，再拜瞻宫墙。当宁俨遗像，巍巍垂衮裳。
二女肃观内，四臣森侍傍。缅邈怀明德，伊昔勤省方。
薰弦播淳音，遐服被余光。仪凤已高逝，神虬尚深藏。
濯缨虞泉清，振衣越山苍。千载过化地，咏归矢无忘。

虞帝祠

（明）翁大立

缘江斑绿竹，此地近苍梧。钧乐云尝奏，薰弦鸟自呼。
山疑百兽舞，石有入音图。万里揆文教，千年肃庙谟。

虞帝祠记

（明）湛礼

昔在正统丙辰，礼承乏治韶，当遍谒祀典，神祠距城五里许，有山曰：皇冈，起伏郁葱。有水曰：皇潭，汪洋莫测。韶人指显曰：此帝舜祠也，山之高，水之深，咸以皇名焉。乃率僚属，披草莱履，危磴岩，肃衣冠，顿首拜谒，惟是遗址荒芜，瓦砾坠地，土阶砖级，四维颓垣，上存帝舜皋陶牌位，露处而已，怅然与感，大惧无以虔恭祀事。尝考郡图志，舜祠与忠祐侯庙并立，有元之季，庙落为墟，洪武二年，郡守徐炳文作门廊，殿寝栋宇聿新，圣像凝旒皋稷契益群公，在配历年兹多上雨、傍风摧败零落，固其所也。于是倶材命工，巧缦陶瓦，经始于正统二年冬十月，明年正月，庙成圣位中尊配位，左羞以时笾豆有列惟帝大圣也，聪明睿知，元德升闻，由仁义行，非行仁义，受言执中益，以三言心法之所以传也，慎微五典，明物察伦，纲常之所以正也。信乎！中庸百世以俟，圣人而不惑，与曲江有祠，父老相传帝南巡奏乐东岭磐石上，邑人号其石，曰韶石。因之立庙，其说未可知然否也，而新祠之岁月，不可以不书，故书之于右。

韶州虞帝庙碑

（明）陈谟

韶郡西北五里许，岭曰皇冈岭，水曰皇潭水，古者于焉庙祀虞帝，以故山水胥以皇称。庙莫详厥初，郡志云：故老相传帝常奏乐于邑东磐山上，故石号韶，而州以韶名。或曰：帝时巡亦南岳止耳，不狩荒服。夔取磬材于韶，至今韶多磬石，殆是耶？唐谢楚碑云：曲江有虞祠，率诚奠飨，栋宇过逼，仪刑弗称。元和末，刺史张蒙改作清庙，祠事始严。楚碑唐长庆元年所树，代不废祀。宋嘉定元年，提刑廖德明复大新构，正南面位，建跪坐像，皋、益、稷、契四臣从焉。朱文公为作迎飨送神曲。有元之季，郡不靖倡乱，庙落为墟。大明启运，金陵建都。吴元年，信安徐公炳文由股肱旧臣擢知韶府，严明综核，庶政咸理，百废具兴。属邑禀承，民力和裕。首复相江书院，迁眷帝庙，大惧明德馨香，祗荐无所，或寄他宫，不亦野哉。躬履祠基，稽度位序，斩木陶埏，费不鸠民。僚佐悉力，工劝吏勤，作貌显敞，盘焉、囷焉、轮焉、奂焉。二妃是室，四臣就列，咸复其旧。

韶虽远在百粤，昔者声教固暨之矣！奚以迹论哉。然而祠貌翼翼，则由唐刺史张公、宋提刑廖公、迄今太守徐公而已，不其难乎！其或继徐公者，百世尚之矣。是役也，洪武二年正月庀工，三月毕事，门廊殿寝，靡不严正。贰守假原，通守萧隆，幕长杨居礼、知事程圮实相成之，曲江主簿贺元礼、典史晏德明实董营之，皆不可不书。

颂曰：圣禅平阳，化流百越，其化伊何？日用饮食，惟此九韶，衡岳孺孙。皇冈岩岩，皇潭沄沄，重华邈而韶音尚尔！孰为乱阶，芜湮祠祀，显允徐侯，邦之旧臣，受命作牧，肃恭神人，爰作新庙，有严有翼，灵星启门，褕翟端室，臣哉邻哉，巍巍岩廊，吁咈都俞，复萃一堂。显允徐侯，惠民天宠，孰是炎荒，见此垂拱，远征元和，近者嘉定，孰与今兹大明！新运韶治，曲江府肃，县勤伐石，刻辞纪功，庙庭无为之化，万邦作孚，佑我皇家，丕隆昌符。

张文献公祠：在府学右。元宗遣中使至曲江祭始建，铸铁像祀于府，昔在武水西。北宋天禧间知府许申迁今祠。南宋景炎兵毁，元至元大德总管张荣、张杰，延祐推官张昕皆重修，曾三省记。明洪武二十年火灾，知府王世安重修，并请祭。明景泰七年，户科给事中白莹奏赐唐邓文进谥忠襄，宋谭必谥忠愍。明邓禹谥忠毅入文献公嗣配享。明天顺七年佥事戈立重建。明成化四年推官余铎、明嘉靖八年知府彭大治皆重修。明嘉靖丁酉参政詹瀚重建寝室，杨万里记。清顺治十八年知府赵霖吉等捐俸重修。

张文献公祠

（清）王士祯[①]

峡寺重云里，人瞻丞相祠。开元如夙昔，风度想当时。
羽扇三秋恨，淋铃万古悲。何来双海燕，犹自入帘帏。

① 王士祯：字贻上，号阮亭，另号渔洋山人。山东新城人。清初著名文学家。其诗与钱（谦益）、吴（伟业）、朱（彝尊）齐名，号称“清初四大家”。其所倡导的“神韵”诗论，对当时及其后的诗歌创作产生过重大影响。

张文献公祠记①

（元）曾三省

开元宰相张文献公者，唐韶州人也，万年风度而长存，亿世乡祠之无愧，宜乎？建义之士于其遗迹，故躅荒茔旧业，有一日之必葺也。夫韶之郡文献之生，孔子曰：才难何与上下，古今通融宇宙，尚论乎古之？古之人而真知生才之不易。司马公《通鉴》一千三百六十有二年，英君谊。譬如汉高祖、唐太宗，直数百年而一，见大臣宰相至萧曹、丙魏、房杜、姚宋尚矣。究其事业，刀笔歉于诗书，刑政昧于礼乐。惟中州人物，清宁深厚之合凝，扶与清淑之郁积。而若此，则夫服岭以南，得一张文献公，何其灵杰之至此也。高志远识，载之新旧《唐书》，至孝纯，诚天地为之明格，此天下之士，万世之人杰也。乾坤不息，精神不忘，固无有系庙宇之有无，像祠之兴替。祠堂之屋三间，风度之楼百尺，此自邦侯郡佐之所宣，风乡党里闾之所钦，德不可得而废也。奈何摇落之日深，摧颓之岁异，士大夫来任是邦，自至元己卯总管张侯荣、元贞丙申总管张侯杰尝修建之。后来者往往视祠事为不切，里之人子推羸举羡不之乎？瞿昙之室，则奔走于老氏之宫。后生晚辈，不知风度之为何名，文献之为何义，岂学殖将落及此乎？抑倡义之风少衰也。延佑丁巳春，黄君佑由广东宪椽来提韶幕，一日慨然喜曰：祠其有兴乎，祠以人兴，西华张果卿，真其人也。前尹番禺兴新缮旧，百废具举，今授来韶，其筑此无难也。且郡国诸张同承一族，宗家谊事肯让他人，即而谋之，曾无难色。谓君佑：既经其始，盍相与亟其成。两贤一心，千夫毕力，乃隆旧址。构新堂、两庑，翚飞一亭，笔立铁胎，显饬之如玉，祭器不假而成陈。黝垩碧丹，墍次甃碱，祠门辟张，垣壁崇绕。凡所以昭严事而肃观瞻者，靡不臻至，乃复念众曰：祠固成矣！风度奈何昔者？负栋之柱如六鳌，今者鳌骨枯而山欲压。于是掖而起之，如瘘斯立。除朽竖坚，忽若神运重檐。风雨之深入，各增二而三之。南北西东为檐十二，各书“风度”二字于其上，以壁以梯，以栏以楯。巍乎伟哉！立四达之通衢，复九韶之壮观，斯民俛仰而骇瞩。故老徘徊而咨嗟，不图今日之至，于斯也，是役也。二公损俸而率先之，官长次之，同寅僚属，下至仕族大家莫

① 见广东《韶州府志·建置略》，清同治十二年刊本。

不献义财，致用物，不烦公帑，不苦民役，不逾时而工讫，事于此，见二公之为政于此，知文运之将兴。君佑既书“千古作程”四字冠于亭，复以书来请记斯祠斯楼。前贤记之多矣，公之道德功，忠诚孝行，由之天下，著之万世，况其桑梓之间，宜无时待于记也。谨记兴修之岁月，以写二公之盛心。君佑名晋，其先世浮光仕武阳，因家焉。本路提控牍兼照磨承发架阁果卿，名昕承务郎。本路推官同寅知事袁亨，字通甫，通州人，德星聚文献之邦，其风度皆有得于文献公者。

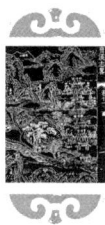

余襄公祠：在郡城通衢东公故居也。宋治平中，郡守吕构始创祠；南宋绍兴七年，郡守陈麟始奏祀典。元延祐五年推官张昕重修，元至正八年十一世孙峻德重构。明洪武二十一年，知府王世安请仲春致祭；明天顺七年佥事戈立重创，教授方玭记；明嘉靖十八年，知府郑骝买民地以居，公子孙侍郎霍韬记。清嘉庆六年知县余元焘修，有记。

余襄公祠堂记①

（元）曾三省

庾岭以南，韶为粤之望郡，山水奇秀为天下冠，故英气所钟，人物代出，有张文献公有声于唐，为贤相。宋余襄公复出主名臣，遂有爵土开国乡州以继美，前哲功业赫然，没世不眠。宋治平中，郡守吕构始建祠藏记。绍兴七年，郡守陈麟奏乞载诸祀典，诏下如章，而郡邑致祭，有尝子孙承祀无阙国朝。延祐五年，推官张昕再创新祠宇，严奉遗像英风义概，冻然如生，阙者莫不企仰。至正七年冬，河南唐公仲英，由省郎来推韶郡，莅政之始，每以奉职为念、治民，事神之诚靡所不至，越明年，讼简刑清，百职举，凡郡之文学书院舍宇悉缮葺，而完美之。一日躬诣祠下，顾谓十一世孙峻德，日祠立，岁久风踌雨馈，废而不治，将见摧败有日。所谓沾遗泽受余庆者，可不勉乎！愿捐俸金以为助，于是峻德闻侯，教言霍然，遂鸠工聚财，乃筑、乃作、乃概、乃护已，觚凌翼然垣墉缟然，不逾月而告成，郡人咸曰：是役也，自非唐侯勉倡之言，曷能轮奂如是哉，毕工建亭为记，固辞不获。

① 见广东《韶州府志·建置略》，清同治十二年刊本。

按：襄公自幼博学强记，无所不精，天圣登进士第，书判拔萃科，擢集贤校理。庆历中，仁宗御笔亲除四谏官，自是而名益著，公诸事，不避忌讳，除知制浩，充集贤学士，以尚书右丞，知广州兼经略安抚使柱国始兴郡开国公。治平元年，自广州朝京师丧于金陵，天子恻然，辍视朝博粟帛，赠刑部尚书累赠少师谥曰“襄”，神道碑铭，欧阳文忠公所作也。淳祐三年，宪使刘君梅溪捐己俸千缗买田，教养其后翼有缉乎基绪也。公三使契丹，两年蛮寇，经制五官，前后十年所至，州郡有惠爱，而公宏词博学，有拔萃之才，忠言逆旨有谏臣之体，运筹讨贼，有安边之功，论道经邦，有庙堂之志。昔人所谓异代九龄者，信不诬矣，后之贤者，岂无希风烈而慕德业者乎？今诏侯勉倡其孙，缮葺祠宇，以续前人之耿光。继自今以往，钟门而挹清光，登堂而想忠谊，必将颉颃并驰于藩垣台阁中，声誉昭著，以延庆赏，岂特襄公专美于有宋哉？遂为之记。

南雄州学四先生祠：祀祠位于南雄州镇内。为倡导理学，宋宝庆三年（1227）州学教授陈应龙重修州学祀祠，祭祀周敦颐、二程（程颢、程颐）、朱熹四位理学大家。祀祠建成，陈应龙以书嘱建人真德秀撰《南雄州新建四先生祠堂之记》。清代提学翁方纲为寻《祠堂记》石刻拓之，再撰《南雄州新建四先生祠记》。

南雄州新建四先生祠堂之记

（宋）真德秀

宝庆三年某月，南雄州始立周子、二程子、朱子之祠于学。教授三山陈应龙以书嘱建人真某为之记。

某曰：四先生之道高矣！美矣！抑某之愚，未能窥其藩也，将何以记之？虽然，昔尝闻其略矣。道之大原出于天，其用在天下，其传在圣贤，此子思子之《中庸》所以有性、道、教之别也。盖性者智愚所同得，道者古今之共由，而明道阐教，以觉斯人，则非圣贤莫能与。故自尧、舜至于孔子，率五百岁而圣人出。孔子既没，曾子、子思与邹孟子复先后而推明之。百有余岁之间，一圣三贤，更相授受，然后尧、舜、禹、汤、文、武、周公之所以开天常、立人纪者，粲焉昭陈，垂示罔极。然则天之生圣贤也，夫岂苟然哉！不幸战国、嬴秦以后，学术泮散，无所统盟。虽以董相、韩文公之贤相望于汉、唐，而于渊源之正，体用之本，犹有未究其极者。故仅能著卫道之功于一时，而无以任传道之责于万世。

天启圣朝，文治休洽，于是天禧、明道以来，迄于中兴之世，大儒继出，以主张斯文为己任。盖孔孟之道，至周子而复明，周子之道，至二程子而益明，二程之道，至朱子而大明。其视曾子、子思、邹孟氏之传，若合符节，岂人所能为也哉？天也！然四先生之学，岂若世之立奇见，尚新说，求出乎前人所未及邪？凡亦因乎天而已。盖自荀、杨以恶与混为性，而不知天命之本然；老、庄氏以虚无为道，而不知天理之至实；佛氏以划灭彝伦为教，而不知天叙之不可易。周子生乎绝学之后，乃独深探本原，阐发幽秘，二程子见而知之，朱子又闻而知之，述作相承，本末具备。自是人知性不外乎仁义礼智，而恶与混非性也；道不离乎日用事物，而虚无非道也；教必本于君臣、父子、夫妇、昆弟，而划灭彝伦非教也。阐圣学之户庭，祛世人之矇瞶，千载相传之，正其不在兹乎？呜呼！天之幸斯文也，其亦至矣！

南雄为郡，邈在峤南，士习视中州，号称近厚。夫以近厚之资，迪之以至正之学，必将有俯焉自力者。然陈君所望于学者，果焉属邪？天之命我，万善具全，一毫有亏，是旷天职。昔之君子凛然渊冰，没世弗懈者，凡以全吾所受焉耳。嗟后之世，何其与古戾也！利欲之风深入肺腑，理义之习目为迂阔，己之良贵弃置如弁髦，而轩裳外物则决性命以求之弗舍也。吁！是可不谓之大惑乎？志于道者，其将何所用力乎？

缅观往昔，百圣相传，敬之一言，实其心法。盖天下之理，惟中为至正，惟诚为至极。然敬所以中，不敬则无中也。敬而后能诚，不敬则无以为诚也。气之决骤轶于奔驷，敬则其衔辔也。情之横放甚于溃川，敬则其堤防也。故周子主静之言，程子主一之训，皆其为人最切者，而子朱子又丁宁反复之。学者倘于是而知勉焉，思虑未萌，必戒必惧，事物既接，必恭必钦，动静相因，无所间断，则天德全而人欲泯，大本之所以立，达道之所以行，其不由此欤！陈君幸以为然，则愿以此刻于祠之壁，为学者观省之助。若夫诵其言而不反诸躬，惟其名之趋而匪实之践，是岂四先生立教之意哉？又岂陈君所望于南邦之士者哉？

南雄州新建四先生祠记

（清）翁方纲

四先生者，周元公，程纯公、正公，朱文公也，宝庆年，祠成。州教授三山陈应龙请真西山为文，应龙以故去，未及入石。端平初，毗陵张友知州事，始命法掾田圭书之，而教授卢自明篆其额焉。顷岁，翁学方纲提学广东，搜罗石刻甚夥，而南雄儒学宋、元碑各一，独未之及，予始记得拓之。

梅岭曲江祠：在南雄梅岭上。史载唐开元四年，内供奉右拾遗张九龄开凿成路，行者自后无道难之叹。于是立祠岭上，以祀曲江公，报德也，报功也。明朝正统丙寅，知府郑述砌路九十余里，补植松梅。明成化己丑，巡抚陈濂行、知府江璞修砌。明正德甲戌，方伯吴廷举属府增植松梅万五千余株，而一路苍翠蓊郁，轮辕辐辏，益有以演曲江之泽于无数云。谨缀次于篇，并云封寺及韶之楼祠咏歌附入焉，作《梅岭曲江祠记》。

梅岭曲江祠记①

（明）郭棐

梅岭本名台岭，在南雄府北三十里，即百粤五岭之一也，一曰东峤，以其当五岭之东也。上有横浦关，即古人关之路也。汉初高帝以将军梅鋗统兵驻此，故名“梅岭”。后令裨将庾胜戍守，复名“庾岭”。初则山形嵲屼，行路崎岖，雨旸多艰，商旅告困。唐开元四年，内供奉右拾遗张九龄开凿成路，行者自后无道难之叹，于是立祠岭上，以祀曲江公报功德也。其北有白猿洞，又北有霹霖泉，其下长浦之水出焉。其东四十里有小庾岭，见谢灵运《岭表赋》，皆东峤之形胜也。曲江公既开岭路，而往来轮蹄行李之使，络绎不绝。宋嘉祐癸卯，转运蔡抗与祥刑江西兄挺，陶甓各砌其境，署其表曰：梅关。明正统丙寅知府郑述砌路九十余里，补植松梅。成化己丑，巡抚陈濂行、知府江璞修砌。正德甲戌，方伯吴廷举属府增植松梅万五千余株，一路苍翠蓊郁，轮辕辐辏，益有以演曲江之泽于无斁云。谨缀次于篇，并云

① 见《古今图书集成》。

封寺咏歌附入焉，作《梅岭曲江祠记》。

韶州濂溪周先生祠：始于宋熙宁间周敦颐任广东提刑时。而后，曲江祀周氏之祠有三：

其一，为宋乾道六年（1170）知州周舜元所建祀祠。时，周舜元因“仰止遗烈，慨然永怀”而作濂溪祠于州学讲堂之东，祀周，以二程配。后由于祠“迫窄无堂宇统之严，未足以称尊崇道统之意”，并且祠屋逐渐摧剥，香火之奉亦弗供。宋淳熙十年（1183）州学教授廖德明又重建而扩大，像设俨然，春秋释奠，又取濂溪著述“以授诸生”。又教诲说：“熟读精思而力行之，则其进而登此堂也，不异乎亲炙之矣。”又请其师朱熹撰记。宋嘉定九年（1216）提举陈光祖在州学明伦堂后主一堂中礼周敦颐，改堂名为师复堂。仍取周氏“师道立而善人多”之说，表示遵从其尊师重道思想之意。陈淳《韶州州学师道堂记》说：“师道之不立也，久矣。自孟子没，天下骛于俗学，盖千四百余年，昏昏冥冥，醉生梦死，不自觉也。”周氏“卓然拔出于春陵之间，不由师传，独契道体，建图著书，提纲启伦。推原无极、太极之妙，而不离乎日用人事之实；发明中正仁义之精，而不越乎秉彝良心之所固有。圣人之所以安乎此而立人极，贤者之所以执乎此而复其性。处而学颜子之所学者，学乎此也；出而志伊尹之所志者，亦志乎此也。上与羲皇之《易》相表里，而下以振孔、孟不传之坠绪，所谓再辟浑沦”。“继往圣开来哲之功，可谓盛矣！”

其二，在广东提刑署内有濂溪祠。宋淳熙二年（1175）广东提刑詹仪之所建张栻为之记。宋淳熙六年（1179），提刑陆世良又加以扩建。邹补之记。宋淳祐间提刑周梅臾又重建，蔡抗为之记。

其三，另外通之旁亦有濂溪祠，在州学濂溪祠与通衢旁濂溪祠的基础上，宋淳祐六年（1246），提刑杨大异于相江之滨建濂溪书院。祀周敦颐，并以二程、张、朱配，杨大异自为记。书院成为广东在宋代影响最大、规模最为完备的书院。

韶州濂溪周先生祠堂记①

（宋）张栻

淳熙二年冬，广南东路提点刑狱公事詹君仪之以书抵某曰：“仪之幸得备使事，念无以称上德意，始至，披考故籍，熙宁中濂溪先生实尝为此官，今壁之题名具存。仪之虽不敏，敢不知所师慕？且念宜有像设，以诏后世，庶几来者感动焉。乃度地于治所曲江郡城之内，唐相张公故祠之东，为屋三楹，以奉祀事。且崇其门垣，大书揭之，严其扃钥，以时启闭。十有一月告成，愿请记。”某读其书，喟然而叹曰：詹君下车，首为是举，可谓知所先务矣，其意岂不远哉！则不敢辞，而为之书。

按厅壁记所书，先生以熙宁四年正月九日抵官下，是年八月朔旦移知南康军，在官仅逾半载耳。考其行事，其见于先生之墓志者曰：“自广东转运判官改提点刑狱，不惮瘴毒，虽荒崖绝岛，人迹所不至，皆缓视徐按，以洗冤泽物为己任。未及尽其所为，而已告病，求守南康以归。”而著作郎黄公庭坚作濂溪词，亦称先生为使者，进退官史，得罪者人自以为不冤。以是二者观之，亦可以想见当时施设之大概矣。虽然，凡先生之所施设，皆其学之所推，非苟然也。某尝考先生之学，渊源精粹，实自得于其心，而其妙在太极一图，穷二气之所根，极万化之所行，而明主静之为本，以见圣人之所以立人极，而君子之所当修为者。由秦汉以来，盖未有臻于斯也。故其所养，内允暗然而日章，虽未得大施于时，而莅官所至，如春风和气，随时发见，被饰万物，百世之下，闻其风者，犹将咨嗟兴起之不暇。然则即其所尝临之地，而绘像立祠，以昭示来世，岂非有志于名教者所宜汲汲者乎！使后之人睹先生睟然之容，而考法其行事，因先生详刑之心，而究极其渊源，则是祠之建，其为益固有不可胜言者矣。

抑尝闻先生之论刑曰：“刑者，民之司命，情伪微暧，其变千状，苟非中正明达果断者不能治也。”夫中正者仁之所存，而明达者知之所行，果断者又勇之所施也。以是详刑，本末具矣。詹君之立祠，为详刑者设也，故某复以此系于终焉。詹君，严陵人，尝为御史台主簿云。

十有二月丁酉记。

---

① 见《南轩先生文集》卷十。

韩文公祠：在乳源县。清康熙《乳源县志》载：韩文公祠，在蓝关，知县裘秉钫建。又有记：名宦祠，在文庙仪门之左。祀唐吏部侍郎韩愈，宋朝本县知县曾造，明朝本县知县张安仁、李冕……吴邦俊、本府司李刘天锡。

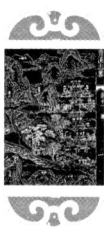

又乐昌有韩泷祠。韩泷祠位于粤北乐昌九泷十八滩罗家渡河段的老泷口西岸，始建于汉朝，为纪念东汉伏波将军马援而建。至汉灵帝熹平初年（171），桂阳太守周昕南下，见河水狂虐，于是组织民工整治河道，从此商旅称便。乡民为纪念周昕功德，将其塑像也安放庙中，改称为“周府君庙”。至唐宪宗元和十四年（819），韩愈被贬赴潮州经过此地留宿韩泷祠，曾写下“鸢飞鱼跃”四字牌匾（今已流失），并写有《泷吏》和《题临泷寺》。于是，后人再将此庙改称为“韩泷祠”，并将马援、周昕、韩愈三尊圣像置庙内一并供奉。

韩泷祠建筑依山傍水，风景秀丽，建于武水岸边，坐南朝北，面阔五间，进深三间，殿为单檐硬山顶，风火式山墙，穿斗式梁架结构，灰色板瓦筒瓦覆盖，有琉璃瓦当勾滴落水口装饰，门楼为四柱三间三楼牌坊式建筑形制，正脊中央饰灰筑吻兽，两端翘起鳌鱼头吻兽，檐下三层如意斗拱，中间门额嵌有“韩泷祠”楷书大匾。门口下为西京古道，旁立碑刻14块，旗杆夹石6对，左下处是40余级的泊船码头，乃当年南来北往关卡要道，过往商贾均在此交银纳税。

乐昌韩泷祠

（清）朱次琦

台殿锁煮蒿，悬湍万仞高。江山有迁谪，文字走波涛。
津吏留相语，村沽饮不豪。排云阊阖远，天末首重搔。

乳源韩昌黎先生祠记

（清）郭弘赞

裘侯来知乳邑，在顺治十八年秋，改创文庙，修整城署，稽复津渡，百废俱举。行部至于梅辽，问民疾苦之余，登高眺远。不觉有上千古而下万世之想焉。因问父老，乃知巉岩陡峭之蓝关，为昌黎韩先生入粤驯鳄之取道也。乃愕然曰：“先生文起八代之衰，道济天下之溺，忠犯人主之怒，勇夺三军之帅，余服膺久矣，况万世瞻仰乎！过化存神，不可不祀。”遂捐财构祠若干楹。及祠成，征记于余，以为

"成余有志之未逮者"。余唯唯，以为得我心之所同然也。

稽先生初年，随仲兄谪官韶州。及仕于四门博士，拜监察御史时，关中旱饥。疏上德宗，怒。于贞元十九年贬阳山令，逾年改江陵参军。宪宗元和十四年，拜刑部侍郎，上疏谏佛骨，贬为潮州刺史。路经乐昌泷，作《泷吏》诗云："南行逾六旬，始下乐昌泷。险恶不可状，船石相舂撞。"乃舍舟由陆度乳源蓝关，再至阳山，由连州题咏可考也。

先生三入粤，惟度蓝关为最。末年开衡山之云，而驯鳄鱼之暴。学者仰之，诚所谓泰山北斗矣。"雪拥蓝关"此叚［段］古迹，历宋而元而明，数百余年皆寂然无闻，可谓缺典矣。实惟裘侯惟贤知贤，阳山乳水撰一烹鲜，故记之。

康熙元年仲春吉。

二、书院 附艺文

韶州府学：旧载在府治大街东，宋至和二年知府胡牧建。北宋熙宁七年知府王知才重修，南宋绍兴十年连州通判廖蓬修，曲江县尉卓庆记。南宋嘉定五年知府张思忠重修，仓使袁变记，明洪武二十年知府王世安、明永乐二十三年知府王琰重修，翰林侍读周述记。明成化三年知府陈爵广学前民地，五年都御史韩栋发银五百两，知府苏骅增修，弘治庚申知府曾焕再修，编修刘存业记。明弘治间，同知韩铣以学门逼近民居，贸地广之，都御史李嗣记，龙门亭在右，有育真才坊，云路亭在左，有崇正学坊，今圮，敬一亭在明伦堂西，今废。明嘉靖元年，知府周叙以南华寺僧修佛殿入官羡余银四百两重修。明万历三十八年火灾，南韶道张德明捐俸重建。清康熙九年知府刘世豹重修，两庑各十一间，戟门三间，知府周叙重建泮池，绍定五年开。清康熙十年知府马元睿深数尺，移星门，知府詹雨重建，易木以石。

〔韶州府学〕政和御笔手诏①

（宋）赵佶诏　李邦彦撰记

朕承祖宗遗休余烈，崇经术，设学校，兴贤能，以待天下之士；高爵重禄，承之庸之，以待士之任官者。盖与之修政事，理人民，以立太平之基，致唐虞三代之隆。宜有豪杰特立之材，忠信志义之人，比肩相望，焜耀一时，为世盛事。而比年以来，怀僭乱之异谋，干殊死之极宪者，如赵谂、储倴、王寀、刘昺之徒，或贤科异等勋阀世胄，或出入禁闼侍从之领袖，为搢绅士大夫之大辱，闾巷无知愚夫愚妇之所愤疾，武夫悍卒未尝知书者咸羞道而喜攻之。其故何也？岂利心胜而义不足以动之欤？抑劝导率励之方有所未至欤？夫经传所载，君臣之分，忠义之训，荣辱祸福之戒，岂不深切著明？今诵其言而不能效之行事，深虑薄俗浸渍，士风陵夷，失崇养之指，害教化之原，为天下后世笑。卿当师儒之任，以学行致大官，其思所以劝励兴起，畀知尊君亲上之美，无复暴戾邪僻之行，以居德而善俗，以化天下与后世，称朕意焉。故兹诏示，奉行无怠。

付李邦彦。（御书之宝）

政和八年夏六月，上亲御翰墨作训于四方，以其诏属臣邦彦，使奉行之。秋七月，被旨揭示于太学暨辟雍，仍著之石。九月，臣以职事进对便朝，上谕臣曰："前日诏书，学者宜识所以训迪之意，且暴戾邪僻，岂人士所为？"臣顿首谢曰："陛下兴造士泽之入人深矣，孰不能惠上德而化之？圣诏一颁，鼓舞丕应，咸目喻而心成，咨嗟诵咏者不可一二数，愤激而劝以义者慨然相先也。盖教育之道素明，而理义之感人若是其敏，愿诏儒臣作记，以扬厉休迹，俾天下后世无忘其章。"越二日，御笔委臣识之。而臣疏逖一介，擢长师儒，毫发未报，宸翰所及，奖饰逾分。眷任之意不替益专，且不以茫累取玷上宠，俾加序述。惟是不腆末学，固不足以辱命，而载名其下有荣耀焉，臣之幸也。谨拜手稽首而言曰：

臣闻三代之学，皆所以明人伦。人伦，治化之本，义命之大戒存焉。士之所学，学此者也，上之所教，教此者也。政事之兴，风俗之

---

① 此篇为北宋立于韶州府学内《政和御笔手诏》碑。碑刻于北宋政和八年（1118）十月。通高3.7米，宽1.35米。额由蔡翛正书：政和御笔手诏碑；碑上部分由宋徽宗（赵佶）撰并御笔书诏；下由李邦彦撰记并书。

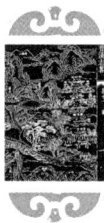

醇，皆原于此。周监二代，礼乐庶事备矣，而教养之法加详。法象所示，云汉其章；人才之成，金玉其质。拔奇取异，序爵而官，使之名正分辨，咸懋嘉德。故服事其上，而下无觊觎。《羔羊》节俭正直之风有辞于永世，知所以尊义而立命故也。洎降叔末，君臣信义之论策名委质贰，辟之责犹行于区区战国之间，时以为美谈。岂余波遗泽，燕及来叶，而人伦之教在人心者未熄耶？上以神明渊懿之质，发挥前圣光大之烈，励贤崇化，一本于学，所以风天下而善万世者，三代不足进也。邪谋弗臧，既底于宪，而训辞谆切，必勤勤于庠序师儒之官。宸虑所图，至深且远矣！譬犹庆霄清明，白日中照，有目有趾者待是焉。顾非甚愚，孰不知向是？宜革心涤虑，祗奉明德，戒惧而不敢少易也。呜呼！士之取重于世者，以义命在我，物无得而移之，故尊君亲上之心常存而不丧。嗜逐末者，义以利胜；乐于时者，命以故灭。陵夷渐渍，始失其常。心越乃诞，作狂僭矫诬之行，而阶之为祸。屦校之施，金柅之戒，罔不在厥初。则天心仁爱之笃，形于诏谕，其为惠可胜既耶？《书》曰：“王言惟作，命不言，臣下罔攸禀令。”夫以九重之近，干制四海之远，德意志虑，非言弗宣。禀令之臣，所当奉以周旋，靡遑夙夜。矧奎章洛画昭布于上下，而又勒诸翠琰，垂范将来，顾畴敢不力。臣绩文未工，愧无以形容圣作之万一。然告诫之严，委寄之重，尚俾来者勿怠干成，以奉扬丕显休命于亿万斯年之永。则是记也，岂特侈上之赐，使后世歆艳其美而已哉！

冬十月己卯朔十五日癸巳，朝议大夫、试大司成、同修国史、陇西县开国子、食邑五百户、赐紫金鱼袋臣李邦彦奉御笔记并书。

保和殿直学士、朝请大夫、提举上清宝箓宫编御笔、兼礼制局详议官、校正内经同详定官、汝阳县开国子、食邑六百户、赐紫金鱼袋臣蔡翛奉圣旨题额。

奉议郎、试辟雍司业臣李鹭。

奉议郎、试辟雍司业臣程振。

韶州州学师道堂记①

（宋）陈淳

濂溪先生熙宁中提点广东刑狱公事，而治于韶，于是韶之为祠者

---

① 见《全宋文·北溪大全集》卷九。

有三。祠于学者，以二程先生配，然在明伦堂之西，迫窄无堂宇之严，未足以称尊崇道统之意。祠于宪司者，即其遗躅，本廖侯所重建于厅之西偏，而后人徙之西园之右，乃与世祀、滛祀五通庙门相向，邻于鄙杂。而祠于通衢，为往来士夫瞻慕之所者，又与张余二公、王令公、杨诚斋合焉。

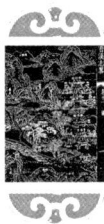

张、余二公里之先贤，风节可仰，未为失伦。如令公荆公之父，天圣中守是邦，安石用事，时人建祠以媚之，与张、余并坐中堂，而濂溪、诚斋列于东庑，位序不正，尤为可耻。嘉定丙子，宪使陈侯深为病之，乃于通衢之祠，奉濂溪于中堂西偏，而降令公于东庑；于宪司之西园者，改创外门以正南向，藩墙周密，不与他神祠错列，而学中三先生之像，则移入明伦堂后主一堂之中间。易去旧匾，而以“师道堂”揭之，取《通书》所谓“师道立则善人多”之说，特以表先生宗师后学之意。且以书来求一言以示学者。窃为之喟然叹曰：师道之不立也，久矣。自孟子没，天下骛于俗学，盖千四百余年，昏昏冥冥，醉生梦死，不自觉也。宋兴，濂溪先生以先知先觉之资，卓然拔出于舂陵之间，不由师传，独契道体，建图著书，提纲启伦。推原无极、太极之妙，而不离乎日用人事之实；发明中正仁义之精，而关不越乎，秉良心之所固有。

圣人之所以安乎此而立人极，贤者之所以执乎此而复其性。处而学颜子之所学者，学乎此也；出而志伊尹之所志者，亦志乎此也。上与羲皇之《易》相表里，而下以振孔、孟不传之坠诸，所谓再辟浑沦。二程先生亲受其旨，又从而光大之，然后其学布于天下，使英才志士得所依归，河洛洋洋，与洙泗并。兹其所以继往圣，开来哲之功，可谓盛矣！虽于当时不得大施以著尧舜君民事业，而其为部使者于此，一以洗冤泽物为己任，惟恐有一夫之不获其所，皆莫非从大原中出，而大用之所流行，亦可以考验圣贤作处，而未可以寻常吏治例观也。故在万世公义而言，自合配诸礼殿之侧，与先师齐绸接冕，通为天下后学师表，岂特尝临之地所得而私？何韶人师事之意，乃久焉晦昧而不章，今陈侯既为之改正祠事，复正名师道，以揭学者之指南，其所以观视韶人不浅矣。韶之士，果能因是兴起而师其道，于遗编熟读精思，深体而实履之，无以俗学之见乱焉，则是亦将不远于我欤。凡宦游于韶者，均能相与起敬师慕，而吏事之有所本，则亦将不失为有道之政。而于陈侯之意，皆可以无负矣。诗不云乎，“高山仰止，景行行止”。凡我同志，其共勉乎哉！陈侯名光祖，字世德，德行政事皆不凡。子沂，从予讲濂洛之传，为志甚厉云。嘉定丁丑三月壬辰，临漳陈某记。

韶州州学两公祠堂记

（宋）杨万里

人物粤产，古不多见，见必奇杰也。故张文献公一出，而曲江名天下。至本朝，余襄公继之。两公相望，揭日月，引星辰，粤产亦盛矣哉①！盖自唐武德放于今②，五百有余岁，粤产二人而止尔，则亦希矣。然二代各一人，而二人同一州，又何富也！世谓以文取人，抑末也。两公俱以文学进，以名节显。以文取人，不可也；以文废人，可乎？两公立朝，忠言大节多矣，而谏用牛仙客，安太子瑛，诛安禄山；留范希文，排张尧佐，此尤治乱之所先③者也。三言不用而二言用，天宝之敎，庆历之隆，岂适然哉？

虽然，文献相唐，而襄公未及大用，或以是为襄公憾，吾独不然。圣贤君子之于斯世，顾道之行与否尔，相与否，奚顾哉？两公者，道行则宋隆，道不行则唐敎④，然则两公之于斯世，孰遇孰不遇乎？后之有为之主，有志之士⑤，能知两公遇不遇之说，诹诸往，度诸来，必有超然悟、慨然叹者矣。

郡博士廖君德明庀职⑥数月，谓两公庙祀而不于庠序，非所以讽励学者也。谒于太守徐侯琏、守丞李君文伯，而作堂祠焉。既成，属某记之。则招诸生而谂之曰："二三子，庐于斯，饔于斯，业于斯，进而拜先圣先师曰'莫予云范'。退而瞻两公曰'莫予云磋'，跂而望曲江之山川曰'莫予云殖⑦'。可乎？不可也⑧。不可而莫予云续，何也？二三子盍思之。"

淳熙八年九月九日，诚斋野客庐陵杨某⑨记。

---

① "盛矣哉"四库本、荟要本无"哉"字。

② "自唐武德放于今"家刻本作"自唐以迄于今"，四库本、荟要本作"自唐以后，于今"。放，至。《列子·杨朱》："（伯夷）以放饿死。"

③ "先"底本作"元"，误。据他本改。

④ "敎"家刻本作"败"。同义。

⑤ "士"底本作"志"，误。据他本改。

⑥ "庀职"家刻本作"居职"。

⑦ "莫予云殖"他本作"奠予云徂"。

⑧ "不可也"他本作"不可乎"。

⑨ "诚斋野客庐陵杨某"他本无此八字。

韶州州学濂溪先生祠记

（宋）朱熹

秦汉以来，道不明于天下，而士不知所以为学。言天者，遗人而无用；语人者，不及天而无本。专下学者，不知上达，而滞于形器；必上达者，不务下学，而溺于空虚。优于治己者，或不足以及人；而随世以就功名者，又未必自其本而推之也。夫如是，是以天理不明，而人欲炽，道学不传，而异端起。人挟其私智以驰骛于一世者，不至于老死则不止，而终亦莫悟其非也。

宋兴，九嶷之下，舂陵之墟，有濂溪先生者作，然后天理明，而道学之传复续。盖有以阐夫太极阴阳五行之奥，而天下之为中正仁义者，得以知其所自来，言圣学之有要。而下学者，知胜私复礼之可以训致于上达，明天下之有本。而言治者，知诚心端身之可以举而措之于天下。其所以上接洙泗千载之统，下启河洛百世之传者，脉络分明，而规模宏远矣。是以人欲自是有所制而不得肆，异端自是有所避而不得骋。盖自孟氏既没，而历选诸儒受授之次，以论其兴复开创，汛扫平一之功，信未有高焉者也。先生熙宁中，尝为广南东路提点刑狱公事，而治于韶。洗冤泽物，其志足以行矣，而以病去。乾道庚寅，知州事周侯舜元，仰止遗烈，慨然永怀，始作祠堂于州学讲堂之东序，而以河南二程先生配焉。后十有三年，教授廖君德明①至，视故祠颇已摧剥，而香火之奉，亦惰弗供，乃谋增广而作新之。

明年，即其故处为屋三楹，像设俨然，列坐有序。月旦望率诸生拜谒，岁春秋释奠之。明日，则以三献之礼礼焉。而犹以为未也，则又日取三先生之书以授诸生曰：熟读精思而力行之，则其进而登此堂也，不异乎亲炙之矣。又明年，以书来告曰：韶故名郡，士多愿悫，少浮华，可与进于善者。盖有张文献、余襄公之遗风焉。然前贤既远，而未有先生君子之教，以启迪于其后，虽有名世大贤，来官其地，亦未闻有能抠衣请业而得其学之传者，此周侯之所为惓惓焉者，而德明所以奉承于后，而不敢怠也。今既讫事，而德明亦将终更以去矣。夫子幸而与之一言，庶几乎有以卒成周侯之志，是亦德明之愿，而诸生之幸也。廖君尝以其学讲于熹者，因不获辞，而辄为论著先生倡明道学之功，以视韶人，使因是而知所以用力之方，又记其作兴本末如此，

---

① 廖德明，字子晦，南剑人。少学释氏，及得龟山杨时书，读之大悟，遂受业朱熹。登乾道中进士第。知莆田县。后徙知广州，迁吏部左选郎官，奉祠，卒。有《槎溪集》行于世。

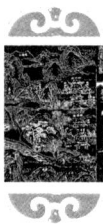

使来者有考焉。

淳熙十年癸卯岁五月丁卯新安朱熹记。

相江书院（濂溪书院）：旧在府学东，宋淳祐乙巳提刑杨大异改建于笔峰之麓，自为之记。南宋宝祐二年提刑吴燧请于朝，赐额相江书院，以祀唐名相曲江张九龄。咸淳中，提刑雷宜中置田，以增禀饩。丙子兵毁，总管张杰、经历王方贵复创修。明永乐间，参政赵次进、知府沈源，明天顺间，佥事戈立，明成化间，同知方新重建，明成化七年知府苏骅、明正德间知府华昶、明嘉靖初知府郑骝、明嘉靖十九年知府符锡、相继修建，明隆庆己巳知府李渊，以书院改为曲江县庠，重建书院，于县庠左，明末俱废。清康熙十年知府马元捐俸新建书院，仍于笔峰之下。正祠一座三间，后写心亭，莲池一口，大门额曰：四贤祠，盖祠原为宋先儒周敦颐而立，今并明先儒陈献章、王守仁、湛若水祀之，自撰为记。

韶州相江书院记①

（宋）欧阳守道

生民以来，未有盛于孔子，此亲见圣人者之言也。前犹未有，后孰得而并之？然鲁孔子父母国，诸弟子学于其门，其没也鲁君一诔而止，门人三年而归，阙里之教于是寂寥矣。近鲁者齐，昔者历聘之所首至，孟子得其传而仕于此，亦尝一称仲尼而对其君，然身不留，道不行，固无望其君能推其学之所自出，而表章先圣于过化之地也。夫道能信于万世，而相去未远之时，齐、鲁视之蔑如，其空言之幸存，恃有门人与孟子而已，乌在其为生民以来之最盛者哉？夫亦要诸久而已矣。通祀比之社稷，立学遍于郡县，巍巍乎万世一人，当时亲见圣人者之言，盖至此而愈信也。

后千五百年，我宋濂溪先生周元公出所著之书，惟《太极》一图与《通书》四十章，而《通书》亦惟推明《太极图》之意。二程子少而师之，至于朱文公继作，乃推寻二程子之言，见其合于图书，而信其得于授受，于是图书之传益以光大，学者尊之，几与《易》《论语》等。天子特为之表章于上，自是元公之里居与其仕国所在，奉祠堂、建书院矣，此孔子所未尝得于齐、鲁者也，何其盛哉！窃尝疑之，

---

① 见《全宋文·巽斋文集》卷十四。

当熙宁间，元公在南，二程子在北，而元公以癸丑岁没，二程子毋乃未之闻耶？后十有四五年，二程子之道下信于门人，上信于君相，而自朝廷至四方曾未有知元公之师道者。其后洛学再厄，而讥毁不及于元公，则犹幸其未尝彰显于熙宁、元祐故耳。今学者得图与书而学之，盖稍出于中兴以后，而最盛于三四十年也。孔子得通祀与立学于千余年之后，而元公祠堂、书院近见于百余年间。就百余年观之，则熙宁、元祐之人所未能通知者，亦必待今日而后大。显晦久近又各有时，皆非人之所能为耶？

岭南韶为文献国，刑狱使者台治在焉，元公所尝莅之官也。往年长沙愚斋杨公持使节，筑相江书院于帽峰之麓，中为祠堂，旁居学徒，后人屡有增拓，且立先圣殿，而受赐额于朝矣。越十有九年，公之兄之子谦仲父继以是节来，又益大之，视前加倍，而规制之端正，则韶士以为是具上庠之体者也。谦仲父前为道州，濂溪书院创于其手，先帝御书六大字以表之，今复为此于韶，以成愚斋公之志。殆若一家之事，父基而子堂之者，道犹鲁，韶犹齐，二书院同出于一人。甚矣，于斯文拳拳也！

予昔与谦仲父同朝，而韶士亦有与予相闻者，以书来请曰："元公昔使此部将漕两年，仅八月而去之。其未去也，巡历属部无虚月，留此州之日甚浅，所著图书又未出，是当时之亲炙曾不若今日之闻知也。二杨先生惠后学至矣，愿记书院之大成，而因有以诏我。"予不敢辞，则复之曰：图书固元公义理之极致，然二程子之师之也，窃意斯时讲闻大意，成书之出与否未可知也。后又远不相闻，非若孔门诸子终其身而事夫子者。故伊川谓明道自十五六闻周茂叔论道，慨然有求道之志，未知其要，出入于诸家，泛滥于老释者几十年，反求诸六经而后得知。深味此语，则元公固亦开示其端，而徐俟其自得云尔。夫以亲受学于元公，而犹曰未知其要；及其得也，则以求诸六经之力，然后与元公之学吻合，而无毫发之差。盖六经圣人之心在焉，元公之学之所自出也。二程子从其学之所自出而学焉，斯与元公同其所得矣。今元公图书满天下，其文至约，家传而人诵之也，犹有如二程子自谓未知其要，而又求诸六经于受学十年之学者乎？必如是，然后自得；自得然后信元公真吾师也。不然，莫要于图书，夫既传诵之矣，所忧者自得不在我耳。以元公为之师，犹退而求之六经者，二程子也。见元公于图书，而曰吾知之矣，六经可以无求矣。噫！此则二程子所不敢也。予方自为此惧，而安能效寸益于相江书院之士乎？敬为书院记岁月而已。愚斋公名大异，初建书院于淳祐丁未。谦仲父名允恭，更新书院于景定甲子。次年咸淳改元秋八月，庐陵欧阳某记。

改建相江书院记①

（清）齐嘉诏

古者，家有塾，党有庠，术有序。故其时风俗醇美，比户可封。汉文翁始作讲堂，《华阳国志》：翁立文学精舍讲堂，作石室。卢照邻有“文翁讲堂诗”是也。文翁治蜀，至今犹称之，以为二千石楷法。唐有丽正书院、集贤书院之名。开元初，领以学士一人，典守秘籍皆建于朝省，为修书之地，非士子肄业所也。宋则以名诸儒讲学之处，即奉祠胥在是焉。睢阳、石鼓、岳麓、白鹿洞其最著者已。韶之有书院，则自宋熙宁中濂溪周子提刑广南东路，知州事周舜元思其遗泽，筑祠祀之，遂以濂溪名，新安朱子为之记，后提刑吴燧请于朝，额曰“相江书院”者也。

鼎革之际，毁于兵燹。康熙十年，刺史马公改建于笔峰山之麓，即今所称韶阳书院也。为讲堂，为斋舍，为亭，为池，最后为六贤祠，则祀周子，而以王阳明、陈白沙、湛甘泉、张文献、余文襄配焉。

夫周子演太极之奥义，启河洛之渊源，孟韩以后独承道统；而姚江推本良知，发为经济；白沙主静之学，增城实师事之；至于文献、文襄文章、气节彪炳百代。学者私淑有资，可知所向往矣。且韶郡远在岭表，宋时官其地者尚能敦崇士学，发明圣贤理蕴，况际重熙累给之朝，声教暨讫，道一风同，顾或废坠不修，乌乎可哉！方今圣天子右文懋学，崇实黜华，谆谆以孝悌忠信、礼义廉耻为多士劝，吾愿此邦之人仰休睿漠，景行往哲，于以敬业乐群，率循正轨，达而在上则致君泽民，勉为良臣；穷而在下则经明行修，亦不失为善士。斯则区区之意，而无徒以文采弦诵掇取科第为闾里之荣也。是为记。

重修相江书院碑记②

（清）金兰原

宋淳祐间，长沙杨大异提刑于韶，揽周子之迹，慕其道，择胜地于笔峰之麓，始建濂溪书院，明所宗也。既而提刑吴燧复请于朝，得赐额曰“相江”，而院以显。迄于元明，屡圮屡修。我朝康熙十年，

① 见广东《韶州府志》卷十八，清同治十二年刊本。
② 见广东《韶州府志》卷十八，清同治十二年刊本。

三韩马太守元修复之，颜曰“四贤祠”，盖益以阳明王子、白沙陈子、甘泉湛子也。其后移建书院于县庠之右，易其名曰“韶阳”。久之弗吉，居者多不利，且规条未具。予始至，韶州人士已纷议请迁。予曰：徐之，是宜先筹膏火，以鼓其向学之志也。爰倡捐得白金六千有奇，岁权其息，资用不匮。余曰是宜广其额以遂其来学之思也。为定生童内外课合计八十名。于是延宿儒、慎支发、立章程，诸生童始憬然思欲共学矣。余乃曰弗安厥居，无以乐其业也。遂于甲申冬即笔峰之院基改筑之，仍相江旧名。越二载，工将竣，余适奉檄摄潮，历琼逮于高广，往来替受，靡有暇晷，而私心恒恋恋于兹，虑厥工之作辍也。丁亥冬，予滥膺卓荐入都，重过韶，经书院，则已轮奂跂翼而规模倍宏敞，综计由门而堂凡四层，最后为楼，楼祀文昌；其下仍祀四子，更益以张、余二先生。其左有阁，阁祀奎星，其下有义举祠，东西学舍凡四十余楹。诵读之声琅琅达于巷外，噫嘻，是真足为兴艺乐学之所矣。

亟进诸生而告之曰：“太守之莅斯土也，将周星纪矣，无日不蕲诸生之底于有成，幸而斋宇聿新，膳修罔缺，登斯堂者宜何如砥砺以副太守之怀也耶？太守之望诸生之来学，恒诱之以科名，然亦思人以科名重乎，抑科名以人重乎？是为向学之始，有以扩其远大之识焉，有以审乎义利之界焉，有以规乎古今治乱之原焉，有以达乎经权常变之用焉。夫而后处则为通儒，出则为名臣，将以微参周子天人之奥，则斯道有真寄也。将以接踵张、余二公之迹，则为盛世庆得人也。区区文艺之末，岂遂尽太守之期望哉！”其环列而听者咸以为然，因并记之，俾勒于石。

兴复相江书院记①

（清）史朴

韶郡城外笔峰之麓有相江书院，为教育人才之地。先是道光三年，金前守以经费不赡，捐廉倡助，复劝之僚属绅富共捐银四千两有奇，合之向日捐存银二千三百两有奇，得六千三百两之数，发商权子母，岁以息为用，生徒之肄业于其中者膏火有资，甚盛事也。咸丰十年，朴因公来韶，旋摄郡事。当兵燹之后，目睹夫讲舍萧条，弦歌久辍，慨然思振兴之。乃稽诸府籍，询之邑绅，知咸丰四年前升守吴公任内

---

① 见广东《韶州府志》卷十八，清同治十二年刊本。

因土寇窜扰，郡城危急，将书院经费提充守陴兵勇口粮。迨吴公移守广州，曾筹还银三千六百两，交绅士存储。时耆中丞驻节在韶，朴请于厘金项下拨银三千六百余两，除归还育婴堂等项八百余两外，余归补书院之款，照原数计增多一千两有奇，照旧发商生息。即于十一年四月举行甄别，兴复伊始。存息无多，取录未能如额，今则以入计出，稍有赢余，仍置生徒膏火八十分，惟内外课名数视前略为变通。复以另款修补书院学舍并置购书籍及器具各件，亦皆粗备。夫金前守之增设膏火也，规则以程之，册籍以注之，刊本流布，俾人人得而阅之，敢云追步前徽，亦聊尽司牧者之心云尔。从此诸生徒敬业乐群，行成名立，登甲第而辅辰猷，安知风度风采之芳规不继美于唐宋名贤欤！是朴之所厚望也夫。

相江书院记①

（清）廖燕

相江书院，旧名濂溪书院，宋宝祐二年，提刑吴燧请于朝赐额，改今名。予尝访其址，而残碑断碣，无复有存者，盖已废为丘墟久矣。然考邑志，宋杨大异为周敦颐濂溪建此，故虽改今名，而人犹口濂溪不置，岂重非其道耶？

道莫盛于孔子，自孔子而秦而汉以及魏、晋、唐至于宋，濂溪始衍太极以大其传，则道之在濂溪者，亦无异于在人心者耳。人诚由此而力求之，虽孔子不难至也，况濂溪耶？孟子曰：“待文王而后兴者，凡民也。若夫豪杰之士，虽无文王犹兴。”斯即其意欤？使得此意而存之，则虽谓书院至今存可也。不然，未可恃乎此也。

书院在笔峰山麓，屡废屡兴，鼎革复废于兵燹，惟余荆榛片址，绝无可记者。榷关王公偶以此命题试士，予欲同人共勉于道，因略述其旨如此。或曰然则不称濂溪而称相江者何？名以赐额重也。相江云者，以邑人张公九龄曾相开元云。

记注：“魏和公先生曰：记书院，归重道上。道必以孔子为断，议论正大，笔复简健可法，是兼醇儒才士之胜者。记旧名，记赐额，记地，记兴废之时，虽绝无可记，却已记尽。”

① 见《廖燕全集》。

复修相江书院记①

（清）张铣②

旧在府学东。宋乾道庚寅，知州周舜元建，祀濂溪先生周敦颐。淳熙十年，教授廖德明增修。淳祐中，提刑杨大异改建于帽峰之麓，滨于相江。宝祐二年，提刑吴燧请于朝，赐额曰“相江书院”。咸淳末，毁于兵。元至顺间，复建。后至元二年，盗起，遂为兵墟。洪武初，知府徐炳文重建。正德五年，知府华袒重修，自后郑骝、周叙、彭大治、符锡皆新之。国朝康熙十年，知府马元重建。嘉庆十九年，南韶道齐嘉诏捐俸重修。道光八年，知府金兰原重建。咸丰四年，毁于兵。咸丰七年，知曲江县五福绅士钟鼎琛、侯大邦建复。同治十三年，南韶连道张铣修。

重修相江书院记③

（清）何嘉元④

虞郡东北之滨相江名焉。相江之书院何以名也？为周濂溪先生祠而名也。然而祠焉尔，其曰书院，何也？新安朱子作濂溪书院记矣，提刑吴燧复请于朝，赐额曰“相江书院”。盖先生阐太极精微之秘，为古今理学之宗，非循吏仅也，不书院名而何以名也！先生产舂陵，距韶数千里而遥，书院曷昉乎？熙宁中，先生尝提刑广南东路矣，囹圄草生，宏恩沁物，治于韶将期，寻以病去。后有司溯德黼祀，始二程，继朱、张配焉。自宋迄明，𥨊者建，圮者修，未有易也。鼎革之际，兵燹频仍，一瓦一甍无或遗者。迨康熙十年，刺史马公百废俱兴，尤念濂溪祠缺，后学集益何资？爰卜摭笔峰山之麓，不忘旧也。捐资庀材，乃堂乃怟，乃亭乃庌，配以王阳明、陈白沙、湛甘泉三先生，私淑之资，取诸近也。更额曰“四贤祠”，亦谓二程、朱、张书传注疏，童而习之者详矣。若姚江训著良知，本于孟子，其勀逆瑾，擒宸濠，经济出以学问。白沙主静，端倪原于宋儒，乃辞召归来紫水，皆讲席焉。增城位尊好学，师事白沙，尝与姚江倡道京都，舟车时往复

---

① 见广东《韶州府志》卷十八，清同治十二年刊本。

② 张铣：字叔最，号寿荃，又号袚庄，湖南省宁乡人。道光己酉登拔贡，咸丰辛亥中恩科顺天乡试举人。历任广西平乐府知府、广东惠潮嘉兵备道、广东按察使，加封二品衔。光绪元年调署南韶连道督。

③ 见广东《韶州府志》卷十八，清同治十二年刊本。

④ 何嘉元：广东三水人，清康熙二十二年（1685）任曲江教谕。其任期间，重修风度楼。

虞城也。三子皆能发濂溪知天知人、下学上达之要，韶士景行在望其近而可法者哉！噫，建复不数年而楚逆蹂犯，满目荆榛，逢春秋举祀，望空而拜，不禁恻然。康熙戊辰仲夏，部堂华台王公权政暇观风造士，召韶郡生童于学院，亲试之八股后，命作相江书院记，皇冈山怀古诗。爰申令曰：章句帖括，应时技也，若夫治身经世，必体诸先儒致知力行，以后其养取法于名贤，登高作赋以扩其才。今圣天子崇奖文教，亲洒诗章，命大小臣工和答如帝廷赓歌也。尔多士逊志芸窗，时若有考校者鼓之勇，从此文叶青钱，碑成黄绢，应当代之选，莫不自今基之矣。

美哉，斯举也！其为髦士激劝裁成，典至渥也。其为当世陶育英贤，收得人之效，意良深远也。无慨而感、翘而思，每忆先儒名迹屡兴而屡废者，时会之变迁也。惟企明公愿力，虽废可复兴者，懿德之同好也。使一旦轮奂重开，俾得走趋俎豆，更与诸士砥砺有成，是所愿也。遂不顾芜陋，管而为之记。

相江书院碑记①

（清）陆心源

相江书院在韶州府城东北一里许，冒［帽］子峰下。宋淳熙中提开杨大异建，以祀濂溪周子者也。宝祐四年提刑吴燧请于朝，赐今名。《宋史》度宗咸淳元年命邓道为山长，主祀事。元明以来代有兴废，咸丰四年毁于贼，前守遵化史君朴以抽分银重建，虽仍颜曰“相江”，而于濂溪祀事则缺焉，盖以为诸生科举之所而已。

余奉命备兵南韶，甫下车，询濂溪故实，无有能言之者。及入相江书院，见所为楹联、门额皆作富贵利实禄语，心窃悯焉，思有以复之。会寇氛窃发，卒卒未暇。五年春，东南肃清，韶亦解严，亟捐俸金，命举人欧樾华葺书院之左室，奉先生栗主，率官吏诸生释奠以落之。慨自圣人没而大道晦，由汉迄唐，伏生、孔安国、服虔、贾逵、郑康成之徒，抱残守缺，推求于训诂章句之间，于六经不为无功，而揆之于道则有间。昌黎韩氏进于是矣，然有卫道之功，而无蹈道之实。刘子政、贾长沙、诸葛孔明、陆敬兴进于是矣，然有近道之质，而无入道之功。董江都、王文中又进于是矣，而体用之全，精纯之诣，则犹有未至者。濂溪先生生千载之下，不由师承，默契道体，所著《太极图说》《通书》阐性命之微言，发天人之奥义，其言与孔圣若合符

---

① 见陆心源《仪顾堂集》。

节，盖大道至是而复明。即以先生出处言之，其司理南安也，与王逵争狱，委告身而去，与孔子之接淅而行同。其令南昌也，民至相戒以污善政为耻，与孔子之化鲁同。其提刑广东也，以洗冤泽物为己任，与孔子三年期月之意同。其归隐濂溪，吟风弄月，咏歌大道，与孔子“吾与点也”之意同。洵乎超汉唐晋魏诸儒，直接洙泗而无愧者也。韶州俗朴民醇，尚有先生遗泽，《通书》不云乎“志伊尹之志，乐颜子之乐”？吾愿韶之人士服膺是语，勿汩没于利禄，勿陷溺于词章，庶几上可以备国家之用，下亦可以淑其身而齐其家，仅曰科第而已，则非余之所敢知也。

观澜书院：在乳源县大桥镇。据相关资料记载：书院始建于清乾隆五十八年（1793），由地方许氏第十四世孙列贡生许景发出资兴建，因书院临武江支流边上，故名“观澜书院”。

书院形胜坐北向南，采用四进四合院布局，建筑整体为青砖木结构，悬山式灰瓦顶；占地纵深41.7米，宽22.6米，面积约942平方米；正门前为门坪，门楼两侧各立有2对桅杆石；书院一进拱秀门、二进观澜门、三进明德堂、四进资深堂；观澜门后面楼为戏台；三个天井一进天井，地面镶铺鹅卵石，二三进天井镶铺石板；各天井四周为廊楼。

书院建成后，历嘉庆、道光、咸丰、同治、光绪等数朝，为乳源培养出大批人才，其中七品以上官员数十员。

翠峰（颍江）书院：旧载书院在府城西北五里许皇冈舜峰寺东。明嘉靖十九年（1540），合郡士民为祀知府符锡建。韶士少习礼，经公自判及守每于寺中，集业礼诸生讲义自画至晦母倦士民咸德之，今废。

翠峰（颍江）书院记①

（明）欧阳德

韶城西北五里所，枕皇冈，临武水，盖有颍江书院云。

颍江先生符氏，名锡，字宦臣，江西新喻人也。居颍江之上，攻六艺，学日有所自得。从尊甫活溪公宦四方，明练世务，筮仕判韶，

① 见广东《韶州府志》卷十八，清同治十二年刊本。

征典太常，簿丞太仆，复擢为韶州守。在韶前后六七年，人安其理，相与立祠尸祝之，谓太守闻得无不可者，于是为书院，知臬赵君奎、耆民彭世禄辈，实董之成。太守从客过问所以建，父老数十人前顿首对言："山谷老农遭遇使君，兴化诲诱诸生甚厚，老农子弟胜受事已，上愿供洒扫，承色笑，使君不鄙夷时，戾止于兹。"老农言，观其旗，聆思乐之颂，死且不朽。太守心知其意，弗能禁也，赵君使请记。必得使君素所称说慕望者，而世禄之子阴阳正术，楷以乡进士，谭子绍松状如欧阳氏。谭子曰：曩使君判韶，以惇大和，易赞守为理，温雅有蕴藉，然武健胜事尝提兵深入，歼翁源巨盗，民欢言微公吾属□□□矣。建驿传顾役法，省民财岁数巨万计，会摄守民，日夜望拜。寻征入，号泣遮留，公奈何去我？比闻部符复来，咸牵携裹粮，迓数百里，络绎不绝。守固前悉民利病，政务所宜，至是益根极罢行之，以为吏二千石，不当偷取目前易办为称塞退托所难，堤城东壖岸，捍浈水之冲，凿泷石。韩子所谓险恶舂撞者，杀其湍悍，平之炼浈阳峡壁通牵挽路如千里舟行卒失势，有所措手。大振文教，辟学宫，隘塞以宜风气，增筑号舍，督课诸生讲业饬风度。

楼扬曲江公休烈，时从二三子登陟论说，因以动之，士由此知古学。夫平冠伟矣，诸所功德甚懋，凿泷开峡，百世赖者也。教化其深乎！书院置赡田为久计，令异时不得夺废之。

韶人拳拳如此。欧阳子曰：予读前史两汉《循吏传》，至蜀郡、桐乡、九江、南阳咸奉其守长而叹，夫锯项椎朴击卖请之伦亦奚取为此也。彼其性岂乐乎？惨穷与人，殊以为威不立令不行，奸不得惩，事不得集，不胜任矣。夫循吏非不务集事惩奸，然思民所患苦，不忍轻刻轹之，民揣知上意，往往急私事，惰慢公期，故常受严谴殿课，下与而上不与，名位不骤起，吏守道不固，转相戒而操切矣。矧吏治日峻，课功程能，以办给相高为循吏。于今之世者，不亦难乎？然所在民戴，所去民思。诗云：岂弟君子，民之父母。言不仁，不可以子民也。孔子曰：斯民也，三代之所以直道而行。言毁誉终不失也。由韶人观之，岂不谅哉！

士大夫明先生之道，学周孔之业，适于兹堂无忘诵说斯言，庶几懔懔不疚厥心矣。

韶阳书院：清同治《韶州府志》载：书院于清康熙三十年由知府陈廷策捐俸重建。清雍正五年知府黄文炜增置号舍，雍正七年知府陈鸿熙重修。清道光二十三年，改为曲江学地。唐宗尧有记。

韶阳书院记①

（清）唐宗尧

韶阳方域六百里，清淑之气，首自曲江，昔贤之风度，如新古帝之德音，未邈西吊，九成东望，皇冈仰瞩，危楼俯临，曲水未尝不赁。今思昔慨然远志也，今者值锋镝之，余凋敝之后，草野之疮痍未起，胶庠之鼓箧无闻，风俗浇漓，人心狙诈，绿林壮士往往惊传黄榜，英流寥寥罕出，一隆一替，异代判然岂古今人，真不相及耶？抑饥寒未去而礼乐不可骤兴，陷溺已深，而振作之无其道也。予幸职守是邦，目系风颓，心忧政拙，思所以董戒之，而教未能思所以感道之，而德未逮愍然，戚皇然恐，乃不得已，捐资于东门内贾民房一所，园一片，立为义学，又每年捐俸三十六两，为延师之费，召集俊秀、子弟。有欲学而力不能者，咸就此中肄业，不限额数，三十、四十，皆不拘也。仍令本府，学博一人，督其作辍，或职是师者，功不称禄，随另易之。是举也，非可尽吾民而教化，亦非可尽风俗而移易，不过首揭其端为六邑诸令尹，倡为通属之贤、绅义士倡，倘继此以往，贤士大夫闻风，慕义在位者，兴于上在野者，兴于下则弦歌之声，四境相闻，而刀剑之习，从何更作，又奚难挽，时俗而还古处也。爰因事记，言用镌诸石以志，予之愿望焉。若夫规模草创，未尽经营，尚欲踵事，增华扩充，久大则俟之，君子矣。

昌山书院：在乐昌县。清光绪《乐昌县志》载：书院旧在城外众善寺左，乾隆十一年知县冯翕建，道光八年知县李云栋偕邑绅筹款，迁建城内中街。又记：在乐昌城内十字街。明时北门外众善寺左曰濂溪书院改称文昌，后改昌山。道光十八年，邑令李云栋迁设城内。光绪三十二年，改设县立高级小学。1929 年，复设县立中学。

昌山书院记②

（清）薛缊

乐昌旧有书院四，曰龟峰，曰文昌，曰凤山，曰昌山。县凡十三都，都各社学一，盖兴自前代中叶，后稍寝废矣。今天子治理熙洽，

① 见广东《韶州府志·古迹略》卷十八，清同治十二年刊本。

② 见广东《乐昌县志》卷二十二，民国二十年刊本。

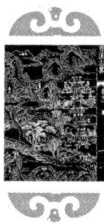

敦崇文教，令各直省立书院，资给膏火，其有州邑偏远者，听大吏、师、有司为之。冯君翕令乐二载，乃卜于城外众善寺之左，规其地纵可三十丈，横七寻有奇，而筑书舍焉。为门堂室各五楹，翼以廊屋三十余间，出廉俸洎邑士夫醵财成之。经始于乾隆十一年之正月十二日，讫工，仍颜为“昌山书院”。属余为记，于是乎进诸生而告之曰：“而亦知学之名义乎？夫学所以明体适用也。何为体？心性是也。何为用？在身则视听言动，在家则孝友姻睦，在国与天下则礼、乐、兵、农、条教、号令是也。自尧舜传心以至于今，无二道矣，由之而圣，由之而贤，由之而士。学力不同，同归于道；不道，则为众人。要必体既立而后用，行文王之所以诞，先登岸而修和；有颜渊之所以立，卓尔而问为邦也。是故学者用以深造于道也，非徒以为文章制举之效明矣。虽然圣人之道综于六经子史，而制科以经书程士，程以文而道出乎其中焉。道有诸身而施及于家国天下焉。且夫百工艺事亦可进于道矣，况蔚然文士哉！科举之学岂不兴正学同条而共贯欤？韩子曰：‘仁义之人，其言蔼如也。’近时魏叔子论文亦曰：‘积理即文、即心。即心，即道体用具焉。’诸生今以科举之学进于儒者之学。夫人有工于文而理不足者矣，未有足于理而文犹不工，不堪坐言起行者也。余将拭目以俟。”

乾隆二十年　月知韶州府事薛缊撰。

龟峰书院：在乐昌县南一里，明嘉靖中知府符锡建，前有洗心亭。据《乐昌县志》载，龟峰山，曾建有龟峰寺，始建年代不详。嘉靖十九年（1540），韶州知府符锡以淫祠禁毁，命乐昌知县张坚在龟峰寺原址建龟峰书院，后又建龟峰塔，改祀韩愈。

龟峰书院记①

（明）刘节

龟峰书院何记颍江符侯之功也，记符侯功何去淫崇正，兴士振民，皆侯功也。龟峰，乐昌名山也，祠以祀淫故矣，侯昔典判韶郡邑撤而去之，改祀昌黎韩公，以崇正也。昌之山有塔冈者在龟峰南，昔人作浮图其上，久且颓矣，侯重建以复旧观，书院之设灵秀萃焉，侯创造浮图与塔冈，并以表奇胜与士振民之功。于是乎，在乐昌父老闻之则

① 见广东《韶州府志·古迹略》，清同治十二年刊本。

欣欣然有喜色，相告曰：幸哉，令吾土民一进于古昔也。未逾时，侯徵为太常矣，厥谋未成恒切望之。不数年，侯自太仆迁守韶郡，乐昌父老复欣欣然喜色而相告曰：侯来也，幸哉，令吾土民，一进于古昔矣。爰率其子弟趋庭下，跪而请曰：书院肇兴，公功茂矣。塔冈浮图之并作敢丐公命，公首肯之，出赎刑金五十两，令知县张坚董其役，学博盛抝，王昱陈祚弟子，员邓直赞相其事，经始于嘉靖十八年腊月甲子昌之民，金者、帛者、谷粟者、帛而货者，肩历而至，购材鸠工，陶砖运瓦，争先恐后，不两月，厥功告成，可谓敏矣。昌邑文风士气，倍蓰往昔，英俊挺出追曲江，武溪之盛，自兹攸始。侯之功，于是乎，大矣。侯尝筑长堤于韶郡城东，以止崩啮之患，造舟为梁，济病涉于西河之浒，开凿浈阳之峡，险阻既去，陆走水浮，如履坦途，不世之功，皆可将来，可谓日知节也。劣谨述其事，俾立丽牲之碑而系之以诗，曰：瞻彼龟峰有巍其，颠峦邱盘郁灵秀。蜿蜒构祀翳茅而，屋惟以宣浮匪日。徼福撒而新之堂，斯室斯周情孔思。仰止昌黎载顾塔，冈有隆其阜自古。

在昔溪图湧构，废也久矣。孰葺其颓，我侯起兴，庶民子来，塔冈既崇，龟峰亦作，浮图对耸，精英磅礴。惟淫斯去，惟正斯崇。振民兴士，贤侯之功，侯功巍巍，塔冈并峙。迺欢厥民，迺奋厥士。民歌于野，士歌于堂，有赫侯功，百世不忘。倚欤昌黎，其神如水。崇祀自今，礼以义起，百世上下，畴其配之。令德显功，符侯是宜。昌山峨峨，武溪活活，昭示考成，勒此贞碣。

重修龟峰书院记①

（清）蒋星熙

光绪己丑仲冬，星熙奉宪檄摄篆兹邑。既至，览山川之形胜，因记昌黎韩愈氏有言，岭南清淑之气自昌而始怪。今者民生之凋敝，士气之衰靡，求有以合乎公是言，洫不足当也。其无乃兵革水火之扰累已甚，元气涣散，有未易遽复之势欤？由于父兄师长传习之教胥囿于是而致然也？因慨然者久之。

嗣考邑志，得城东所谓龟峰者，明嘉靖间，守韶符公度其足擅地灵，建书院于其上以肄业士子。览刘、傅两君之记，知雍乾时此邦人材之不乏，信有由焉。惜淹久不修，无一夫为之创议，致旧观之无与

① 见广东《乐昌县志》卷八，民国二十年铅印本。

还，凡民之怠，自兴也，爰亟与邦人士商之举，欣欣有不啻自其口出之意，且曰曩者堪舆家固言兹院复兴，文气当以丕变，今其将在公乎？星熙因捐廉为之先，复于邑之育才堂公款内筹费若干，益以□□二姓罚锾为鸠庀材之用。经始于庚寅孟陬，董其役者，典史孙其浚暨邑绅张学谦、白炳勋、骆吉丰、欧鉴彬、慎徽等，皆以事终始，劳而不惰，凡十旬而告成。既定祀事，酌课章，厘经费，束规约，星熙乃作而言曰：我国朝沿旧章用制艺取士，非以摭其词华，将以收其体用也。其所为假之进退人材者，盖于兹观其心术之是非焉。不然即幸而获名于世，靡所增益。虽能文，亦奚以为？孔子曰：“行有余力，则以学文。”孟子曰：“士尚志。”夫人自胜衣就傅塾师，授以四子书，义理既通，定即有知人论世之意，徒拘拘呫哔末学，冀得科第以为荣，抑末耳！今屋舍焕然，诸生安坐啸歌，更有相观而善之益，庚咸识其大者远者，寻坠绪、回狂澜，无俾习染之锢于不救，求无忝乎昌黎韩氏之说，青紫之事，又岂难俯而拾之哉。

当院始建时，尝祀韩公于庭，兹谨复之，俾习馆下者凛“业荒于嬉，行毁于惰”之诲焉。星熙忝长是邦，喜修复既如所愿，而自恧不文，无以裨都人士，且瓜代有时，若扩而充之，进而益之，是所赖于后之来者。光绪十六年岁次庚寅三月。

凤山书院：在乐昌县皈下都。据清光绪《乐昌县志》载，书院始建于明永乐二十年，由邑绅白思谦建。清乾隆年间，书院更建为甘棠别墅（实为书院）。谷书霖有记。

甘棠别墅记①

（清）谷书霖

盖闻古之圣王化民成俗，首重胶庠，将以兴贤而育材也。今国家文教覃敷，周乎六合，其在盛京设立国学，下至直省各府州县罔不创建书院，慎选名师裁成造就，是以贤相良臣后先接踵，亟亟日盛，前代莫及，猗欤，休哉！

余以才疏学浅，乾隆辛亥之春，伏蒙裕斋白年兄昆玉命辱居西席者岁篇四更。适闲谈论之际，谓其族十二世叔祖原任山西布政，讳思谦公，曾建凤山书院于旧屋斗湾后山之巅，其时人文蔚起，科甲蝉联，

① 见广东《乐昌县志》卷八，民国二十年铅印本。

但历年既久，风雨飘摇，凡瓦角栋楹尽行倾圮，惟基址仅存而已。今欲继其前徽，就便创立别墅，俾二三子藏修息游得其所。相其位，次于今居之甘棠下手，即鸠工庀材，肇工于乾隆壬子仲秋，落成癸丑季春。余处其间，第见其巍然高大，完然浑坚，焕然轩敞，不胜心旷而神怡矣。而且山明水秀，柳绿松青，斋前之景致也，吾观焉而吾游焉；鱼跃鸢飞，光风霁月，窗外之雅趣也，吾吟焉而吾弄焉；春牡夏莲，秋菊冬梅，四时之奇花也，吾赏焉而吾玩焉。余因进诸友而勖之曰："夫书斋为教化之地，今有此胜举，不惟继先贤，自兹以往弦诵有室，月课有堂，讲学观法有其处，而小子成人于以有造而有德，将见棫朴菁莪栋梁之选，即在指顾间矣。"爰濡笔书之，以俟后之设教于斯座，受业于此斋者，尚有感于斯文。乾隆五十九年甲寅孟冬。

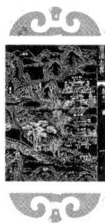

仁阳书院：在仁化县。据明嘉靖《仁化县志》载，明嘉靖元年（1522），知县于祥在县城南门外的真武阁建"濂溪书院"，为仁化县学之首创。到清嘉庆十八年（1813）将其改称"仁阳义学"，再迁水南文峰塔下，改为县学"仁阳书院"，知县郑绍曾重修，移建文庙右。陈上烺有记。

新建仁阳书院序

（清）陈上烺

今之书院，古学校也，教化之所振兴，士林之所观摩。创始者贵主裁尽善，守成者赖久而勿替焉。夏之校，殷之序，周之庠，其名不同，其实则一。迄于宋则分置书院，其大者四，曰白鹿，曰岳麓，曰嵩阳，曰应天。一隶建业，一隶汴梁，一隶楚与豫，赫赫昭人耳目，由是若省郡著州邑，靡不各有造就人材之所，此书院所以建也。稽仁邑所创者为濂溪。嘉靖初年，邑宰于君祥所建，原立县治南关。康熙年间，李君梦鸾迁城内，改为义学，合邑士民又从而建锦石书院。斯时也文风丕振，掇科名登仕版者，一时称盛，迨传之久，废修葺消磨风雨，传之又久，鞠茂草伤禾黍而已，厥后文教复振。仁阳书院之设，又所由来，曾几何时而颓然废矣，顾其建而复废，至于再于三。余故曰："赖久而勿替焉，今日者西粤。"郑君来宰是邑，慨然兴作育之思，访旧址之无存，正踌躇其未已，有水南文峰寺僧千外事，法应归俗，立遣之，得间曰：志可行矣！兹之文峰者，正文笔冲霄之地，其寺也曷改为书院，仍其名曰仁阳。庶几哉名实相符，地灵人杰，涵濡久，培养深，济济彬彬，文治日昭，而英才蔚起欤。工甫竣，而郑郑君行役，余捧檄来，绅士辈急以是兴进告，并请序于余，以昭来者。余诺曰：“美哉始基之矣。”郑君之创斯举，大有关于教化也。邑绅之襄斯举，果有遗于士林也。创始难守成不易，幸久而勿替焉，是为序。

董勤书院：在仁化县董塘墟。据民国《仁化县志》载，书院始建于清道光二十七年（1847），是悬山式砖木结构的四合院，坐北向南，占地面积1 894.2平方米，建筑面积720.8平方米，呈长方形。建筑分东、南、西、北四组。八角石柱分布在各组建筑物之间。南面建筑为正座，东西两侧为厢房，北房为主体建筑。

1926年7月4日，董塘区（仁化第五区）农会在董勤书院成立，是第五区农民协会常务委员会暨第五区农民自卫军大队驻地。1927年底，朱德率领的南昌起义军一部从湖南汝城经仁化城口来到董塘，曾经在董勤书院召开会议，传达党的“八七”会议精神，并建立起广东工农革命军北路第八独立团，发动群众开展土地革命，组织农民暴动。1928年2月，董塘区苏维埃政府和仁化县革命委员会同时在董勤书院成立，并组织领导了仁化暴动。

扶风书院：在仁化县扶溪，相传为蒙英昴所建。据《宋史》等史料记载，南汉末年，蒙英昴辞别宋端宗朝官，回家乡后，坚辞文天祥举荐临江知府，权参知政事（二品）。赋闲隐居在扶溪石垄庄园，怡情山水，以琴书为乐。寓居扶溪石垄时，其建了一座祠堂，并倚此创办扶风书院，以培养城口、扶溪的有志学子，成为仁化私塾办学的典范。

在经历近六百年后的清道光初年，石垄祠堂的扶风书院始因年代久远坍塌而迁往紫岭。至清道光九年（1829），始有谭氏续建扶溪“扶风书院”。至今，石垄祠之“恩公牌”还在。

锦江书院：在仁化县长江大村。据明嘉靖《仁化县志》载，书院始建于嘉靖二十年（1541），后毁于兵火，清嘉庆二年（1797）知县洪仁华倡建锦江书院，清咸丰五年（1855）二月，洪兵扑长江墟，书院毁于兵燹。1919年，书院改建为仁化县立第三高等小学。

创办长江高等小学校记

刘文树

民国纪元前十一年，清帝诏废科制立学校；惟时省县奉行，学校林立。我邑仁化城厢，始有县立高等小学校之设。窃见我区学子，负笈担簦，不啻有梯山航海之劳，无以副教育普及之意。七年春，区内绅民接踵鼓舞，彼倡此和，议以克合乐而助之，相旧日之锦江书院，厥面重明，背负高冈，嘉木秀阴，空气轩爽，仍其旧址，增其式廓，悉以适洽，圣宫有所，教授有室，自修有舍，庖餐浴宿有次，百尔具备，越明年告成，额曰“仁化县立第三高等小学校”。以是年初春开学，集诸生告之曰：“古今之学得失可考矣，古昔盛时，党有庠，术有序，国有学，即今小学、中学、大学之称也。由乡而升诸司徒，升诸国学，即今由小学而升中学大学之意也。迄后以科举选士，犹有书院、社学、义学以作育人才，然相沿数代，学风不及于古者何哉？名存而实失耳。今国家登贤进良，以学校为本，诸生在校，须知小学为升学之基础，必研求圣贤垂训之真旨，参诸国体之精神，养成人民优美高尚之资格，则有基勿坏，异日成就，济济升中学而大学，出而为祖国策富强，为同胞增幸福，则前途之发达，即学校之光荣。若夫袭形式而无真际，岂惟诸生之耻，抑亦司教育者所不取。爰述略言，以志立教之本意。”民国八年春月。

云门书院：在乳源县。清同治《韶州府志》载，书院在县治东门外登云坊，清乾隆三年知县高扬建，立义学，岁久倾圮，嘉庆五年知县马千里建。据载，乳源有书院二，曰城东，曰温泉；义学四，曰养正、乳溪、洲头、虞塘，岁久无存。清乾隆三年知县高扬于东门外登云坊建立义学，今亦颓圮，嘉庆五年，知县马千里仍其旧址捐建书院，颜曰：云门，复捐置经费。据《广东通志》载，云门书院，清嘉庆五年知县马千里因旧基倡建，捐银二百两交绅士生息以为延师之资。清嘉庆二十三年署知县罗观海捐番银一百圆，清嘉庆二十四年学政傅棠捐番银七十圆，俱交绅士生息。1941 年秋，书院更名为乳源县立初级中学，由县长刘德闻兼任校长。

又有城东书院，在乳源县。清《韶州府志》载：清康熙二十四年知县张洗易建。

又有仰止书院，《广东通志》载：在乳源县东半里，旧为崇宁观。

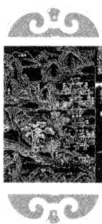

明嘉靖三年改为书院，祀唐韩愈、宋朱子。

翁山书院：《广东通志》载：在翁源县城东翁山寺左，明嘉靖间建，明崇祯时知县朱景运辟梦花社于此，今圮。又记：崇德书院在县西门外，明万历间建。在唐进士巢迪宅在水源山下，基址现存。为明万历朝广东兴建36所书院之一。今废。

邵谒书堂：《广东通志》载：邵谒书堂在翁源县东四十里江水中，江水有屿，高九十丈，周五里，谒建堂于上，为读书之所。今有石尚存。明黄德先有《重修书堂院记》。

重修书堂院记

（明）黄德先

书堂僧院，旧筑三华山下流二里江心书堂石，即晚唐邵先辈谒读书处，开山者能禅师之裔孙道显也。宋季水灾，迁上流落钟潭。迨明嘉靖季年又值水火继灾，寺僧流离别徙。万历丙子，僧性圆悯先师遗迹不可失，沿河稍上三合渡高陇筑寺，塑佛前堂，门第缭垣，广于数亩。佛像西偏，设邵先辈主其上，四时崇祀之，盖辉煌焉。又买田数十亩为赡后计。落成十三年矣，性圆恐后湮没无纪，请于罗江山人黄子为制碑文，树之以垂不朽。黄子家罗江玉华山之阳，宅面迤右即书堂石，屹然中流。先辈，予乡之先彦也，兄龙山先生曾为刻其集以风后。予兄著《两京赋》，以建宁府学训导落落殒身，与先辈赴官不知所终俱如此矣！罗江之上，前后出二文人，相类若此，念兹伤哉！今性圆筑寺，拉先辈祀之。先辈子孙无传，魂归萧寺，与佛氏共燃一灯。予兄踵其后尘，另续一灯焉。性圆生于千载之下，筑刹祀佛，附祀先辈，先辈寓此，其东坡之托宝陀寺耶？乃今坡仙，先辈蔼然并永其名。书堂、宝陀与金陵二院俱以江心古迹，或迁或不迁。书堂院以水迁之高陇，宝陀与金陵金山不畏水而不迁，三山同一派云。乃诗以祝之，其词曰：

有寺有寺，宿号书堂。金人丽丽，先辈同藏。灯传五叶，先辈共焉。灭度至今，有僧性圆，迁筑中兴。三华东偏，灵池远峙，罗江面躔，陇上云封，灯燃万年。

万历十六年五日罗江山人黄德先撰。

青云峰书院：书院在仁化县，《仁化县志》记作“云峰山”。《大清一统志》及《广东舆图》作云峰山在县东五里。《广东舆图》并注《通志》青云峰在县北七十里之误，而《仁化县志》注青云峰外，别有青云岩，在县西南五里。今据欧阳守道《巽斋文集》卷十六《青云峰院记》考：南宋淳祐六年（1246）韶州仁化县人邹姓兄弟，到吉州从欧阳守道求学，不久离去，辞别时请欧阳守道为他们家所设的青云峰书院写篇记文。兄弟俩向欧阳守道说明，这所书院“因地为名，盖青云峰之下为龙骨岭，书院席龙骨而枕青云，前有水焉，抱书院而东，谓之斗水”，又说“峰以青云名，决科者以为祥也，予兄弟学于此，谓天之衢亨在此矣。揭斯名也，亦以动策励之心焉”。邹家兄弟清楚地说出，希望家中书院的吉祥环境可以让他们生惕厉之心，求取科举上的成就。

青云峰书院记①

（宋）欧阳守道

曲江，岭南名郡，山川之产多秀民。自张子寿显开元，余安道鸣庆历，文献承承，越至于今。业进士者有企慕前修之意，求师取友，走千百里外，或累岁而后还家。江湖间有以所学教授其徒，曲江士必在列，而岁至吾庐陵者尤众。其人大率纯实茂，作为文章，轻巧不足而质实有余。予甚爱其有古之遗风，使遇名师良友，以古道相诱掖，其所成就宜有大绝人者。然近岁士习趋下，号称前辈者或亦止于传习场屋之文，谩不省讲学为何事，幸而收科，自谓一第如探囊中物，不复增益其所未能。后学效之，凡书肆所售，谓之时文，空囊市去，如获至宝，而圣贤格言大训、先儒所为孳孳讲切以觉人心者，反弃置之，以为非举子日力暇到。自吾里中士不免病此，他郡之来学者何讥焉。是徒使其不远千里而来，非惟无益，而又害之也。予解褐且六年，追念半生学力无几，每每发愤太息。塾于私家，思与二三同志专意从事于所当学，然至者认科第为的，则亦惟索我于所亟用之时文，以予笔砚代耕，犹未得自脱于区区之故技，彼已不相益而相习，未尝不怛然内疚于心也。

岁在丙午，邹君某与其弟某实来。君曲江之属邑仁化人，锐意就学，惜其与处才数月，未及以予所见谂之。君将归，请于余曰：“予

① 见欧阳守道《巽斋文集》卷十六。

家有青云峰书院，因地为名。盖青云峰之下为龙骨岭，书院席龙骨而枕青云，前有水焉，抱书院而东，谓之斗水。伯父爱其幽胜，屋于斯以为诸子藏修游息之所，而予父共成之，买田其中，收其岁入，专以给游学之书费。愿为记之，且幸教以为学之大方，庶几朝夕目击而无忘执事之训也已。”

予告之曰：“凡予所愿与朋友共学者，非今所谓举子之文之谓也。学也者，因圣贤之书，求圣贤之心，而为圣贤归者也。举子之文不过求先达准绳尺度，学先达之文，足以得先达之科第而已矣。读圣贤之书，求圣贤之所以为圣贤也孰御焉。予知子之嗜学也，而恨数月之间未有以告子。今且别，忍爱言哉？子之书院取名于山，山之耸秀峭拔之状非予所睹也，睹其名知其非丘垤也。子归而藏修游息于耸秀峭拔之山之下，地之偏，人之寂，景与心会，能无感乎？《诗》曰：‘高山仰止。’高山之可仰，何也？人固贵乎自拔也。孔子登东山而小鲁，登泰山而小天下，何也？居高则所见者大也。人不自拔则陷于污，不见其大则安于陋。子行矣，予无以告子矣。子归见是峰而问焉。”君又请曰：“峰以青云名，决科者以为祥也。予兄弟学于此，谓天之衢亨在此矣。揭斯名也，亦以动策励之心焉，何如？”予曰：“培塿堆阜不能出云，出云者必势分，积高且大也。夫学亦然。集义以养吾气，是气塞乎天地，而天下事有不足为。古之君子退然自养，不求闻达，一日见于用而天下被其泽，何也？藏之深而蓄之厚也。子行矣，予无以告子矣。子归见是峰之云而问焉。”君曰：“唯唯。”因次第其语为记。

道南书院：在南雄。清道光阮元编《广东通志·建置略十九》（卷一百四十三）载：道南书院，原天峰及凌江书院，原名大中书院，明成化十一年（1475），知府江璞创建。隆庆元年（1567），知府周思文重修，更名“宏道”。万历九年（1581），卖给民间。十四年，知府周保、推官施可大、知县汪一右捐款修复。明末毁于兵火。清康熙二年（1663），知府陆世楷捐俸重修，更名“天峰”。乾隆三十一年（1766），知府宋淇源将天峰与凌江书院合并，葺而新之，改名“道南”。拨各书院义学田租充实经费，合历年守令、绅士捐送共得田租900 石。后租谷日少，书院鞠为茂草。嘉庆二十一年（1816），知州程［罗］含章清查土地田租，合绅士捐助共得银 13 600 余两，大修堂舍。余银 10 000 余两发商生息，并详订支销及考课章程。（参见罗含章《道南书院新定章程》）嘉庆二十四年（1819）、道光三年（1823）和二十四年（1844），分别知用修定章程。光绪三十年（1904），改为南雄中学堂。民国时，改为省立南推中学。

道南书院经费支给规条①

（清）宋淇源

凡事必区画周详，始可垂之久远。道南书院克成厥事，皆同官与绅士之好义为之，已于碑记详其颠末。兹筹办经费，复藉署保昌英大尹赞襄妥议，分晰定局，诸凡费用所出，支给所需，经理之方，陶成之务，今另立章程，开列于后。

每岁所入租息

一、本府并属捐俸及绅士乐输之数，除建造书院共费贰千壹百余两，另赎回驲地添给屋价银共壹百叁拾叁两零，又买鱼塘地基房屋，凑建书院用价银壹百捌拾柒两零贰分［文］外，实存银贰千两，现给与保昌埠及元丰、元源、元盛、明德、永兴各当领贮生息，按月壹分伍厘计算，每岁共收息银叁百陆拾两，尚有已书乐输簿上未收数百金，俟收齐另给生息。

归入凌江书院旧设田租壹百叁拾伍石四斗柒升零，又拨入福兴寺肆拾石。

归入浈昌书院旧设田租壹百肆拾贰石。

归入蒙童义学旧设田租肆拾陆石。

已上三项田租，佃户另有盖印细册，发司事收管，每岁交代。

一、归入前任陆公捐置田租陆拾叁石有零。

一、赎回旧驲地，屋每岁收租钱肆拾贰千壹百陆拾文，此项认税五纸并涂销原契贰张及执照壹纸，发给司事收管交代（内有店客误报梅魁街土地祠内店税钱陆百文，仍留为香灯之费）。

一、议归书院前鱼塘壹口，每岁收租贰拾贰千文，另有盖印承佃，发交司事收管人，交代其佃户听值年司事选择。

一、绅士乐输租壹百肆拾玖石柒斗玖升零。又竹山一座，每年税钱贰千文，其契纸田租、佃户细册，发交司事收管人交代。

已［以］上每岁共收息银叁百陆拾两，共收租伍百柒拾陆石伍斗零，共收税钱陆拾肆千壹百陆拾文。

① 见清道光《直隶南雄州志·书院》卷十四。

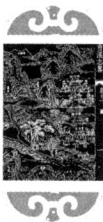

每岁应输应送应支应发各项

一、每岁完粮米照归户完纳。

一、每岁院长修金壹百肆拾两，按季支送。节仪、贽见，每年共银拾两。膳资每月陆两，按月支送。

一、每岁监院、教官蔬薪银拾贰两，按季禀府批饬管事官，向司事支取转给。

一、每岁管事官蔬薪银拾贰两，按季禀府批饬支取。

一、肄业生监额设贰拾伍名，童生额设贰拾伍名。现在存项未足，生息亦不敷，酌议生监膏火每名每月柒钱，童生膏火每名每月伍钱，俟将来经费有余，酌增其数。

一、每月官课面饭奖赏，馆课奖赏，井课卷、纸张、香灯等项，每月银肆两伍钱，灯二盏，油三斤。每日长杏、线香并烛宝，共分除钱贰百四十文。

一、每岁司事绅衿纸笔银肆两，首事公议作为祭帝君诞使费，纸张自办。

一、先贤各贤太守，春秋二祭，每祭支银贰两，陆公八月初九日诞辰，支银贰两。

一、每岁修理院内房舍或添置器物银叁拾两，若用有余，仍留存归项。

一、院内管门役一名，水火夫一名，每月工食银各伍钱，饭食各五钱。

一、院内书写一名，每月工墨银贰钱。

规　条

一、捐俸乐输之项目下，暂给当埠领存生息，将来须将一半，陆续置产，一半生息，遵循粤秀、端溪之式。

一、延师由府延，访品行端方，学问优长，聘莅率比。或绅士有景慕之人，公同荐举，听府定夺。至于府与、县学，教职已有，训士之责，不便兼摄，以专责任。

一、院长修金，按季支送，本府饬管事官令值年司理封送，本府呈验发帖，交管事官转送，膳资每月陆金，管事官按月支送，只须呈验，不必禀请发帖。

一、每岁本府于府学、县学教职，内择一员，委为监院，于府经历、保昌县丞二员，内择一员委管书院一切事宜。其管理租税、生息收支等项，绅士等会同公举，本府选择二人管理，于每岁腊月望间更换。其田契、田册、佃户花名册、租房契、领生息契、领以及一岁银两出入若干，须造细簿，于年终禀呈本府核明发给，一并交代。公用外，如有所余，亦入交代，以为购买书籍、增置田产，不可糜费。再闻雄郡乡例，每租一石另有壹升，租十石另有鸡只，虽不尽然，如向有此例之处，分给管事衙门、催租人役并现年司事家人，为奔走之犒。

一、每岁院中不必专设书办，即令府礼房兼办，其工墨银，每月三钱，不得藉端另索。

一、书院工程创造不易，凡经管之员以及在院生童，当思物力艰难，共相珍护，慎毋视同公寓，不甚爱惜，致负此番创建之初心也。

书院考试规条

一、肄业生童额设伍拾名，其余附课不拘定额，出案各分前后，有考附课案首多次者，候肄业有缺，禀请顶补，如未取肄业者，不得擅入，致生弊窦。

一、生童每年甄别一次，开印时监院官禀请本府衙门扃试，取定送入书院。

一、每月朔课，本府及保、始二县轮课，周而复始。如应始兴课期，该教官札致始兴，请封送题目。考试其课卷亦封送始兴阅看，倘始兴无暇课试，禀请本府或致保邑课试，至每月望课归院长命题阅卷，由本府衙门出案。此外，院长自课不拘次数，亦自为出案。

一、奖赏笔资生员，超等首名一钱，二名捌分［文］，三名陆分［文］。童生首名八分［文］，余二名俱给纸笔，生童俱以三名为定，其特等、中卷俱无奖赏，俟将来经费充足，再行酌增。

一、课期一文一诗，长夏加一经文。遇乡试之年，生员长夏改加策问一道。

一、肄业生童三次考列三等末者，扣除膏火，将附课屡次超等者顶补。有告假过三日外者，按日扣除膏火。

一、值年司事必同佥举品行端方者，方许经理，不得藉首事之名妄行干预，致有侵渔弊窦。

乾隆三十一年十二月，长洲宋淇源率同属吏并绅士等集议酌定。

按：旧凌江书院田租：康熙五十五年郡守张楙［懋］捐买五十一石；雍正三年通判王延熙捐买六石，郡守潘思榘拨入抵饷租三十九石零；乾隆十年保昌县令范容治，拨入告争租三十石，是年郡守舒均拨入溢额租十石；十一年邓锡祺捐入租三石二斗。

蒙童义学田租：乾隆十一年郡守舒均拨入长寿庵故绝尼僧四十六

石。旧义学：知县李夔龙捐买田五十贰亩零，知县王坦捐买田十七亩零，知县汪度宏捐田十亩零。俱详载《旧志》，后归道南书院。令既变价而宋碑内，未尽列捐拨姓名及其细数，故摘录续载于此，以存前人美意，其不可考者，缺焉。戴锡纶［撰］

道南书院新定章程①

（清）罗含章

州牧罗含章曰：董子有言，圣王之造士也，少则习诸学，长则材诸位，夫不素养士，而欲求贤，譬犹不琢玉而求文采也。养士之道，莫大于学，学者，学士之所关，教化之本源也。旨哉言乎？国家稽古右文，崇儒重道，天下郡县，莫不有学，即莫不有书院，以为讲习之所。优哉，不可及矣。州城书院始自前明知府江璞初，名大中，后屡修葺，更名宏道。康熙癸卯，知府陆世楷捐廉重修，更名天峰。康熙癸巳，知府张梀［樾］建凌江书院。乾隆三十一年，知府宋淇源取天峰、凌江两书院葺而新之，共为一区，易今名，并拨各书院义学田租，充实其中。合之历年守令、绅士捐送，共得田租九百余石，可谓富矣。惜乎，租田散处，价有底面，岁月既久，租多不清。前保昌令不得已，禀请前府分拨三司巡检征收，愈滋侵隐，署内既无底册可稽，权操弓役之手，每岁收租不过三四百石，每石折钱六百三十，完粮之外，所余无几。地方官力不能赔，而书院鞠为茂草矣。嘉庆丙子章奉文清丈，督同各委员逐一根查，得租七百余石，按照税则，责令佃户归并。除完粮外，存银三千六百余两。又率同两学绅士，共相捐助，得银一万余两，分发盐当商存，本生息。立定考课及支销章程，俾永遵守。大修堂舍，焕然一新，多士始彬彬向学矣。虽然章窃有虑，昔江、陆、张、宋诸太守修建之初，岂不殷殷然有其量十世，其量百世之思哉，乃或数年而废，或数十年而废，无他，法弊而人亦弊也。今章与绅士立定章程，发商生息，止准支利，不准动本。又置印簿二十本，分给两学绅士，俾后之官绅、士民，人人得而稽查，却人人不得私取，杜渐防微，颇费苦心。但令此银百世而不散，则书院亦百世而不废。然而，提纲挈领，踵事增华章，不能不属望于贤司牧矣。所有章程备列于左：

一、变卖田租，共得银四千二百七十二两二钱，内除完纳各年积欠钱粮银米陆百三十九两二钱外，实存租价银三千六百三十三两。

① 见清道光《直隶南雄州府志·书院》卷十四。

一、收回原存各当商铜钱二百零二千五百文，佃银一百七十一两六钱。

一、捐题共六千一百九十五两四钱，通共银一万两正。

一、发雄安埠商领本生息银三千二百两（每百两周年行息拾伍两）。

一、发元源当商领本生息银六百两正。

一、发元亨当商领本生息银六百两正。

一、发和兴当商领本生息银六百两正。

一、发广生当商领本生息银六百两正。

一、发永吉当商领本生息银六百两正。

一、发安隆当商领本生息银六百两正。

一、发泰隆当商领本生息银六百两正。

一、发元昌当商领本生息银六百两正。

一、发珏源当商领本生息银五百两正。

一、发宏益当商领本生息银五百两正。

一、发万丰当商领本生息银五百两正。

一、发全珍当商领本生息银五百两正。（以上各当俱每月每百两一分行息）

以上通共发给生息银一万两，每年共得息银一千二百九十六两，遇闰加当商息银六十八两正。

一、每年收州城内地基税息钱三十二千一百二十文。

支销各款

一、掌教听绅士自择品学兼优者，请本州具帖延请。每年送束修银二百两，火食八十两，聘金、贽仪、买器物、端节、中秋，每次送银四两，迎送夫、船价，各送银一两。其到馆过节，饯行酒席，州署预备。

一、送监院银十二两，首事银十六两（以上均不加闰）。支看司工食银八两六钱四分，遇闰照加。

一、每年正月初三日，监院禀请本州出示考甄别，以二十日以前为率，生童分两日考试，搜检封门，支点心、茶水、烛灯、纸张，书役饭食钱五千文，交礼房承办，本州食用自备。

一、每年取正课生员三十二名，每名月给膏火银一两五钱，不住院者，给银一两。取童生正课二十六名，每名月给膏火银一两，不住院者给银七钱五分。均于下月初二日发给，每年以十个月为率。取生童、附课各二十名，自备膏火，不取者不准住院应课。每书舍一间，须住两人，先尽正课，不准多占。有事须在监院告假，若不告假，如一月不应课及两月不考超特等，上次取者，降作附课，以考取超等，上取三次之附课升补。抄旧雷同者，初次罚停膏火一月，再犯降作附课。冒名顶替及不孝、不弟、包揽、词讼、酗酒、赌博、宿娼、抗粮，凡有乖行止者，逐出。

一、每月初二十六日官课，初六、十二、二十二、二十六日师课。官课日须在讲堂会作，每次送掌教饭食钱四百文，监院二百文，生童在院会食午饭，每名支钱五十文。官课笔资超等生员，每名钱二百文，上取生童每名钱一百文。

一、甄别及逐月官课卷，每本支钱五文，师课卷自备。

一、每年支神前香灯钱三千文，讲堂、亭子、大门三处灯三盏，油钱四千文。

一、支学书造甄别及逐月官课点名册，每年钱一千文。

一、支每次官课生童茶水钱一百文。

一、支院内各名宦春秋二祭钱二千文，每年俟奉文致祭贤良祠之日，给钱交礼房承办致祭。

以上各款，该管首事收取利银及地租钱，照数支足，不得短少。每年十二月初旬造册，报州查考。余剩银钱，下年仍由首事发交各铺户，一分起息。

一、院中器物造册二本，用印，一交首事，一交看司。如有失落，着看赔补。

清道光［二十四年］知州余保纯新定章程①

（清）余保纯

一、甄别取录一条，罗升州原定取正课生员三十二名，取正课童生二十六名，此皆经费所关，学舍所限，不能再为增减。至于附课生童，罗升州旧章各取二十名，未免过隘。上年罗升州甄别时，又将生员到考者概取附课，未免过宽。兹本州甄别生员附课仿照正课取三十二名，童生附课取三十名，不取者不准住院应课，于来者不拒之中仍示以一定之限制。惟是文有一日之短长，本年适值童生科试之期，甄别以一日之短长而定，州考则覆［复］试多次，瑕瑜不能少掩，将来州考取录，州县两批首及五名以前，不论附课与否，均准其作为正课，

① 见清道光《直隶南雄州志·书院》卷十四。

十名以前作为附课。甄别取录之正课，如州考时在百名以外，降作附课，附课如州考时在百名以外，即不准入院。此乃本州详慎考校之意，并非过为轩轾也。至正课生员住院与否，即于掌教开馆日，赴监院处报名注册，本州常时到院查点，如正课册注住院，而本州查点时，并不在院，则是冒支住院银两，应于下次支领膏火时，将前此冒支之数，按月扣除。有事须在监院告假，如一月不应课及两月不考超特等上，次取者降作附课，以考取超等上取三次之，附课升补。抄袭旧文雷同者，即属自甘暴弃，不论正附课，概行逐出。

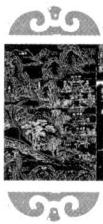

一、每逢官课之期，本州亲赴点名，监院在内监场。如有公事不能分身，即委监院点名。扃门考试，均于讲堂会考，不准将卷携入住屋，如点名不到，或原取无名者，概不收阅，以杜僭替包揽之弊。各生童应支早饭钱，文即交监院，于收卷时，按名散给。

一、学书造甄别及逐月官课点名册，师课次第榜，照依罗升州所定，每年支钱一千文。惟官课日，监院在院监场，学书一名，门斗一名，自必相随在院，每次各给饭食钱五十文。

一、大比之年，正课生员于七月初旬赴省，九月中旬回州，准预支三个月膏火，彼时并无住院、不住院之分，均应照住院膏火，每名共支银四两五钱，俾寒畯应科之资用，更加润色。其余月分，仍照向章。至上年已经支取之膏火，悉遵罗升州所定章程，不准藉词找补。

一、本年适遇闰年，凡生息银两加闰者多，不加闰者少，以所入计所出，尚为充裕。本年除官课饭食、茶水、奖赏、笔资向俱按次收支外，所有掌教束修火［伙］食，正课生员膏火，及神前香灯，讲堂、亭子、大堂三处灯油，看司工食，均应照闰加支，其余概不加闰。

一、罗升州定有书院学长生员二名，管理住院事务，每名每年支银四两，本年仍循其旧。

以上各条。补罗升州章程内之所未备，诸首事其遵行勿怠，并谕。(以上新增)

一、道光三年正月，调任山东巡抚，程（前升州罗复姓）札开：自本年为始，掌教加修金五十两，添设副课生员膏火二十分［文］，住院者每分月支银七钱五分［文］，不住院者支银五钱。添设副课童生二十分［文］，每分月支银六钱，不住院者支银四钱，连前共设正附膏火一百分［文］，告假不应官课者停支。师课超等生员每名给笔资钱一百五十文，师课上取童生每名给笔资钱八十文。每年甄别多取附课生员二十名，副课童生二十二名，并勒石院中。

亭、台、楼、堂、塔记 附艺文

一、亭、台 附艺文

韶亭：清同治《韶州府志》记，在韶石山，宋潘伯恭建，又名“尽善亭”“望韶亭”。

登尽善亭三首

（宋）苏轼

晓登尽善亭

双阙浮空照短亭，至今猿鸟啸青荧。
君王自此西巡狩，再使鱼龙舞洞庭。

望韶石

蜀人文赋楚人辞，尧在崇山舜九嶷。
圣主若非真得道，南来万里亦何为。

宿建封寺

岭海东南月窟西，功成天已锡玄圭。
此方定是神仙宅，禹亦东来隐会稽。

题望韶亭

（宋）杨万里

新隆寺后看韶石，三三两两各依稀。
金坑津头看韶石，十十五五不整齐。
一来望韶亭上看，九韶八音堆一案。
金钟大镛浮水涯，玉瑟瑶琴倚天半。
尧时文物也粗疏，礼乐犹带鸿荒余。
茅茨殿上捶土鼓，苇籥声外无笙竽。
黄能郎君走川岳，领取后夔搜礼乐。
峄山桐树半夜鸣，泗水石头清昼跃。

山祇川后争献珍，姚家制作初一新。
帝思南岳来时巡，宫琛庙宝皆骏奔。
曲江清彻碧琼软，海山孤尖翠屏展。
天颜有喜后夔知，一奏云韶供亚饭。
帝登九嶷忘却归，不知斑尽湘笛枝。
后夔一胫跛莫随，坐委众乐江之湄。
仪凤舞兽扫无迹，独留一狻守其侧。
至今唤作狮子石，雨淋日炙烂不得。
洞庭张乐已莓苔，犍为获磬亦尘埃。
不如九韶故无恙，戛击尚可冬起雷。
何时九秋霜月里，来听湘妃瑟声美。
曲终道是不见人，江上数峰是谁子？

韶亭记①

（宋）余靖

贤人君子乐夫佳山秀水者，盖将寓闲旷之目，托高远之思，涤荡烦绁，开纳和粹，故远则攀萝拂云以跻乎杳冥，近则筑土饬材以寄乎观望。惟韶山去州治八十里，自元精胚胎，阳结阴流，不知炉锤者谁，独秀兹境？在昔虞舜南狩苍梧，《九韶》之乐奏于石上，山之得名，起于是矣。国家丕冒海隅，择材绥远，殿省丞潘君伯恭特膺诏选，来守岭阨，锄强构弱，有意于古，下车期年，人用休息。乃曰："山为州镇，厥名尤著。自秦开五岭，迄今千载，凭轼之使，泛舟之宾，大麓之下，往还如织，不知观瞩之地，以为山荣，岂守土者详近而略远哉？"遂按郡谍而相之，背山东渡五里而近，得地曰灵溪，即道左建亭，而山之奇秀，森然在目矣，伻来以图，授之矩画。先是，赐紫僧法崇者，推诚导摹，众所钦信，尝于康衢构榭以壮州邦，既勤基缔，将贲髹雘。太守曰："吾以敦朴化人，无事于侈，可去华就实，移其用于兹亭。"崇曰："明使君之言，非唯集事，兼存为政之体。"由是舍饰画之浮费，市楩梓之美材，持畚筑、运斧斤者，子来而乐成矣。越再朏魄而亭就，则兹山具美，纤芥无隐。屹者如阙，阛者如庾，平者如台，呀者如谷，向者如斗，背者如逃，人立鸟跂，霞明雾暗，碧玉千仞，青螺万叠，殊形诡制，纷不可名，驱鬼投物，巧不能备，信

① 见《武溪集》卷五。

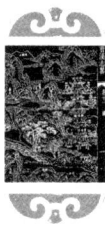

尘外之绝区也。既而请名，太守曰“亭以山构，而能尽山之美，其名韶”云。岁月日记。

敬一亭：清同治《韶州府志》记在县学内，明知县潘复敏建，有记。《曲江县志》载县学：宋绍兴初建于城东南隅大鉴寺之左。北宋政和元年重建，元延祐间毁，明天顺七年参议王英重修，明弘治十三年知府蒋钦迁于府治之东，同知李纯建櫺星门，重修明伦堂，通判黄豫建启圣祠，知府符锡建两斋号舍，敬一亭在明伦堂后。明崇祯八年知县潘复敏重建敬一亭及射圃。

敬一亭记①

（明）潘复敏

敬一亭何始，始于世庙之五年，敬一何昉，昉于唐虞之钦一也，薰华没三代言一者，莫微于尹言敬者，莫详于旦爽遐哉邈矣。自吾夫子言仁，乃剖视听言动之，非礼而归于勿礼即敬也，四勿即一也，然则一之脉不独传于参之鲁，抑早传于回之愚矣，肃皇帝德纵于天，学本于圣命，宇内学宫各建亭，而题以敬一，且霏洒宸翰手著为箴，其言通于天下国家，其意主于除怠荒勤省察旨哉，又取宋儒之四箴，而共镘于石，固难与浅人解也，曲庠旧亭，在泮桥之右，百余年来，尘落烟消，鞠为茂草，断其二碣。嗟呼！木石有时，而毁人心之，惺惺不二者，顾可毁乎典谟，无论已九三之终日乾乾，与夫风雅三百篇，而括于无邪，春秋懼乱贼而作何经，非敬何敬，一而礼之，无不敬又明，白而易晓者矣。余下车谒圣，怆然不宁，爰退后数十武，庀材鼎构，中树御碑而补四箴之，一一复剪其前之芜棘，坦其次洼而塘之、闲之、丹而护之，顿还射圃之故址，而廓其观，令诸土纮涌之，余或歌或咢决拾而纵送焉，亦犹古矍相之遗意也，与未已也，初偕承传君元壁簿应，君君宠尉，郑君之彦登明伦堂，晋弟子员横经讲道，见进德斋，久圮，余谋亟亟新之，与修业斋平峙，易有之可久贤人之德，可大贤人之业，多士果德之，日进业之，日修其于敬一之旨，庶几无余蕴矣，斋竣司训陈君大成有记而一时竞劝其役者，前谕廖君云凤，今谕何君修西训，陈君卿若殚思竭蹶，俾不日告成者，则郑尉之力居

① 见广东《韶州府志·古迹略》卷二十五，清同治十二年刊本。

多也，予忘其谫陋而备识，其颠末如此。

皇华亭：在相江门外皇冈山麓。清顺治十四年南韶连道周日灿建有记。清马元记：后里许，孤峰卓立，右以笔称良有由已，峰之麓有池在焉，止水一泓秋冬不竭去山泉也。余既作祠于泉之阳，以祀周夫子。及阳明、白沙、甘泉三先生复于其阴得隙地，庀材鸠工卜筑此亭。

品泉亭：清同治《韶州府志》记：在芙蓉山。康熙元年知县凌作圣建。清廖燕有记。

品泉亭记

（清）廖燕

韶芙蓉山有泉曰玉井泉，松数千株覆其上，泉出松石间，性甘而冽。剖竹引流，直与厨接，盖山寺之最胜者也。泉之右旧有亭，久圮，断碑苔蚀，字残缺不可读，不知几岁月于兹矣。履其胜，稽其时，则欲修而复之者，将于是乎在。戊戌，凌公来宰韶首邑，教养兼举，三年政成，乃构斯亭。较旧加阔，幽敞而明，因颜曰品泉，命燕记之。

燕，韶人也，惟韶知韶。粤之水以濒海而多盐，韶处粤上流，故其水独甘美。然韶之为治，居浈、武二水中，武水出郴州临武县，道经宜章、乐昌，至府治西南与浈水合，较浈水一升独重二两有奇，则韶之水又以武为上。兹山居武之阳，宜其泉之甘芳清冽，远出诸水上，为公之所品骘，且以名其亭，使后人称道传诵而不置者，良有由也。然陆鸿渐著《茶经》，品天下水曰：某为上，某次之，某为下下，而兹泉则无闻焉，非公物色，几失此泉，况乎怀奇抱道之士，耻于自干，不遇人品题赏鉴，而终身隐伏于泥途，至老死不得见知于世者，又曷可胜道哉！燕固贺兹泉之遭也。虽然，韶之东有涌泉，为太守杜公所赏，邑人余襄公作记。又东之南有曹溪，先为西僧智药谶记，至今为惠禅师卓锡地。韶之泉，抑何遭遇之多幸欤！然则燕之所致美乎公者，将不在是。

或曰公尤善品士，故一试即首拔子。燕不敢对。公亦曰：“使予品士，当如斯泉。”公讳作圣，号睿公，五河人。壬寅三月某日记。

林草亭曰：记事之文，而寓以议论感慨，便见关系动人。末将已事一点，真镜水月文字，何处复有此种笔墨！

临相亭（乐韶亭）：清光绪《曲江县志》载：“临相亭，在新东门外（明代城东青来门所在，今风采楼东），为冠盖送迎之地。嘉庆四年巡抚陈大文移节过韶，以亭襟带相江，题而名之。”《韶州府志》记在新东门外为冠盖送迎之地。清嘉庆四年巡抚陈大文移节过韶，以亭襟带相江题而名之，知府章铨跋曰：大中会稽陈公移节山左，过韶憩斯亭而名，以临相书额，以去亭旧名榕荫，久圮，袁立轩。明府购其址，重建而移旧额于左。楹襟带三江上下，千里湘波环抱全省要冲。公藩抚多年憩亭者，屡清流、清节两相照映，宜其不能恝然也。名亭之日，嘉庆己未仲春下旬三日，在坐［座］者总戎石菴黄公，观察砥斋朱公暨守令云。又一名“乐韶亭”，廖燕有记。

乐韶亭记

（清）廖燕

韶之为郡，在粤西北，为五岭门户，居东西浈、武二水中。东由浈江出豫章，通江南会稽、鲁燕诸处，为东关。西由武溪通荆楚、河南、关、陕、川、晋诸处，为西关。凡粤之玳瑁、珠玑、犀贝与夫珊瑚、象牙、沉香、梨梓、金铁器皿之属，及日本、琉球、交趾、东西洋诸外国奇珍异宝，络绎交驰，接续不绝。巨艖细艑，商人旅客之所携载，靡不经由停泊于此，候投单上税验放，然后敢行，非是则不能径越而飞渡焉。其商旅货财奏集之盛如此。

司其关者，皆优游坐镇，指麾商客。无簿书讼狱军马之繁，以扰其心思志虑。有仕宦之荣，无形役之苦，莫不至此而乐，乐而不忍去也。西关名遇仙，其来已旧，为本郡所属摄理。东关名太平，国朝康熙八年始自雄州移至，与遇仙共二关，递年俱署户部二员，兼主其事。岁满报命，永为榷关定例。越十有一年，广陵某公，始由户部员外榷关于此。至之日，厘榷吏之积弊，来远人之讴思。政清无事，乃于署西得隙地，构亭以为休息之所，颜曰乐韶亭，属燕为记。

夫韶非所称风土和柔、人士愿悫之善地者欤？宜其有可乐者在矣，而况乎山川蜿蜒而诙诡，为古名贤往来乐游称道而不置者又比比也。然仕其地者，往往得其苦而不得其乐者何耶？岂非利欲之有以溺其中，而簿书之有以劳其外也哉！今某公无是二者之累，榷关之暇，时与僚属宴游啸傲于韶石芙蓉浈、武二水之间，倦则归休于兹亭焉。信乎能乐韶之乐也，况乎能因民之乐而乐之，其乐又岂可既欤！

公尝课试韶士，品骘赠遗，皆有以得其欢心，不独能乐韶之乐，而且与韶人共乐其乐。乐而不忍去，而韶之人亦不欲公之去，思有以留公而不得也。是皆可书而记也。因书于兹亭，以颂公之德焉。且以告斯地有斯民之责者，宜皆有以乐其乐也。

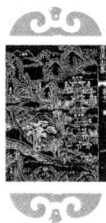

黄少涯曰：大起大落中，复极悠扬尽致，纯乎大家之文。

笔峰山亭：旧日笔峰山上建有数亭。宋淳熙间郡守梁安世首建“整冠亭”，取韩退之“上宾虞舜整冠裾”之句以名。明成化九年知府苏铧建有“偕乐亭”，明成化十五年知府王宾于半山建观风亭、半山亭，明嘉靖元年知府周叙重建观风、半山两亭。明嘉靖七年通判符锡又建八角塔于山顶，取名曰风来亭，并植树夹道。明嘉靖十七年□丞出守，作石栏，修复观风、半山两亭，并于半山后结普济庵，守以一僧。

从潮州量移袁州，张韶州端公以诗相贺，因酬之

（唐）韩愈

明时远逐事何如，遇赦移官罪未除。
北望讵令随塞雁，南迁才免葬江鱼。
将经贵郡烦留客，先惠高文谢起予。
暂欲系舟韶石下，上宾虞舜整冠裾。

登笔峰山亭

（清）廖燕

东风吹绿上前山，夹岸青连树色间。
避世僧依孤岛住，探奇人向绝巅攀。
花迷樵径香迎袂，影尽江帆容度关。
吟砚未干何处去，一枝筇竹带云还。

登整冠亭

（清）欧樾华

江城如画翠屏开，宿雨初收淑气催。
人带微云凌绝顶，亭杯绿水矗中台。
烟风蕴藉千峰立，霜如澄清一雁来。
我欲闻韶盘古磴，整冠天际指层台。

翠华亭：清同治《韶州府志》载，皇冈山在郡北三里，山顶旧有翠华亭、祠，下有舜峰寺，即祀虞帝斋沐之地。《广东通志》载：翠华亭，在皇冈山，舜祠圮。

皇冈怀古

（明）解缙

千里来寻故相家，曲江南畔夕阳斜。
钧天此日闻韶乐，步上皇冈望翠华。

翠华亭

（清）梁麟生

瘦马轻车路折回，翠华无迹见黄埃。
禽声尚学传呼出，山影还排卤簿来。
地受条风冬草绿，僧知时祭寺门开。
惯闻鼓瑟湘江水，流入皇潭夜夜哀。

舜祠翠华亭

（清）王士祯

仿佛南巡迹，重华事有无。雨痕上斑竹，云气接苍梧。
仪凤何年逝，啼鹃岁又徂。不胜怀古意，江色日荒芜。

三枫亭：《舆地纪胜》载：曲江有修仁水，水北有三枫亭。范云有诗《三枫亭》，云：三枫何习习，五渡何悠悠。且饮修仁水，不挹阶邪阶流。

又有记：修仁水，今名瀑布水，源出江西龙南县界，下流130多里在三枫村西注浈水。此山水清如墨，南朝齐始兴郡内史范云诗有“且饮修仁水”之句。清嘉庆年间，南雄知州戴锡纶下乡察访，作《因公过修仁》诗，云“过雨光山夹岸新，烟村花坞绕修仁。扁舟泛泛吟声起，清绝长怀饮水人。重官旧部岁华深，砺碌鸿泥讵可寻。却喜中流一片影，千秋识得彦龙心”。

写心亭：旧在濂溪祠地，后接笔峰前，开池沼久倾圮。清康熙壬子郡守马元捐俸重建，为四贤祠，并创此亭，池蓄山泉，秋冬不竭，夏月莲花盛开，有叔茂之遗爱存焉，亭额有跋。

写心亭记

（清）马元

郡后里许，孤峰卓立，古以笔称，良有由已，峰之麓有池在焉。止水一泓，秋冬不竭，盖山泉也。余既作祠于泉之阳，以祀周夫子及阳明、白沙、甘泉三先生，复于其阴得隙地，庀材鸠工卜筑而亭之周垣，立栋宇新夏，口方长荷净如拭，意濂溪遗爱，犹有存焉者乎。由其中以望皇冈，诸石屏障于亭之后，浈武二流襟带于亭之前。凡夫烟云杳霭林木莽翳，禽鸟回翔又莫不奔走，于亭之左右，所云清冷滢滢，悠然、渊然者非耶。顾吾思之峰以笔名，宜兴摇五岳，气凌沧渊，而乃藏锋不试，几令人笑，山灵殆妄易者误之耳。余因正帽子之谬而名斯亭曰写心，将使韶之人开拓胸襟，修明理学，共知风浴咏归之乐，以衍四先生之泽于无穷，此则予之志也。夫韶阳山水秀丽，代有人文，他日棨戟遥临壶觞胜集，岂遂无人焉。携彩笔问青天乎，感不绝于余心，溯流风而独写吾且且暮遇之矣。

凤来亭：清同治《韶州府志》记：在笔峰山上，明通判符锡建。

笔峰山凤来亭

（明）符锡

笔峰抓起凤来亭，蓬岛遥传浪得名。
碧嶂远开千里目，寒江中抱万家城。
依稀石磴扶云步，慌荡天风落雁声。
暂假嬉游浑似梦，郡人错比晋山卿。

观风亭、半山亭：清同治《韶州府志》记：两亭俱在笔峰山上，明知府王宾建，周叙修，通判符锡重修。明商辂有记。

观风亭记①

（明）商辂

观风云者，观民风也，太守以观风名亭意有在也。古者诸侯出舍于郊，春省耕而补不足，秋省敛而助不给，无有无事而空行者也。洪

① 见清同治《韶州府志·古迹略·亭台》卷二十五。

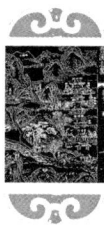

惟我朝列圣相承，法古为治，建官惟贤，凡以为乎民耳。唯郡牧则为亲民之官，宣上德达下情，可以家喻而户晓，可以耳提而面命，民忧亦忧，民乐亦乐，如手足耳目，相视一体，非他职可比。古称龚黄卓鲁，尽牧民之任，岂有他哉！亦惟观民风，以勤民政焉耳。观民之勤于耕也，或不足焉则补之；观民之勤于敛也，或不给焉则助之；观民有未笃于伦理也，躬行孝第以先之；观民有未兴于礼让也，道德齐礼以化之。克尽六事，毋怠毋荒，宜乎千载之令誉益彰也。太守由名进士为良御史，升守兹郡，恒以龚黄卓鲁事业，自期自励，未尝少懈。甫及期月，百废俱兴，政通人和，若集贤堂、阴阳学、医学之类，皆昔无而鼎新者也。申明亭旌善亭应奎坊之类，皆昔毁而重修者也，谓之百废俱兴，可见严于考课，勤于劝农也，则学教兴，而田野辟，公于登庸，明于刑狱也，则赋役均，而词讼简，威慑奸宄，恩恤逋逃也，则盗贼息而户口增，谓之政通人和，可知太守自视歉然，乃于是岁仲春三日，偕同府曹谦、通府徐饶、推府余嵩、幕府李时坚、县尹俞叙同游于北郊，观民之风俗，自责以省民咨询乎？善道父老，提壶挈盒，相率追陪，举欣欣然而相告曰：百姓安堵，四境无虞，太守勤政之力，二三同寅协赞之功也，何其幸欤！于是举酒酬饮，乘兴而登高，既醉而咏归翼日，僚属请于太守曰：昨游于郊，观民风也，非游逸也，观风不可无亭，建亭不可无记，太守可其请，觅材鸠工，作亭于笔峰之麓驰，缄属予记事于观风之亭，亭之左右，有佳山奇水观于，太守自叙皆《乐亭记》，形容殆尽，复奚言太守谓谁？姓王名宾，字用之，予同邑人也。

成化十五年岁次己亥，赐进士及第、荣禄大夫、少保、吏部尚书兼谨身殿大学士致仕，淳安商辂记。

拟沂亭：在乳源上，明嘉靖乙酉通判符锡建。夏潦冲坏。丁亥复还温泉东南员峰上，有记。清康熙《乳源县志》记：“有石如长盆，地中出泉若汤沸，有硫黄气，人多浴之，四时不绝。”明嘉靖四年，通判符锡，建拟沂亭于左，亭今废，有记。有游人题咏。

拟沂亭记①

（明）符锡

明符锡记：嘉靖甲申本府通判符锡按：历憩此诸生景从叹曰此何减浴沂之乐遂升废庙之材构亭洲上，随毁于潦，复重新之，自为记曰：

拟沂亭作于乳源邑西二里温泉之上，志乐境也。嘉靖甲申夏，予始莅兹郡，适奉提学欧阳公檄去六邑淫祠，且厉云务祸本之斯绝，听风教之可兴。乃六月，适英德访诸不在祀典祠寺，凡百六十五区，立命毁之，师生请改建旧学，宰刘议弗合，遂去之。翁源如英德去诸祠寺之，当毁者七十七区。李尹请曰：寺有翁山僧在焉，院有耽石余襄碑刻在焉，惟一二僧寮毁诸已乎？曰：僧会制也，宋碑额也，不在毁列，遂去之。仁化如翁源，毁诸祠寺百十三区，作会贞社学，乃去之。乐昌访诸祠之，当毁与学之，当建者，龙合皆为之矣，遂去之。乳源有挟而作奸者，廉得其实，先置于法，乃尽去所蔽祠寺八十九区。师生请复社学，岁久浸为民所侵据，得古杉一株。命典史林柯职其事，事详：太守唐铁峰记：改崇林，废观为仰止书院，祀昌黎、濂溪二先生。泷口庙者乡民之所建。诘以所祀何神，曰：邹尚书。曰：乡贤乎？名宦乎？曰：不知。曰：淫祠也。邑有义士邓可贤者，父子死贼，有保障功，盖祀焉。明曰：率诸生诣祠火淫神，奉可贤神主，既语诸生：此地当有佳境，诸生曰：去此不百步，有石浮于溪面，方广丈余，温泉混混，平涌出石窦中，不识可当佳境否？余欣然往观之，徜徉竟日弗忍去。诸生曰：请以废庙之材亭之，可乎？曰：可。遂以属旁寺僧戒浚且告曰：吾亭若成，当名之“拟沂”，志斯乐也。

明年乙酉二月，亭成。余适有军旅之役，弗克往，未几毁于夏潦。又明年丁亥，予始还自军门，教谕王君世泽，每见辄以为请。偶得民壮之旷役者钱若干缗，乃相亢爽，乃复葺之。俾邑之人士与宦游而过于是者，慕斯泉而观焉，憩斯泉而问焉，则告之以曾，点之所陈，与夫子之所叹，曾不越乎，沂水之滨，而有以适，夫天常之趣，诚若是耳，虽然龟蒙之泉，乳之泉也。邹鲁之士，乳之士也，彼则为圣、为贤，而我犹未免为乡人也，性岂若是霄壤悬殊哉，且吾闻之上，以风化下，谓之风下，以习应上，谓之俗传。曰：经正则庶民兴，庶民兴，

---

① 见清同治《韶州府志·古迹略·亭台》卷二十五。

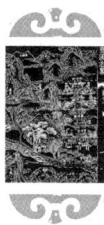

斯无邪慝矣。若是则前所毁之，若干区者殆。见正道既明，而淫邪日远矣，否则鸟头方去，而病且复，故毁将曷胜？君子曰：邪正不两立，斯言近之，遂并记于石。

时嘉靖七年戊子孟夏二十有一日，颍江居士符锡记。

梯云岭亭：在乳源县大桥镇梅子山村东南约 1.5 公里的梯云岭半山腰处。建于清乾隆二十一年（1756）。亭为拱券式造型，拱圈石纵联砌置法构筑。平面为长方形，进深 82 米，宽 4.6 米，正南北走向，亭门筑成拱券门。梯云岭，山高峻险，“上出云霄，拾级而登如蹑梯，然古人因地而命名”，古称“万仞梯云之山”，是古乳源西京路一个险要之处。其路曾经历代多次重修。修路碑载：梯云岭“乃乳邑扼要之区”。崎岖峻险的古道蜿蜒山上，似若陡梯。梯云岭亭，建筑在梯云岭半壁悬崖之上，古道从亭中通过，凉亭不但为行人提供了栖风避雨、息脚纳凉的处所，又以其美的造型增添了山河秀色。凉亭北门还有情真意切的石刻楹联：“挑负宜息肩，何妨濡滞停步脚；来往当思路，切莫蹉跎误前程。”凉亭伴随古道，历经沧桑，不但遗留有建亭碑、修路碑以及一些史料记载着古代建筑、交通经济贸易等丰富的历史和文化史迹，也留有历代文人墨客的诗句。清人《九日上武丰梯》就是其中的一首。诗云：“九日登高蹑武丰，征轺遥指翠微中。盘空共讶回车坂，陟磴缁惊落帽风。信有五丁开莽互，据将一剑倚崆峒。离亭更酌茱萸酒，紫气行看度岭东。”

九成台：清同治《韶州府志》记：旧名闻韶，在北城上，北宋建中靖国元年五月，苏子瞻与伯固北归，郡守狄咸延之台上。伯固谓台宜名九成，子瞻即席为铭，自书刻石台上，后以元祐党事碑毁台废，遂以西城武溪亭，为上立虞帝牌位。蒋之奇《武溪深》词碑，原在延祥寺。北宋元祐八年郡守谭粹移亭中，后人于碑模九成台字二，一小楷，子瞻书；一大篆，湖南曹文公书。明洪武元年，千户赵贵修。明成化六年，千户赵雄建楼。明嘉靖六年，知府唐昇复刻子瞻铭，通判符锡书。清康熙二十六年夏初，淫雨五月，重楼尽圮，知府唐宗尧率乳源令张洗易协力建复，视旧台加楼一层，左右增二楹，护以栏杆。其规模崇壮更逾于昔，有记；清康熙四十年知府薛戴德重修，留篆书重修九成台墨迹。清嘉庆四年重修，章铨有记。清同治元年，南韶连道方浚颐捐修；清同治十三年南韶连道张铣、知府段锡林、曲江县张希京复修。

题九成台

（元）李齐贤①

风不来兮辽东海，高台已荒天未改。
当时别舜返昆丘，如何一去三千载。
人间岂无青琅玕，独栖未必天霜寒。
致君尧舜我有术，来仪好向虞庭间，
凤兮凤兮今当还。

登九成台

（明）钟元鼎②

城上高台台上楼，楼前落日满汀洲。
坐来突兀四山出，看去沧浪二水流。
天畔有时疑凤吹，人间无复想龙游。
徘徊惟见残碑在，读罢翛然万古愁。

题九成台

（明）翁　溥③

南国支离独抱琴，闻韶千载此登临。
山疑席帽奇仍壮，江抱芙蓉曲更深。
五岭瘴云连瀚海，孤城落日带疏林。
台空凤鸟无消息，万里赁高思不禁。

登九成台

（明）邓维循④

一从晦迹懒登临，君考遗文惬素心。
题壁有人留好句，索居无侣抱孤琴。

---

① 李齐贤：字仲思，号益斋、栎翁，谥号文忠公。朝鲜半岛古代“三大诗人”之一，不但是高丽时期卓越的诗人，也是朝鲜半岛文学史上优秀的词作家，还是朝鲜半岛古代民歌整理者、翻译家。著作有《益斋乱稿》《栎翁稗说》《益斋长短句》等。

② 钟元鼎：曲江人。明神宗万历间贡生。有《华堂集》。清同治《韶州府志》卷三二有传。

③ 翁溥：字德宏，诸暨店口人，生卒年不详。明诗人，约于明嘉靖二十二年（1543）前后在世。明嘉靖八年（1529）进士。初任太湖县知事，后召为吏部给事中。

④ 邓维循：字季子，曲江人，明万历间诸生，工书能诗，善养心之学。清同治《韶州府志》卷三二有传。

云霞变幻迷朝夕，身世浮沉任古今。
惟有禅心与秋月，清光长伴我闲吟。

登九成台

（明）王洙

清淑堂东访古台，石栏高榜碧山开。
山前烟雨千峰落，天半韶音一案堆。
春日曲江携酒上，故人北海照衣来。
飞鸿肃肃知何处，画角孤城生暮哀。

九成台

（明）吴旦①

碧玉阑干压故基，虞王曾此驻旌旗。
风泉尚带弦琴曲，谷鸟犹呈羽凤仪。
二女不来云黯黯，重华何处草离离。
郡城北望山如戟，落日微茫似九嶷。

登九成台

（明）李永茂

岩城阁槛倚云隈，共道虞弦此未回。
左海苍梧遗冢在，炎方巡幸几时来。
坡仙好语空中结，狄守雄图天际开。
蒲阪纪年四十八，为君增入九成台。

九成台

（清）陆世楷

韶阳城头望韶石，三十六峰森剑戟。
连云断壁拱貂蝉，笔峰落处开平川。
平川闲敞凤凰止，皇冈岁奉重华祀。
重华南幸葬九嶷，不闻銮舆复巡此。
韶州之名始贞观，伪传先代朝衣冠。
蛮歌猺舞竞巫祝，岂有仙乐留云端。

---

① 吴旦：字而待，号兰皋。广东南海人，嘉靖举人。官归州守，治行第一，擢山西按察司佥事。与欧大任、梁有誉、黎民表、李时行结社广州南园，称“南园后五子”，以追踪明初孙蕡等“南园五子之风”。有《兰皋集》。

自从文献通上国，车书礼乐雄南极。
燕誉亭边雀舫联，逍遥台下轩车织。
别有高台号九成，谁其创者狄咸英。
政通人和百废举，时时临眺怡幽情。
闻韶旧地久寂寞，台畔清音不复作。
移来城上自何年，画栋朱甍夸杰阁。
此台原是武溪亭，芙蓉半壁如云屏。
残碑数幅未磨灭，书法直敌苏公铭。
武溪源从蔚岭出，三泷声震飞湍疾。
石室书岩自古今，亭台转眼多荒佚。
往事兴衰且莫论，但看佳气变朝昏。
云横铁瓮藏墉雉，星动牙旗蔽市门。
千门百市称都会，岭南福地斯为最。
降幡一片出湘江，楼船南下瞻红旆。
十五年来生聚殷，山城弦管日纷纷。
襄公故宅神如在，风度危楼鉴自分。
危楼双峙浮云里，唐宋勋名谁可拟。
山川清淑气渐开，郁葱屡见人文起。
人文聚散亦有时，昔何济济今蚩蚩。
春风耕遍将军垒，夜月吟虚丞相祠。
我登此台重叹息，乱余何暇论文墨。
只今岭海皆伏戎，百室盈宁宁易得。
回忆王师入粤东，金霓玉虹一炬空。
唇亡犹幸齿无恙，是岂人力非天功。
可怜雄州数万户，北者游魂少者卤。
锋镝豺狼几子遗，征求力段还荼苦。
先忧后乐古人心，念此荣枯感更深。
愿携汝水疮痍众，来听薰风解愠琴。

登九成台

（清）郑耕

寻秋问约漫登临，韶石看云共此心。
半幅残编浮鸟篆，一天清籁又虞琴。

溪山错落惊深浅，花草萧疏尽昔今。
惟有碧流流不去，滔滔还作粤乡吟。

登九成台

（清）欧文澜

昔闻虞帝有高台，画栋朱栏倚汉开。
云缦星辉谁点缀，山光水色共徘徊。
雨阶干羽班师日，万国箫笙奏乐才。
惆怅江头双阙回，双韶喜说凤凰来。

望九成台

（清）张锦麟

欲宾虞舜渺无缘，双阙浮光落眼前。
万叠芙蓉争绕郭，千寻楼阁迪临川。
云山韶蕨应长在，瘴海鱼龙已寂然。
独有江湖憔悴客，几回搔首听钧天。

九成遗响

（清）廖燕

九成何处奏宫商，仿佛高台武水旁。
岁久笙镛随世变，天空海岳发音长。
箫韶意自悬古今，揖让情谁识帝王。
犹有眼前全部乐，几行哀雁正南翔。

登九成台

（清）欧堪善

高阁赁陵翠辇开，九成台榭净氛埃。
光涵武水星辰丽，乐奏钧天彩凤来。
几度薰风飘玉管，千秋韶石镇山隈。
坡仙逸韵残碑在，舟过江边首重回。

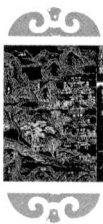

月夜登九成台

（清）陈王猷①

溪流一带女墙隈，月白瑶堦虞帝台。
武水声中琴瑟拊，皇冈重见凤凰来。

九成台铭

（宋）苏轼

韶阳太守狄咸新作九成台，玉局散吏苏轼为之铭，曰：

自秦并天下，灭礼乐，《韶》之不作，盖千三百二十有三年。其器存，其人亡，则《韶》既已隐矣，而况人器两亡而不传。虽然《韶》则亡矣，而有不亡者存，盖常与日月寒暑、晦明风雨并行于天地之间。世无南郭子綦，则耳未尝闻地籁也，而况得闻于天？使耳得闻天籁，则凡有形有声者，皆吾羽旄、干戚、管磬、匏弦。尝试与子登夫韶石之上，舜峰之下，望苍梧之渺莽，九嶷之联绵。览观江山之吐吞，草木之俯仰，鸟兽之鸣号，众窍之呼吸，往来唱和，非有度数而均节自成者，非《韶》之大全乎？上方立极以安天下，人和而气应，气应而乐作，则大所谓箫韶九成，来凤鸟而舞百兽者，既已粲然毕陈于前矣。建中靖国元年五月吉日，眉山苏轼记。

苏文忠九成台铭

（明）符锡

明嘉靖壬午重刻苏轼九成台铭碑

明嘉靖丁未重刻苏轼九成台铭碑

韶州九成台，旧名闻韶台，在城北上。建中靖国元年，苏子瞻与苏伯固北归，郡守狄咸延之台上，伯固谓舜南巡奏乐于此台，宜名九成。子瞻即席为铭，自书刻石台上。后以元祐党事，碑毁台废。遂以西城武溪亭为台，下临武水，台屡废屡修。今碑是明嘉靖丁亥，符通判锡重书宋《苏轼碑记》。（铭见前文）

宋碑不知毁于何时，至我明嘉靖改元壬午，太守周叙刻石，丁亥太守唐升又刻之，通判符锡书。

---

① 陈王猷，字良可，号砚村，又号息斋，广东海阳人。清康熙辛酉举人，官肇庆教授。有《蓬亭偶存诗草》。

苏文忠九成台铭及南华题名，皆在建中靖国元年正月一日。按：元符三年庚辰五月，先生自昌化贬所移廉州安置。六月二十日渡海，七月初至廉，八月授舒州团练副使，永州安置。十一月复朝奉郎、提举成都玉局观，任便居住。先生行至英州，闻玉局之命，故此铭称玉局散吏也。是年在韶州度岁，次年辛巳正月五日过岭至南安军。是铭为正月一日作无疑。今厂本乃作五月，盖重刻时传写之讹耳。

〔重修〕九成台记

（明）陈奇谋

余尝博考宇内山水，吊古追风。慨然欲纵观皇王以前胜址。至韶治之有九成台，斯又故虞帝南巡所歌风旧迹也。阜财解愠，遐哉有深思乎。万历之乙丑，余奉命来守是邦，会郡务久坠殚心，而整顿匝两月而始暇观风。爰偕同曹刘君承范、吕君良佐、黄君华秀相与登眺。其上则见犹崪云表，下俯城雉，瞰山临水，青翠照人，而江上舳舻之声时闻于琅风松瀑，其井庐而托处者，夫又辚辚相望也。此何必灭滕王、黄鹤诸楼哉。已而览志何以名，则昉诸苏文忠公席上铭而歌之者，然其间寝复寝，废代异时，殊志所载详矣。靡埃而喙云，迄世庙初有唐公升者，始勒子瞻之文碑其上而甍瓦更新，乃岁啮而又渐以圮矣。余顾谓两君，曰：“台为我主而令隳于阛阓暮烟之中，于地主何辞。”因相与议修创，而独艰于应募无从者，惟是我两贤寮捐俸是赖。而友邑令长曲江刘文芳，乐昌邱一鹏，英德苏大用，仁化谢一豸，翁源陈文熙，乳源林文丰亦靡不相率而和之，至下逮郡文学许调元、庆元两兄弟者，亦欢然出四栋而输为楹也。岂有虞氏之风至今能动人心乎哉？嘻，余于台有辞矣，由是鸠工聚财，品画经制，上架以重楼，八窗洞朗，渺渺可受烟霞。额曰：空中楼阁。其尧天之境界乎。台制面东，月出而当楼之中，斯冰壶映彻，月到天心处也。不妨取康节句矣，而楼之上额复曰：云里帝城。盖又为虞氏之遗而取唐人语相肖也。至其苍崖白云，江流湍悍，寓目寥旷，若增而胜昔人之不鉴。赏青山绿水而有味乎烟水云山者，余于是台亦云：若广袤丰杀，一踵旧基，不加侈丽，惟中设帘帏屏案而时时供缙绅、贤豪、长者游是举也。寮长不爱其财，士民不私其力，盖不阅月而功卒用成。余前谓有虞氏之风至今尚能鼓动人心也。嗣是务暇，即与二三寅侪览衣，舒啸间以江鳞村酿佐之，因而采民风、发民隐，以勗勦我平日勤恤之不逮，毋徒为章华铜雀之钜观也者。且也贻诸后而千古箫韶递有遗响。如眺滕王而怅帝子，步黄鹤而想羽衣。太守事也，太守责也。傥曰：“劳民伤财，饰观美睹，沾沾骋游佚而博愉快。”则余不敏，即不敢比宋子瞻氏之后尘，而敢希晋风流之庾亮乎哉。刘君、吕君、黄君佥曰：“然。”落成走笔记之。

重建九成台记

（清）唐宗尧

九成台自有宋靖国年间太守狄咸创始，玉局散吏苏轼题名也！靖国前台名“闻韶”，不知起自何代？北门城楼即其旧址。收揽形势，未尽美善，狄公稍徙，而西上跨城堞，下临溪水，吐纳山川，俯仰尽致，苏玉局遂名以九成，大约不忘有虞氏文德诞敷、过化存神之意，俾后人有所观感兴起也！嗣是递有成毁新故不一，余癸亥位任兹土，三四年间，犹见层台屹立，栋宇榱题，虽台朽不堪，而规模气象，未当颓落。公余暇尝拉二三同人，间一登览，则见夫江声渔唱，擢歌款乃，谷应山鸣，依然磬管鼗鼓之交奏也，则见夫天光云影、树色波纹，锦缆牙樯，溯流来往依然，羽旄干戚，纷列而杂陈也，则见乎游鱼出没，飞鸟翱翔，牧马平冈，横牛短笛依然，凤凰来仪，百兽率舞也。若乃瞻皇冈之巅，望九嶷之云眺，苍梧之渺，冉冉蔼蔼更依然，鸾车翠华，忾乎丹霞，紫雾之间也。呜呼！噫嘻！登斯台也！有不高望远志，以兴道复古为己任者哉。

丁卯春淫雨，浃月台就毁，余念帝化神旧迹，吏民观感百世攸关，岂容或废，况今日者，内而公卿，外而雨台，督抚都俞，咨敬日以振兴古道为务，一泉、一石、一亭、一树，凡有关于圣贤、治教者，无不以次修举，倘九成台独委而弃之，不几贻明备之，羞乎。余不敏，量出俸资，倡先复建，而乳源张令独弼，仔肩木石、陶瓦，百费具备，经始季夏，落成仲秋。巍峨伟丽，较前倍胜，韶人士咸请记，以垂不朽。余曰：台亦恶乎？记哉歌风、阜财者有虞氏也，思其化而创其台；美其名者，有宋诸君子也！继此递废，而递兴者，非徒侈景物之胜、快耳目之欲也，登斯台者，其亦深长思乎。

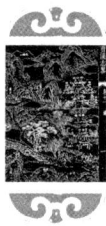

重修九成台记略

（清）章铨

岁己未正月三日，陪叶香圃观察、黄石奄总戎步九成台而流憩焉，栋宇倾侧，长草塞路，名贤遗迹，将就颓废，相与概然者久之。袁立轩大令曰：朱石君太宰昔由粤抚移节皖江，过韶云：吾未登九成台，亦一心愿未遂也，迨登临顾盼，凭吊唏嘘，下舟时出台中，百金付某公为修台之倡。今数年矣，迄无鸠工者，观察曰：此吾辈之责也。首输百缓子与袁大令，继之总戎与海都阃，诸文武、绅士又继之，共得三百余金，费不及半，袁大令欣然任之。经始于正月初八日，落成于五月十二日，观察时已转督粮驻扎省垣，手书匾对以寄，于是狄太守、苏轼公之遗迹，复振七百年后矣，仆忝守是邦，目击斯台之由衰而盛。而太宰公与观察公之相与有成，为不可及也，至其踞山川之胜概，扼粤海之上游，朝霏夕霭，鱼火风樯，前人咏之详矣。登斯台也，睹禾黍而念民生，望舟楫而嗟行役，有师帅之责者，其能恝然已乎？

观察名，汝兰：直隶沧州人，乾隆丁酉拨贡；总戎名，大谋：浙江江山人，乾隆甲戌武进士；待卫都阃，名海龄阿：长白正黄旗人，护军校；大令名嘉言：江西赣县人。

附贡，例得备书，时嘉庆四年己未五月，归安湖庄章铨记。

重修九成台记

（清）黄文炜

昔有虞氏南巡，奏乐兹土，阅今四千余载。而九成一台久而弥新，盖帝德广运有所以沦浃人心者，感慕奋兴而不能已。此祀典所由起也。台旧名“闻韶”，自宋靖国初年狄公苏公更名作铭以来，其间筑而圮，圮而复修者数矣。迨国朝唐太守因旧制而式廓之，构以层楼，周以栏槛，又增筑省月之轩，而是台遂为一郡巨观。屈指又历四纪，风摧雨浥，将复有倾圮，之患。丙午冬，文炜来是邦，与僚佐登台凭眺，不特万家烟景，四社书声，尽入耳目，而貂蝉笔峰拱其北，芙蓉莲花锁其南，诸山旋绕如玉环，正武溹洄若锦带。远近十景皆一览而得之，可谓旷如者矣。至四时之鸟语虫吟，各舒天籁，水流花放，自成文章。兼以鱼师舟子击楫歌呼，于化日光天之下即谓鸣球余韵，舞羽休风，犹留于九成台畔可也。韶郡旧有虞帝祠，在皇冈之麓，寻毁而虞帝之主屡迁于梵宇，神祠春秋享祀，讫无常所，因窃病之。

夫太守之职，固以修举废坠为务，顷者学校、城阓、衢路已稍稍就绪，况敬祀皇神为民祈福，以助宣我圣朝雍熙雅化，又曷可以怠于是。召郡中缙绅议所以祀帝者佥谓台名九成，志古遗迹有虞氏灵爽，实式凭之，即是台以妥以祀，或者挥薰弦而解民愠，恍惚声闻于层霄朗月中，以庇佑韶人乎。文炜曰：然。遂捐俸命旅鸠工，易其栋梁之腐朽者，榱栌瓦甓增其残缺，而屏障壁落之漫漶不鲜者亦白之。今而后崇祀欲台，庶乎重华之来享也夫。

省月台：清同治《韶州府志》与光绪《曲江县志》俱载：明韶州府西北角的九成台侧（今西堤中路）建有一座典雅别致的楼台，名曰“省月台”。建于明万历五年（1577），为知府周嘉谟主持修建。

省月台

（明）周嘉谟

一别韶阳四十秋，何期驻节纪重游。
江山依旧堪娱目，士友于今已白头。
城郭人民疲权焰，闾阖灯火动新讴。
当年省月台仍在，雨后登临月满楼。

逍遥台：清光绪《曲江县志》载：逍遥台在韶州府城南五里武水之东，隋刺史薛道衡建，今圮。又清同治《韶州府志》载：逍遥台在韶州府城南五里武水之东。薛道衡[①]为番州刺史，于州治创逍遥台。谢肇璧记。邓文进为番州刺史，称州治于水南。韶常为总管府，既称总府于南海，故于紫置番州也。大业初，废为南海郡。

陪王司马登薛公逍遥台

（唐）张九龄

尝闻薛公泪，非直雍门琴。窜逐留遗迹，悲凉见此心。
府中因暇豫，江上幸招寻。人事已成古，风流独至今。

---

① 薛道衡：隋诗人，字玄卿，河东汾阴（今山西万荣）人，历仕北齐、北周，隋官司隶大夫，薛孝通之子，才学无比，隋炀帝忌之，乃令其自尽，天下称冤。

闲情多感叹，清景暂登临。无复甘棠在，空余蔓草深。
晴光送远目，胜气入幽襟。水去朝沧海，春来换碧林。
赋怀湘浦吊，碑想汉川沉。曾是陪游日，徒为梁父吟。

岁除陪王司马登薛公逍遥台序①

（唐）张九龄

故郡城有荒台，虽层宇落构，而遗制巍然。邑老相传，斯则薛公道衡之所憩也。薛公不容隋季，出守海隅，起作台榭以崇奢，盖因丘陵而视远，必有以清涤孤愤，舒啸佳辰，寄文翰以相宣，仰风流而未泯。州司马王公履英达好古，清誉满时，迹有忤于贵臣，道未行于明主，以长沙下国，同贾谊之谪居，六安远郡，无桓谭之不乐。尝以为仁不异远，必敷政以爱人。穷当益坚，已坦怀而乐地。属府庭闲暇，江浦清明，南土阳和，觉寒气之向尽东郊；候暖爱，春色之先来。于是乎命轻舸以乘流，趣高台而降望，越荒堞，披古道，跻隐嶙而三休，俯芊绵而四极。其远则烟连墟井，指瓯貊以南驰，云合山川，距荆吴而北走。其近则深溪见底，鳞介之所出没，乔林夹岸，羽毛之所翱翔。悠哉！薛公无不寄也，意神明之可接，陟彼峻隅，想风景之不殊，翦为茂草。司马公又以为岘山故事，感羊祐以兴言湘水遗风，怀屈原之有作，况登高能赋得无述焉。九龄小人，受教君子，虽义之乐，会稽之士，自与许询，而仲举礼豫章之人，复携徐孺。是日也，群英在焉，猥以陋才，忝陪下列，祇命为序，请各言诗。开元四年正月望日。

二、楼、堂、塔　附艺文

韶阳楼：清同治《韶州府志》记：楼在南门外临江。创始无考，元末废。唐许浑夜宴于此，有诗《韶阳楼夜宴》《韶州驿楼宴罢》等。

① 见清同治《韶州府志·古迹略·亭台》卷二十五。

韶阳楼夜宴

（唐）许浑

待月西楼卷翠罗，玉杯瑶瑟近星河。
帘前碧树穷秋密，窗外青山薄暮多。
鸲鹆未知狂客醉，鹧鸪先让美人歌。
使君莫惜通宵饮，刀笔初从马伏波。

韶州驿楼宴罢

（唐）许浑

檐外千帆背夕阳，归心杳杳鬓苍苍。
岭猿群宿夜山静，沙鸟独飞秋水凉。
露堕桂花棋局湿，风吹荷叶酒瓶香。
主人不醉下楼去，月在南轩更漏长。

早秋韶阳夜雨

（唐）许浑

宋玉含凄梦亦惊，芙蓉山响一猿声。
阴云迎雨枕先润，夜电引雷窗暂明。
暗惜水花飘广槛，远愁风叶下高城。
西归万里未千里，应到故园春草生。

朝阳楼：清同治《韶州府志》载：楼在武水西城堞上，唐皇甫湜有记，今废。

朝阳楼记①

（唐）皇甫湜

岭南属州以百数，韶州为大。其地高，其气清，南北之所同，贡朝之所途。先时此州无政，有闻：土秽水烦，人创吏侵，田亩莠而不垦，城郭牢而不实。

时唯李君奉诏而来，一年粗治，二年称治，三年大成。顾郡之城，制狭而专，门墙枳扃，庭除湫底，秋之澍雨，沉气乃上，暑之燂烁，

① 见清同治《韶州府志·古迹略·亭台》卷二十五。

清风不下，人慢吏亵，无严诸侯，于是掠旁人之利。乘可为之时，端景相势，凝土度木。经营未几，兴就嶷然。登闳丰崇，高明朗融，耽耽尽饰，沈沈生白，改积阴于多阳，散温沴为祥风。公庭若虚，炎天若秋。兹焉观游，其政优优。密亲严客，嘉肴旨酒。兹焉宴喜，其乐亹亹。朱衡旅楹，君子攸宁，飞磴云基，君子攸跻。

乃及月春，乃择清辰，宴豆既陈，宾寮有容，肃肃累累，讫声以止。天地若开，山川如新，原隰成文，云霞相凌，荡远目于天涯，丛一境于阶端。四座洸然，若夜行之煜于光，烦疴之脱于身。毕夕皆下，熙然满足。以其直城之东，目为“朝阳”。《诗》云：“凤凰鸣矣，于彼朝阳。”前代之良二千石，若东莱、颍川，是鸟咸集。兹楼可以树修竹，列高梧矣！

佥以君朝之望也。而出刺是州，不已屈以事高，不心望以卑远，夙夜其官，声绩用明，羽仪之拜，日月以数。嗣而居者致远，请标畴克于将来。

风度楼：清同治《韶州府志》记：楼在府治南。张九龄为相，元宗重之，每用人必曰：风度得如九龄否？郡人因以名楼。后移府学右，颇卑隘。明守符锡特高广之。

重修风度楼记①

（清）廖燕

唐故丞相封始兴郡伯，谥文献，讳九龄。张公旧有祠，邑人思之不置，复于阛阓中建楼曰风度。公为明皇帝所称，故表而出之，宜矣。顾何以处吾后人哉？韶当南北孔道，而楼复巍然当城四达之冲，使天下人过此，靡不顾瞻徘徊，指而称曰：此唐名宰相张公之遗迹也。则欲思而齐之者，斯非其模范欤？而吾后人更不能继公而起者，则甚可慨也。

燕尝登楼而望莲花、芙蓉诸峰，回环耸峙，而浈、武二流复渊源若此，而寂无一人再兴其间，山川之灵当不若是。况以五百年之说卜之，自公至余襄公三百年，自余至今已五百余年，使其间或有应运而兴者，斯其时也，而尚阙焉。有待者何哉！岂果无其人耶？抑或有人

① 见廖燕：《二十七松堂文集》，上海远东出版社，1999 年。

文章如公，人品如公，不幸不为当世所知，而功名爵位或若不及，而遂泯灭无闻者未可知也。然安知其功名爵位终不如公也哉？斯其人若不在制科之士，则必在布衣好古之流，非特立自命如吾辈，其人者又乌足以当之？虽然，公之上又有孔子，孔子删述六经，《诗》是其一者。公之诗，温柔敦厚，得孔子之《诗》，故人莫不有志，而惟以能逊人，即同辈亦甘于不若，况公为唐以来第一流人也哉。若不然，则圣人可学而至，非虚言也。

楼不知创自何年，兴废不一，今复倾圮。邑人某某谋欲新之，越三月工竣，属燕为记，因书此以告同辈，若公之文章相业载在史册，可考而知者，不复述也。公有遗像，为吴道子笔，宋孝宗皇帝题赞，因属名手拟临一幅其上，使人见公之风度，若或在者。有文集若干卷，板藏于此。《千秋金鉴录》原稿不传，此为后人所假托，燕已著说毁之矣，今只存其名。

康熙甲子七月日，同邑后学廖燕记。

刘杜陵曰：若写文献相业，屡纸不尽，且人人知之，焉用再说。此独将胸中忱勃登楼快吐，一番豪气直压百代矣，安得不推为文献之后一人。

重建风度楼碑记①

（清）唐宗尧

韶之风度楼，考郡志创始甚久，其间兴而废，废而复，兴不知几经成，毁而卒，未尝永废，凡以楼之为风度也。康熙癸亥，予抵任韶阳，楼适倡修，虽宏杰诡丽，未如前烈，而大略规模亦有可观，不谓乙丑秋，祝融氏复从而攫之，韶人士皆皇皇如失所托，日以创复为请，予忝司牧谊不敢辞，乃合佥谋力营再造，并严前日之戒，思筑台而楼，以为久图。随计工赢费绌或虞中止，不得已责向之失火者出银若干，虽取资亦示戒也。又募六邑令捐银若干，诸佐贰捐银若干，学博巡捕等官，捐银若干，郡邑之绅士夫捐银若干，予则视不足之多寡而加足焉，爰命石工砻石匠氏削材，陶人取瓦，不浃月而台成，不浃旬而楼就。台之下，洞四门，达往来也。楼之上辟四牖，宜登眺也，螭盘虬栋，施以丹黄绀碧之华，石砌风帘，辅以栏槛垣墙之固，经营惨澹，

① 见清同治《韶州府志·古迹略·亭台》卷二十五。

遂极大观似向者。祝融之毁，适以启今日之成，此废而复兴之机，亦楼之一大升降欤。虽然物之废兴、成败相寻何穷，既有昔者，遂有今日，亦有来者，岂得谓筑台而楼，即为坚固不坏之基哉，而有所以相深于永久者，顾在彼，不在此也。吾愿韶人士，咸顾楼而思文献可也，思文献而即学为文献可也，庶几风流不坠，缔造常新，虽历千百世，亦可也，此吾辈今日复楼之意也，于是乎书。

重修风度楼记①

（清）何嘉元

粤之治有韶，圣帝之声容在焉。韶之都有楼，贤相之风度存焉。非斯人，曷名斯楼？有斯楼，如睹斯人也。天之笃，生文献张先生也。江岭以南，文章相业。先生辟之，忠谠朝端，人主敬惮，丰裁不独，当时重之。于致政犹思之，于既殁犹永思之。后人仰止芳徽，溯九重褒美，著为万古风鉴。风度楼所为昉也，自古身迩黄扉，道隆弼直，代有其人。在唐则贞观、开元为尤盛，史论详矣。先生身处其中，时则倍难，道则兼美，有房姚之才而不矜，风度胜也。具魏宋之直而不激，风度优也。诸如远谄躁、进纯厚，非同寅协恭之风度乎？述废兴，上《金鉴录》，非陈善纳诲之风度乎？识林甫之为国忧，论禄山之为外变，非正色立朝之风度乎？以先生之贤，固宜补衮铭，勋凌烟图象。讵谗壬见妒，忠义莫容，宰辅遂罹疏摈之厄，岭表徒奠老成之觞，展转追思，流涕不置也。噫！何及哉？先生明哲南归，身名俱泰，彤管垂休。迄今千百世后，策马驱车，越岭至止。或典闱入告必曰：知人辨物，有文献懿轨也？巡方问俗必曰：秉直嫉邪，有文献声教也。奉使往来则曰：触［除］奸察微，有文献遗鉴也；校士育才则曰：扬扢风雅，有文献体裁也；续食计偕则曰：实济时用，有文献矩武也。下逮游人侠客、利贾行商，莫不曰：开凿天工，有文献盛德，终不可谖也。

楼建邑治之东，左右学校前峙，莲岳后拱笔峰，固文教标准，亦仕宦模楷，非仅岳阳兰亭。侈都邑之雄，观画锦腾阁，纪登眺之壮游已也，多历年，所渐成蠹圮，暨茨而丹护之后，起者谅有同心，康熙癸亥季夏闰元，奉命掌教斯土，因自慰曰：典型在望，其为尚友之资乎？比至而亭台如故，榱桷萧然，甍檐半塌，风雨不蔽，难为瞻睇矣。

① 见清同治《韶州府志·古迹略·亭台》卷二十五。

元忼而慨罣而思倘得间，上请复葺是所愿也。未几而郡侯下车，发政即有修举废坠之行。且邑有神君，毅然经始，不惮重繁，鸠工于癸亥菊月，告竣于甲子六月，朽者更而痿者立，楹者垩而棁者藻，煌煌若还旧观也。亡何？乙丑孟秋之望，楼鼓方挝，祖龙肆虐，下延环睹，上迄层台，流赤亘天，飞虹掩月。虽佛图澄，难为喷酒灭火之功；刘江陵莫试叩首反风之效。岂但咸阳楹栋，悉付烟烽，即石骨粼粼，大半毁铄斯时也。怅胜慨千年，消磨一旦，又以时诎举嬴，必欲营而新之，不知几春秋矣。何期刺史唐公握算，在腔布楷，在目遂筮。吉中秋下浣，当非常之举，不烦一帑，不役一民，仅以募缘稍资，其后才两阅月，拔地而成，倚天而就。问其穹窿，则视前加仞；问其广狭，则址限四达之冲，莫可增裨；问其亭阁，则环向敞轩，涵尽江山岚翠；问其营缮，则层折其振，丹绿其饰，以槛、以栏、以槅、以楯、以壁、以楣、以梯、以砌，皆出人意表，胜十倍昔矣。登楼斯也，咸谓文献公道当一厄，而旋泰益以叹。重建者之良工苦心，迅若神运也。使韶曲诸士，惓前烈之不磨，思奋兴之有自，从此而刻志董帷，膏然丙夜，则风度楼且与青藜石渠阁辉垂不朽矣。所谓守先待后，非太守，谁与归为之。综其颠末，镌以不谖。前后揽成者，太守襄平唐公也。赞略者别驾江夏吴公也。措画者邑侯闻喜秦公也。董事者孝廉昆圃陈君元跃、吴君明经、蔡子侯绶、廖生晔英、文学黄生遥、廖生、燕生、陈生陛也。纪胜者，邑博南海何嘉元也。

风采楼：清同治《韶州府志》记：楼在府学左，明弘治十年（1497）韶州知府钱镛为纪念韶州籍北宋名臣余靖建。与风度楼相对，陈白沙有记。

风采楼记①

（明）陈献章

宋仁宗朝除四谏官，其一人忠襄余公是也。蔡君谟诗曰："必有谋猷裨帝右，更加风采动朝端。"弘治十年春，韶守钱君镛始作风采楼，与唐张文献风度楼相望。襄公之十八世孙英走，白沙，征文以表之。夫自开辟达唐，自唐达宋，不知其几千万年。吾瞻于前，泰山北

① 见清同治《韶州府志·古迹略·亭台》卷二十五。

斗，曲江公一人而已耳。吾瞻于后，泰山北斗，公与菊坡二人而已耳。噫！士生于岭表，历兹年代之久，而何其寥寥也。然则公风采，世人争先睹之为快，若凤凰芝草不恒，有于天下可知矣，如公之才，得行公之志。所谓障百川而东之，回狂澜于既倒，公固有之。公有益于人国也，大矣。虽然一谏官，岂能尽公哉。颜渊问为邦，孔子斟酌四代礼乐告之，颜渊处士也，何与斯理耶。居陋巷以致其诚，饮一瓢以求其志，不迁不二，以进于圣人。用则行，舍则藏。微颜子，孔子作《春秋》之旨，不闻于后世矣。故后之求圣人者，颜氏其的乎？时乎？显则显矣，时乎？晦则晦矣。语默出处惟时，夫岂苟哉。英乎，勉诸，毋曰襄公可为也，圣人不可为也。

弘治十年冬十二月壬申，白沙陈献章公甫记并书。

重修风采楼记①

（明）程文德

韶故有风采楼，弘治丁巳春，郡守钱君镛为宋余忠襄公建。陈白沙先生尝□□矣。嘉靖（下泐数字），楼□衢肆间，圮且有日。慨然欲改为。会有西山之役，未遑也。明年奏凯而还，化□民和。又明年（下泐数字），维文献风度、忠襄风采，钧尔韶之良顾、仰止之地，弗使并列，亦尔韶之阙与。于是易故楼（下泐数字）文献公风度楼对。聚材伐石，陶瓦圬墁，咸给诸公，而民弗与焉。两越月而工成，为楹八几，广轮若（下泐数字）乎具瞻。登楼四顾，则韶石列乎其北，南华拱乎其南，浈江绕乎其东，武溪带乎其西。皆若与（下泐数字）楼而俱新者。侯叹曰：“是□仰止忠襄，维文献亦有光矣。”郡博士，吾同年进士，闽陈君一贯（下泐数字）君玑乃界公十九世孙，弟子员崇基不远千里，请记于予，予喜而言曰：“伟哉举平，是吾党之所乐。”（下泐数字）史，记于前贤志传，文章载于《武溪集》，无庸论矣。郑侯之新斯楼者，岂直为忠襄已乎。凡以传韶之人，陈（下泐数字）。欲纪岁月已乎？欲述侯之意以诏后人也。孟子论取夫自一乡之善士而至于古之人曰：“□其诗□书”（下泐数字）论其世也。夫忠襄之在当时，乡之善士也。其在今日，卓乎古之人也。今其诗其书其世具在也，□之人固思□尚友之矣，而况于其乡之人乎？况于其子孙乎？此侯之

---

① 见《程文恭公遗稿》，明万历刻本。

所为汲汲者。昔白沙之记终之约：每云忠襄□为□□,则曰，自忠襄而视圣人也，近也。自凡人而视圣人也，远也。为其子孙若乡人，可不由师忠襄而进，（下泐数字）骝，字德夫，衢人。辛巳进十，励志圣贤之学，是故为郡先教化。士式其德，民怀其惠。俨然为南郡倡（下泐数字）□□□忠襄□□于祠之左，而文献祠、风度楼皆葺而新之。其于先务也，□□于□，侯于韶不可泯已。若相思后（下泐数字）节推陈君廷□，曲江令姜宽，丞湛□皆与劳云。

皇明嘉靖十有三年，岁在甲午庚午月端午日。

赐进士及第添注信宜典史、前翰林院国史编修、文林郎、经筵官、金华程文德舜敷撰。

薰风楼：清同治《韶州府志》记：在南门外济渡处。明弘治间己未知府（郡守）曾焕建，刘存业记。颓圮。明嘉靖辛丑郡守符锡重建，前立四柱石坊。增筑码头，题曰“广右通津”。知县潘复敏重修其坊，题曰“岭南重镇”。后废。

文奎楼：清同治《韶州府志》记：在通衢中，列科第题名。明嘉靖壬辰知府郑骝建，清顺治十八年知府赵霖吉重建。

燕誉楼：清光绪《曲江县志》记：在西河旧有西郊亭。明守符锡因创浮梁建坊表，遂于济川坊后创楼以燕誉名，缘古亭也。

清淑堂：清同治《韶州府志》记：堂在旧九成台下，北宋王安石侍其父益守韶，日读书于此，杨申诗：但愿清淑气，尽散海岭隅。

清淑堂

（宋）谭掞①

群峰合势曲江头，二水交流夹一州。

地有九嶷清淑气，人无五岭郁蒸愁。

---

① 谭掞：字文初，广东曲江人氏，曾与王安石同学。宋绍圣三年（1096）谭掞来到桂林，任广西提举常平，专管社会粮食救济和农田水利之事。五年后任广西转运副使，掌管广西财赋并督察地方官吏。谭掞在桂林为官多年，与两个弟弟谭拱、谭忭常常于青山绿水之间徜徉，尤其偏爱龙隐岩，多次登临，流连忘返，于宋建中靖国元年（1101）留下了石刻。

凝清堂：清光绪《曲江县志》记：堂在今府署内。明成化二十二年知府詹雨〔复〕建。史载，堂始建于宋。据《韶州府志》载《韶州府公署考》：韶州府治，古府治在浈水东莲花岭下，唐初刺史邓文进移于武水西。梁乾化间，大水淹没，录事李光册始迁中洲今俯治是也。宋时修建极盛……宣德二年，以府治改建淮王府……十年，淮王府迁江西饶州。正统十年知府湛礼修复旧治，先有正堂五间，后增厢。成化丙午（1486）因旧王府而补饰之后堂即凝清堂，碧川杨守阯有记。新建［饰］后，增六房在府堂侧，东西各十一间。

凝清堂记①

（明）杨守阯

韶郡太守松阳詹公天泽，作新堂于厅事之后，以为燕休之所，经始于成化丙午之冬，落成于明年之秋，而命之曰："凝清"，曲江学谕孔宗鲁谓：不可无记，乃走书属余，余与公同年，友也，呜呼！辞韶在庾岭之南，其北则郴州也。韩之谓：中州清淑之气自韶而始，故岭南溪山之胜，韶称最焉。郡治负帽峰，面莲山，层峦叠嶂，效奇献秀者，环拱而内向浈、武二水，自远而来，合为曲江，以绕郡城，而清溪洪川，澄碧漾绿者，萦络于其外，盖其江山清胜，又郡境之最也。新堂高明爽垲，窗牖洞达，乔木嘉卉，森然环列，春华秋实。暑月繁阴，霜雪时降，玉树琼林，四时之景，无弗清者，至于朝曦夕阴，与山水之清晖，爽气常聚于庭宇之间，袭于几席之上，使人神清气爽若超乎壒［埃］之外者，其景物之清丽，又郡治之最也。

夫南州之清气始于韶郡，韶郡之清胜萃于郡治，郡治之清景，凝于是堂，堂之名为"凝清"，固其所也，虽然未之尽焉，乾坤清气，钟而为人，人得之以有生气，清则神清，神清则心清，心清则无所不清，其不清者，物欲挠之也。水之至清，挠之则浊，隆冬冱寒水凝而为冰，则其清不可得而挠矣。人惟清明在躬，志意坚定，声色货利不能污也，是非曲直不能眩也，毁誉祸福不能摇也，如是而推之政治，虽澄清天下可也。祝一郡乎，公以名进士，历尚书郎以至今，职恒以廉贞，自持不为势利所夺，今其作堂以"凝清"，岂徒在乎山川景物之间哉？清其外所，以资其内，故澄心静虑于一堂之上，而施政行化

① 见清光绪《曲江县志·舆地书六》卷八。

于千里之外，将使顽夫廉懦夫立，而风清弊绝矣乎？余为记之，以厉其成且使后之继公而治者有考焉。

中流砥柱堂：清同治《韶州府志》记：堂在郡城南湞、武二水合流外，明崇祯间知县潘复敏重建，有记。

中流砥柱堂记①

（明）潘复敏

韶旧无浮屠，嘉靖丁未，郡伯陈公豹谷始砌石卓锥，当湞、武二流之冲，四泽皆满，百川交灌之日，水中宛在不减，金山锥成。陈公复构数楹，环塔而森立，晶摩碧射簇簇乎，固全虞之大观矣。无何风雨飘摇，栋桷崩圮。万历癸卯，郡李祗所，吴公美其轮奂，聿焉一新，尽足供游人之登眺，资学士之题咏也，岁丙辰，河伯肆毒，掀涛拍浪卷其半，归于尾闾，其前于塔者，犹不至与波俱没，盖造物之数，经一奇缘，必遭一奇劫，真有不可得。而知者先是楚客乳来设虒，祈以待之，今冠盖悉从宜乐，衣带可通马渡之馆。垣屏芜棘，狐兔纵横，余建议取一切蠹坏之余，筑河于五里亭，以为望尘节瘁之地。仍余瓦石，何敢委诸草莽，偶过塔卜，谓簿许君曰：吴宫隋苑，人多凭吊焉，而不胜浩叹。独目前掷之逝流，君盍挹彼注兹，为我图其新乎？许君锐然挺承不皇，竭蹶垒址，高三尺，虚堂敞辟八窗，玲珑又植小坊于外，不数月而落成，余匾以中流砥柱，此虽老生之常谈，顾非此则，不称耳。帘楹之间，复匾以环，绿于青更缀，以何物澹悬。檽外影无，苍翠，湧席前痕之句，而许君且啧啧哆余矣。夫余何容哆，尝试与诸君纵观之，其洗乎襟裾而泼乎，几席者则水也，其如拳如髻，谈粧浅拣者，则远山之翠微也，其紫罘绛，瞉变幻百出而收之，无尽藏者，则林峦之烟瞑，海峤之云霞也，其为讴、为饮、为欸，乃为响答者，则渔师榜子，月白风清，所适意而不以喻于人也。夫如是堂固，不能自主而悉借非堂之有，以标堂之胜。余何容哆独是时物代换岁月，俄沉无已，镵其事于石，犹之赤乌纪，吴黄绢题、汉后人视今，即今人视昔云尔：许簿名当俊。崇正丁丑长至日知县潘复敏记。

① 见清光绪《曲江县志·舆地书六》卷八。

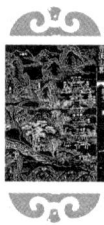

通天塔（回澜塔）：清同治《韶州府志》记：塔在城南浈、武合流处，明嘉靖戊申知府陈大纶建，有诗。明万历癸卯推官吴三畏重修，郡人李延大有记。岁久圮倾，塔顶被盗，邑人周朝遇以其为韶城水口关锁，有志修复，蠲院道持请助用，仍不敷，遇破产以终其事焉。

又清光绪《曲江县志》记：塔在韶城南门外沙洲中，浈、武二水江流处，为明嘉靖丁未年，韶州知府陈大纶创建。明万历年知府司理吴三煨重修。清咸丰四年，因战乱塔毁。

通天塔

（明）丘濬

青天特出玉芙蓉，万古长浮二水中，
都道韶增阳禄马，不知翻作状元虹。

通天塔

（明）萧远

玉笋浮江影欲流，推蓬傍柳系沧州，
崔嵬分得青天半，睥睨全低绿树头，
细拂苍苔摹古碣，频惊绿蚁狎忘鸥，
倚栏云外长舒啸，天际河山带晚愁。

游回澜塔

（清）廖燕

诗题：游回澜塔，同陈昆圃、李仲平、黄少涯将小舟饶塔址一回，题诗石上而去。

晚霁溪如先，万形漾长镜，
将去蘸湿云，拂石题溪影。

游通天塔

（清）李式准

本为游山未到山，偶来雁塔且闲闲。
穿林忍向残红踏，越岸轻将嫩绿攀。
贪看平江登绝顶，倦驰险道卧禅关。
凭栏俯仰忘归去，却恨斜阳速客远。

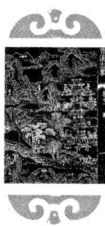

回澜塔

（清）凌作圣

中流一柱出穹窿，二水澜回补化工。
叠嶂锁云成几席，通天呼日挂玲珑。
何年松竹重窥蔽，似昔亭台欲奋翀。
惟有荒榛封处处，教人花草叹吴宫。

中流塔影

（清）廖燕

二水中浮一柱轻，四围山色镜中明。
朝蒙碧落侵云暗，夜霁长江濯月清。
形影直孤天地相，烟波别注古今情。
到来俯仰俱无尽，斜倚危栏听濑声。

曲江竹枝词·通天塔

（清）廖燕

东家儿女不知愁，西家儿女不解羞。
谁人坐镇通天塔，清浊东西一任流。

通天塔记①

（明）李延大②

吾韶当二水之中，张文献、余襄公实笃生焉。非风气灵异，何以后先比肩，若是父老言，晨时浈武二水合流，环拱风气，完不旁泄，人文所以蔚起。不谓陵谷变迁，水南徙而直至于海，科第遂为少逊世庙。丙午陈公豹谷来守吾韶，爱民好士，事事为韶千百世利，尤精堪舆。逝水无情，惟塔可障，惟洲可塔，因小洲突起之处，堵水而堤，易沙而石，既坚且厚，塔于其上，水去而若来，急而若缓，称砥柱中流矣。丙午岁，登贤书者遂有六七人，陈公殆旋乾转坤，而大有造于吾韶哉。迄于今癸卯，垂六十年，塔已圮坏。是时，韶司李吴公适摄府事，念此塔洵关文运，奈何不得为鲁灵光之岿。然而，摧颓几同培

---

① 见清光诸《曲江县志·外教录》卷十六。

② 李延大：字维业，乐昌人。明万历二十年（1592）进士。授柳州推官，入为工部主事，迁吏部郎中。

堘也，则大兴修筑，佐以俸金，翼如焕如，塔影挂青汉，而钟声和白云，犹之乎。陈公旧也，及孟秋，为诸士劝驾饯于塔中，陈设甚盛，礼意甚浓，为近所未睹。发榜而登贤书者，亦如丙午之数，切谓公仅摄耳，非主者也，即不诛求装橐，宁不刺促薄书，姑推托以待，驰担亦何不可而汲汲先图，彼其所为诚在此，不在彼也！韶人士谓公之功，与陈公将必陟膴仕跻崇阶，然后足为重士之报，奈何以中谗去也。余记在水部时，属当大计，考功以人言訾公，余正色明其不然，我能免公于计，而不能免公于计后人，不能不致疑于天道矣。而公则曰：吾不做吾郎必做，其言若责券而取偿焉，何也？公固恃有感应之理也。春秋元命苞曰：刑者，铏也。《说文》曰：刀守井也！使民不犯而已，公为韶司，李有咎繇之淑问，有徐公之平恕，悬蒲以示辱，折燕以示慈，即生道之杀，亦出于求生之心。所谓宽则慢，猛则残，宽猛相济，政以是和，公得之矣，故东海于公治，第令高大其门闾，曰：吾治狱，多阴德后世，必有兴者，其子定国为廷尉，而大拜杜周张汤为刑官，子孙更显盛于时。李德裕谓二人除害安民，阴德不小，不于其身，于其子孙，往往应如桴鼓，公有季子鹿友在韶署，才十余龄耳，从韶庠士谢生，学生出语人，曰：此赤童也，童时已大见奇，如此兹鹿友后，先高捷翩翩，霄汉之上，虽其家学固然，不可谓非天意也。昔太史公，尚友四方而学问该博，人谓其得于江山之助，韶清淑之气。鹿友殆兴，癸卯诸士共钟之乎，闻鹿友合邵武茂龄，清才神君之誉，冠于八闽，异时大拜，则吴公未遂之志，未展之事，属之鹿友矣，吴公以韶为桐乡，鹿友必以韶为并州，无论韶不忘公，公亦不忘韶也，第思塔未能百年，会有坏时，余非但追思吴公，亦且以吴公望后来，而塔有坏，人心不坏。吾又以崇德厚积，绍芳风度、风采，为韶士望也。今韶别驾张公，为鹿友编氓别驾，因鹿友以及吴公，余因吴公以及鹿友，故交颂之，如此若公善政遗泽，有口碑在，吾不具悉。吴公，名三畏，号祇所直隶兴化人。

下　编

石刻碑拓第三

石刻　名拓

历代石刻综述

在中国传统历史文化中，石刻是古人寓“文化于不衰，道德以传承，功德以教化”，并使之流传久远的艺术，因此，石刻艺术有了传承文化、记录历史、教化大众的功能，成为后人考究历史、了解文化的无比宝贵的文化遗产。

在粤北，韶州境内的石刻是粤北古代文化的重要组成部分，南宋时期杨万里就曾以“岭南无二先生（苏轼、黄庭坚）帖，大似鲁人不识麟。惟韶有之。精光异气，上烛南斗，下贯碧海矣”盛赞韶州石刻文化。

据《韶州府志》等史料，自汉代以来，韶州就不乏石刻，从东汉的《桂阳太守周憬功勋铭》碑，到唐宋时期韩愈、苏轼、陆游等名人墨迹题铭、题字碑，再到历朝历代山水名胜古迹等石刻，所涉及的历史文化，涵盖了政治、经济、文化、宗教、文学等方方面面。这其中不乏极具历史、文化价值的碑刻。

1. 千秋留芳，赞功、颂德记事碑

在古代石刻文化中，以记事、赞功、颂德为主要内容的记事碑，因其具有记事歌功的文化功能，故又有功德碑之谓。又因其文具褒奖、颂扬之意，对时人、后人具有榜样作用，以及对所记人物、事件具有记述翔实、具体的特征，所记人事具有典型性、个案性的特点，有极高的历史人文价值，历代官民无不重视勒石镌刻，以存留千秋。

据宋洪适撰《隶释》及相关地方史料记载，韶州最早的记事功德碑是汉《神汉桂阳太守周府君功勋之纪铭》，后人称之为《桂阳太守周憬功勋铭》碑（简称“周憬碑”，残片见图 1），同时亦是岭南汉代石刻“绝此一品”的碑刻，是迄今为止在岭南发现的第一块汉碑。据文献记载，此碑刻于东汉熹平三年，由“故吏龚台、郭苍、龚氏雒等，命工击石，建碑于泷上，勒铭公功”。碑文记录了东汉桂阳太守周憬治理昌泷的事迹，所反映的是古代岭南内陆商贸往来的史实。可惜原碑早已湮灭，仅有其文刊载在历史文献中，《隶释》有其碑文、碑铭、碑阴等。

与“周憬碑”同具历史人文价值的名碑，还有唐代反映张九龄开大庾岭的《大唐开凿大庾岭路碑》。据史料考，此碑最早刻于唐，后佚，明代重刻。从明刻碑记可知，碑刻于明弘治五年（1492），由广东按察司佥事、总管广湖军事袁庆祥重立于大庾岭南境、北境山路口处（共两方），碑文部分刻张九龄所撰《开凿大庾岭路序》。

图1 《桂阳太守周憬功勋铭》碑残片局部

《开凿大庾岭路序》是张九龄于唐开元四年（716）因与宰相姚崇不协，辞归家乡后，开凿大庾岭路所撰序文。序文记载了韶州南雄大庾岭路从“初，岭东废路，人苦峻极……故以载则曾不容轨，以运则负之以背”，到岭路经过整治，“则已坦坦而方五轨，阗阗而走四通，转输以之化劳，高深为之失险”的史实。

与张九龄《开凿大庾岭路序》碑同具历史人文价值的碑刻，还有宋《韶州新置永通监记》碑。据《韶州府志》等史料记载，碑始刻于北宋皇祐二年（1050），碑文系被誉为“庆历四谏官”之一的韶州（曲江）武溪余靖所撰，北宋著名书法家黄昌龄正书题并篆额。

史载，韶州永通监是北宋仁宗时期著名的铸币钱监之一，“宋永通监，在武水西古城中”。钱监始置于北宋庆历年间，庆历八年（1048），“九月，三司言：本（韶）州天兴场铜大发，岁采二十五万斤，请置监铸钱，诏为永通监”。碑记为了解古代韶州的采铜业、铸币业，以及北宋时期的经济状况，提供了翔实的史料。

除上述人文记事功德碑外，在韶州的禅宗文化发展方面，亦有众多名碑，不乏禅寺建置、营建记事碑，亦有祖师、名僧颂德碑，为世人了解古代韶州禅宗、禅寺历史发展提供了翔实、丰富的史料。

在韶州禅宗石碑中，最为著名的石刻当属六祖惠能圆寂后，先有王维撰《六祖能禅师碑铭》，唐元和间，又有柳宗元撰《唐元和诏谥大鉴禅师之碑记》，以及刘禹锡撰《大唐曹溪第六祖大鉴禅师第二碑》。此后，有北宋文豪苏轼贬岭南，过境曹溪南华禅寺所撰《卓溪泉碑铭》《苏程庵铭并序》等石刻，有北宋庆历谏官余靖撰文《韶州曹溪宝林山南华禅寺重修法堂记》等碑，俱为韶州禅宗文化记事名碑，可惜原刻早已"碑毁无迹"，现所见大多为重刻碑。

今在乳源云门寺，仍存有一方南汉碑，碑题"大汉韶州云门山大觉禅寺大慈云匡圣明大师碑铭"。据清阮元《广东通志·金石录》载，此碑刻于南汉大宝年间，碑文由陈守中撰，记述了云门祖师文偃禅师生平经历，以及南汉王敕赐其谥号，和宜升寺誉等史实。碑文由僧行修法意大师奉敕书。由孔廷谓、廷津，以及陈延嗣、邓怀忠等人镌字。

2. 千年留迹，跋题石刻名人碑

与记事功德碑同具文化传承功能，名人墨题亦是古郡韶州石刻文化的重要组成部分。自古以来，韶州的山水、人文便被赋予了"舜韶"、儒释文化的内涵，故此，唐宋以来，历代无论是贬谪、履职或宦游的文人雅士，凡登临古郡自有"览观江山之吐吞，草木之俯仰，鸟兽之鸣号，众窍之呼吸，往来唱和"之举，此间亦不乏"笔题"之作。由此，在韶州便有了众多墨迹石刻。其中，当以北宋苏轼于古郡留下的九成台墨迹石刻最为有名。

据《韶州府志》等史料记载，北宋建中靖国元年（1101）韶州郡守狄咸新建"闻韶台"落成，适逢"苏子瞻与苏伯固（遇赦）北归，郡守狄咸延之台上，伯固谓舜南巡奏乐于此台，宜名九成。子瞻即席为铭，自书刻石台上"。在《九成台铭》中，苏轼以"上方利极以安天下，人和而气应，气应而乐作"赞美古郡韶州的历史与人文，可惜古碑早已佚，仅留"九成台"三字拓片（见图2）。

图2　苏轼所书"九成台"（拓片）

苏轼在韶期间，还应郡守狄咸之请到重建的州府衙做客，其间，苏轼应狄咸之邀，先后为新置府衙堂题“政宝堂”“思古堂”等匾额，并于府衙西花园中题“政宝堂”石刻。传至南宋，杨万里跋题苏轼“政宝堂”。据《韶州府志》载，南宋淳熙年间，时任提举广东常平茶盐公事的杨万里，迁广东提点刑狱，时提刑署府设在韶州，杨万里抵韶后，至州府衙署面见州知府，于府衙西花园中政宝堂，见有苏轼、黄庭坚等人墨题石刻，于是杨提刑大赞韶州府堂之设，并应韶知府邀请，题跋苏轼“政宝堂”等石刻，跋题中，杨万里以“苏东坡过韶书政宝堂，万里跋之云：苏（苏东坡）黄（黄庭坚）皆落南，而岭无二先生书，大似鲁人不识麟，惟韶有之耿光与气，上烛南斗，下贯碧海矣”，盛赞韶州名人墨题石刻。

明末清初，韶州布衣文人廖燕至州府衙，见苏轼墨题“政宝堂”额，有感而跋，书题“坡公来韶，题此并书，镌成墨宝，光烛天衢”。在此跋题中，廖燕以“坐斯堂者慎，毋舍所宝而宝玉珠”告诫地方官员，倡官廉文化。

可惜上述两方墨题，湮没于清战乱中，仅留“思古堂”题拓（见图3）。清乾隆三十三年（1768）正月，翁方纲手摹苏轼书韶州府廨“政宝堂”额，俾太守勒石，并作歌书碑后（见图4）。太平天国时期，碑毁字佚。

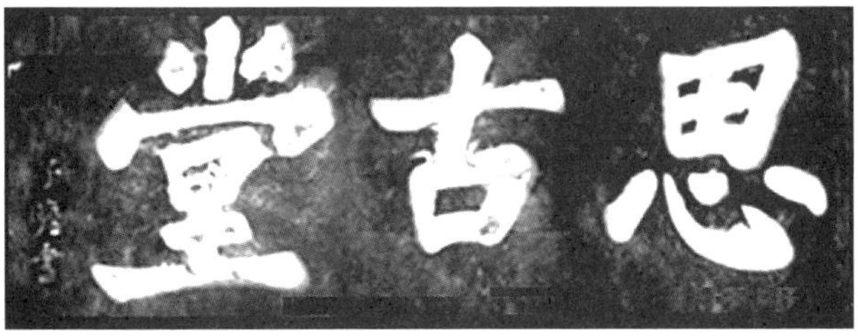

图3　苏轼题“思古堂”匾额（题拓）

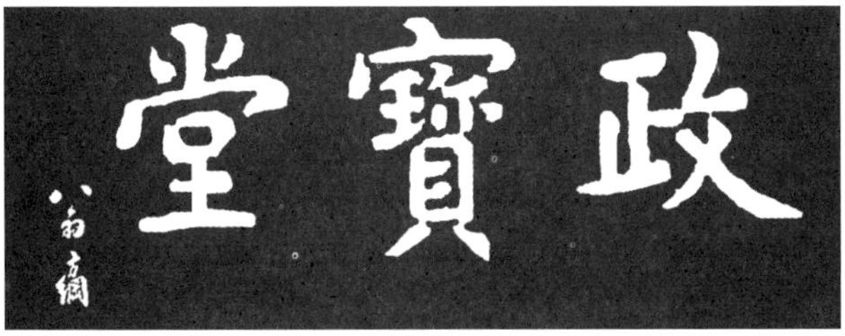

图4　翁方纲手摹苏轼书“政宝堂”匾额

陆游的“诗境”榜题碑，亦是韶州不可多得的历史名碑之一（见图5），古郡韶城景观入题“诗境”，最早见于此碑，清阮元《广东通志》等史料记：“陆游题诗境二字，方信孺跋云：开禧丁卯正月书时，孺丞萧山，而放翁退居镜湖，年八十三矣，后五年嘉定辛未，信孺假，守曲江谨抚刻于武溪深碑阴……”据碑拓记，此碑曾有三刻，最早刻于韶武溪之畔，后于南宋嘉定七年（1214）正月刻于粤西（广西桂林）。

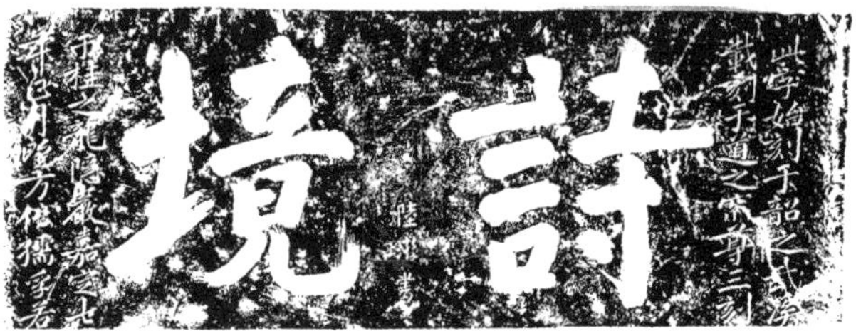

图5　方信孺立于武溪亭陆游所题“诗境”碑[①]

立于西河武溪亭的《武溪深行》诗碑，亦是古郡韶州著名墨题碑。据《韶州府志》等史书记载，北宋元祐间，蒋之奇出知广州府，自武溪水路过境韶州，为抒发其对韶境山水的情怀，他借东汉马援所撰《武溪深行》，书题其诗，勒石镌刻于西河武溪亭中。碑刻传至清代，武溪亭址毁坏，碑刻亦一并不存，仅留有拓片存世（见图6）。

图6　蒋之奇书《武溪深行》诗碑（拓片，局部）

3. 千年传承，蔚美乡邦人文碑

有别于名人墨迹石刻，蔚美乡邦文化传承的人文碑，亦是古郡石

① 方信儒（1177—1222）：字孚若，兴化军（今为福建省莆田市）人。“信孺工诗词，少有隽才，为周益公、杨诚斋所器重，尝从陆游学诗，放翁书‘诗境’二字赠之。”嘉定四年（1211），方信孺任韶州军事守，任内勤政敬业，注重弘扬韶城历史文化，修整名胜古迹，先后在韶州虞泉留刻《虞泉铭并序》碑，在武江边武溪亭上载刻陆游“诗境”碑。

刻文化重要组成部分。其中，不乏以“虞韶诞敷乡邦文德”祈古郡为蔚美、百善之区的美文石刻，亦不缺历代文人墨客莅临韶郡“览虞韶之风，闻舜韶之乐”的艺文刻石。

前文提及的苏轼所撰《九成台铭》，便是古代韶州著名美文之一。故此，自宋以来，其铭文一直被作为名碑，而传刻于历代。明嘉靖年间，韶太守周叙重修九成台，知府唐升重刻苏轼额题，州通判符锡书其铭，镌刻于新筑台。

在清代，康熙二十六年（1687）第一次重修九成台，到光绪十年（1884），韶州九成台共历 6 次较大规模重修。据《韶州府志》考，6 次重修，都留有记或墨迹，如康熙二十六年韶州知府唐宗尧重修，留有《重修九成台记》；康熙四十年（1701）“知府薛戴德重修，留篆书重修九成台墨迹”；嘉庆四年（1799）重修，章铨留有《重修九成台略》，同治元年（1862）与同治十三年（1874），以及光绪十年，韶州府均先后对九成台进行过重修，均留有碑记，可惜大多石刻已佚，今见仅有光绪间知府孙楫《重修九成台记》碑拓片。

此外还有《虞泉铭并序》碑。据碑记载，此碑刻于南宋嘉定七年（1214），碑文系时任韶州军事守的方信孺所撰并序，方真孺书并勒石镌刻。碑于清末被毁，仅有拓片存世。与《虞泉铭并序》碑同处皇冈名胜的，还有《虞帝祠碑记》（旧称《舜峰寺碑》）石刻。据《韶州府志》载，此碑刻于明成化（庚子）年间，碑文系由时任韶太守湛礼所撰，知府王宾书文，可惜石刻毁于清末，仅遗存有其文于《韶州府志》等史料中。

在韶州石刻中，除上述蔚美乡邦人文美文名刻，还有许多艺文名刻，如前述蒋之奇书《武溪深行》诗碑。又如唐韩愈《皇冈山》诗碑，史载，此碑最早刻于武溪（西河）西渡五里渡口（今帽峰山公园）。可惜诗碑早已湮没，碑刻时间无从查考，世人今只能阅读其诗，而难见其碑刻形制。碑诗：“明时远逐事何如，遇赦移官罪未除。北望讵令随塞雁，南迁才免葬江鱼。将经贵郡烦留客，先惠高文谢起予。暂欲系舟韶石下，上宾虞舜整冠裾。”

在韶州浈、武两水合流江心岛处的通天塔台，还有明嘉靖陈大纶《通天台诗》等碑。于韶州古城，美文名刻亦是不胜其数，如明代陈献章（白沙）所撰《风采楼前后记》碑、程文德撰《重修风采楼记》

碑，商辂所撰《观风亭记》，以及清廖燕所撰《重修风度楼记》《品泉亭记》《乐韶亭记》等名碑。

自古以来，韶州就为岭南石刻文化昌隆地区之一。源于区位的优势和地理环境，韶州占尽了中原文化南传的先机，华夏文化风尚蔚然而起，又得益、借助岭南文化北渐之风，多种文化在此交织，并形成了极具鲜明地理特征及文化特色的区域文化，韶州的石刻文化亦于各种文化的融合中，逐步得到了发展。

所谓“百年育人笔于书，千秋化人刻于石”，古郡悠久的历史文化，秀美的自然山水，无疑是成就韶州石刻文化发展的基础，而古老的韶州石刻文化又以一种“传之于久远”的方式，将韶州的人文历史有效地保存与传承。

石刻名拓选录

1. 舜祠虞泉铭（拓片）

铭牌刻于南宋嘉定三年（1210）七月三日，置于韶城北皇冈山麓舜峰下虞泉侧。据清拓片考，碑高 204 厘米，宽 178 厘米。碑右首题“虞泉铭碑”，文为隶书，宋方信孺撰文，方真孺书。（见图 7）

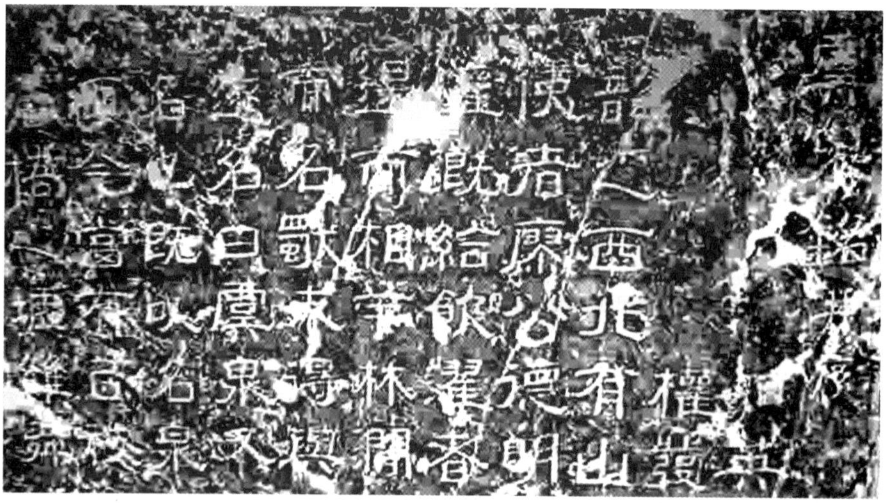

图 7　舜祠虞泉铭（拓片）

2. 九成台并九成台铭（拓片）

原石刻碑为北宋建中靖国元年（1101）五月吉日记；明嘉靖六年（1527）重刻。碑置于韶城西北武溪亭内。碑高 210 厘米，宽 115 厘米。碑额题：九成台，落款：苏轼题。碑首题：九成台铭。据清拓片考，碑为宋苏轼撰铭并书额；宋狄咸作碑摹刻额；明符锡书铭。（见图 8）

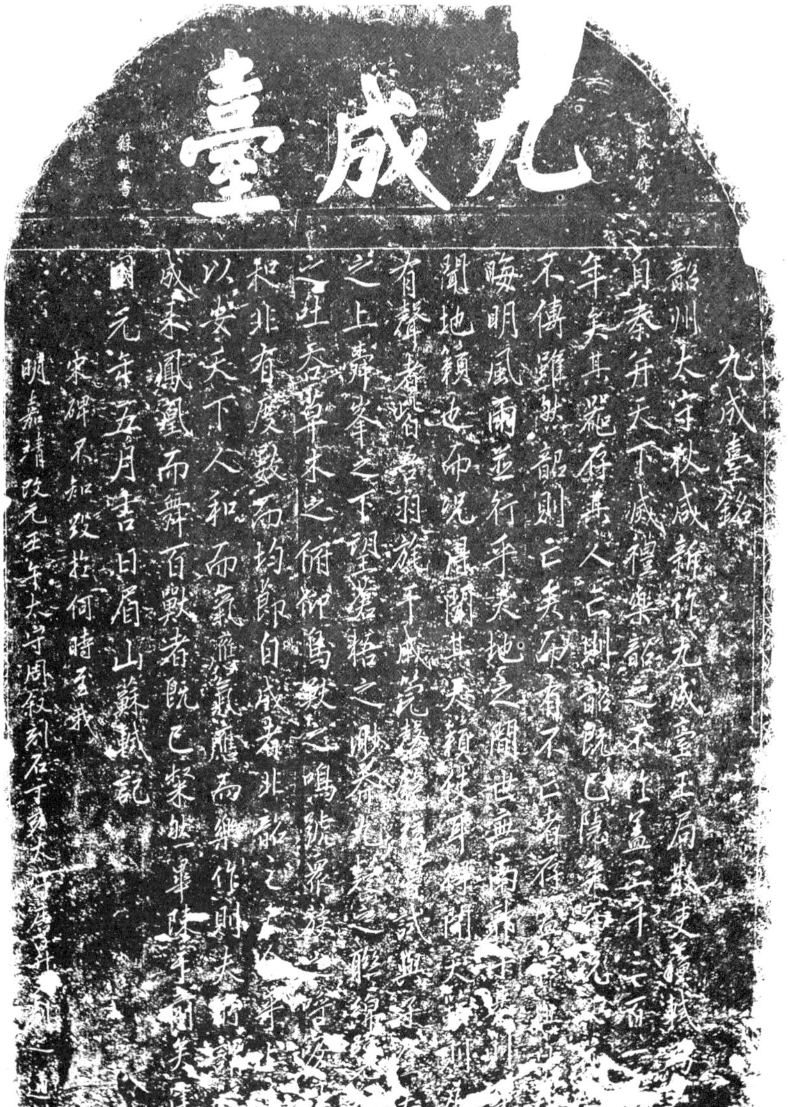

图 8　（明）周叙重刻《九成台铭》碑（拓片）

3. 重修九成台记（拓片）

石刻碑为清光绪十年（1884）十二月刻。首题：重修九成台记。清孙楫①撰并正书。碑高115厘米，宽68厘米。

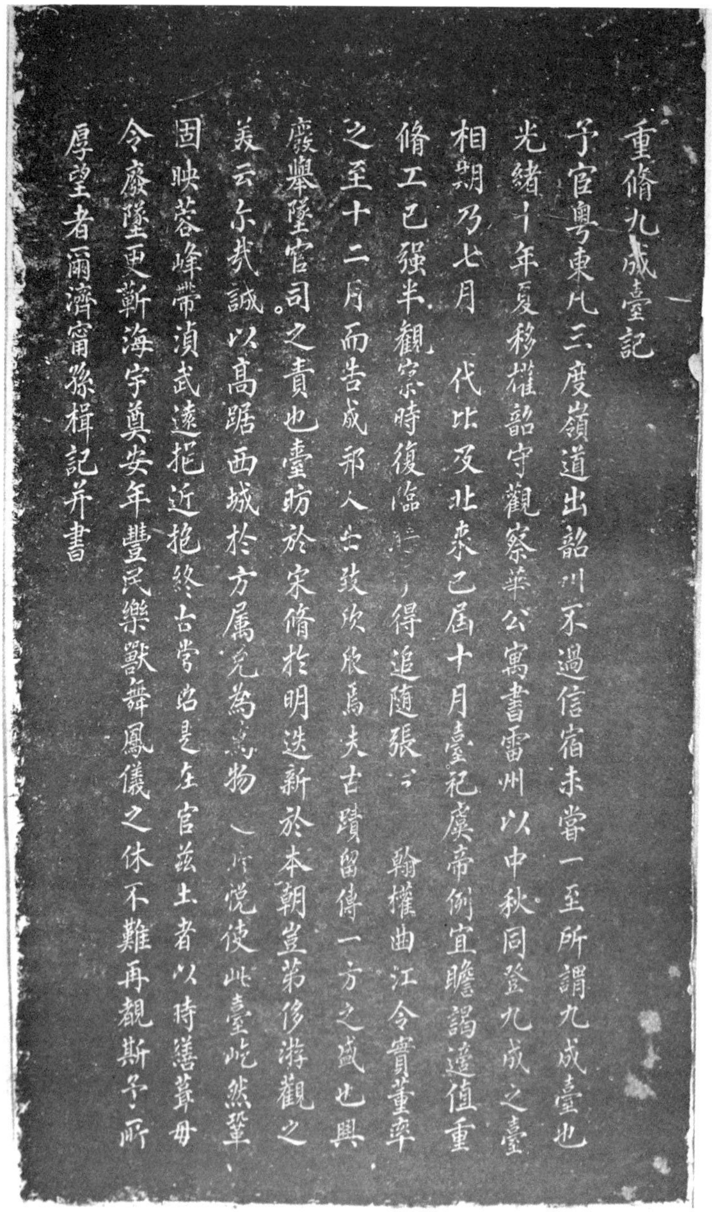
重修九成臺記
予官粵東凡三度嶺道出韶州不過信宿未嘗一至所謂九成臺也
光緒十年夏移權韶守觀察華公寓書雷州以中秋同登九成之臺
相期乃七月 代比及北來已屆十月臺祀虞帝例宜瞻謁適值重
脩工已強半觀察時復臨[illegible]得追隨張[illegible] 翰權曲江令實董率
之至十二月而告成邦人士致欣欣焉夫古蹟留傳一方之盛也與
廢舉墜官司之責也臺昉於宋脩於明迭新於本朝豈第侈游觀之
義云爾哉誠以高踞西城於方屬兌爲萬物[illegible]所說使此臺屹然翬[illegible]
固映蓉峰帶湞武遠挹近抱終古常留是在官茲土者以時繕葺毋
令廢墜更蘄海宇奠安年豐民樂獸舞鳳儀之休不難再覩斯予所
厚望者爾濟甯孫楫記并書

图9 孙楫《重修九成台记》碑（拓片）

① 孙楫（1827—1899）：字济川、子舟，号驾航。山东济宁人。咸丰二年（1852）二甲二十名进士，散馆改内阁中书，升侍读学士。

4.《武溪深行》诗石刻（拓片）

石刻碑为北宋元祐二年（1087）十一月三十日刻立。碑通高 215 厘米，宽 138 厘米。额正书题：宝文蒋公武溪深诗。碑文为宋蒋之奇草书“武溪深”诗。（见图 10）

图 10 《武溪深行》诗石刻（拓片）

5.《大唐开凿大庾岭路碑》石刻碑（拓片）

石刻碑为明弘治五年（1492）十二月重刻，共有两通，分立大庾岭路（南雄、大余）两侧。南雄一侧，为篆额题；大余一侧，为正书题。据拓片考，两碑通高 220 厘米，宽 120 厘米。南雄一侧碑题，张九龄撰序，苏诜撰铭，明代袁庆祥重立刻石。额篆书：大唐开凿大庾岭路碑。（见图 11）

图 11 《大唐开凿大庾岭路碑》石刻碑（拓片）

6.《鸢飞鱼跃》碑（拓片）

石刻碑在阳山县境内，清道光十七年（1837）初秋刻，清同治元年（1862）三月常维潮重刻。碑题为额（见图12），碑通高120厘米，宽113厘米。额为唐韩愈草书。碑文为清知阳山县事南洋凤翔书跋。据载，碑文是唐贞观二十年（646）韩愈被贬为阳山令所书的自勉之作。字体飞动婉转，气贯长虹，有草篆隶笔意，安排得有正有欹，冶草篆隶于一炉，寓情于书，表现出那种“海阔凭鱼跃，天高任鸟飞”的凌云壮志，有形神兼备、意到笔随之妙。

图12　韩愈榜题《鸢飞鱼跃》碑（额题，拓片）

7.“诗境”碑（拓片）

石刻碑有两方，一方刻于城区武江边上，此碑碑题曾有“三刻”，于道州、于桂林、于韶州，“此字始刻于韶之武溪”；另一方刻于曹溪南华寺（见图13）。碑刻系曹溪南华寺景观入题“诗境”之作，其所赞美的不仅是古郡秀美的自然山水，更是赞扬古郡山水、人文赋予诗人的意境。

图13　曹溪南华寺“诗境”碑（拓片）

8.《南雄州新建四先生祠堂之记》碑（拓片）

碑为南宋端平元年（1234）三月立。碑额篆书题：南雄州新建四先生祠堂之记，由宋卢自明篆书。碑文由宋真德秀撰，田圭正书。碑高 173 厘米，宽 95 厘米，额两侧有纹龙（见图 14）。

图 14　《南雄州新建四先生祠堂之记》碑（拓片）

9.《观风亭记》碑

石碑刻于明成化十五年（1479），置于韶州笔峰山。碑通高 160 厘米，宽 85 厘米。碑额“观风亭记”，明商辂撰文（见图 15）。

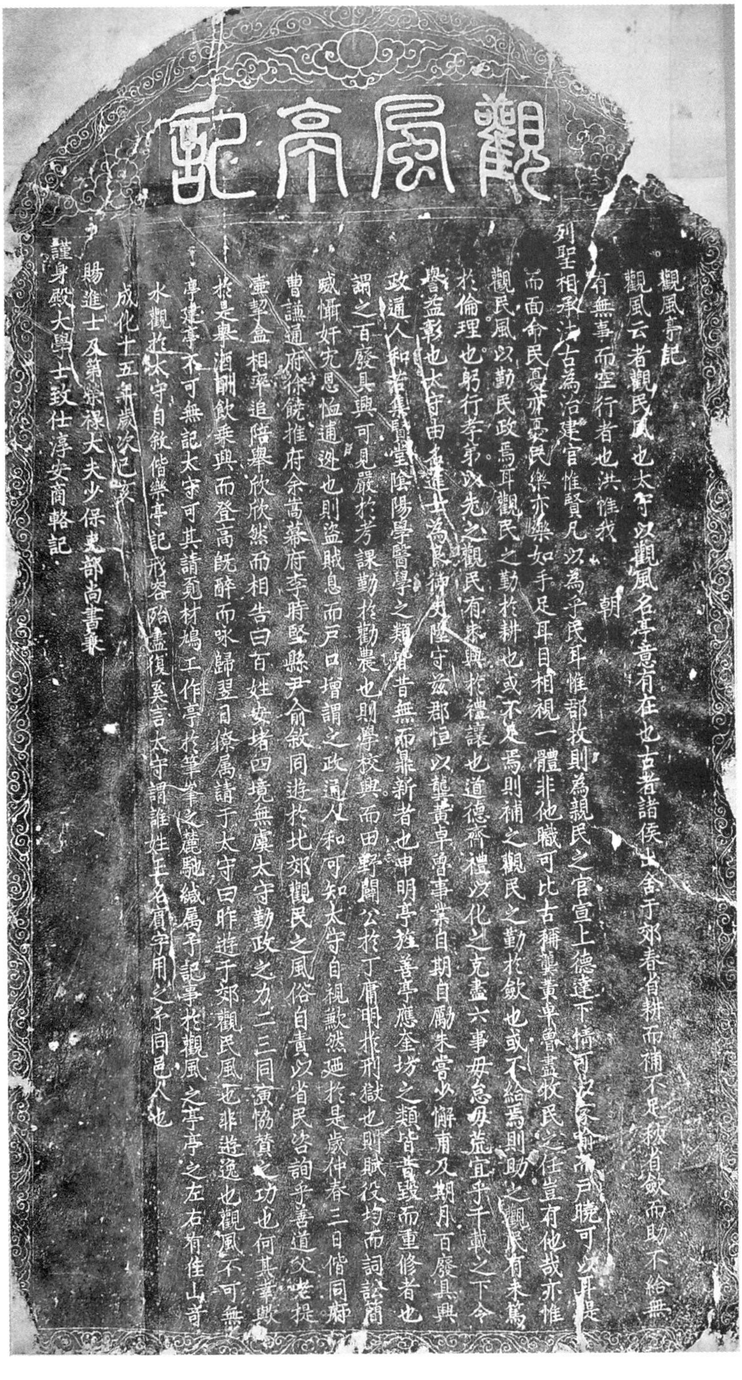

图 15 《观风亭记》碑（拓片）

10.《韶州新置永通监记》碑（拓片）

石碑刻于北宋皇祐二年（1050）十月三日。碑高164厘米，宽112厘米。余靖撰文，黄昌龄正书，首题：韶州新置永通监记。原碑有额篆题“新置永通监记”，亦由黄昌龄篆题（见图16）。

图16 《韶州新置永通监记》碑（拓片）

11. 乳源云门《大汉韶州云门山大觉禅寺大慈云匡圣弘明大师碑铭》

碑刻于南汉大宝年间，碑文由陈守中撰，记述了云门祖师文偃禅师生平经历，以及南汉王敕赐其谥号和赐大觉寺额等史实。碑文由僧行修法意大师奉敕书，由孔廷谓、廷津，以及陈延嗣、邓怀忠等人镌字（见图17）。

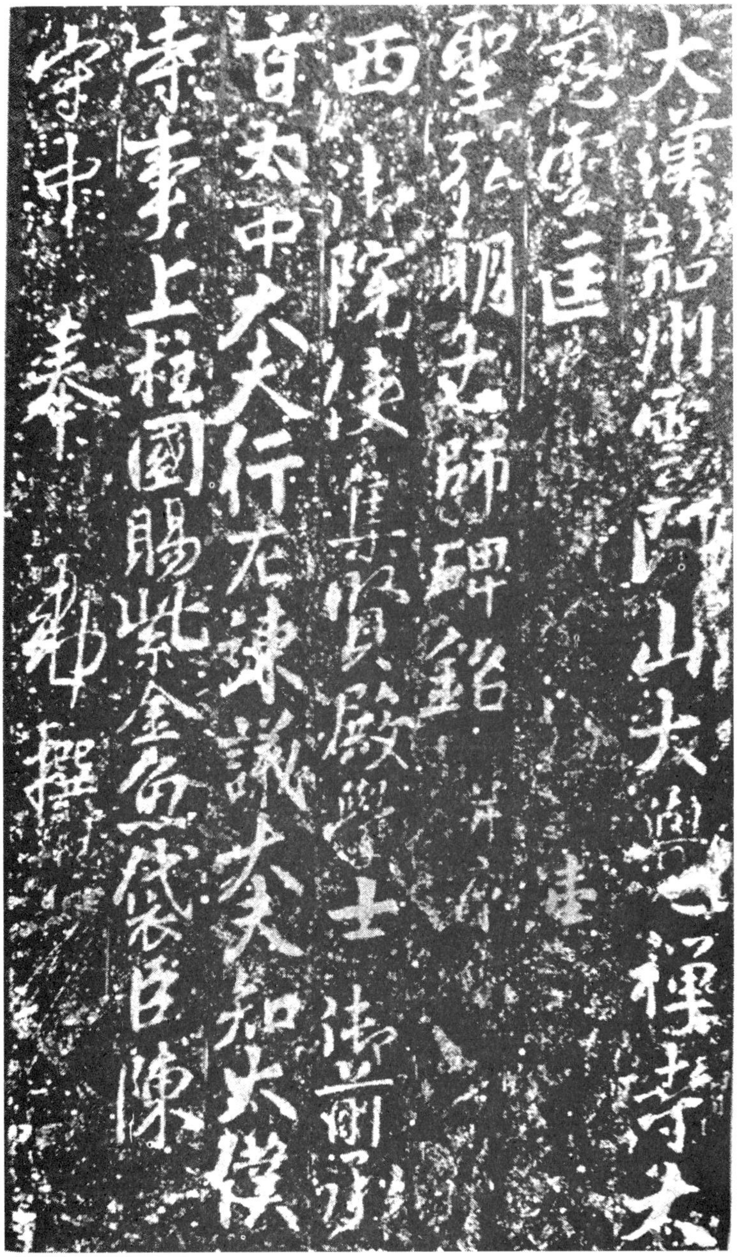

图17 《大汉韶州云门山大觉禅寺大慈云匡圣弘明大师碑铭》（拓片局部）

12. 曹溪南华寺《重建大鉴禅师信具楼记》碑

信具楼乃旧制衣钵楼，明洪武年间衣钵楼毁于兵燹，主持僧慧淳“复妥师灵而藏信具焉”，改称信具楼。明成化二十一年（1485）重修，月吉禅师“迎师像信具而妥藏于中”，立碑记。信具楼即今祖殿旧称。碑青石质，高 1.5 米，宽 0.6 米，碑首篆额，额饰龙纹，记文楷书阴刻。李嗣撰并书篆（见图 18）。

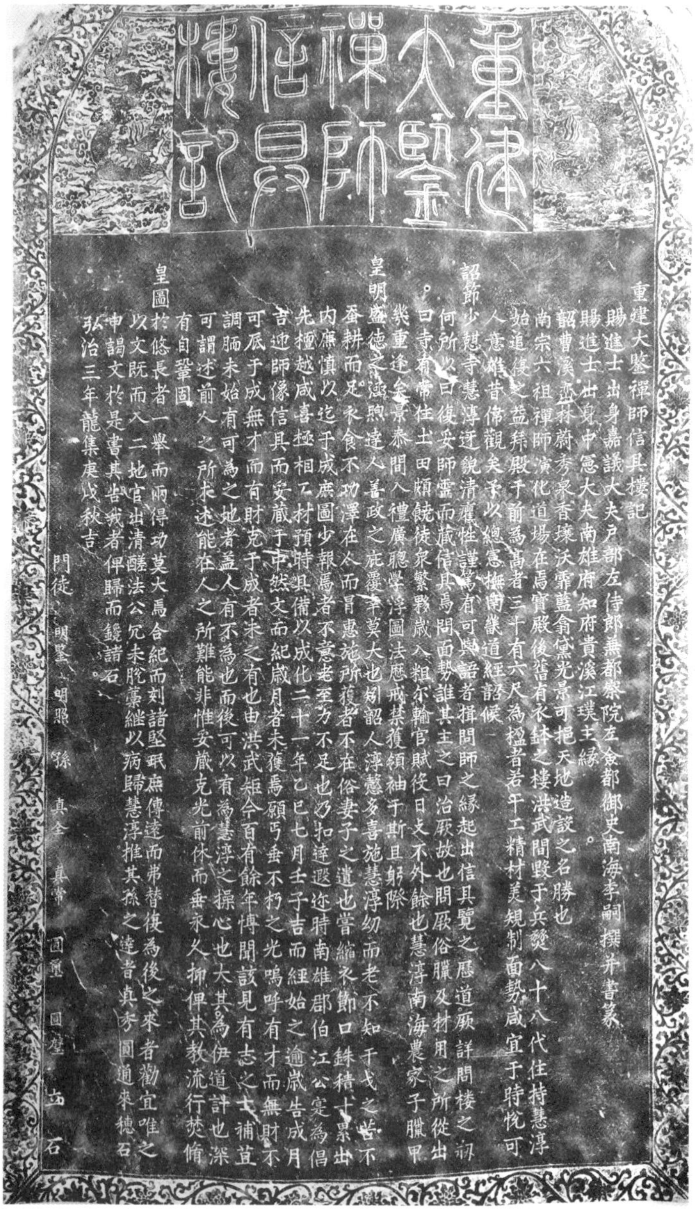

图 18 《重建大鉴禅师信具楼记》碑（拓片）

13. 曹溪南华寺《御制六祖坛经法宝序》碑

原碑系明宪宗皇帝于成化二十一年（1485）所篆刻，立于祖殿前屏墙左侧，明嘉靖二十一年（1542）韶州知府符锡重书刻碑。（见图 19）

图 19 《御制六祖坛经法宝序》碑（拓片）

下编：石刻碑拓第三

14. 《唐元和诏谥大鉴禅师之碑记》碑

本碑原刻于大鉴去世百有六年后的元和年间。碑文为柳宗元所撰。据清道光《广东通志·金石略》载《曹溪第六祖赐谥大鉴禅师碑并序》案：碑经明嘉靖间重刻，今亦佚矣。据苏轼《书柳子厚大鉴禅师碑后跋》记，则唐石北宋已亡。今碑系为1919年滇军总司令、粤赣湘边防军督办李根源据旧载文重刻（见图20）。

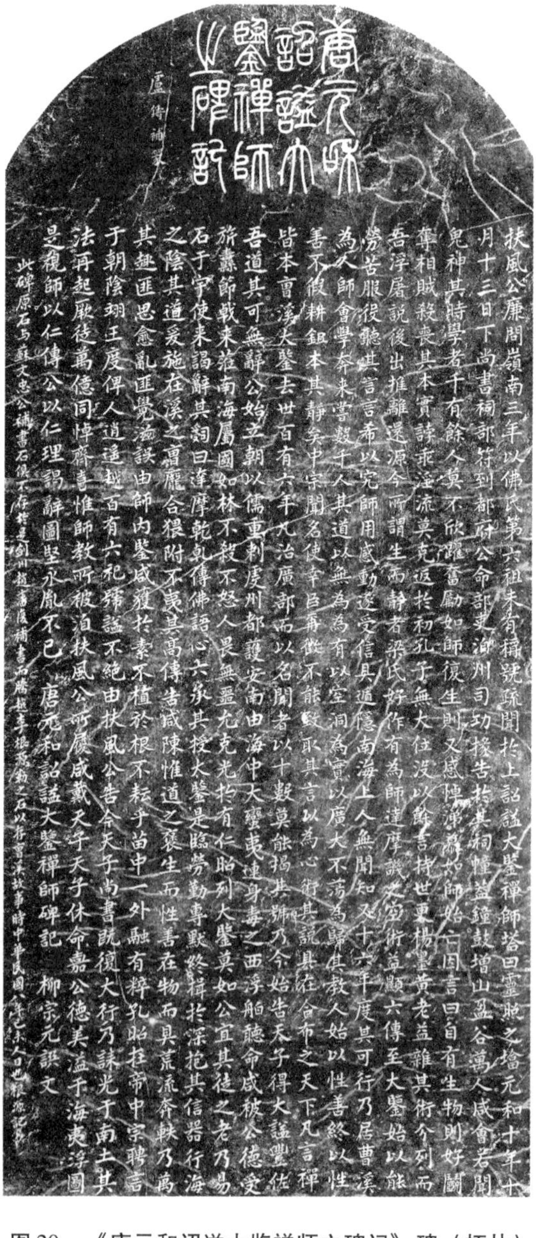

图20　《唐元和诏谥大鉴禅师之碑记》碑（拓片）

15. 六祖石刻像碑

碑刻于南宋淳熙十五年（1188），嵌于南华寺祖殿前照壁中。碑中央阴刻六祖像，像下方原有碑文，因风化剥落，今字迹模糊，无法辨读，碑右上角有民国李根源后加碑文。碑首文字仍清楚可读（见图 21）。

图 21　六祖石刻像碑（拓片）

粤东金石略·韶州府金石（影印本）

《粤东金石略》系清代著名学者、金石学家翁方纲所撰广东地方金石专著。史载：翁方纲，字正三，一字忠叙，号覃溪，晚号苏斋，顺天大兴（今属北京市）人。清乾隆十七年（1752）中进士，选庶吉士，授翰林院编修，累迁至内阁学士。清乾隆年间，翁方纲任职广东学政八年，其间，广罗搜寻与摹拓全省各地珍稀金石碑刻，纂成《粤东金石略》，共九卷。全书收录广东地方金石562种，其中卷四至六为韶州府金石卷，共录韶州府金石48种。①

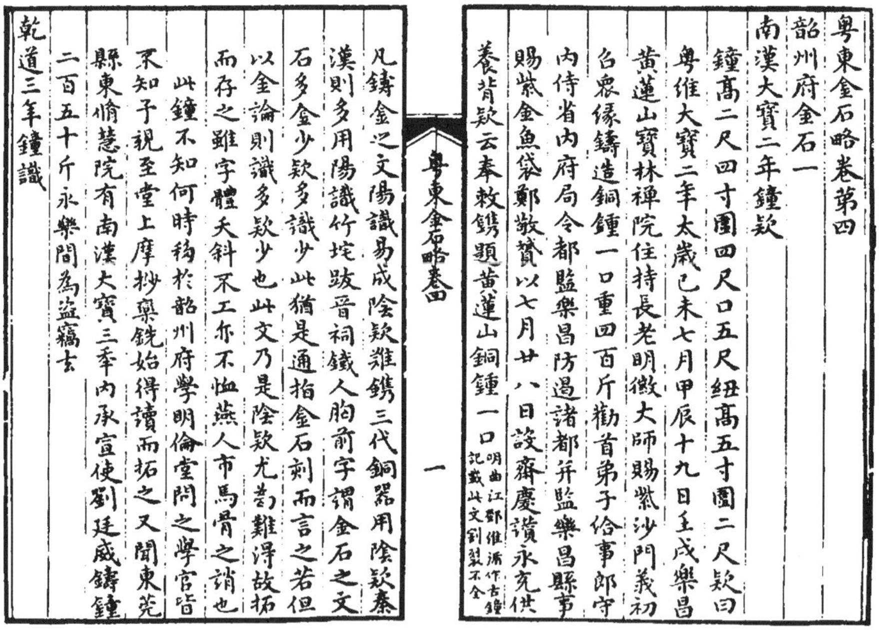
粤東金石略卷第四
韶州府金石一
南漢大寳二年鐘欵
鐘高二尺四寸圍四尺口五尺紐高五寸圍二尺欵曰
粤維大寳二年太歲己未七月甲辰十九日壬戌樂昌
黄蓮山寳林禪院住持長老明微大師賜紫沙門義初
㠯衆緣鑄造銅鐘一口重四百斤勸首弟子給事郎守
内侍省内府局令都監樂昌防遏諸都并監樂昌縣事
賜紫金魚袋鄭敬贇以七月廿八日設齋慶讚永充供
養背欵云奉敕鐫題黄蓮山銅鐘一口明曲江鄧偉添作古鐘記載此文剳裂不全

粤東金石略卷四 一

凡鑄金之文陽識易成陰欵難鐫三代銅器用陰欵秦
漢則多用陽識竹垞跋晉祠鐵人胸前字謂金石之文
石多金少欵多識少此猶是通指金石刻而言之若但
以金論則識多欵少也此文乃是陰欵尤為難得故拓
而存之雖字體夭斜不工亦不恤燕人市馬骨之誚也
此鐘不知何時移於韶州府學明倫堂問之學官皆
不知予視至堂上摩抄槀銑始得讀而拓之又聞東莞
縣東脩慧院有南漢大寳三秊内承宣使劉廷威鑄鐘
二百五十斤永樂間為盜竊去
乾道三年鐘識

① 此部分辑录了《粤东金石略》卷四至卷五“韶州府金石”内容，按现在的韶关行政区划，未辑录里面现属清远金石的内容。

在韶州府堂識云㫖乾道三年歲次丁亥壬子月初一
日乙丑勅差住持傳法賜紫正覺了悟大師奉寧謹題
隆興府都料游智文造
韶州府廨有明萬歷間知府陳大綸所造銅漏壺止存
其一上有大綸識

宋政和手詔碑

碑在韶州府學凡二層其額大書御筆手詔四字
上一層云朕承祖宗遺休餘烈崇經術設學校興賢能
以待天下之士高爵重禄承之庸之以待士之任官者
蓋与之修政事理人民以立太平之基致唐虞三代之

隆宜有豪傑特立之材忠信志義之人比肩相望焜燿
一時為世盛事而比年以來懷僭亂之異謀干誅死之
極惡者如趙諗儲倖王寀劉昺之徒或賢科異等勲閥
世冑或出入禁闥侍從之領袖為搢紳士大夫之大辱
閭巷無知愚夫愚婦之所憤疾武夫悍卒未嘗知書者
咸羞道而喜攻之其故何也豈利心勝而義不足以動
之歟抑勸導率勵之方有所未至歟夫經傳所載君臣
之分忠義之訓榮辱禍福之戒豈不深切著明今誦其
言而不能効之行事深慮薄俗浸漬士風陵夷失崇養
之指害教化之原為天下後世笑卿當師儒之任以學

行致大官其思所以勸勵興起畀知尊君親上之美無
復暴戾邪僻之行以居德而善俗以化天下与後世稱
朕意焉故茲詔示奉行無怠
付李邦彥 御書之寶
下一層云政和八季夏六月上親御翰墨作訓于四方
多士以其詔屬臣邦彥使奉行之秋七月被旨揭示于
太學暨辟廱仍著之石九月臣以職事進對便朝上諭
臣曰前日詔書學者宜識所以訓迪之意且暴戾邪僻
豈士人所為臣頓首謝曰陛下興學造士澤之入人深
矣孰不能惠上德而化之聖詔一頒鼓舞丕應咸目踰

而心成咨嗟誦詠者不可一二數憤激而勸以義者慨
然相先也蓋教育之道素明而理義之感人若是其敏
顧詔儒臣作記以揚厲休蹟俾天下後世無忘其章越
二日御筆委臣識之而臣跼蹐一介擢長師儒毫髮未
報裒翰所及奬飾踰分眷任之意不替益專且不以蕪
累取玷上寵俾加序述惟是不腆末學固不足以辱命
而載名其下有榮耀焉臣之幸也謹拜手稽首而言曰
臣聞三代之學皆所以明人倫人倫治化之本義命之
大戒存焉士之所學學此者也上之所教教此者也政
事之興風俗之醇皆原於此周監二代禮樂庶事備矣

而教養之法加詳法象所示雲漢其章人才之成金玉其質拔奇取異庠爵而官使之名正今辯咸懋嘉德故服事其上而下無覬覦羔羊節儉正直之風有辭于永世知所以尊義而立命故也治降叔末君臣信義之論策名委質貳辟之責猶行於區區戰國之間時以為美談豈餘波遺澤燕及來葉而人倫之教在人心者未熄耶上以神明淵懿之質發揮前聖光大之烈勵賢崇化一本於學所以風天下而善萬世者三代不足進也邪謀弗臧既庭于慝而訓辭諄切必勤勤于庠序師儒之官寢處所圖至深且遠矣辟猶慶霄清明白日中照有目有趾者待是為頌非甚愚孰不知嚮是宜革心滌慮祗奉明德戒懼而不敢少易也嗚呼士之取重於世者以義命在我物無得而移之故尊君親上之心常存而不喪嗜逐末者義以利勝樂于時者命以故滅陵夷漸漬始失其常心越乃誕作狂僭矯誣之行而階之為禍覆校之施金柅之戒罔不在厥初則天心仁愛之篤形于詔諭其為惠可勝既耶書曰王言惟作命不言臣下罔攸禀令夫以九重之近斡制四海之遠德意志慮非言弗宣禀令之臣所當奉以周旋靡遑夙夜刻奎章洛畫昭布于上下而又勒諸翠琰垂範將來頌疇敢不力

臣績文未工愧無以形容聖作之萬一然戒告之嚴委寄之重尚俾來者勿怠于成以奉揚丕顯休命於億萬斯年之永則是記也豈特侈上之賜使後世歆豔其美而已哉冬十月己卯朔十五日癸巳朝議大夫試大司成同修國史隴西縣開國子食邑五百戶賜紫金魚袋臣李邦彥奉御筆記并書保和殿直學士朝請大夫提舉上清寶籙宮編類御筆兼禮制局詳議官校正內經同詳定官汝陽縣開國子食邑六百戶賜紫金魚袋臣蔡脩奉聖旨題額奉議郎試辟廱司業臣李騭奉議郎試辟廱司業臣程振

按史是年十一月改元重和則十月以前得稱政和八年也此詔史所不載故備錄之

韶州府學有明宏治十七年東莞劉存業脩學記万歷二年黔南李渭重脩學記又有南康黃榮科貢題名記永樂五年丁亥六月立石

舜峯寺碑

寺創建於宋紹興十九年此明成化庚子重脩碑也知韶州府淳安王賓書

關帝現身像碑

韶城西南樓有關帝廟順治丙申五月二十日未時帝

見身於樓上披金甲藍紗巾立樓牖西北少頃面轉西移時而沒兩岸居人皆見之且驚且拜二十一二十四二十五三十凡四日依時復見明年丁酉七月初十十二十四日依時復見或黃蓋或二將隨侍見者不啻千万人郡人黃思德勒像于碑以誌靈異阮亭先生皇華紀聞載其事今碑存廟中碑下層有康熙乙酉邑人劉樹琪紀康熙丁巳年七月九月帝顯靈保城事

吳道子畫張文獻像石本

韶州張文獻祠有唐時所寫鐵像又有文獻像一軸傳為吳道子筆石上其模本也上有宋阜陵手題云唐曲

江公張氏九齡又書贊云鹿入深宮花解愁牛登高禺餘僊休當時若聽履霜語豈到峨嵋山畫頭　噫雖嘗回奏薦而問公風度蒙大難而遣使祭饈不識嗌臍禮意曲江何似荊州淳熙十三年三月己酉朔絹本高二尺四寸五分闊一尺二寸六分絹色黯黑像右有中書省印上有建中元年贈司徒制楷亦方整下有明嘉靖乙巳秋逵徙孫岳惟喬謹識云是嘉靖甲辰夏于吉永豐同姓人家購得之宋錄唐名臣後惟狄梁公段司農郭汾陽與公四家子孫當受官者持畫像告勑元宗御札詣闕下為左驗宣和中御札留秘府像仍歸其家此其持詣闕下受官經阜陵御覽而為之讚與七月既望模一本遺守祠孫澤穛俾度祠下并書其始末以告之此所摸一本予曾見之絹色暗黑髯鬚作章以定然亦張氏家藏也今城北九成臺上摹像一石是近時郡守陳淵以摹本重鈎者

附錄贈司徒制正大廈者柱石之力昌帝業者輔相之臣生則保其雄名歿乃稱其盛德飾終未允恰人望加贈實存乎國章故中書令張九齡維嶽降神濟川作相開元之際寅亮成功讜言定其社稷先覺合於蓍龜永懷賢弼可謂大臣竹帛猶存樵蘇必禁爰從八命之秩更進三台之位可贈司徒公集中有辨證一條云贈司徒蓋史為至德初上皇在蜀思九齡之先覺下詔云云

仍遣使就韶州致祭新史云德宗建中元年賢九齡風烈贈司徒考之本紀元宗以天寶十五年載實七月庚辰至蜀郡八月癸未朔赦天下癸巳靈武使至知太子即位丁酉稱上皇詔稱誥已亥臨軒冊肅宗自庚辰至己亥僅二十日且蒙塵之餘固無暇贈與神道碑但言發使至韶州弔祭而已新史蓋據碑也贈司徒當以建中為正諸道石刻錄云韶州唐張九齡司徒告建中元年刻又按米芾寶章待訪錄唐魏王傳作詩書狀九齡司徒告真蹟用一人高估當書手所筆詞內第二句當作[illegible]作功

重刻張九齡神道碑

篆額唐尚書右丞相中書令張公碑

碑首云唐故金紫光祿大夫中書令集賢院學士知院事脩國史尚書右丞相荆州大都督上柱國始興縣開國伯文□（以下不可辨）

銀青光祿大夫廣州刺史兼御史大夫持節充嶺南節度支度營田五府經略觀察處置等使上柱國會稽縣開國公徐浩撰

有唐既受命在太宗時有若梁公房鄭公魏衛公李格于皇天在高宗時有若梁公狄格于上帝在中宗時有若平陽王張□□王桓□復宗社在玄宗時有若梁□□□平公宋燕公始興公二張□興王業夫以天柱將傾大盜方起（刻本作始誤）一振綱目再關皇猷始興公為之公諱九齡字子壽一名博物其先范陽方城人軒轅建國弦張受氏良位為□□華才稱□佐或相韓五葉或佐漢七貂代有大賢時稱盛族四代祖諱守禮隋鐘□□□□□（刻本缺郡全山令）曾祖諱君政皇朝韶州別駕終於官舍□為□□□大父諱冑（刻本諱下有子字非）越州剡縣令列考諱弘愈新州索盧縣丞贈太常卿廣州都督皆蘊德藏光力行未舉地積高而成嶽雲久蓄而作霖是生我公蔚為人傑弱不好弄七歲能文居太常府君憂柴毀骨立家庭甘樹數株連理王公方慶出牧廣州時年十三上書路左燕公過嶺一見文章並深提拂厚為禮敬弱冠鄉試進士考功郎沈佺期尤所激揚一舉高第時有下等謗議上聞中書令李公當代詞宗詔令重試再拔其萃擢秘書省校書郎應道侔伊吕科對策第二等遷左拾遺封章直言不協時宰方□（卅四字刻本無）歸滿拂衣告歸太夫人在堂承順左右孝養之至閭里化焉始興北嶺峭險巉絶大庾南谷坦然平易公乃獻狀詔委開通曾不浹時行可方軌特拜左（刻本右）補闕尋除禮部司勳二員外郎加朝散大夫超（刻本起）中書舍人封曲江縣男轉太常少卿出冀州刺史以庭闈在遠表請罷官改洪州都督徙桂州都督攝御史中丞嶺南按察兼選補使黜免貪吏引仲正人任良登能亮賢勞事澤被膏雨令行祥風屬燕公薨落斯文將喪擢秘書少監集賢院學士副知院事時屬朋黨頗相排根窮栖歲餘深不得意渤海王武藝違我王命思絶其詞中書奏章不愜上意命公改作援筆立成上甚嘉焉即拜尚書工部侍郎兼知制誥扈從北狄便祠后土命公撰赦對御為文凡十三紙初無藁草上曰比以卿為儒學之士不知有王佐之才今日得卿當以經術濟朕累乞歸養上深勉焉遷公弟九臯九章官近州里伏臘賜告給驛歸寧遷中書侍郎丁内憂

中使慰問賜絹三百匹奔喪南計祔葬先塋毀無國生
嗌不容粒白雀黄犬號噪庭塋素鳩紫芝巢植廬墓
之至者將有感乎既卒哭復遣中使起公本官同中書
門下平章事口敕敦□□許為辭聞命號咷使者逼迫
及至闕下懇請終喪手詔曰不有至孝誰能盡忠墨縗
之義不行蒼生之望安在朕以非常用賢爾云嘗禮家
訴即宜斷表賜甲第一區御馬一（有本一下有匹字）尋遷中書令
集賢學士知院事修國史初公作相也奏□擇元戎皆
取良吏不許入奏罷當戰諸軍兵省年支賜諫臣僥議
事竟不行明年公奏籍田躬耕禮節加金紫光禄大夫

進封始興伯□天長節公卿皆進寶鏡公上千秋金鑑
録述帝王興衰以為鑒戒公直氣鯁詞有死無貳彰善
癉惡見義不回范陽節度薛王奏前太子賓甲二千領
上極震怒謂其不臣顧問於公公曰子弄父兵罪當笞
況元良國本豈可動搖上回怫泣遂寢其奏武貴（寵嬖）妃
離間儲君將立其子使中謁者私於公曰若有廢也必
將興焉公遂叱之曰宮闈之言何得輒出御史大夫李
公尚隱太府卿裴伷先不禮中官皆忤上旨必在誅譴
公全度焉幽州節度張公守珪緣降兩蕃斬屈突□將
拜侍中涼州節度牛仙客以省軍用將拜尚書並觸鱗

固爭竟不奉詔平盧將安禄山入朝奏事見於廟堂以
為必亂中原□□□□上曰卿以王衍知石勒此何足
言無何用兵為虜所敗張守珪請按軍令中留不行公
狀諫曰穰苴出軍必誅莊賈孫子行令亦斬宮嬪守珪
所奏非虛禄山不當免死再三懇請上竟不從邊將蓋
嘉運等上策容發將士酸平西戎公以為不可妄舉結
後代譬非皇王之化也上又不納及羯胡亂常犬戎逆
命元宗追嘆曰自公歿後不復聞忠讜言發中使至韶
州弔祭其先見之明有如此者學究精義文參微旨或
有興託或存諷諫後之作者所宗仰焉上表論事事多

樞密入皆削藁人莫得知常以致君堯舜齊衡管樂行
之在我何必古人由是去循資格置採訪使收拔幽滯
引進直言野無遺賢朝無闕政百揆時序庶工允釐同
儕見嫉內寵潛構罷公為尚書右丞相初不介意居之
坦然執憲者案公所用劾奏權臣務官得罪借以為累
貶荊州長史三歲為相萬邦底寧而善惡大分背憎者
衆虞機密發投杼生疑百犬吠聲衆狙皆怒每讀韓非
孤憤涕泣沾襟開元二十八年春請拜掃南歸五月七
日遘疾薨於韶州曲江之私第享年六十三皇上震悼
贈荊州大都督有司謚行曰文獻公粤來歲孟冬葬於

洪義里武職原近於先塋禮也夫人桂陽郡夫人譚氏循州司馬府君諱之子也淑慎宜家齊莊刑國珮環有節纂俎皆工幼作女儀長為內則太夫人樂在南國不欲北轅克勤來養深得婦禮至德二年十月六日終於私第春秋七十七晝哭閭閻日月縣遠（此八字別本無）同塋異穴卜兆從宜公仲弟九皐宋泉廣三州刺史採訪節度使略等使殿中監季弟九章溫吉曾等州刺史鴻臚卿腰金拖紫三虎為榮立德行政二馮推美嗣子拯居喪以孝聞立身以行著陷在寇逆不受僞官及收復兩京特制拜朝散大夫太子右贊善大夫孫藏器河南府壽安

尉丞保先業克纂義方姪殿中侍御史抗文史雅才清公賢操以兄拯早世姪藏器幼孤未建豐碑乃刻樂石用展猶子之慕庶揚世父之美洽義深知已眷以文章禮接同人息燕蝎易薄技効慮無愧其詞銘曰鳳生丹穴鵬翥南溟天乘粹氣地發精靈傑出我公揚於王庭甫將降神說表騎星學究經術文高宗匠再掌司言爰立作相忠義柱石謀猷帷帳王綱允釐帝采惟亮退居右掖出守南荊玄鶴僭翼青蠅營營不暝猶視雖殁如生昭昭令名千古作程

碑末云長慶三年歲次癸卯□月癸丑朔十二日甲子□孫□□節度判官監察御史裏行仲舉建立曾孫承奉郎虔州□（以下不可辨）

墳塋在西北去此□百四十□四步　曾□孫鄉貢□□可復同為當立（建明經敦作曾孫敦庭）　玄孫鄉貢進士景新

玄孫鄉貢進士景（以下不可辨據通明經進士當舉景豐）

承務郎試秘書省校書郎□韶州曲江縣□□□□纂額　韶州軍□判官□士□試□書省校書郎林（以下不可辨）

□奉郎尚書屯田員外郎知韶州軍州兼管內勸□□□□□□□（似是李字）浸重建　皇宋天聖八年□月重立石於曲江張公（以下不可辨）

碑重立於天聖八年在歐陽公集古錄之前不知歐趙二家所見者唐刻耶宋刻耶朱長文墨池編云中書令張九齡碑徐浩撰幷書長慶三年立則固唐碑矣而此碑不著書人姓氏字雖出摹勒字法頗與徐似則亦粵東之古刻矣

予訪求此碑歷七寒暑問之官吏問之土人問之張氏子姓皆云久已前年謁公祠詩有徐會稽碑蹟竟湮之句蓋亦信以為實亡矣今按刻金石略至此卷適獲此碑於韶城曲江祠後出諸土中完然豐碑而剝泐已甚以志所載全文參讀疑者□之增諸卷帙亦一快事也

重刻張九皋神道碑
篆額具書唐銀青光祿大夫嶺南五府節度經略採訪處置等使攝御史中丞賜紫金魚袋殿中監南康縣開國伯贈楊州大都督府長史張公神道碑中大□行禮部侍郎祕書少監蘭陵蕭昕譔明嘉靖二十四年夏五月吉裔孫通議大夫都察院右副都御史奉勅提督兩廣軍務兼理巡撫岳重立其文行書全錄於左

公諱九皋□先范陽人也昔軒轅少子以弦張受氏別封於張留侯以五代相韓安世以七葉榮漢特生間氣鍾英大賢餘慶遺芳緜于令嗣矣晉末以永□南渡遷於江表皇朝吕曰官樂土家於曲江高祖弘禮隋鍾離郡塗山令曾祖君政皇朝韶州別駕祖子胄皇朝越州剡縣令烈考弘愈皇□太常卿廣州都督皆世濟明德不隕令名公特稟中和誕生淳粹恭推色養孝自因心幼歲丁太常府君憂孺慕銜哀棘無枯毀能達理□□成人及日月知除而碩復就養思致遠視之祿方求筮仕之階籯金不珍琢玉成器殖學以明道脩身以踐言弱冠舉孝廉登科始鴻漸也嶺南按察使尚書裴伷先慕府求賢輅車問俗以公淺進之秀籍以從軍表授海豐郡司户水汲貪泉珠還合浦時所稱也其後五溪

阻兵群盗聚□帝命按察使裴伷先討焉以公有樽俎之謀韜鈐之用奏授南康郡贛縣令於是坐其帷幄置以戎車公武能宣威文可化俗軍需倚辦供□無留前宣慰使御史梁勔奏公清白有聞後宣慰使竹承構奏公户口增益共稱尤異褒進上聞特加朝散大夫遷巴陵郡別駕初丞相曲□公之元昆自始安郡太守兼五府按察使以為越井珠方廣江剽俗懷柔之寄實在腹心奏公俱行可為同氣遂授南康郡別駕季弟九章以為桂陽郡長史太夫人在堂賜告歸寧承歡伏臘白華共展於朝夕衣錦時入於鄉閭採芋美於詩人德星聚於陳氏代所稱也無何丁於内艱柴毀梵瓷勺飲不納至性聞於州里孝感達於神明白雀馴狎於倚廬黃犬隨歸於行哭亦其異也服闋除殿中丞又遷尚書職方郎中起草含香停車待漏位高玄象職在彌綸及曲江公翊贊廟謨鹽梅鼎實講德論道求賢審官以識量通明與聞其議故能致君堯舜克濟忠貞公之佐也及元昆出牧荊鎮公亦隨貶外臺遂歷安康淮安彭城睢陽四郡守所蒞之邦必聞其政作人父母為國循良於是瑞鵲成巢嘉禾合穎祥烏素翟而狎至焉考績議能詔書褒異遂遷襄陽郡太守兼山南東道採訪處置使以

連率之權授以澄清之任化行江漢惠及黎民進封南康縣開國男賞有功也屬南蠻小醜西蜀騷動犄角之勢連於嶺隅以公有經略之才委公以干城之任乃除南海太守兼五府節度經略採訪處置等使攝御史中丞賜紫金魚袋天書盈篋廄馬在庭恩華寵光旁於道路公召募敢勇繕治樓船綏懷遠人安集獠俗致指劍[]之路或出銅柱之鄉以迴舶通粮省泛舟之役以于來授甲寬土著之人寄用務殷用省功倍天子加之特賜銀青光祿大夫兼手詔並封開國伯食邑七百户旌其能也且五府之人一都之會地包山洞境瀾海壖異

域殊鄉往來輻輳金貝惟錯齒革實繁雖言語不通而贄幣交致[]榮其豪奪招彼貿遷遠人如歸飲其信矣秩滿遷殿中監皇輿盡飾玉食惟精六尚煩委一心主辦服御器用必信必誠勤勞不違内積憂[]以天寶十四載四月二十日疾亟薨于西京常樂里之私第春秋六十有六嗚呼哀哉哲人其萎邦國殄矣皇上哀悼賻贈丞門給遞還鄉首[]歸本遂贈廣陵郡大都督府長史禮儀哀制延壹擢髮可謂飾終以明年葬於始興郡洪義里武陵原夫人弘農譚氏襄陽郡夫人國子博[]知幾之子克訓母儀用光閫則粤以永泰三年薨南康

郡次以大歷四年合祔禮也嗣十一人長曰拉前端州刺史次曰擢前右金吾衛[]曹參軍次曰攜試大理直康州刺史次曰抗檢校户部郎中兼御史中丞賜紫金魚袋朔方邠寧節度行軍司馬次曰捍前弘文生皆王之藎臣國之多士令德之後必大其門公嘗與季弟同泛滄溟舳艫餘艎凡數百輩忽驚飈震發駭浪山連當呼吸之時謂汩沒同盡為猿為鶴昌[]保為而中宵迺風漂泊孤嶼遲明相視各在津亭同役之人僅有在者則知商邱蹈信入之而不傷呂梁履忠游之而莫惴愷悌君子福祿綏之宜其克享永年亦既逢吉且公之

立身可謂盡美居喪致哀稱其孝也入幕決勝稱其才也列在藩翰則德化之敷聞授之斧鉞則武略之[]著佐元昆則潤色王業睦諸季則致美閨門至於推挽忠良揄揚俊乂力行不息時議高之夫生死有懷古今同盡殁而不朽君子韙之晰[]跡儒林嘗讀舊史覽賢人之事業知盛德之在焉敢揚休聲以誌貞石銘曰軒轅錫美百代蕃昌強[]得姓受邑於張五代相韓七貂居漢平子數術茂先翊贊挺鍾餘慶克享大名爰至我公天姿挺生率[]立身依仁從政學該百代官踰三命再登幕府四列藩條𢾺行節制化合謳謡作牧襄陽授兵

南越江□底定要荒胥悦死生有命脩短靡長禮贈殊
秩覡歸故鄉梧櫝成列邱陵無改夏日冬夜精靈斯在
此碑在文獻墓上今已泐為兩段陳思寶刻叢編云唐
張九皋碑工部尚書蕭昕撰九皋孫曾州刺史仲方書
長慶三年立按史仲方九皋曾孫不言其刺曾州也今
据碑蕭昕銜亦非工部尚書
又墓田一碑韶州府爲查給官田設立人户看守名臣
墳墓本府知府符錫申詳上司批准撥田給帖付照仍
勒之石後開古塋一座中文獻公墳下即夫人墳前右
殿中丞九皋墳前左太常卿九章墳後開撥与看墳人
耕管官田畝數併條約嘉靖二十一年壬寅季夏韶州
府知府新喻符錫謹書
文獻祠下又有斷碑一截記重脩祠事是元延祐丁巳
廬陵曾三省記并書僅存數行与篆額而已
又有明宏治庚申武進徐紘記脩祠數語系以詩并書
文獻又有祠在大庾嶺嶺際穿碑數通一碑風度催巖
四字字逕二尺外康熙癸丑冬十月山左滕西宋世熙
八歲題并書又一碑雁四人遠四字字亦逕二尺許款
同字並雄勁不似八歲兒所書或又相傳是一婦人所
書託之八歲兒然亦不似婦人書也此外惟華亭沈宗

敬所書海天一線四字差佳
曲江下三十里白芒石壁臨江刻迴龍山三大字不著
書人名氏
曲江余襄公墓道歐陽文忠所撰碑訪之不獲
陳白沙風采樓記
樓在韶州府城内與風度樓相望明宏治十年太守錢
君鏞建以祀余襄公本蔡君謨詩必有謀猷裨帝右更
加風采動朝端也其冬十二月白沙陳獻章記并行草
書碑已半泐字勢尚勁逸之甚
樓又有嘉靖十三年歲在甲午庚午月端午日賜進士
及第添註信宜典史前翰林院國史編脩文林郎經筵
官金華程文德舜敷撰重建記
方信孺虞泉銘
八分書碑在韶州西北皇岡舜祠下虞泉銘并序知英
德府真陽縣事方信孺書權發遣韶州軍州事方信孺
撰韶之西北有山聯緜如屏障是爲皇岡虞祠寘其巔
刑獄使者廖公德明既作新之（缺一字以見復）有泉出祠東崖其
流所以資灌溉給飲濯者甚遠廿而（缺一字為作潮今審視當是州）與他泉
異余仲夏有事祠下退而相羊林澗間回謂泉於是乎
出幸託虞祠相爲始終而名獨未淂与舜峰韶石班雖

泉之不遭亦好事者責也遂名曰虞泉又記黄太史詩
有爲舜泉作者注云河北酒名也既以名泉又曰泉以
名郡齋之酒它日與客酌泉飲酒念當有以被金石使
後之人知名缺一字似是思始爲之銘曰蒼梧之墟維舜迹只變
閼岑崇鎮南國只山川艸木麗此五字據别本補入今昔只韶之大
全此二字别本作有聖誤猶仿佛只彼皇岡下新宫翼翼只流泉㵎發
貫東鮮只晝夜混混不涸不溢只耕者居者普潤澤只
后皇遺祥爲帝出只肇錫嘉名孰賓缺一字只謂舜何峰謂
韶何石只豈泉之清不稱德只會稽有井石缺一字渤只皇
韶缺一字似是之泉匪是匹只自我作古詒罔極只酌泉而羞缺一字

時格只醸泉而醴人缺一字懌只銘以歌之宜琴瑟只皇宋
嘉定庚午七月丁亥朔刻下有章貢蕭茂四字以下不
可辨蓋鐫人姓名也

粤東金石略卷第五

韶州府金石二

蔣穎叔續武溪深詩碑

在韶州西武溪亭上亭今爲九城臺碑高六尺濶三尺
五寸其額正書寶文蔣公武溪深詩八字下前刻馬援
辭後刻穎叔和績詞云飛湍瀑流瀉雲岑砰激百兩雷
車音吾聞神漢之初始開斷史君姓周其名煜至今廟
在樂昌西岧嶢殘碑僅堪讀武水之源自何出郴州武
縣麟鶲石南入桂陽三百里淺瀨洪濤互淙射其誰寫
此入新聲一曲馬援門人笛南方耆舊傳此水昌樂之

瀧旂乃是退之昔日貶潮陽曾到瀧頭問瀧吏我今以
退來嵩禺事與昌黎殊不類未嘗神色輒懽慌何至形
容遽憔悴但憐歲晚毛鬢侵故國一別至於今溪光暑
晝清且淺朱藤覆水成春陰何爲去此婴朝簪翩然疋
馬馳騤騤兩踰瘴嶺窮崎崟梅花初開雪成林韶后彷
佛聞舜琴曹源一滴清人心遠民安堵年穀稔百蠻航
海來獻琛嗟余才薄力不任報君夙夜輸誠忱布宣條
教勤官箴有佳山水亦幽尋樂乎吾樂何有極不信盍
歌武溪深自跋云李君以神漢桂陽太守周府君功勳
紀銘爲示碑尾云大和九季五月重修歐陽永叔集古

目錄跋云此君撿漢書無之今碑石缺亡其名惜乎遂不見于世也南人紀其所修瀧水即韓文公所謂昌樂瀧是也至今以爲利祠宇甚嚴云余讀韶州圖經云周史君廟在樂昌縣西北一百八十里武溪上舊經云後漢桂陽太守周君光開鑿瀧故立廟武溪鶩湍激石流數百里昔馬援南征其門人爰寄生善吹笛援作歌以和之名曰武溪深其辭云云周史君開此溪下合真水碑在廟中郭蒼文但云府君字君光而已其名訛缺不可辨圖經說周使君亦不著其名李君當註諸碑辨之乃是煜字永叔但得墨本故莫能考也余讀退之瀧吏詩云南行踰六旬始下昌樂瀧獨疑樂昌昌樂之名不同遂稱書缺字李君吞曰樂昌縣五里有昌山有樂石尤大當是樂昌以縣名昌樂以山名瀧今在縣上五里余乃釋然無疑矣曰感馬援之意續而成之爲武溪深一章云元祐二年十一月卅日番禺府中書後又刻所作書南雄昌樂驛七絕一首自注云欲以見驛名亦以昌樂也又望韶石七絶一首末有元祐三年戊辰正月晦日真陽貢士李脩立道跋下又云門生廣文館進士李脩題頌并立石碑尾小字一行云右朝散郎知韶州軍州事譚粹元祐癸酉季秋六日自延祥禪院移立武溪

亭按顏別駕元祐二年知廣州又碑林知韶州據此立載在元符元年當以此石為正

粵東石刻以周府君碑為最古碑建於漢靈帝熹平三年荆州從事曲江郭蒼伯起譔慎按古錄補云韶州圖經云郭蒼文按碑曲江長杜子巳乃此史繕書郭蒼錄等今亡建碑於瀧上勒銘公功巻本今亡建碑者乃撰碑之人圖經之不足信如此歐陽公集古錄目云在韶州樂昌縣昌樂瀧上周君廟中隸釋云今碑在韶州張九齡廟中今皆不可問矣都鐵金石林緒此碑元李慶隆撰府漢刻今在瀧上廟重刻本在曲江廟中不知何時徙置郡學韶州守錢旭跋新府治以韶在漢屬桂陽乃徙置之復摛文貞公祠今去碑在韶州府治按府治今為王府碑由是仍徙曲江廟中東廣漢碑紀少所有此所存也韶州府及曲江樂昌二縣志皆載其文樂昌志所載一篇曰張甫撰甫不知何時人其文稱熹平三年云云而後引昌黎驅鱷魚事真千古笑柄韶州府曲江縣二志所載文大略相同皆曰名昕洪氏隸釋載此文是憬字廣東新語云憬或作暻今錄隸釋全文於此

神漢桂陽太守周府君功勳之紀銘此頌歐陽集古錄云碑首題云神漢者如唐人云聖唐爾蓋當時已有此論而史傳紀書未之有見於此碑也趙氏金石錄目云第一百三十三漢桂陽太守周君頌熹平三年五月又按天下碑目作桂陽太守周府君碑

桂陽太守周府君者徐州下邳人也諱憬字君光體性敦仁天姿篤厚行興閨門名闕州里舉孝廉拜尚書侍郎遷汝南固始相遂拜桂陽廼宣會衛之政敷二南之澤政以德綏化猶風騰撫集烝細闕綏有方進則貞直退則鍇枉崇舉濟濟吉土士克朝格訓闕蒙開誘六藪

君子道長小人道消信感神祇靈瑞符闕嘉𤪎生於豐奇草像蓂莢異相之樹超然連理於此闕時郡域惟寧郡又與與南海接比商旅所臻自滃亭至粵曲紅壹錄此水其水源也出於王禽洪適碑同禽作禽所有之山山蓋隆闕三字兮天泉拳沸踊發射其巔分泒離散為十二川彌陵隋阻企阜錯連隅陬靡鸛過末縣騁鳥獮乃貫山鎖石經闕四字揚爭怒浮沉潛伏虵龍蛣屈澧隆嶭𦚏按削云亦作澩借爲字千渠萬澮合聚谿澗下迄安聶六瀧作難滿瀨潘潘注沄濞漫雖詩稱百川沸騰高岸為谷深谷為陵蓋莫若斯天執所徑惡浮已改其下注也若奔車失轡狂牛無縻闕勿庇

勿陸陸不相知及其上也則舜輩相隨檀柁提闕唱號慷慨沈深不前其成敗也非遠喪寶玩隕珍奇瞀珠貝沉象犀也往古来今變甚終矣於是府君乃思夏后之遺訓闕應龍之畫傷行旅之悲窮哀向人困危感蜀守冰殄絶犂雄雄堆嘉夫昧淵永用夷易廼命良吏揆按字字原誤作將帥壯夫排積勝勢石投之窾闕二字高墳下鑿截回曲涸水之邪性順導其經脉斷碨磑之電波弱陽侯之洶涌緣是小谿乃平直大道允通利挖布貿縣交易而至升涉周旋功萬於前除昔闕二字樹塞基於茲雖非龍門之鵜鴻呂大臨考古圖卜敖馬蜂云按周憬功勳銘內鴻字工作卜績亦人君之德宗故船船

人嘆於水渚行旅語於塗陸孔子曰禹不決江疏河吾其魚矣於是熹平三季歲在攝提仲冬之月曲紅長零陵重安區祉字景賢遵承與圖宣揚德訓帥禮不越欽仰高山乃與邑子故吏龔臺鄧蒼龔雄等命工擊石建碑于瀧上勒銘公功傳之萬祀垂示無窮其辭曰乾川剡兮建崗字原誤作泉儀剛柔分兮有險夷洛中嶽兮穆崔嵬嘆衡林兮獨傾嶽增陵隋兮甚陋倚鉉莫涉兮禹不覩仰王禽兮又峩嵯俯瀧淵兮怛以悲岸參天兮無路蹊碑作大小溪於漢作石谿石縱橫兮深洄洞波隆隆兮聲若雷或抱債兮以從利或追恩兮有赴義汜舟楫兮有不避闕躬軀兮

於玄池委性命兮於芒綿玉惜寒慘兮不皇進計忽隨深兮殆忘歸懿賢后兮發聖聖莫閑不通兮治斯谿廢巨石兮以湮填開切促錢竹汀云碑促字原誤作促兮導曲機推六瀧兮弱□□□□兮散其波威怒定兮混瀾瀾息聊啾兮逝□□□兮蛟龍滅睦老唱兮爐人歌名聞世兮□超踰倫今稱闕兮燿深沙功斐斐兮鏡海裔君壽君壽不營洪氏引與史叢字記云瀧上有太守周昕廟今碑在韶州故九齡廟中其名尚隱隱可辨五侯字之又引天下碑錄一條云漢桂陽太守周使君碑在韶州樂昌縣張文楷跋歐陽斜集古錄目一條云右桂陽周府君碑漢靈帝不著書撰人名氏韶州圖經云郡人歐陽某跋金石錄云曾子固云余得此碑於知韶州王之才之才以書來言曲江縣圖經周府君名昕字君光則承樹太國經不載其名者蓋考也未詳也今此本漫漶闕然定其點畫殊不類昕字子復見本中所本歐陽公集錄集刻有一跋凡周君名憬憬字嫣近之

碑陰

故曲紅長零陵重安區祉字景賢故含洭長南郡郎荼
陸字明夏故湞陽守長南平丞長沙漢昌褰秖字宣節
故行事耒陽䔧憂（張穆云䔧即華憂疑夏）字漢威故荆州從事曲紅
龢臺字少謙故荆州從事曲紅郭蒼字伯起故荆州從
事郴王鼎字季尼故南部督郵曲紅龢雒字閑然故吏
曲紅鄧音字孝直故吏曲紅朱鴻字義德故吏曲紅張
源字子才故吏曲紅龢逵字尌通故吏曲紅黃部字彝
尼故吏曲紅周蓋字伯嘗故吏曲紅黃晏字子齊故吏
曲紅馬珪字元序故吏曲紅凖承字寧升故吏曲紅劉
鵠字季產故吏曲紅黃祺字尌仁故吏曲紅周習字仲
鸞故吏曲紅劉趙字子省故吏郴褚禧字閑讓故吏耒
陽蔡閎字己明故湞陽左尉零陵原陵（闕二字）故吏湞陽劉
明字仲（闕）故吏湞陽左滕字仲升故吏湞陽左緐字妙
舉故吏湞陽宗碩字子張故吏含洭尭烏字公制故吏
含洭張郘字寧威故吏含洭黃詳字伯節工陫南陽宛
王遷字子彊（趙明誠金石錄右漢周府君碑陰題名凡三十一人姓氏具存按酈道元注水經溱水南逕曲江縣東縣含瀧曲紅山名也而東如兩漢史皆作曲江今據此碑自辭長區祉而下凡十七人皆書為曲紅則是當時別名曲紅無可疑者不知兩漢史皆作曲江何也而洪氏隸釋云右周憬碑陰事曲紅者一人貫曲紅者十六人然君碑與同兩漢書皆作曲江諸家地理書皆云水流歷曲故曰曲江惟水經云縣背卿曲紅山之名也前書工女大功皆只間用紅字未知水經何所據也按侯氏校尉熊君碑陰稱桂陽曲江長又洪氏隸續云周憬碑續題二行文二十一行行四十二字後有熊石碑陰上一列二十二）

（人下一列前空七行所題者八人又空六行刻工師姓名）

蘇文忠九成臺銘

韶州九成臺舊名聞韶臺在北城上建中靖國元年穰
子瞻与穰伯固北歸郡守狄咸延之臺上伯固謂舜南
延奏樂於此臺宜名九成子瞻即席為銘自書刻石臺
上後以元祐黨事碑毀臺廢遂以西城武溪亭為臺下
臨武水臺屢廢屢脩今碑是明嘉靖丁亥符通判錫奮

韶州（集作陽）太守狄咸新作九成臺玉局散吏蘇軾為之銘
曰自秦并天下滅禮樂韶之不作蓋三千三百一十有
三年矣（集作千三百一十有三年矣是也此石本訛出三字方綱按秦始皇帝二十六年庚辰并天下至宋哲宗元符三年庚辰千三百二十有一年不知何以云一十有三年也）其器存其人亡則韶既已隱矣而況（集有此字）人器
兩亡而不傳雖然韶則亡矣而有不亡者存蓋嘗（集作常）与
日月寒暑晦明風雨並行乎（集作於）天地之間世無南郭子
綦則耳未嘗聞地籟也而況得聞其天籟（集作而況得聞於天按大字係韻脚石本訛出籟字）使耳得（集無得字）聞天籟則凡有形有聲者皆吾羽旄干戚
筦磬匏弦嘗試与子登夫韶石之上舜峰之下望蒼梧
之渺莽九疑之聯緜覽觀山川（集作江山）之吞吐草木之俯仰
鳥獸之鳴號衆族（集作竅）之呼吸往來唱和非有度數而均
節自成者非韶之大全乎上方立極以安天下人和而
氣應氣應而樂作則夫所謂簫韶九成來鳳凰（集作鳥）而舞

百獸者既已桀然畢陳于前矣建中靖國元年五月吉
日集作正月一日眉山蘇軾記
宋碑不知毁於何時至我明嘉靖改元壬午太守周敍
刻石丁亥太守唐昇又刻之通判符錫書
蘇集中九成臺銘及南華題名皆在建中靖國元年正
月一日按元符三年庚辰五月先生自昌化貶所移廉
州安置六月二十日渡海七月初至廉八月授舒州團
練副使永州安置十一月復朝奉郎提舉成都玉局觀
任便居住先生行至英州聞玉局之命故此銘稱玉局
散吏也是年在韶州度歲次年辛巳正月五日過嶺至
南安軍是銘爲正月一日作無疑今石本乃作五月蓋
重刻時傳寫之訛耳　又按東坡何公橋詩洪容齋三
筆以爲建中靖國元年還自海外時作查氏刻補注本
疑其未足據依施氏原本載入紹聖元年卷中今按英
州小市去韶城尚一日之程正月五日即過嶺至南安
豈有閒歲尚在英之理益見施本爲是

文忠書九成臺額

文忠所書銘既亡後人摹其所書九成臺三字一勒符
書碑首一勒武溪深碑陰而碑陰所勒較善右曰狄咸
仿左曰蘇軾書碑陰又有公所書思古堂三字右曰伯

通作左曰子瞻書伯通當是狄守字耳其下有九成臺
三大字篆書寬九寸高各一尺三四寸左刻新湖南漕
文公篆右刻郡守狄咸摸上石
韶州府廨政寶堂三字亦公手書字各高三尺寬二尺
許舊有楊誠齋跋乾隆戊子正月九日方綱手摹俾太
守勒石廨中并錄誠齋跋于後

陳文惠書蘧謍亭字

八分書長寬俱一尺一寸咸平四年夏陳文惠公書府
志謂亭在城艮隅已不可攷今勒此于武溪深碑陰文
惠名堯佐閬中人述古之父也其八分最有名點畫濃
重世謂之堆墨書今觀此三字信然

陸放翁書詩境字

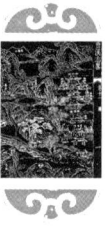

亦在武溪深碑陰每字長八寸左陸游書三字右跋云
開禧丁卯正月書時信孺丞蕭山而放翁退居鏡缺一字秊
八十三矣後五年嘉定辛未信孺假守曲江謹橅刻于
武溪深碑陰九月旦莆田方信孺識按信孺字孚若知
真州有好菴游戲詩境集劉後村序之曰公詩文操簡
立成宮羽協諧經緯麗密嘗有題龍隱巖詩云人事百
秊俱變滅祇應題字不磨埃今此段字亦秀勁足與陸
書相配放翁以寧宗嘉泰三年升寶章閣待制致仕居

若耶溪至嘉定二年卒年八十五辛未是嘉定五年
九成臺上又有明万歷十八年知韶州府檇李陳奇謀
重修記又有万歷九秊廣州司理陳紹功省月臺記省
月臺即九成臺也
韶又有通天臺臺惟明嘉靖已酉南寧陳大倫詩一碑
又芙蓉山諸詩碑並無足録

韶州永通監記
篆額韶州新置永通監記八字碑文正書末云時天子
親享明堂之歲十月初三日光禄少卿分司南京余靖
記江夏黃昌齡書幷篆額

光運寺碑
寺在府城河西余襄公塔銘不可見今惟存賜通證普
大師碑碑額与文皆正書淳熙三年八月朔立石免解
進士章貢孫時敏撰幷書文林郎知梅州程鄉縣事主
管學事周南張槩題額

開元寺重塑佛像記
熙寧七年甲寅歲二月十日將仕郎守韶州長史權監
英州宜安鎮鹽税李駿撰本州書表司鄺強書幷篆

南華六祖墜腰石刻字
石高一尺寬二寸一分中一行鐫師墜腰石盧居士誌
八字右云龍朔元年鐫左云桂林龔邦柱書　曹溪通
志云師往黃梅禮五祖應對契旨恐人害之着槽廠去
後五祖至碓房見師腰石舂米語曰求道之人當如是
乎龍朔元年師受衣鉢南歸石留黃梅上刻云云至明
嘉靖間有韶州人仕於黃梅者遂持歸曹溪今存焉按
六祖傳云造黃梅尋忍大師適咸亨二年也龍朔在咸
亨之前相去十年石上之字當屬後人所刻故年月不
符耳且既稱師墜腰石而又云盧居士誌文法不相連
屬字畫亦不佳未可曰龍朔字而目為古刻也又劉禹
錫大鑒禪師第二碑云三十出家六祖生于貞觀十二

年至咸亨二年三十四歲與劉碑合但不知龍朔元年
字何以不符至此且黃梅東禪寺仍有一墜腰石澳洋
皇華紀聞亦載之則此石殆亦未可信也

重刻柳子厚大鑒禪師碑
南華王維劉禹錫碑皆不存獨重刻柳碑猶存曹溪第
六祖賜謚大鑒禪師碑河東柳宗元撰唐元和十一年
正月三日立石蘇文忠書後云子厚南遷作曹溪南嶽
諸碑妙絶古今而南華今無刻石者長老重辯具石請
余書其文唐史元和中馬摠自虔州刺史遷安南都護
徙桂管經略觀察使入為刑部侍郎今以碑考之蓋自

安南遷南海非桂管也韓退之祭馬公文亦云自交州抗節番禺曹溪謚號決非桂帥所當請以是知唐史之誤當以碑為正按此則碑在宋已不存今併文忠所書亦無知之者此石乃明嘉靖乙巳韶州守南寧陳大倫重刻大倫跋云傅山人自閩來道居予出訪曰為予書

重刻蘇文忠卓錫泉銘

明嘉靖戊申至日韶州知府陳大倫推官李爵曲江知縣王欽重立不著書者姓名志稱大倫字豹谷廣西人善書筆法遒勁則此銘或即陳所書乎其文与集本小異今錄於左

六祖初住曹溪卓錫泉湧清涼滑甘贍足大衆逮今數百年矣或時小竭則衆汲於山下今長老辯公住山四歲泉日湧溢聞之嗟異為作銘曰祖師無心心外無學有來扣者雲涌泉落問何從來初無所從若有從處來則有窮初住南華集衆湏集誤作湏水水性融會豈有無理引錫指石集誤作名寒泉自斟衆渴得飲如我說法云何至今有溢有枯泉無溢枯溢集誤作盍其人爭辯來四年泉水洋洋其賚濯溉飲及牛羊手不病汲肩不病負瓶勺瓦盂莫知其故我不求水水則許我訊於祖師有何不可此句集誤作其亦可我

周瑯遊南華詩

石刻五言古詩二首後題雨山周瑯瑯蘄水人嘉靖十四年任提學

胡汝霖卓錫泉亭詩

石刻五絶二首嘉靖甲寅季秋廣東提學僉事蜀左綿胡汝霖題自注云亭有東坡泉銘所見者或亦重刻碑耳

重刻蘇程菴銘

程公菴南華長老辯公為吾表弟程德孺作也吾南遷過之更其名曰蘇程且銘之曰辯作菴寶林南程取之不為貪蘇後到住者三蘇既住程則去一彈指三世具如我說無是處百千燈同一光一塵中兩道場齊說法不相妨本無通安有礙程不去蘇亦在各遍滿無雜壞

此宋端明學士蘇公軾紹聖元年甲戌八月過南華作崇禎乙亥六月望日電士余大成書後云云知韶州府事貴竹楊起鰲勒石文內云大索公所書卓錫泉銘柳子厚大鑒碑及所作小記而皆非其故徒增浼邪

至元四年鍋字

南華禪堂左廊香積廚有大銅鍋聞其上有至元四年鑄字今已塵積不可盡識洗剔之略可辨者差督理廣東缺三字處地方珠池市舶缺數字監太監西晉長治空一字李鳳喜

拾二十三字
明憲宗御製六祖壇經法寶序符錫書
成化二十一年十一月朔日製序後有嘉靖二十一年
夏五月韶州知府符錫拜首謹志是日同知俞慶雲教
諭蔡容同加瞻禮
米元章書墨池字
二字長濶皆尺數寸許後跋云米公余鄉（缺一字）喆蘇東坡
稱其奔軼絶塵之品超妙入神之字清新絶俗之文初
補校書郎授浛光尉人德祠之余叨令英州偶過舊址
見公真跡猶存因摹鐫之康熙丙午襄陽揚桂臣書

按浛光即浛洭古浛洭縣在英德西百里洭水山海經
謂之湟水徐廣曰湟水一名洭水出桂陽亦曰灌水韶
州志載趙佗置含洭湞陽二縣（含即浛字）屬南海郡漢改屬桂
陽郡隸荆州三國屬吳大帝黃武五年又屬廣州孫休
永安四年改屬始興郡宋元徽四年以洭字為光改縣
曰浛光其載米官亦曰浛光尉與此跋同而陽山志載
米官浛滙尉水經滙水出桂陽縣盧聚東南過浛洭縣
南出洭浦關為桂水是滙洭二水不知何以有浛滙之
名當是洭滙字相近而訛耳（光亦作洸）
米元章書寶藏字

字長各二尺餘濶各近二尺學博士米芾書此碑元在
浛洸司今移英德縣內
趙秋谷觀音巖詩刻
英德觀音巖石壁臨江洞穴天造前人題刻皆不甚稱
巖口左壁上有觀音巖三大字下有秋谷詩云艤舟仰
崇巖不雨露自滴躡級凌空行篝火捫星入屢轉失向
背絶頂得開闢佛座積香烟出户拂雲直輪囷青蓮花
百丈燭江色前見萬巑岏争頭刺天碧非惟閲幽峭亦
復豁胸臆安得桓子野臨波弄長笛康熙丁丑益都趙
執信題并書又有舟中觀英德瀕江諸山一詩不具録

英德下流五十里有峽山廟一曰大廟舊有秦時犧尊
制作奇古宋宣和間有取之者舟出峽風濤大作懼而
還之廟中今亦不知何在矣又王漁洋北歸志載大廟
峽貞惠夫人祠有宋嘉定碑稱神虞氏英州人生能抗
黃巢之鋒死能制峒寇之暴蓋唐人也今碑亦不存
余襄公躭石院記
在韶州翁源縣淨源山石壁上朝散大夫（缺一字）光祿少卿
分司南京上騎都尉曲江縣開國子食邑六百户賜紫
金魚袋余靖撰末云皇祐元年八月日記皇宋至和三
年三月十〔一〕日住持僧法沙門省功建潁川巢玉書進

士巢迪篆鄭祚刻

乳源南漢碑

在乳源縣雲門山碑首云大漢韶州雲門山大覺禪寺大慈雲匡聖弘明大師碑銘并序西御院使集賢殿學士御前承旨太中大夫行左諫議大夫知太僕寺事上柱國賜紫金魚袋臣陳守中奉勑撰末云維大寶七年歲次甲子四月丁未朔列聖宮使甘泉宮使秀華宮使翫華宮使開府儀同三司行内侍監上柱國臣李托玉清宮使德陵使龍德宮使開府儀同三司行内侍監上柱國武昌縣開國男食邑三百户臣龔澄樞奉勑建右街大乾亨寺内殿供奉講論兼表白意法大師賜紫沙門臣行脩奉勑書右龍虎軍控鶴將軍陪戎副尉臣孔廷謂臣孔廷津臣陳延嗣臣鄧懷忠等鐫字　行楷書倣懷仁聖教序內書地術堂

碑内稱漢明帝為我祖又稱睿聖文武隆德高明弘道大光孝皇帝此謚十國春秋無之陳守中行脩俱無傳又十國春秋有僧文偃傳即此碑所稱大師也傳云謚大慈雲匡真弘明禪師真字蓋聖之訛

王象之輿地碑目韶州碑記條下有乾符元年重修東廳壁記長慶元年新修虞舜廟碣文白居易張尚書碑

銘皇甫湜朝陽樓記余靖修衙記韶石亭記湧泉亭記真水館記張栻濂溪祠堂記楊萬里州學張公余公祠堂記朱晦菴州學濂溪祠堂記四齋銘崇德廣業居仁由義四齋今皆不存

下　编

典籍辑录第四
（影印本）

九成台记

《九成台记》是清陈兰芝增辑明郭棐辑录《岭海名胜记》篇目。此记以韶州古迹“九成台”为题，辑录了与九成台古迹相关的历代文、赋、铭、诗作品。全记共分文类、诗类两大部分。

九成臺

明光禄卿嶺南郭萬周先生著

嶺海名勝記

香山後學陳蘭芝增輯

九成臺記

文類　香山陳蘭之拂霞輯梓

九成臺銘 韶太守狄咸新作九成臺玉局散吏蘇軾爲之銘曰　蘇軾

自秦并天下滅禮樂韶之不作葢三千三百二十有三年矣其器存其人亡則韶既已隱矣而况人器兩亡而不傳雖然韶則亡矣而有不亡者存葢嘗與日月寒暑晦明風雨並行乎天地之間世無南郭子綦則耳未嘗聞地籟也而况得聞天籟使

耳得聞天籟則凡有形有聲者皆吾羽毛干戚管磬匏絃嘗試與子登夫韶石之上舜峰之下望蒼梧之渺莽九疑之聯綿覽觀山川之吐吞草木之俯仰鳥獸之鳴號衆族之呼吸往來唱和非有度數而均節自成者非韶之大全乎上方立極以安天下人和而氣應氣應而樂作則夫所謂簫韶九成來鳳凰而舞百獸者既已燦然畢陳於前矣

九成臺記　陳奇謀

余嘗博考宇內山水弔古追風慨然欲縱觀皇王

以前勝址至韶治之有九成臺斯又故虞帝南巡所歌風舊跡也阜財解慍遐哉有深思乎萬歷之己丑余奉命來守是邦會郡務久墜殫心而整頓匝兩月而始暇觀風爰偕同曹劉君承範呂君良佐黃君華秀相與登眺其上則見嶒崪雲表下俯城雉瞰山臨水青翠照人而江上船艫之聲時聞於琅風松瀑其井廬而托處者夫又鱗鱗相望也此何必減滕王黃鶴諸樓哉已而覽志何以名則昉諸蘇文忠公席上銘而歌之者然其間寖復寖

廢代異時殊志所載詳矣靡竢而喙云迄世廟初有唐公升者始勒子瞻之文碑其上而甍瓦更新迺歲齧而又漸以圮矣余顧謂兩君曰臺爲我主而令廢於闤闠暮烟之中於地主何辭因相與議修創而獨藉於應募無從者惟是我兩賢寮捐俸是賴而友邑令長曲江劉文芳樂昌邱一鵬英德蘇大用仁化謝一豸翁源陳文熙乳源林文豐亦靡不相率而和之至下逮郡文學許調元慶元兩兄弟者亦驩然出四棟而輸爲楹也豈有虞氏之

風至今能動人心乎哉嘻余於臺有辭矣由是鳩工聚財品畫經制上架以重樓八窻洞朗渺渺可受烟霞額曰空中樓閣其堯天之境界乎臺制面東月出而當樓之中斯冰壺映徹月到天心處也不妨取康節句矣而樓之上額復曰雲裏帝城蓋又爲虞氏之遺而取唐人語相肖也至其蒼崖白雲江流湍悍寓目寥曠若增而勝昔人之不鑒賞青山綠水而有味乎烟水雲山者余於是臺亦云若廣袤豐殺一踵舊基不加侈麗惟中設簾幃屏

案而時時供縉紳賢豪長者遊是舉也寮長不愛其財士民不私其力蓋不閱月而功卒用成余前謂有虞氏之風至今尚能鼓動人心也嗣是務暇即與二三寅儕挈衣舒嘯間以江鱗村釀佐之因而采民風發民隱以勵勸我平日勤卹之不逮毋徒爲章華銅雀之鉅觀也者且也貽諸後而千古簫韶遞有遺響如眺滕王而悵帝子步黃鶴而想羽衣太守事也太守責也儻曰勞民傷財飾觀美睹沾沾騁遊佚而博愉快則余不敏所不敢出求

子贍氏之後塵而敢希晉風流之庾亮乎哉劉君呂君黃君僉曰然落成走筆記之

韶州濂溪書院記

朱熹

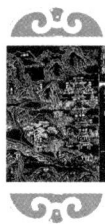

秦漢以來士不知學言天者遺人而天無用語人者不及天而人無本專下學者不知上達而滯於形器心上達者不務下學而溺於空虛優於治已者或不足於及人而隨世以就功名者又未必自其本而推之也夫如是是以天理不明而人欲熾道學不傳而異端起人挾其私智以馳騖於世者不至老死則不止而終莫悟其非也宋與九疑之下春陵之墟有濂溪先生者作然後天理明而道學之傳復續蓋有以闡太極陰陽五行之奥而天下之爲中正仁義者得以知其所自來言聖學之有要而下學者知勝私復禮之可以馴致於上達明天下之有本而言治者知誠心端身可以舉而措之天下其所以上接洙泗千歲之統下啟河洛百世之傳者脈絡分明而規模宏遠矣是以人欲自是而不得肆異端自是而不得騁蓋自孟氏既

没而歷選諸儒授受之次以論其開創興復汎埽平一之功信未有高焉者也先生熙寧中嘗爲廣南東路提點刑獄公事而治於韶洗寃澤物其兆足以行矣而以病去乾道庚寅知州事周侯舜元仰止遺烈慨然永懷始作祠堂於州學講堂之東序而以河南二程先生配焉後十年教授廖君德明至故祠頽已摧剝而香火之奉亦惰弗供明年乃增廣而作新之像設儼然列坐有序月旦望率諸生拜謁歲春秋釋奠之明日則以三獻之禮禮焉而猶以爲未也則又日取三先生之書以授諸生曰熟讀精思而力行之則其進而登此堂也不異乎親炙之矣又明年以書來告曰韶有舜風士多愿慤少浮華可與進於道者蓋有張文獻余襄公之遺烈焉然前賢既遠而未有先生君子之教以啟迪於其後雖有名世大賢來官其地亦未有能樞衣請業而得其學之傳者此周侯之所爲惓惓焉者而德明所以奉承於後而不敢怠也今既訖事而德明亦將終更以去矣夫子幸而予之一

言庶幾乎有以卒成周侯之志也是亦德明之願而諸生之幸也廖君嘗以其學講於熹者故不復辭而輒爲著先生倡明道學之功以示韶人使因是而知所以用力之方又記其作興本末於此使來者有所攷核焉

重修九成臺記　黃文煒

昔有虞氏南巡奏樂茲土閱今四千餘載而九成一臺久而彌新蓋帝德廣運有所以淪浹人心者感慕奮興而不能已此祀典所由起也臺舊名聞韶自宋靖國初年秋公蘇公更名作銘以來其間築而圮圮而復修者數矣迨　國朝唐太守因舊制而式廓之構以層樓周以欄檻又增築省月之軒而是臺遂爲一郡巨觀屈指又歷四紀風摧雨浥將復有傾圮之患丙午冬文煒來是邦與寮佐登臺憑眺不特萬家煙景四社書聲盡人耳目而貂蟬筆峰拱其北芙蓉蓮花鎖其南諸山旋繞如玉環正武溱洄若錦帶遠近十景皆一覽而得之可謂曠如者矣至四時之鳥語蟲吟各舒天籟水

流花放自成文章兼以漁師舟子擊楫歌呼于化日光天之下卽謂鳴球餘韻舞羽休風猶留于九成臺畔可也韶郡舊有虞帝祠在皇岡之麓尋毀而虞帝之主屢遷于梵宇神祠春秋享祀訖無常所因竊病之夫太守之職固以修舉廢墜爲務頃者學校城闉衢路已稍稍就緒況敬祀皇神爲民祈福以助宣我　聖朝雍熙雅化又曷可以怠于是召郡中縉紳議所以祀帝者僉謂臺名九成誌古遺蹟有虞氏靈爽實式憑之卽是臺以妥以祀或者揮薰絃而解民慍恍惚聲聞于層霄朗月中以庇佑韶人乎文煒曰然遂捐俸命旅鳩工易其棟梁之朽腐者榱櫨瓦甓增其殘缺而屏幃壁落之漫漶不鮮者赤白之今而後崇祀于臺庶乎重華之來享也夫

南山十詠序　劉仲湛

韶陽郡山水於五嶺爲勝枲郡城而南幾千步於一郡復秀絕秀之中鳴絃峰稱最觀其盤青峭壁排虛而起下壓巨流上摩層霄周視崢嶸森如[illegible]

衛世傳大舜南狩援琴於兹因而名焉故於其南建亭曰薫風亭下則有涵暉谷凌煙嶂並載圖牒近歲又遷　先師之廟居於其址像殿齋廬之外復立二亭一閣一堂一院以為學者講習宴息之所其爽塏幽致則控帶巖壑韜映雲霞縱妙極毫素未能圖寫其彷彿矧無詞蔓語一聯一詠而欲模狀哉是以文於石題於板前後鱗次中的者益寡惟今古渤海舍人篆勒廟垣有江聲瀉洙泗山色似龜蒙之句比興切至得風雅深旨其餘衆則

若九牛在目不遇庖刃也主上應元符之歲仲湛以佐著作局來守是郡郡僻事簡閒得與僚友遊賞其下既而歎曰物之奮奇蓄異雖在朝市不遇知音者則必與夫碌碌同棄況其遐遠者乎暇日因用古體賦成十章刻之石壁庶以洩兹山之久憤且使觀而詠之者識桑林之音耳宋元符四年吉旦朝奉郎祕書丞知軍州兼管內勸農事武成尉劉仲湛述

遊南山序　唐御史　元結

嘗謂陰陽精氣結為山嶽者則為勝為異為奧為閟故萬嶺交峙而嵩華辨其方羣嶽効靈而瀛壺抜其類是知仙居靈宅其必有靈乎鳴絃山名之北址果業之東阜高不百仞廣纔千畝層巖石室幽谷靈洞殊景異觀秀絕奇偉雖瀑流之下廬峰懸磴之躋丹嶠路遠莫覩餘不知其倫擬焉按寺記云昔有方士於是山鍊金變形羽服登仙故石室丹竈至今存焉觀其東嶺削成石瑩如玉岡巒峭崠巘壁重複捫藟而升如造雲根縹緲嬋娟似霞

衣可攀真氣勝而塵累捐五蘊破而清機閑蕩然放懷如兩翼之已生赤城之可接噫境變志先若符契之協從也下臨長川澄波吐瀾煙霞久收飛鳥不喧杳渺逶迤流注無間西通巨壑連嶂如屏林靄朝翠巖光晝清篠簜藏輝松杉下冥虛豁寂寥涵風有聲緣嶺未極劃開洞門黛容崢嶸詭狀輪囷疑伏龍怪鎮合煙雲又有古木倒傍絕壁盤根綢絡挂落空碧崩崖傍傾援遝下仄羽人幽會此焉瑤席搏翠壁而直上軋崎嶇於紫氣[illegible]

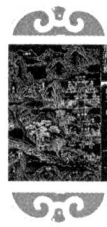

以中斷奔屏蹙而成室涵孕精爽澄凝氣源信列仙之攸居豈塵俗之所止哉嗚呼鶴駕一去鳳簫響絕荆榛蔽路危磴敗滅跡留人境而舉世莫知地聯精刹而羣遊莫至吁又何怪乎其晦藏也元和丙申歲秋八月余以膠鬲之困寓居精舍再從兄昭肅時假兹邑政便於人務簡多暇與當寺僧智攖日探道源攖亦好古饕奇之士也因語故實緬想羽客之元風以爲靈跡神蹤精誠必復乃操刃持畚履險通幽梯絕棧而歷巉崖排蒙蘢而登

杳藹時更千稔而神居祕躅粲然皆睹嗟乎芝田元圃豈遠乎哉天之與人氣通則合客有顧谷而諗予者哉或應之曰天之運否泰相濟故善利稱德下民昏墊人之道行藏有數故棘津蓬累時惟鷹揚靈物必通道在斯著不然何荒阻千祀勃焉而興乃爲銘曰鑿石通道兮援木枝仰攀洞口兮踐欹危奔龍伏虎兮勢狀奇林攢峰倚兮蟠雲螭下臨陰谷兮神以慄嵌巖巖兮洞無極老松蕭瑟兮生遠風輿雲沛沛兮煙霧黑懸巖排空兮色嘖黛堅根綱絡兮層霄外披霓解帶兮羽翼生下眺遙江兮入青靄世道紛綸兮何足謂朝爲榮華兮夕傾頹不如幽谷兮閱仙經冀浮邱兮整煙轡我窺丹竈兮坐山腹衆峰參差兮隱雲族磐仙嶺兮望瑤臺朝霞照海兮錦綺開信赤松之所升降王喬之所往來道或用晦兮靈物斯潛殷道未昌兮說築傅巖紛予感此兮勒銘雲根山既不朽兮與名長存　陳蘭芝曰昌黎論唐代文人首及元結

虞泉小記　方信孺

韶之西北有山聯綿如屏幛是爲皇岡虞帝祠奠其麓提刑使廖君德明既作新之有泉出祠東崖甚甘而潔與他泉異余仲夏有事祠下徜徉林間因謂是泉幸與虞祠相始終而名獨未得與舜峯韶石並著雖泉之不造亦好事者之責於是命匠刻石名之曰虞泉

大湧泉記　宋開國公余靖　曲江

嶠南溪山之勝曲江稱最然其絕境多在遠郊徙州治以跨二江百餘載矣亭榭池館面高[illegible][illegible]

創後續不逾雉堞耳目所詣不爲難能尚書外郎杜君梃之之爲守也獄無寃私賦役以時事舉條領民用休息近郛勝槩亡不周覽梁濟湞水越長亭得湧泉焉始其出喧闐入杳緆紆縈曲澗嵐碧相照澗極崖平泉源在焉橫岡屈然隱若伏獸疏窒爲沼泉出石罅大若濤湧細如鼎沸久旱不竭經冬常滿南方瘴暑酷如炎焚暫息泉上爽竦毛骨梃之乘間一來唫酌永日自非薪貧無預茲賞旁有精廬因泉得名於是知事僧謀於衆曰古之

君子必觀於水盍有道焉習氏之石千載若存盍有遇焉今太守適意水石而露坐泉旁雖曠濟自適豈吾人之所安也乃募金伐材構亭泉心貫之飛梁虹橫波際翼以堂室備賓遊之憇外營碓磑爲民事之觀梃之暇則造焉以滌煩慮旣罷郡歸闕且半載靖與後太守潘伯恭甫康倅李仲求共涉泉亭一飯一啜不同於俗皆當時之事乃書名屋壁以誌共遊後一月又書亭之始以寓釋泉上橫石而書之因歎曰韶處嶺阨雜產五金川分之

民聚而遊手牒訴紛拏稱倍他郡梃之以誠應物庭無事日自適於山水間乃知爲政自有體也斯遊斯景書之其無愧梃之名植伯恭名夙仲求名定

九成臺記

詩類 上冊　香山陳蘭芝拂霞輯梓

武溪深 溪源發自楚南郴州繞宜章南流入樂昌又流百里經韶府治西南與湞水合古名虎溪唐改今名孔平仲句云簫韶有遺韻流入武溪中昔馬援南征其門人袁寄生善吹笛援作歌以和之名曰武溪深　漢 馬援

滔滔武溪一何深鳥飛不渡獸不敢臨嗟哉武溪何毒淫

陪王司馬登逍遙臺　唐 張九齡

嘗聞薛公淚非直雍門琴竄逐留遺跡悲凉見此

心府中因暇裕江上幸招尋人事已成古風流獨至今閒情多感歎淸景暫登臨無復甘棠在空餘蔓草深晴光送遠目勝氣入幽襟水去朝滄海春來換碧林賦懷湘浦弔碑想漢川沉曾是陪遊日徒爲梁父吟 逍遙臺在韶州隋薛道衡建

韶陽早秋　許渾

宋玉含悽夢亦驚芙蓉山響一猿聲陰雲迎雨枕先潤夜電引雷窗暫明暗惜水花飄廣檻遠愁風葉下高城西歸萬里未千里應到故園春草生

韶石山　宋 楊萬里

新隆寺後看韶石三三兩兩畧依稀金坑津頭看韶石十十五五不整齊一來望韶亭上看九韶八音堆一案金鐘大鏞浮水涯玉瑟瑤琴倚天半堯時文物也粗疎禮樂猶帶洪荒餘茅茨殿上撻土鼓葦葉聲外無笙竽黃熊郎君走川嶽領取后夔搜禮樂嶧山桐樹夜半鳴泗水石頭淸晝躍山祇川后爭獻珍姚家制作初一新帝思南嶽來時巡宮琛殿寶皆駿奔曲江淸澈碧瓊軟海上孤尖翠

屛展天顏有喜后夔知一曲雲韶供亞飯帝登九疑忘却歸不知斑盡湘筍枝后夔一壓跛莫隨坐委衆樂江之湄儀鳳舞獸杳無跡獨留一夔守其側至今喚作獅子石雨淋日炙爛不得洞庭張樂已蕪若犍爲護磬亦塵埃不如九韶故無恙戛擊尚可起冬雷何時九秋霜月裏來聽瀟湘瑟聲美曲中莫道不見人江上數峯是誰子

韶石山　宋 余靖

世務嘗喧擾物外有眞賞結友採勝槩放情恣

想韶石南國鎮靈蹤傳自最雙闕倚天秀一遥寄
雲上長江遠縈帶麥巒疑負襁千里眇不覩高形
羅帷象日影難崑崙鰲頭冠方丈青螺佛髻高峯
玉仙都做霞城晴烟爚桃浮春浩蕩仰攀霄漢近
俯瞰神魂悅淵深流如織巖虛動成響造化與眞
質妙畫胡能做賤子生海隅逢辰辱朝獎靡成彝
鼎勲甘從岩壑往驚禽戀故林困驥畏羈靮茲遊
得幽深同懷樂淸曠世言帝有虞朔南暨教廣丹
穴卜巡幸翠華臨蒼莽簫韶曾此奏鐘石無遺象

但覺薰風存儵然天籟爽姬公著治典歷代所遵
仗九野奠山川萬靈通肹響醫閭與吳獄中則戎
夷壤四時迎氣祠猶煩禮官掌竟是祝融區孚物
資含養來儀威鳳居樂育菁莪長膚寸起成霖崇
高一方仰躋之佐衡霍無慚公侯享 韶石山在城北四十里相
傳舜奏樂於此奇石峰有三十六名曰左闕曰右
闕曰侍石曰左毬門曰右毬門曰駱駝曰[illegible]
鳳閣曰大香爐曰太平曰馬鞍曰寶蓋曰奏[illegible]
樓閣曰新婦曰獅子曰小香爐曰虹蜺曰石[illegible]
石硯曰石帽曰石桃曰羅傘曰上魚[illegible]
曰石倉曰石廩曰石田曰二使韶之山多奇[illegible]
石爲最雙闕又爲韶石之絕奇者挺拔[illegible]
有香爐花瓶二石狀皆瓌異餘不可勝紀[illegible]

東爲曲紅岡
諸詩載志

韶石山 明 劉啓鑰

雲根闢大荒溟溟誰探討南巡奏韶樂崳陽何杲
杲夒之淨而宣夔龍經箏椅托出英皇魂娟娟瀰
碧草玉筍尖纖立龍孫在縈抱磊落丈夫情襟古
歌吟浩帝輦幾迴來懸望愁如擣鳳去四千年橫
嘯孤月皓湘江流自開相對不能道晴陰倏忽移
時被嵐烟惱因此石居人拂衣爲其早乘鹿歸韶
山孔聖貴懷寶

芙蓉山 府城西對河石室數處漢康容得道處 鍾元鼎

芙蓉插青漢寶刹結中林曲繞紅如帶紆迴地自
金凉泉分細路晴日亂遙岑官閣諸天外禪龕萬
壑陰眞言馴海馬淸話雜山禽脫粟乾坤大飛砂
歲月深藤蘿牽窈窕松竹助蕭森浩蕩觀空去悲
陵出世心

九成臺

城上高臺臺上樓樓前落日滿汀洲坐來突兀[illegible]
山出看去滄浪二水流天畔有時疑鳳吹人間[illegible]

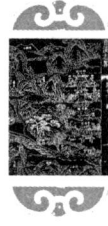

復想龍遊徘徊惟見殘碑在讀罷俯然萬古愁

皇岡山 城北三里連接貂蟬石繞出筆峯之後高峻端整儼如屏障舊傳舜南巡奏樂於此因祀舜於皇岡之麓名其水曰皇潭泉曰虞泉山頂舊有翠華亭在焉祠下有舜峯寺即祀舜齋沐之地唐韓愈有詩 學士 解縉 吉水

千里來尋故相家曲江南畔夕陽斜鈞天此日開
韶樂步上皇岡望翠華

遊芙蓉山 李鳳章

岩嶤峯峙曲江湄古木蕭疎石徑欹攬勝欲騎黃
鶴至尋仙還與白雲期雙流還合千帆過萬壑爭

趨一塔揞自昔江山誰領畧煙霞猶覆洗丹池

送魏二十四司直充嶺南掌選崔郎中判官
兼寄韋韶州 杜甫

選曹分五嶺使者歷三湘才美膺推薦君行佐紀
綱佳聲斯共遠雅節在周防明白山濤鑒嫌疑陸
賈裝故人湖外少春日嶺南長憑報韶州牧新詩
昨寄將

九成臺記

詩類 下冊 香山陳蘭芝拂霞軒梓

次韶州 明 歐大任

臘月渡湞水繫舟韶石間山高連漢徼樹遠接秦
關禹甸通諸粵堯封盡百蠻九成臺下路猶想翠
華還

同鄺別駕中伯蔡山人子畊幼子邦理登九
成臺 黎民表

芙蓉秀色半晴陰影入空江百尺深紫閣倒垂星

宿象碧天吹落鳳鸞音烽塵正屬談兵日雲路誰
爲出世心風景故園猶想像丹梯吾肯倦登臨

九成臺 吳旦

碧玉闌干壓故基虞王曾此駐旌旗風泉尚帶絃
琴曲谷鳥猶呈羽鳳儀二女不來雲黯黯重華何
處草離離郡城北望山如戟落日微茫似九疑

韶石 國朝尚書 王士正 山左

昔聞韶石奇今覩韶石狀奇峯削凡體斗絕各雄
長怪石走中流牙角怒相向峽逼舂湍豪攉舂力

頗抗雙闕屹東西毬門始誰刱其旁有阿閣靈鳳
昔來兕傳聞帝南巡九成奏崖障后夔不可作疇
與辨眞妄飃搖翠龍駕髣髴鈞陳仗陶唐今復見
臨風重瞻仰

將之韶州留別黃開乾　梁麟生

丈夫壯遊苦不早誰甘獨守空山老惜君早孤獨
一身高堂有母垂六旬我身無累輕如芥及今不
遊更何待芙蓉山色九成臺馬蹄不出庾關外君
聞我行酌我酒酒闌徘徊重握手爲言臘凍魚負

氷緼袍之外君何有嗚呼囊空裘敝何足言看君
寥寂歸柴門君家高館淹留久回首池亭應斷魂
君不見露臺金人辭漢去將下露臺淚如雨金鑄
金人心是金況我與君原有心芙蓉山與九成臺相對

韶石山

嶺南名勝傳韶石想像八風今似昔梁生昨駕舟
楫來將按輿圖訪陳跡途中積雪一尺深乘馬乘
車行不得入春三日天氣清好鳥喚人時一鳴暖
棄敝裘挾孤策問人取道北城行北城行行四十

里不見簫韶見遺址大小香鑪春蘚青上下魚鱗
暮烟紫長嘯一聲天地愁滿林葉振如清秋老僧
招手共探討三十六峰同一邱三十六峰盡奇絕
上拆天門雙闕芙蓉不夠是峰巒下瞰貂蟬如
蟻蛭因思虞帝南巡時左鐘右鼓遙相隨一就高
岑陳大雅至今名郡仍因之夏夔之才久不作曹
部伶倫都寂寞欲向王庭召太常對坐坡陁共商
確廿年耳目蒙氛埃遙憶薰絃此亦開今日暫酬
風日美明朝還上九成臺

韶石　太史 杭世駿 仁和

治定作樂肇自黃羲簫韶九成繼堯咸池浮磬木
貢玉環不來叶所擊拊者世儒莫知函胡之音僻
在南陲亦艮其趾迤而邑而天雞夜應風水汨之
帝南巡狩稅駕厜㕒象緯周闋乾坤恢夷張樂虞
野鼓萬物機簴業崇牙翠旄金支彈五絃琴歌南
風詩方撰畢朝環聽忘疲神人行悅鳳凰來儀此
石發響韻流山坻蒼梧一去三妃未隨此石暗伏
攢落荒碕閱四千載　至人乘離行幾亟臣蟬師

暫維流眄崇阿神游帝期欲補韶箾而忘其辭柲陰偃蓊蘿條胥衣迢迢古歡悠悠我思滄波曷極白雲自飛

月夜登九成臺　學正 陳王猷 海陽

溪流一帶女牆隈月白瑤堦虞帝臺武水聲中琴瑟拊皇岡重見鳳凰來

韶音洞 自注在粵東韶州　太史 吳光 歸安

探奇壽古嶠巇竇臨清瀨空谷響易奔萬竅咸竽籟苔蘚映崩壁竹栢翳叢薈冬夏鳴瑟商昏旦變

明靄睠邀蒼梧廻透遲翠華邁驂虬紛躨跜羽旍森晻藹攬袂南薰亭天風動衣帶月皓清湘流雲空九疑外抗緬千載前躊躇發深慨

韶石　同知 李文藻 山左

灣頭至平圃上水一日程左右皆韶石刺眼紛崢嶸相對如故人彌嘆造物靈汜我初來時見此心神驚欲以告弟妹兼示濟南生 謂周書昌 據舫就片紙持筆圖其形有客見大笑謂我畫竹荫鹿鹿七年來絕景窮寐縈重至幸天霽惟恐眼不明溪路互

曲折山形俄變更橫側各異態隨人爲呼名東西屹雙闕仙子白玉京縹緲靡不有十二樓玉城帝樂昔何音諸石皆立聽

英德南山

緣江開屏風古色照清冽城南距一里岸西徑再折矗矗爭人立重重成陣列片片蓬島雲寸寸梁州鐵藍靛染難似雨露洗逾潔根深及鼇負顛齊傀斧截長不過豐碑短亦趐小碣塊方出矩度質膩少皴裂鐫猶假梯桄書如題綽楔聲貞頻降遊

五丁幾時掣過客咤奇異造物偶施設微低當古寺佛座跨一埒寺南鳴弦峯百丈高巀嵲欲高木高際石壁更峭絕琳瑯闢生面金薤聚前哲嘉祐棧路記完好無刓鈌故蹟應可尋橋梁須補綴捨舟避峽險行者將大悅又有十咏刻北宋所表揭聖廟與書院亭閣紛更迭如何委榛莽弦誦變嗚咽平生于金石偏嗜快捨撥尙能稗史事詞翰略工拙緣枝登鳥巢攀磴伺猱穴剜剔手黏蘚胥絡眼增纈强記待筆錄偶忘又塌幽俄傾數上下日

夕忍疲苶旁有枯僧隨容痔衣百結衲亭亦就圯
勝地太蕭屑惟有山水好終古不湮滅

韶石　孝廉　張錦麟　順德

浮山没寒溪逃石傍荒岸韶陽供客眼雄獨此其
冠挨排四九峯（石山三十六峯）物象呈變幻罔經不待借
指點名可按尚嫌太高寒嵐靄凝不散日華賴相
照丹翠紛絢爛巍然見雙闕桀立倚天半削成疑
鬼工其下平若案兒孫丈人行遠視不可亂攀援
絕鉤梯萬古樵跡斷傳聞雪衣仙對坐十[illegible]凌
九成臺記　卷十五　詩　卅四
虛窓周覽愛此尚留䟽悵望無由升凡骨白悲欸

望九成臺

欲覓虞舜渺無緣雙闕浮光落眼前萬叠芙蓉爭
繞郭（芙蓉韶陽山名）千尋樓閣迥臨川雲山韶濩應長在
瘴海魚龍已寂然獨有江湖憔悴客幾回搔首聽
鈞天

舜祠翠華亭（廣東通志翠華亭在皇岡山）　王士正　山左　續檢

髣髴南巡蹟重華事有無雨痕上斑竹雲氣接蒼
梧儀鳳何年逝啼鵑歲又徂不勝懷古意江色川

荒蕪

翠華亭　續檢　梁麟生

瘦馬輕車路折迴翠華無迹見黃埃禽聲尚學傳
呼出山影還排鹵簿來地受條風冬草綠僧知時
祭寺門開（亭下有舜峯寺祀舜齋沐之地）慣聞鼓瑟湘江水流入
皇潭夜夜哀

九成臺　續檢　陸世楷　河南

韶陽城頭望韶石三十六峯森劍戟連雲斷壁拱
貂蟬筆峯落處開平川平川開敞鳳凰止皇岡歲
九成臺記　卷十五　詩　卅五
奉重華軌重華南幸葬九疑不聞鑾輿復巡此韶
州之名始貞觀謠傳先代朝衣冠蠻歌猺舞競巫
祝豈有仙樂留雲端自從文獻通上國車書禮樂
雄南極燕譽亭邊雀舫聯逍遙臺下軒車織別有
高臺號九成誰其創者狄咸英政通人和百廢舉
時時臨眺怡幽情聞韶舊地久寂寞臺畔清音不
復作移來城上自何年畫棟朱甍誇傑閣此臺原
是武溪亭芙蓉半壁如雲屏殘碑數幅未磨滅字
法直敵蘇公銘武溪源從蔚嶺出三瀧聲震飛湍

疾石室書巖自古今亭臺轉眼多荒佚往事與衰
且莫論但看隹氣變朝昏雲橫鐵甕藏墉堞星動
牙旗蔽市門千門百市稱都會嶺南福地斯爲㝡
降幡一片出湘江樓船南下瞻紅旆十五年來生
聚殷山城絃管日紛紛襄公故宅神如在風度危
樓鑑自分危樓雙峙浮雲裏唐宋勳名誰可擬山
川清淑氣漸開鬱葱屢見人文起人文聚散亦有
時昔何濟濟今蚩蚩春風畊遍將軍壘夜月吟虛
丞相祠我登此臺重嘆息亂餘何暇論文墨只今

嶺海皆伏戎百室盈寧寧易得先憂後樂古人心
念此榮枯感更深願携汝水瘡痍衆來聽薰風解
愠琴

潭州送韋員外迢牧韶州　杜甫

炎海韶州牧風流漢署郎分符先令望同舍有輝
光白首多年疾秋天昨夜凉洞庭無過雁書疏莫
相忘

韶石山　蘇軾

雙闕浮雲照短亭至今猿鳥嘯青冥君王自此南

巡狩再使魚龍舞洞庭

遊南山　趙執信　益都

積雨連江郭不知青翠濃寺門隱深竹石路遶疎
鐘北客驚春早南山爲我容應尋讀易子持杖歷
雲峯

丹霞山记

《丹霞山记》是清陈兰芝增辑明郭棐辑录《岭海名胜记》篇目。此记以韶州古迹“丹霞胜略”为题，辑录了与丹霞山相关的历代序文、寺僧人物传、偈颂，以及文类、儒诗、僧诗、词等作品。

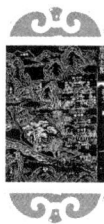

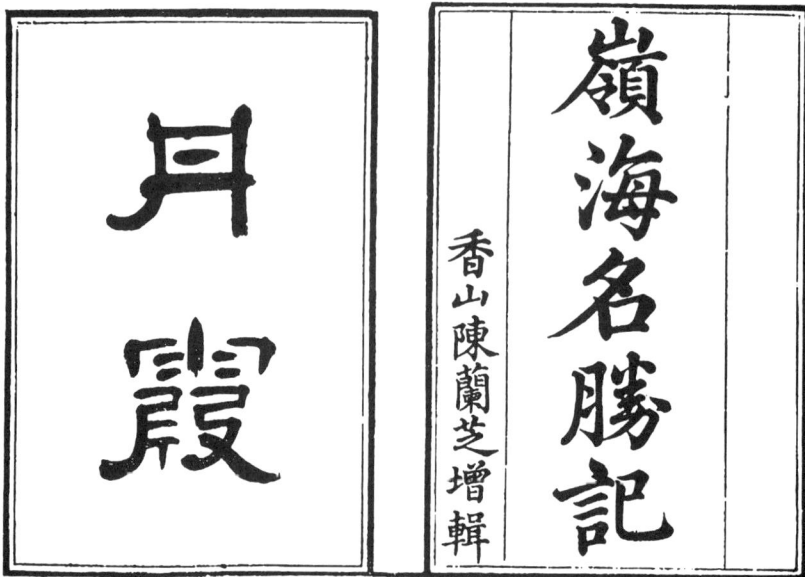

丹霞

嶺海名勝記

香山陳蘭芝增輯

丹霞勝畧

總序　　香山陳蘭芝拂霞輯梓

丹霞山紀勝序

造物有無盡之藏吾人有日新之境左國孟荀文之至善也而南華離騷特標靈異李杜王孟詩之至工也而東野昌谷別構新體天台雁宕羅浮武夷山之至妙也而丹霞晚出更擅奇姿信知經史之外不乏異書岳鎮以還更多名嶠而尠見寡聞者局於所知藐畧其所不及知則隘矣丹霞山在

丹霞勝畧　卷十二　總序　一

韶州仁化縣境韶之山多銳削韶之石多空靈大納臨水以爲勝丹霞拔起江干聳削千丈遠望之如囷廩如層城周遭五色石圍之斑斕相錯如錦故名丹霞山形下窄上廣如攀蓮莖而上蓮房險隘處挽鐵絙以上頂乃寬平旁多懸巖石室禪房梵宇錯布其間環視旁峯皆筍抽笏立韶江一綫縈迴其下蓋天下最奇勝處也自明以前山初無名人跡罕到乙酉後中州李鑑湖因其兄文定公丁外艱挈家避亂始闢是山亂定將還故里乃披

榛削莽漸次成禪林乃迎雷峯山禔公主法席禔
公以名孝廉出家道風冠於嶺表衲子浩歸游人
至者接踵由是丹霞之勝聞天下矣造物之初二
氣融結即有是山而沉埋晦塞不知幾千萬年迄
今始呈露若天作地藏待其人而開之者然豈不
異哉鑑湖昆玉乃忠臣義士禔公則傑出禪師而
鑑湖所以避地皆本之忠貞孝友之誠與他方度
地誅茅者不同以奇人遇奇緣而開奇山適相稱
也山故未有紀今仁化令陳君石峯政成之暇來

游是山愛峯巒之奇特樂禪宇之清幽企想名賢
風規如昨乃標巖題谷作爲茲編與興公之賦天
台康樂之詠石門高寄畧等余十年前嘗登是山
出嶺匆匆未遑賦詩作紀綴名簡末有餘幸焉故
樂爲序之聊補鴻爪集中之缺畧云爾康熙己卯
冬吳江潘耒書于羊城寓舍

丹霞勝紀序

撰幽棲志著高僧傳非守土者事也雖然山川原
隰覽勝選奇巖棲穴隱顯微闡幽於以補採風者
所未備亦未必非守土者責也故司馬子長乘傳
問俗歷箕山涉九疑搜求往蹟以成全書而于政
事人物得失大備謝太傅登山臨水絲竹自娛而
一代蒼生屬望東山李鄴侯白樂天歐文忠文章
政事卓越千古乃明聖湖邊一坏勾留柳柳州元
次山之於浯水西山披荆闢莽扳緣殆盡亦未聞
其廢事失職玩物喪志也至今地以人重教化興
起似山川靈秀感其知己表彰之意使千古鬱愁
之氣發於一旦故潛爲之效異抒靈而遐陬僻壤

之區遂令膾炙人口以垂不朽仁化之有丹霞自
有天地來即有此山矣前此未之聞也闢之於李
公孝源成之於上德禔公其丹山碧水翠竹蒼松
未易描寫山周遭十里亭亭直上不附不倚而左
右前後數十里之峯巒聳秀若千軍萬隊各執儀
仗以相侍衞者向無徑可通李公孝源避亂其中
設層梯扳蘿薜貫緣以上自壬寅歲禔公既有茲
山鑿石治道險者夷之陡者平之斜者石之溪澗
爲橋倚巖綴室而四方有力者佈金輸粟石室雲

房輝煌耀日遂成一大祗園鹿苑矣來往既便遊侶漸多高僧習淨業者爭趨選佛勝場焉丁丑予承乏斯土公餘流覽登臨發嘯聲震林皋援琴命操衆山皆響每一停橈曳杖將簿書俗冐洗滌殆盡雖坐案牘堆中輒瀟瀟有游刃之致然則江山之助人非淺鮮也開士角子收拾遊人吟咏并布金姓氏成帙而未有倫次也予乃搜羅彙集若山水若建置若福田若高僧藝文書籍奇蹤分門別類以成全書適廣陵吳子彤本寧鄉陶子奉長湘

潭劉子五原結伴來遊授以參訂不一月而脫稿以登厥梨棗俾騷人墨客佛子仙徒披覽無遺如設繪事于宗炳　室未必非臥遊者之一快也書既竣凡十卷或告予曰子楚人其有慕於羊叔子之峴山柳河東之西山諸勝者乎予曰紀山川雲物以待採風之輶車守土者之責也若妄擬古人焉則吾豈敢則吾豈敢時康熙三十八年歲次己卯仲春月文林郎知仁化縣事疑山陳　雉石峯氏撰

山水總序

天地菁淑之氣鬱而爲山川鍾而爲人物積而爲忠孝仙佛之奇特葢地與人之相既也久矣嶺南爲山水之奧區而韶爲最韶之屬邑其間稱佳山水者不一而足而仁之丹霞爲最山在仁化縣南距縣治十七里耳三峯特立如出天表而蜿蜒變化之勢未易名狀或擬之曰船又曰奮龍云山崛起自楓樹塽跳躉雄俊逶迤騰達左旋右奔十餘里亂山爭出歷塽過七如來峯乍起乍伏亦斷亦

連抵舵石上龍尾即人向所指爲船與龍者庶幾似之矣由龍尾而上三峯屹立屏障宏開將欲爲丹霞結穴寶珠峙其左海螺居其中長老倚其前皆峭削千仞而海螺峯則尤夭矯摩空不可仰視者也據絕頂而西跨仁化東控韶陽南襟湞水北繞曲江咸一望而收若北面立而胥指使也考其脈葢由於庾嶺大約於廬山爲大宗而南岳則其鼻祖也其下爲綠玉潭爲錦溪乃一接桂陽之秀自城口發源沺渫而下過縣治而經於此一出於

七如來峯從楓樹塥分流左遶而曲江水則又從黃沙坑來合于長老峯後左遶而同入於江下部陽與曹溪一滴相會則山水之相遭固不可謂不奇矣然丹霞之得峯者二十有奇其得巖者亦二十有奇得砦與石者四五井與泉者三四洞與關者一二峯之屬若寶塔若雲梯若天柱若雙髻若龍尾若金盆佛日獅子燄慧七如來或遠或近或向或背或如雲起或聳秀插天或菁葱蓊鬱聽松則濤翻十里看竹則碧落千竿泠然善也巖之得

名最久者惟錦石是卽輿圖所載五色燦爛者是也而出米巖附焉他若天然篻竹海螺晚秀水簾片鱗艸懸舵盤大明雪岩夜光霧隱岩皆環繞三峯如狻猊張口齦齶逼霧養靜者或架木爲屋或竪石爲軒虛其中廓然有容二三衲將終老焉昔人常避亂於此謂與武陵桃源相似信然至若半砦香楓砦屯軍楊州諸砦或倚伏山下或羅列江千環衞而拱向之扼險爭奇堪稱外護然固有隸在丹霞者亦有不隸在丹霞者皆得以丹霞誌

之葢分地者與人而得全者與天也則隸在丹霞者固爲丹霞之所有卽不隸在丹霞者亦何莫非丹霞之所有也乃若泉之出自寶珠者爲珠泉出自海螺者爲石乳泉出自篻竹者爲芳泉而天然晚秀龍井名焉其味甘其氣芳其色瑩冽可鑒葢品泉之第一者也已而穿白猿雲洞出夢覺海山之關眺望飛來隱然垂纓絡者則觀音石也顯然露眉宇者則人面石也乃一鎭於枕席之內一鎭於數里之外皆巑業下流斯固形家之所謂爲鎖

鑰爲門戶者也然則丹霞山豈非天地菁淑之氣所鬱結而成之者哉雖然自有山川以來而茲山具在乃其毓於湞陽者歷漢唐以迄于元明皆未嘗以丹霞顯而獨顯於昭代之初年其闢爲祖庭爲道場者自有緇流以來未嘗以丹霞著而獨著於文定公公開府虔州時以外艱逢亂買山於此奉母以居山川靈秀之區豈非孝友仙佛之地也哉是丹霞之待公以傳也夫豈偶然耶或謂丹霞爲燒木佛舊地不宜更襲以名葢李公南陽鄧州

人也古丹霞卽其故居公避亂於此而又以憂去取丹霞示不忘本也故爲之序其大槩如此云

時康熙三十九年歲次庚辰廣東承宣布政使司布政使會稽魯　超譔

開山嵩道人傳

嵩道人者故相李文定公別號也公諱永茂字孝源籍河南鄧州登崇正丁丑榜進士知黎陽有神君之頌壬午擢給事中號能直言極諫奉使留都聞燕京之變一慟嘔血斗餘誓以身殉匡復乙酉

遷虔撫金陵再陷章貢以下在在失守公控制上游隱若敵國湖東之師席卷撫建湖西之師電掃吉臨旋値外艱遂以全殭委楊公廷麟而身治喪嶺表未幾天輿復陷公決策擁桂王監國宣麻入輔屢奉墨衰之制公執義固辭戊子服闋越朝拜大學士七月病于蒼梧屬纊之際猶諄諄作駐蹕虔州之語訃聞行在所百僚莫贖六典並崇梁木既摧大厦遂覆於戲先民有言平居無犯顏敢諫之士則臨難無仗節死義之臣公在諫垣一擊周延儒論救熊開元姜埰等再忤馬士英皆批龍鱗履虎尾氣不少懾當國變家憂兩難自致之勢裁度忠孝進退所宜無尺寸自詭於矩矱哀憤憂勞歿而猶視豈可不謂行歸于周萬民之望哉舵石翁曰公度嶺葬其尊人石雲卜廬於丹霞後十餘年介弟鑒湖君捨之爲寺其于予別傳則開山檀越也環丹霞之山洞壑以數十計公芒鞋草笠提茶條杖子窮極幽奇凌崖直上所至輒規畫要害具有戰守部署方畧卽險絕地募諸矯捷者俾搜

剔攀躋懸賞格以待之未嘗有尊貴不可犯之色飲啗無所擇語笑無所忌雖村媼牧豎咸得其歡心予聞之父老所傳慨然識公將畧亦知公聞雞運甓時自摩厲欲有所用其材顧得年僅四十八天也輪王與世七寶斯現所謂主藏寶主兵寶蕭何韓信之儔葢其彷彿七寶隱而輪王謝矣夫天顧不祚明則將先奪其寶臣公豈能長歲月以與造物者相角耶公于丹霞絕賞雪巖之勝寺成予當構堂奉公於此庶幾伽藍右軍之遺義也又李

公諱克茂號鑑湖即文定弟捨山建寺叅復出家於丹霞

丹霞山初主席禔禪師偈頌師番禺人禔即是

正中偏

帶月携鋤下石門綠畦深淺半依村從來錯過田家樂依舊寒塘鳥雀喧

偏中正

綠楊處處解征鞍舊路新華盡日閒莫向河梁深水影蒲頭如雪淚空彈

正中來

男兒仗劍走平原望斷疆埸志氣存散盡千金功未立英雄誰向此時論

偏中至

風流休問客鄉心高館銀燈酒滿斟今日相逢須盡醉不堪重唱白頭吟

類墮

一雙孔雀立芳池歛啄飛鳴不自知無端照影頻回顧卻似難如往日時

隨墮

岸柳江聲鎖日將五陵年少不還鄉漁人瞪目空相笑肯信人爲春事忙

尊貴墮

九重深鎖鳳樓寒御苑鶯啼華自殘盡說官家高帝座一聲獵馬出樓蘭

贈陸孝山太守誕日陸公南雄太守好施與丹霞樓閣多爲創建

陸家片石足千年舉向丹山尚儼然坐卧庾關看霹靂虛空驚起笑從前

靈山一別剎塵深錯認緣生直至今借得秋光似明鏡年年長照使君心

贈陸太守後太守出家丹霞

鐫佛還他陸大夫南泉眞個赤須鬍含冰滿口不言水蕩漾寒湖知有無

示海幢雷峯兩山都寺旋菴

撑持門戶憐今日此道誰當遜昔賢冉冉流光吾已老歸山遲爾再三年

示雷峯監寺卽覺

聞鐘自信何人事廿載勞勞竟孫然監寺兒孫徧
天下祖翁田地倩誰傳

丹霞角子龍禪師語錄

師于康熙丁丑夏月在江西廬山棲賢禪寺受仁陽諸大護法暨闔山耆宿請住丹霞山別傳禪寺戊寅二月十五日入院山門大解脫門八字打開要入便入不用疑猜且作麼生入舉拄杖顧左右云大須照顧脚頭脚底伽藍錢穀豐盈僧行稠密猶是門庭建立邊事永鎮山門恒扶正法還古道

于名藍毋使妖魔外道得其方便全藉威神之力

佛殿若以三十二相得見如來是人行邪道不能見如來不以三十二相得見如來是人行邪道不能見如來且看新長老作麼生與釋迦老子相見良久云露

韋馱遠承遺囑護法安僧且道法作麼生護僧作麼生安舉香云如是而護是名真護不如是護是名邪護

香積未轉法輪先轉食輪爲衆竭力彼此殷勤

祖堂祖禰不了累及兒孫兒孫不了累及祖禰二俱有過且道過在什麼處不是同牀眠焉知被底穿

據室據此室行此令直饒鶻眼龍睛不免向者裡乞命卓拄杖一下

上堂拈護法疏云無量義海三昧門總在檀越筆尖頭上花擘去也只將補衮調羹手撥轉如來正法輪拈本山大衆疏云冤有頭債有主要得契券分明者便是證據

指法座云者個凳子尋常要坐便坐任是須彌燈王到者未免一回懡㦬遂陞座指香云此一瓣香恭祝
今上皇帝聖壽萬歲萬歲萬萬歲伏願四海清平萬民樂業此一瓣香奉爲滿朝文武闔國公卿本省當道本府本邑宰官紳衿孝廉文學惟願常爲
國家柱石永作法苑金湯此一瓣香奉爲開山繼席同門兄弟列位和尚惟願不忘本誓共作舟航表率後昆流通正眼此一瓣香奉爲過去現在諸

宿惟願人人達本各各明宗此一瓣香二十年前
早已薰他鼻孔今日未免重燒爇向爐中專申供
養即此堂上先師然公是老和尚用酬法乳之恩
斂衣就座上首白椎云法筵龍象衆當觀第一義
師卓拄杖云若論全提直須塞却咽喉放開一線
始有激揚作家禪客出衆相見僧問離棲賢石人
峯送出山門且道還有去相也無師豎拄杖云棒
頭有眼明如日進云長老峯迎歸丈室來相又作
麽生師云要識眞金火裏看進云只如不去不來

未審和尚在甚處爲人師卓拄杖一下進云恁麽
則離提新祖令又是舊家風師云有煩闍黎贊揚
問能峯一句無生曲節拍相催到于今法社荒涼
憑師力高提祖令又重新向上宗乘即不問遠客
還鄉事若何師云遠山青縹緲進云古人道有一
人不離家舍有一常在途中畢竟此人如何接待
師云近水碧潺湲進云聞聲悟道見色明心即今
鐘鳴鼓響緇素藹然且作麽生是明的心悟的道
師卓拄杖一下進云行船盡在把艄人師云何不

領話師乃卓拄杖云佛身充滿於法界普現一切
羣生前隨緣赴感靡不周而恒處此菩提座大衆
山僧承闔邑當道鄉紳孝廉文學暨本寺耆年大
衲啓請繼住此山山僧念先人法席不顧道涼德
薄謬膺重任遠從廬嶽泛蠡湖度庾嶺二千餘里
長途跋涉特特而來既到此間即今匡廬還有山
僧麽若無作麽生說個恒處此座若有又明明已
到此間當作麽生折合若折合得去始知無邊剎
境自他不隔於毫端十世古今始終不離于當念

不是神通妙用亦非法爾如然倘涉遲疑便見白
雲千里卓拄杖一下復云上來舉揚般若所有一
毫之善用申回向伏願常爲法侶同嚴不二之風
永作舟航共助無爲之化上首結椎云諦觀法王
法法王法如是下座

中秋小參

師云節屆中秋淸光溢目大衆還鑑賞得麽直饒
盡力鑑賞也只鑑賞得者邊底那邊又作麽生以
拄杖作圓相云會麽復卓拄杖云萬古碧潭空界

月再三撈摝自應知

早叅

師驀拈拄杖卓一卓顧左右云聞麽聞底不是聲復豎拄杖云見麽見底不見色滿耳滿眼非聲非色剎剎觀音塵塵彌勒會得便與古佛並肩會不得未免循墻摸壁卓拄杖一下云會麽莫把眞金錯認瓦礫

早叅

師云道不屬知不屬不知知是妄覺不知是無記

今時人往往向知不知處和會殊不知知與不知總屬意識邊事大衆離却意識一句又作麽生石人把板雲中拍木女吹笙下碧霄卓拄杖一下云叅

丹霞勝畧

文類　香山陳蘭芝拂霞輯梓

藝文志

山號丹霞久結雲霞之侶臺名紫玉時聆金玉之音勝槩既闢於開人著述豈關乎細事言詮入妙洪覺範不妨以文字逃禪議論絕倫支道林乃得以才名出世然而聽鐘蓮社高人之逸致何多臨水東林太傅之遺音未墜凡茲文獻亟用表彰有俾山靈堪垂不朽者也作藝文志

丹霞山賦　凌玉京

絪縕兩儀奠位川岳儲精百靈呵護佳勝攸名若夫仁陽之蕞爾共羡丹霞之崢嶸向雖淪於荆蓁今特著于簪纓豈遭逢有顯晦實洪鈞所秘密待時節而後興猶夫水以龍而深山以仙而靈此固鬭造化之苞符俟機緣之輻輳而大闢百粤一雲林也繇是遐陬覩美邇聽歎欣方共鼓棹韶石樂爾巉屼瀏洄錦水愛茲溶滴剏夫地接楚澤脉衍西江泱漭瀦天池之冽蜿蜒聯九疑之寬叠嶂崔

巍兮萬物兆潔齊之致層巒聳秀兮千嵓擁拱衛
之奇岡甹青蓮之九瓣麓連翠岫之千岐訝仙靈
之窟宅分鷲嶺之寶坻爾乃歲屆重光扶輿現瑞
龍象幽尋謀與神會協衆志以躊躇集慧思以經
慮經始卜築定方正位閣閣橐橐兮偕百斯而鳩
力錙錙纍纍兮倒囊囷以齊施圖營建署庀材肇
基疇址高而可閣疇坳坦而宜梯疇凭檻以穿複
道疇度澗以駕虹蜺疇眺半山而且憩疇延新月
而建簃工隨時以漸舉景俟德而修聳羗彼寶殿

兮翬飛而鳥革於昭堂構兮鳳翥而龍搴樓臺軒
敞兮巘業承寶閟之麗棟宇參差兮鱗鱗翻碧藻
之椽碩畫匪程于一日宏緣式綿乎大千豈非規
制逈異類別聯楞人固玩視其習而莫測其所以
然也至若頂禮眞如紺目澄紫金之聚皈依猊座
法幢懸寶鏡之涵圭組賁耀冠蓋盍簪跡擬曩年
鹿苑彩越當日優曇萃人天而忻悚偕緇素而和
南嘘吸想通帝座觀瞻望出人寰於是辟闌楯踄
欽奇樞衣紫臺撫蒼翠而欲滴蹻步松徑虬矯髯

而欲飛觀鏡沼芙渠亭亭堪挹攬竹陂簹箐個個
垂旋高低菱葑觸目神怡既周遭而肆覬復賈勇
而援梯仰御風而直上若登天而允宜海門纔躋
峻嶺難窺匪紆健足莫克睥睨爰扶筇於峯嵉舍
利之窣堵參天轉征駕於雪岩帝仙之眞儀互睨
螺嵓闢開山之神魄水簾記最寓之名賢凡山所
蔻蔚布濩蟬聯觸類推竅莫可殫言更上一乘願
君征邁龍夭矯而昂春鶱容與以浮戴虹跨天以
爲梁鱗蜿地而能載如游山陰道上應接不暇儼

入丹蘀圖中筆墨難繪維是輿未闌珊因而爽生
林籟盤跎芳徑滿眼葳蕤總莖裊葉高抗樛垂根
蔓鏁石落影臥谿芊芊散翠茸茸競綺羽族飛鳴
而跳躑毛群斂跡而潛翳展矚難罄其蘊遙睇罔
測其幾胡能紀極究鮮聞知曰有片鱗殊堪駐足
行叩淨扉汲泉綠玉烹茗相餉非仙非俗崎嶇逶
迤磴級盤曲穛植陰翳瓜果時熟倘勿憚難舵盤
可宿翹瞻天表體勢豐巙俯視峈嶁萬岳朝宗則
有丹輝擁巘紫霧胥蒸萬象霞光散芳葩於碧落

千尋綺繡纈潋灩於晴空炯如越女浣紗縠浮景外皓若巴娥濯錦秀映寰中紓絳霄之蝃蝀標赤幟於赮封時而金烏轉午羲轡弛馭客曰歸止主曰還故思掞藻於江花冀彤管以飛露相欲問天吟謝客之詩抑或擲地作孫公之賦亂曰丹霞山兮白雲莊登寶闕兮禮梵王度金繩兮駕慈航法輪轉兮帝道昌山輝川媚兮靈寶彰四時遊衍兮道德長紀詠鐫兮珠玉光擘窠書兮姓名香生有緣兮樂未央錫我類兮吉且康緊豈爲好兮文莫

償祈登高以作賦兮佩大夫之鴻章猗歟山並峻兮永無疆

錦石巖賦

吳鎮 休寧

若乃高山之前曲水之側夙有靈巖佳名錦石本造化之生成非人工之可闢分日月之光華得煙雲之氣色時絢紫而流靑亦疑朱而間碧儼圖畫之常開顛虹霓之莫測認錦官而城殊謂桃源而路隔彩暈鮮妍兮豈媧皇煉就以補天繭紋斑駁兮疑帝女見斯而停織春江遠映兮鄂君之繡被如鋪夕照相輝兮海市之樓臺乍出况復嵐光點綴樹影交加翠勻竹葉粉落藤花泉飛玉練磵蘊丹砂聲聲野鳥片片輕霞西王母之瑤池似否石都尉之步障非耶于是解組高人低眉老衲以穴爲龕依岩置榻避城郭之煩喧厭塵氛之雜遝伴麋鹿以優游與樵夫而問答亦有多才韻士博學名儒胸吞二酉賦比三都躭謝公之逸興偶潘岳之閒居慕幽奇而適意愛寂靜以攻書至如遂谷生風疎鐘遞響石鼎茶香松梢月朗或聽漁歌而

披鶴氅試倚闌杆心恬目爽信仙境之非凡勞伊人之夢想惜題詠之無多每拈毫而技癢於斯時也其樂怡怡賦而不足繼之以詩其詩曰何代神工闢混茫幻成色界大文章仙山未許凡夫識丹穴偏宜集鳳凰又曰我欲閒吹子晉笙虛空來去御風行須知不是芙蓉國夢覺關前笑一聲

遊丹霞山賦

吳壽潛 古歙

原夫八埏之內六合之中川瀆涵其流潤邱嶽衍其巃嵸景物效靈互陰陽而誕育草木挺異應寒

暑而菁葱瀛海有神仙之域乾坤多幻化之宫思汗漫而未得悵俯仰之孰從或侈異於圖說柳流覽于書史曷能究陳不可勝紀曾無一朝之寓目何有百年於彈指慭匪躬之鮮八翼緬寄塗而思萬里刻兹遇于寧歲奚不足暢情而爰止乃有古處上郡湞水名區秀襲南華舊接張公之地雄分東粵實躔牛女之墟峯連娟以環郭波灔瀲而合渠泛錦溪之靈水如繡縠而朝陽始炫攬廉石之崇巘若鬟黛而夕靄將舒豈紀載之能述洵遊豫

丹霞勝畧　卷十二　賦　三十一

而有餘考丹霞其最勝有釋氏之精廬於是命牽芳桂用挽沙棠邀我素志挈我同行蕩蘆葦以流響搴荇藻而來芳或乍進而乍止泝危灘于急湍或時緩而時迅遵遠激於中央豁空明之皎潔漾倒景之青蒼乘朝曦之未發言與于役聆半天之已麗云止其鄉爾乃舍行艫携短策穿園寮拾層級逶迤登頓漸從樹杪以招呼嶭嶪紆迴始就崖陰而喘息足欲舉而不隨氣屢伸而猶急方攀一憩之亭聊蹔留而停屐少焉復進載與載奔望霞

甍之隱現神營靈刹達霄關之峻極化造天門櫻浪千尋若宮墻之卓立天光一線似窺管而微明度折葦之橋聞風悲而松生澗底近雨花之座延月色而桂滿亭陰遂登紫玉之臺似入青瑤之嶼巒儀見而清明纖阿停而延佇眄千尺之虬枝撫百年之高樹翠鳳巢以和鳴蒼龍舞而爭怒既餙月而留雲復敲風而吟露特降歆坡更循委路覽雙鏡而躋篔竹之巉巖仰御風而控飛來之天柱先狐探而蟻緣亦蛇行而鶴步游鐵絙而空懸履

丹霞勝畧　卷十二　賦　三十二

石屏而倒墜初升天關之階忽到獅門之處別開化域以幽深疑有仙居而遐慕眼照紫以流黃頂飛青而潡素神酣復醒體頓若綿忽忻忽怖輒退輒前肩相凭而欲倚手難挽而強牽蹲螺峰以休憩度虹橋而蜿蜒覩紫嶂之散采過碧澗而凝瀾偃仰雪巖之竇憑淩珠岫之巔人因地迥景令志遷若騁無垠之漠如臨不測之淵望三高其已極藐四大而無邊爾其酌大明之甘乳尋淺碧之渟潡歷晚秀之幽宮掬水簾之飛瀑經冬而樹有餘

青歷寒而草多全綠烟靄靄以聯綃雲霏霏而切玉今成龍象之林昔是猿猱之窟厓壁就燕壘以支撐欄楯肖蝸房之盤曲忽暘晦之互分訝暄凄之相屬片鱗獨起而谽谺龍尾稍垂而起伏實彌習以彌懽殊移情而移目值霧合而杳冥就精藍而共宿于焉聆祇園之梵唄聽傑閣之鐘聲促晨興而群悅飯香積而維磬二客從余躡屐復行重尋往蹟更暢幽情經去日之所歷咸忻接如故人氣再賈而愈壯步雖險而若平覺勝境之自至駭

萬象之流形度穿雲之闇閬望化石之崢嶸方臨半岩或倚或崩確磈峭峈巘嶮巇嶇崯抗危關而越起梯絕壁而逡巡足僅容其半趾背若負乎千鈞心無故而自恐目非眩而不明有僧白首曳杖而迎山風颸然鈴鐸皆鳴甫趣平陸竟造乎室如華屋之中開儼敞扉之外闢隆踰結棟廣可陳席蔭松篁而翳天俯軒窗而藉石見城郭之蟻封眺人煙以塵積忘昔者之疲勞恍沉疴之頓釋由是探龍爪之懸厓跨鼯鼺之豐脊聊藉草以優游僅摩

肩而接膝視萬仞之陰森啞童僕之聳立寒梅霏玉而襲芬古木迎春而異色心澄靈液喜老衲之說無生腹厭伊蒲快嘉賓之從合力峰巒四壁棋布星羅前林煙開天清氣和乃振衣而遵磴道相連袂而越坡陁直排青漢競墜琅玕之寶高凌紫極紛披金玉之柯乎猿綠罷或窺人而跳擲文鸞寡鶴似迎客而嘯歌草長金星而若帶泉飛珠露而如莎日遲遲而搖樹風裊裊以吹蘿誠賞心之足樂慨快意之何多又過霧澗次陟雲階一扉側

入是為洪厓薜荔初分有璇房之結構軒楹乍啓覺宇宙之宏開奥室光通于斜穴連甍勢接于崇臺摧涼煖之殊節豈氣候之相乖天地寒燠合四時而難辯陰晴榮瘁在一日而俱偕清籟悠悠而自發羣靈恍接而徘徊疑綵斿之紛集訝羽蓋之飛來魏道武云為昇眺之境王元琳時有神明之懷聊焉生高謝之志其何溺于塵埃緬思古人弔乎往事當日月之忽傾悼滄桑之頓易攀髯傷柱史之心（謂李文定公孝源）薙髮悲秜侯之裔秦庭之哭無

由魏闕之思長繫特開造化于一時遂表靈奇于百世用栖息以韜光與高深而遐契天實貺于斯人將千秋而弗替若夫緣慳山水與鮮林邱向子平之累不滅司馬公之願難酬躋勝未能許掾因而起嘆爲圖巳晚宗子聊爾臥遊開道斵山康樂實疲于力致登高陟險昌黎何爲而淚流嗟昔賢之未達令歲月之阻修淳于寄身於螻蟻子瞻觸緒于蜉蝣奚夢寐之不寤知哀樂之何由而吾二三子得縱觀而遠賞洵樂志而忘憂排終身之積

慘暢晨夕之淹留倘再思夫今遇索往夢而奚求乃爲之歌曰駕雲螭兮乘天風挾飛仙兮游鴻濛悲古今之浩刼兮將焉窮孰與我尋佺期兮長相從

丹霞山記

李克茂 南陽

粤自洪濛既降岳瀆用尊其他名山勝槩經世則一而顯晦各異譬如披褐懷瑾之士遇合有時莫不有天者存乎其間耳韶郡丹霞山在仁化治中綿亘逶迤方數十里高數千百仞卽余與梓里諸君子今所託跡處也山下中上劃而爲三兩關一峽險自天設岩則有錦石天然篻竹大明艸縣水簾晚秀海螺諸名稱率皆離奇古怪或如龍盤虎踞于上或如鳳舞蛟騰於前或如獅面螭形縣立猙獰於十步之外凸凹不同吞吐異狀然石室星錯實外虛中艮有俯納萬千之用且中山一帶長松婆娑修篁掩映清泉瀑布飛玉噴珠幽賞之勝令人應接不暇嗟乎此山當中原吳會之墟何終南崆峒姑射匡廬天門姑蘇之不逮乃溯厥從前

遊展鮮到贈賦無聞果太傅靈運罕其人哉何剷釆斂光於數千百年之後也嗟乎物之遇合有時是不能不重憶我先文定伯子矣伯子撫軍虔州時于乙酉仲冬聞先大夫訃奔號踰嶺扶櫬南徙抵仁化界上愴然曰兵燹載道時變靡窮當早厝吾父于萬全吾自庾嶺至此萬山蜿蜒不絕其有可以深藏者乎余一家其奉先靈而止於是焉於是麻履衰杖日涉百餘里凡雲峰峭壁崒嵂崱屴登眺幾徧或守禦爲難或樵汲是艱一夕於邑太

學生周子長公文學生劉子望夫松濤崑玉茗槐夜話語及治東二十里有丹霞山生等曾築精舍數楹讀書其上第捫巖陟磴負濟勝者猶難焉伯子弟領之明旦輒以一艇艋邀諸子偕往至則一望辟易儼有劍閣之險攝衣而登約數十丈便崎嶇難犯伯子攀藤拊木以進手足交致力焉如是者數絕抵關門關門峭削直上高亦僅十仞內而坂緣路絕伯子竭數倍力迂迴盤折僅而登假入中山焉稍行經六祖堂天然巖里許入篥竹岩復

自篥竹巖折行半里許入石峽峽路不遠而羊腸且棘身難進伯子委紆而前若不有其難也峽盡忽見雄石陟峙是所謂霞關矣較前關高無慮十倍極自天半意駭心駭猶幸石稍豐下尚可受足伯子俯首約躬附石而上遂克躋焉霞關右出山背少可寓目伯子自左路過雲度南行登大明巖陟山之巔環望群山羅列若爲丹霞拱護而縱寵突兀猥衍翕受終無有出丹霞之右也復北遊艸縣巖西遊水簾巖晚秀巖海螺巖已窮日之力矣

伯子餘勇可賈意艤津未倦蓋樂此不爲疲乎此丙戌重九日也是夕偕諸子宿中山之六祖堂堂有上人以默跏趺誦經伯子因有聽經此日當重九採蕨何人更一雙之句隨與諸子謀曰是山也有險足固有巖足屋有樵可採有泉可汲其亦避世之奧區乎倘得牛眠之處先人安厝吾烟霞之癖快足於是矣乃搜積俸百餘金購之而先嚴佳城卽卜於對岸石雲山之陽焉襄事既竣伯子入丹霞剪除荆棘鳩工重修關門曰此山之鍵也以

固吾圉耳而從入之路石可鑿者鑿而梯之不可鑿者梯之以木蓋升天之無階而有階矣而凡我故舊風雨飄搖伯子胥與居處于山中焉嗟乎丹霞之山不自今日而始也乃閲乎無人寂寞者數千百歲矣自伯子至山而人人知有丹霞焉且人人丹霞是依賴焉是豈不有天者存乎其間哉顧余所甚悼者伯子以介石之行甘播越之苦蒼梧既駕賫志旋終不獲久有此山耳今先後同志來處此者如兩岐賀君亦若姚君丹鳴朱君羽明王

君若耶李君美生韓君樵谷張君厚吾甯君二酉陳君文蔘許君經宇李君暨余小子克茂兩姪灝鴻甥唐運泰皆有室家僕婢無慮千百輩咸遨靈此山以脫然於刦灰煨燼之外則茲山之造我流人功寧紀極而平日所稱名勝於中原吳會之區者正恐名公卿大夫冠蓋漸稀才子騷客吟咏亦歇而幽人貞士高蹈遠引者亦不敢過而問焉則終南崆峒姑射匡廬天門姑蘇今日以與丹霞較其不逮抑又遠矣茲余小子奉先大夫遺囑扶櫬

北歸倘得修途無阻就窆先隴兩姪子獲有寧宇歲時伏臘余不肖期以一瓢一衲重賦歸來與丹霞相終始俾野鳥飛花再識故人杖屨庶幾丹霞移文後之君子可以不作乎是爲記

遊丹霞記

陶煊 長沙

余嘗過泰岱者二過嵩山者四過衡岳者三非道路倥偬即風雨阻滯皆不成遊常有餘恨焉戊寅冬適有嶺南之役過訪仁化令陳石峯先生石峯余故友也旣爲陶子下榻署中與劉子五原共朝夕復十日留不令遽別語余曰丹霞仁化之奧區佳山水在焉子躭遊癖不可以不至適吳子彤本從江南來抵手道故相得益懽乃於臘月十七日買舟携酒饌負襆被偕彤本五原暨兩郎君搏九鳴九以遊記自南關登舟溪水一瀉順流而下過峯提閘山下細泉涓涓流入江內謂爲湞水發源里許一小洲浮水面上造浮圖一座塔影倒垂疑破蛟窟而穿碧落矣舟行數里水亦數折抵官砦山較大而屹然對峙者爲青雲砦舟人謂此中洞

壑殊絕可容千人爲邑中諸砦之冠云自是漸入佳境水聲時緩時急緩者爲澄潭亟者爲石瀨扣舷而歌不覺豪興勃勃抵石母千峯層壘或如夏雲起或如鳥獸立未可一二名狀者也遙見三峯側出劉子指之曰是卽丹霞之長老海螺龍尾諸峯也蜿蜒之勢烱烱心目閒矣山頂飛泉日光盪漾若銀屏白練精光射人十五里至錦溪赤石蒼松兩岸互映水光烘染五色雜呈余曰似宋錦劉子曰直似螺墊耳向傳此溪能搥竹作布今絕響

久矣稍下爲放生潭潭上石磴一線爲餙石巖路
余數人捨舟徒步數十級入關門吳子氣喘甚少
休北入爲鐵門徑㘭折巖上水珠溜下若濛濛細
雨倚門一小巖寛尺餘鐫出米巖三字昔年傳洞
中日出米數升今止糠粃耳揀視之果然比徑險
仄前臨深淵約千餘丈下視毛髮竪起僧人甃石
爲欄杆巖凹出前爲軒後宏敞縱橫十餘丈頂平
如幔中羅祀象教一矩梵刹莊嚴誠勝槩也右腋
一巖差小題詠甚多頂上如普陀巖五色燦爛奪

目旁有仙人枕余撫摩久之笑謂彤本五原曰此
豈盧生睡熟耶老生出苦茗相餉甚佳啜罷循原
路出至關門東折不數武爲夢覺關灌莽中抜石
而上巖可數尺右一圓洞坐其中如身依月窟耳
昔有僧修行於此曰吾數十年學道今始夢覺耶
故以名之然丹霞一座山實爲此公經始矣下石
磴東北側入則丹霞路仍浮小艇抵護生隄命家
人負襆被行山麓平衍寛可數畝雜種蔓菁芥藍
菁葱可愛從此松陰竹塢絕類輞川而梅花撲鼻

更令人心解神怡矣一徑穿雲俯視攖浪諸峯皆
危岫巉巖渺不可攀步石磴層級而上路或東或
西余數人亦忽先忽後至山腰坐一憇亭解衣揮
汗良久復策杖行又里許見壁上尺丈大字皆遒
勁可觀而法海慈航尤稱墨妙將達寺門擬直趨
而入西南一逕忽見小桃一株正爛熳開余趣觀
之數子亦隨至眺望攖浪諸峯則已與目齊矣適
老僧數人從南華嶼來若相迓者指云此卽一線
天往視之險隘不可久立而人面峯居其前劉子

曰吾兩遊此皆未曾至余曰桃源深處豈輕許子
置足耶三人相視大笑轉入山門內外皆石級西
折一平臺中秋看月最佳南渡葦橋過延月亭六
祖堂在焉由此層折而入佛殿廻合或重樓或平
地依勢規制不可勝紀北至篻竹巖登正氣閣閣
爲前儀部李鑑湖所建上奉關壯繆配祀其兄文
定公主徘徊松竹之間登雙鏡池敗荷香氣猶隱
隱襲人上飛來石路纔一線石上爲御風亭望海
山門直逼雲漢不敢俯視然皆鑿石梯置鐵索扶

曳而上賈勇以登尻高於頂稍下注輒怦怦不能已此則昔人所謂四山無路一門獨入者也到門坦夷徐步見錦溪船一葉浮耳北望仁化塔影直在衣袂間南行數十武逶迤而上向所謂三峯側出者皆身踞其巔矣獨長老峯無路可通眺望久之乃循大明巖探乳泉過雪巗精舍值古梅盛開若龍盤鳳舞惜無一樽暢飲徒令攢眉去耳登海螺絕頂舍利塔聳入雲霄遙矚遠山半在暮烟杳靄中問所謂攖浪諸峯則俱蹲伏脚下矣老僧聞鐘聲促之且歸既下從方丈左過紫玉臺松針滿徑滑不能支扶筇而上一抒登眺而返照已落石壁是夜寓僧寮與角子和尚挑燈劇語商確山志漏盡乃罷詰朝仍偕諸子從海山門入繞海螺峯之下遍搜諸巗始晚秀而水簾而夜光罔不畢至巖上水凍若簷簪倒垂見者驚以為異東南行里許山脊延亘為虹橋虹橋右去為片鱗巖蒼松藂竹夾映道傍萬山環拱近而肩睫遠而天表皆可一望而收其形狀百出劉子擬之如猿如獅如拳

如戟斜倚如美人之並肩有突如渴馬之就泉如覆杯於几如贔屭北邙眞可謂善狀者矣過淺碧池行里許北至龍尾峯山骨稜稜尾尻畢露峯下為龍爪巖彼呼此應聲息相聞然壁立千仞杳不可即相與趺坐其上俯視禺山朝陽倉圃諸峯如齊州九點耳吳子曰觀止矣為返寶珠峯尋艸縣巖以歸老僧自破且前為致詞曰丹霞延袤數十里若霧隱之峭削龍爪之奇特洪巗之幽渺皆不可以不至君輩當為十日留毋貽餘憾於山靈斯為遊之至樂者也余曰唯姑先為之記

遊丹霞山記　下院在韶州府城郎會龍菴　廖燕　曲江

予遊丹霞至再矣茲歲己卯晉江蔡子雪髯來韶心艷丹霞甚強予再遊不得辭時友人李子宏聲男瀛從焉於是記之曰四月二十一日晚抵仁化江口次日由江口抵銅鶴峽望觀音石彷彿花冠瓔珞江水繞山三匝舟行忽遠忽近皆與像相値而像之正背側面望之無不極肖者是夜宿潼口二十三日舟轉潼口已近丹霞前山山下為放生

潭水為山光樹影倒映縆染皆作碧綠色故又名
綠玉潭是也仰觀層巒疊嶂羅列如畫疑無有不
知此中有勝地者而必俟之數千百年後人事遲
速之不可強亦猶是矣舟抵護生隄登岸沿隄修
竹圍繞左折至磴道曲折而登每至折處李子輙
拾片磁畫石上記磴數至半山亭稍憩又行夾路
松陰蔚蔽不復知有暑氣路左石壁陡立右偏下
臨深壑竹樹間之望之不甚了了也臨關門倚闌
望衆山皆在趾下闌之下有小徑左折而行下臨

無底稍前兩壁夾立中露天光名一線天以路險
而止且欲登山未暇也李子畫石記磴數至此凡
得四百一十九級云入關門右折為葦橋橋下荷
葉田田恨尚未花稍上即三巖高處為李文定公
故居今為客堂僧迎入進茶畢循廊左行有泉一
泓清徹甘洌為芳泉上為松嶺松數百皆大數圍
聽松濤颼颼不忍去路側有巨石塞磵口為飛來
石前為竹林巖是時筍新成竹粉籜初褪淨綠娟
娟一碧無際林中為正氣閣供漢壽亭侯像閣後

峭壁插天右望隱隱見海山門如在天半予顧同
遊指曰明日從此上海螺巖衆頗有懼色然亦急
欲試之以將暮而止左折入一巖不甚深巖瀑霏
霏時濺客衣稍入則不能去丹霞之右路盡此而
山勢則殊未盡也復循松嶺上雙鏡池池因巨石
形勢鑿成內種荷花傍有小石几可坐啜荷香少
頃返客堂舊路由藏經閣後登紫玉臺領畧諸峯
形勢時有小鳥飛翔松杪紅綠異色僧云山多各
色鳥別山無之亦一奇也二十四日晨起復由松

嶺數折至絕壁下攀鐵鍊面壁而上至御風亭為
海山門之半小憩復上路益高而陡至海山門神
稍定扶筇右行至海螺巖左轉為龍王閣閣下有
池泉涓涓出石隙池深濶不盈丈此豈龍潛之所
耶抑龍為神物得點水便可飛騰則此一勺之多
亦可藏鱗伏甲也稍前為雪巖望餘慧峯童子石
與夫天臺綠蘿七如來諸峯歷歷可數而綠蘿庄
則為壽春萬子欲曙約予偕隱處也予夢寐不忘
焉再左轉上舍利塔為丹霞絕頂大抵此山從斗

毋閣而望則可盡山之前面從紫玉臺而望則可
盡山之左面從雪巖而望則可盡山之左右與背
面焉惟此絕頂周遭遠眺杳無窮極而百千峯巒
高下恠奇簇擁茲峯葢山水之巨觀也隨下迤北
渡虹橋嶺長如虹故名登頓數折至片鱗巖巳倦
而餒僧爲炊食山中諸巖多面西惟此巖南向軒
敞而高爲此山之最勝者予周行審視覺前雪巖
所見諸峯至此又成異觀葢峯有定形特人行高
低遠近莫定而峯形亦隨之而變况朝暮烟嵐變

幻不一而人之心目亦遂爲其所眩不復能自作
主而遊者反以此而取快焉此惟善遊山者能知
之去此又有朝陽巖禺山石室景絕勝以路險難
行且將暮遂返至水簾巖明季逄康年曾挈家避
難隱此新爨烟墨猶存再折一巘西向時巳薄暮
東方霞起爛若五采光射巖內林木閃爍巖名晚
秀眞爲此巘寫照也急下山至海山門俯首下視
神爲之戰身去鍊尚一二尺側身坐定先將右足
踏磴然後從左足始得扶鍊而下似上易而下難

者葢上可面壁故無懼而下則不得不外望故也
蔡子曰此路宜畧斵寬以便遊屐予曰不然此山
之奇奇在險非此則無以見其奇且遊山豈厭奇
險耶甫至簷廊天忽大雨同遊且驚且喜凭欄看
山中雨景雲氣忽從欄外擁入一時對面不能見
物衣履欲濕尋亦幾飄飄欲乘雲飛去矣須臾忽
霽二十五日出關門復至山趾右行茶樹林底折
而東皆懸巖峭壁人言巘外聲應巘中歷石磴數
折入夢覺關瀑布從丹霞山頂飛下滴瀝有聲又

數武有瀑差小循瀑仰睇頭爲之眩有巘稍凹而
隘巖側有墨書出米巖三字相傳曾有米出於此
以給僧衆僧屋皆傍江就巘磊成稍進爲佛殿前
有樓可以登眺隔壁又有一巖葢就此一巘截而
爲二者軒豁宏敞較丹霞之巘更逾十倍巘頂有
鱗甲浮起色如苔痕翡翠潤三尺有奇橫亘二巘
而長逶迤夭矯宛然神龍飛掛其上特不見首尾
耳巖得名錦石以此傍有石如榻名仙人床下臨
深潭卽仁化江也烟帆上下沙石雜錯對面金盆

獅子諸峯明媚相向身在畫中而畫外有畫寧復知此身在人間世耶日暮返山明日買舟而歸予遊丹霞至是凡三往返始則予一人獨遊再則爲古杭馮君彥衡拉予同遊至此則蔡李二子與予男并從者某共得五人而遊焉又始與再俱再宿而返此遊獨越四宿因得山之梗槩蔡子善畫擬作遊丹霞山圖予先記其畧如此時四月二十六日也

初遊丹霞記　吳鎮

嶺南山水多奇讓羅浮爲第一恨塵事所羈不得向梅花村問美人消息徒有夢魂縹緲常戀戀于四百峯間而已甲戌仲冬客從湞水來爲言韶州之仁化有丹霞山者僻而幽足堪登眺惜廣輿闕之獨以錦石名巖何此山之不幸也余遊興沛然適子頤董君有城口之行相與泛舟泝流而上但見清波曲曲碧樹重重漁網參差樵歌斷續飛泉噴雪峭壁生雲斯可謂舟依危石轉路入亂山行矣噫嘻不經歷此亦不知唐人琢句之工也過觀音石而眼門始開望中鬱鬱蒼蒼峯巒突兀如萬朶青芙蓉勢欲插天幾錯認爲赤城舟子告余曰此卽丹霞山也余詫異者久之俄而疊嶂凌虛人聲互答奇葩吐艷埜鳥亂鳴董君命泊舟沙際挈我微行石磴紆廻嵐光浮動竹葉凝陰照人顏色俱碧馥馥香風襲袂顧老梅尚有殘花振衣欲往則丹梯百丈足未進而趦趄矣忽半山亭外有老衲踉蹌而前引籃輿以迓曰客何憊也請乘此以登余曰不可夫遊山韻事也若以輿而代屐恐貽笑于古人董君然其言遂捫蘿而上佇望琳宮檀閣半矗雲霄由曲徑以繞長廊轉經堂而穿丈室寒潭清澈可鑑鬚眉遠水彎環直流香積出紫玉臺之下過一葦橋之西或咏或歌且行且止緇衣前導樂何如之指千尋壁立者爲鐵索嶺懼不敢上僅攀緣至御風亭而少憩焉俯窺雙沼幽奇惜蓮衣褪盡未能見綽約新粧惟坐聽淙淙泉韻謖謖松聲耳於斯時也世務都忘塵氛不染攬輕霞而入袖愛空翠之流裾眞別有天地不在人間矣

無何夕陽西墜衆鳥飛還遂返乎舟中時已薄暮開樽對酌小醉而眠夢登于山之絕頂高吟謝眺驚人詩飄飄兮目曠神怡不知身在何處倐一僧從石洞中出笑語余曰子之遊樂乎此海螺峰也亟欲與言而山鐘響落空冥余因驚覺披衣起立四顧茫茫樹色含煙月華如水憶坡公神遊杳靄間之句令人慨然嗟乎夢雖異矣而遊境何在哉其真遊耶其真夢耶又安知向者羅浮之夢非遊而今者丹霞之遊非夢也欲質之董君亦醒乃曰

子豈靈運後身耶何嗜山水之心若此雖斯遊之不足期他年以續之可乎余因唯唯故篝燈搦管而記之

遊丹霞山記　徐崇禮

有虞南巡揮絃韶石神禹奠土分域揚州是嶺外湞陽厥有丹霞山水不俟嬴秦位置象郡始入版圖也越三千年所得文定禔師方開生面按山足錦石巖唐人已多題咏此不難見是猶入門庭而不及堂奧豈浮屠智藥三藏一掬曹溪期盧祖于百七十年後地以人著耶康熙辛未余奉　璽書視榷相江籌策之暇挈韶陽太守陳公景白仁化令李君脒山捫蘿攀磴索恠探奇大都如王季重所謂造化小兒糠粃中物前人指武彝不得並此殆非爲山靈直諛用賦一律以志勝槩謝靈運守永嘉開山伐木窮極登臨龍湫雁蕩失之几案余庶免後之視今謂當面錯過也爰泐諸石

遊丹霞記　蔡琦（三韓）

余遊丹霞而始信世之山水雖非有情然而遊覽

無緣不可必至是故古之好事者雖意中嚮往當其機遇不偶往往托之夢寐或付之枕上臥遊雖以鑿山通道好奇如康樂其人卒不得開天台雁宕之勝况其他乎不然則浮江淮探禹穴歷崆峒過涿鹿亦非異事何太史公每舉以自多耶已巳之秋余謬膺榷韶之　命而韶郡越在嶺表或者以跋涉爲慮然我聞其襟山帶江六祖之南華在焉私喜竊自語以爲簿書計會之餘當得一至其處瞻禮祖像因觀袈裟所覆若何佳麗煩我祖師

顯示法力如此而未聞所謂丹霞也於是負勅而南登泰岱渡黃河涉楊子道錢塘上釣臺泛彭蠡過匡廬踰梅嶺其間如金山焦山之孤危靈巖乎墓之秀麗靈隱天竺之森羅東林西林之幽渺遊玩所及每自以爲天下瑰偉之觀約畧具是豈復有所謂丹霞也者在其意中耶及至韶而丹霞之名始得索其圖視之果有異焉乃於八月之吉挈聲聲與竹音相應如秋蟬之夜鳴者茅竹園也又數十步見其石臺甚光潔因石鑿池兩相對照有

芰荷清芬宜濯手聲聲徹水底如巨魚之鼓浪者雙鏡池也其上石磴陟絕壁萬壑浮于目前心滌而神動緣鐵索而登若千餘丈踰此則皆松竹夾路旋遶而上曰海螺峯極目千里萬山環擁清流滉漾與白雲相映惟石森然或如人狀或如鳥獸禽魚狀或如昆蟲狀皆伏於此山之下周行四望變幻不測旁有雪巖靜而有聲石乳泉出焉細流涓涓而下飲之甚甘天地冷然又二三里峯巒盡異蒼苔滿壁人迹迸絕日色若隱若見爲通天巖

崇山寄嶺所障矣撫石一臥寐不成夢步至楓樹嗅呼童酌酒與友人暢敘遊興而鳥飛上下依人衣裾旋舞不去當此之際仰天長嘯聊以達狂士之胸懷耳斯時但聞泉聲淙淙野蘭馥馥山中新月已皎然照人矣嗟乎東有韶石西有廉石下有錦巖數千百年之上天下皆得遊覽於其間而名傳于不朽其峯之奇特巖之深邃石之怪異木之蒼古有若丹霞者哉而丹霞之名不聞于古不見知于天下祇與頑山窮谷棄于天地間非浮屠擇

而棲之卽至于今猶湮沒而不傳耳嗟乎以此山不見知于天下徒見知于浮屠之中不更可悲哉于是爲之記昔戊寅季夏也

遊丹霞山記

丁世俊

丹霞粵東之名山也形勝甲于嶺左諸郡去韶陽百里由仁化江口溯流而上又四十里余于乙亥榷務告竣舟過其境同諸君子遊焉至其麓仰見浮青疊翠巖谷窅窱難以形狀舍舟從陸由月波堤淺沙細路縈紆委折將里許有茅屋數楹容少

憇由是以往皆山徑溪澗草木秀蔚藤蘿幽翳中道有艸亭又可少休爾進則蜿蜒盤旋僅容二人側身並行下臨千尺懸巖攀磴而上可一里許天然戶牖迥閉中外拾級進山門過接衆處復緩步渡葦橋升大殿殿左有紫玉臺修廣容數人席地坐俯矚初歷羣峯皆森布趾下殿右爲藥師閣方丈靖廣香積廚隨老人峯之高低起伏延緣凹凸石壁環抱迥越人境藥王閣之後有石澗方半畝深數丈寒暑晴陰淙淙泉響不絕空谷相應如扣

紘聲予遂張琴而和焉又有松圓虬龍蒼鬣老幹參天數百株接以修竹圓篔簹萬個琅琅然無鳳亦韻穿林而去聳立巍樓中奉關壯繆侯像憑前檻遠眺目窮百里拓後牖則別有天列簷際其垂崖下可穴處百餘竄書別有天之左而上過石蓮花池時杪秋蓮房猶可採擷敗荷注露珠攀槎枒穿石竇躡足而上可數十丈有方弓地一亭翼然顏曰步雲迥眺諸僧舍松竹又在趾下邈乎不可接矣仰看峭壁危巢矗天斗立無徑可通而竊幽

攬勝之志未饜余疑而問長老曰猶可更上一層乎長老曰山脊有鐵索磴數百丈可援而上余亦奮勇爲諸君倡磴盡至關門傴而入頂則平原曠野延袤數百畝灌木鳴禽天然殊勝長松古栢雄長其間有四時花果可耕可樵鑿小石室一二僧居之時總鎮高君登科韶陽郡守陳君廷策南雄郡守羅君衍嗣仁化縣令孫君卓乳源縣令馬君遴相與攀絙而上踞其巔嵐光雲氣瞬息變幻千山萬壑城郭曾郡咸俯伏羅列於下洵仙靈之窟

宅非吸露餐霞人不足以涉此予無寸長遭際聖明獲膺蕩節與諸君子共茲欣賞爲幸多矣然斯遊也非權務告竣弗暇及也非共事同方相與有成諸君子不忍恝然判袂握手與百里之外不能也于是返就僧室而息焉次日登舟仍至仁化江口而別椎篷濡穎聊記一時勝事庶幾諸君子令名與茲山並傳不朽云其從我而遊有琴者金子吾易裔丹青劉子子純周子子遜而江子素先善吟咏皆雅流可記者也

丹霞山舍利塔碑記

釋定性

惟一堅寄身一切塵中現地水火風生老病死凡不淨觀皆舍利種也自如來以八斛四斗見異而塔廟幾遍宇內蓋以衆生狹劣非有神變不信不尊故大法東被用是伏外道動世王雪往業發夙慧則如來以金剛不壞之同智示此金剛不壞之殊形即以此金剛不壞之殊形開衆生金剛不壞之同智予未覺像正之有差別也阿育王八萬四千塔震旦得十三隋文帝八十一州塔粵東得二

以粵東視震旦以震旦視南閻浮提皆存乎見少況以韶陽之仁化視粵東乎丁未夏舍利山於廬山之棲賢禪院時長老石鑒覞公以千粒歛古岡善男子方雲停請爲建塔遂卜吉於海螺巖上江山環擁秀絕一匯製仿育王編以赤石下闊爲基者縱廣五丈高一尺次上爲臺縱廣三丈五尺高一尺五寸復次爲臺石闌周之縱廣二丈四尺高三尺乃置塔座縱廣一丈三尺高四尺塔四面面各一丈高一丈三尺面正鐫釋迦牟尼如來左文殊師利右普賢後爲觀世音三大士像其上鐵露盤七重高一丈三尺冠以鎏金寶珠高三尺七寸鐵繩緪之叶謀於丁未之秋葬舍利於壬子之春塔成於甲寅之冬閱時則八年計費金一千八百有奇韶府廣文所施亦韶陽創獲之觀也予聞之舍利所在不徒啟信生悟將以福國佑民嶺表道場曹溪雲門領袖天下其餘梵刹實繁豈無建立自明以來佛法不競叢席多廢群一闡提不知舍利爲何物往往置窣堵波培護地勢亦用形家言

耳凌江北境或耕田而得古缾中有如麻如菽五色璀璨野人齧之不入棄去是夜大雷雹以風厥明並土而失如有物掬之者豈非古塔夷爲平田人既貿貿遂使天龍鬼神因之獨擅此三年以近事也予故詳其始末勒之貞珉俾有目之流知所恭敬圍繞以諸華香而散其處則丹霞奉如來金剛不壞之殊形開衆生金剛不壞之同智塵塵堅密一從此入福國佑民始爲最勝即停雲財法二施與本有三身等於如來金剛不壞其敢矜有爲

功德以誇來者是揄也勸發之初惟海幢阿字無長老通導於內外護之間者爲海幢解虎錫都寺經始于樂說辯首座訖工則勤修引直歲轉輸督鑄則石吼震監院諸効奔走於是役者不槩及

丹霞地藏殿記　釋樂說

予以庚戌春至肇慶太守史公庸菴發地藏閣之願約部州太守馬公子貞共成之閱辛亥秋九月落成惟諸佛大菩薩間出于世皆爲三界衆生三界之穢至地獄盡矣衆生之惡業至墮地獄盡矣

地藏菩薩以正眼普觀一切衆生本覺妙明與諸佛無二特以妄想積習爲見所遷七趣升沉輪轉不已一若性有善惡而不知性無善惡善惡無性升沉無業淨穢無地苦樂無人浮雲在空亂起亂滅幻人現影非實非虛當下一見卽還本妙是故以地獄爲道場以惡衆生爲件侶以度所難度空所難空爲佛事也二公出作王臣不可捨諸政刑孤行德禮特于聽斷之下得情勿喜哀矜所被桁楊桎梏共鼓薰風則于菩薩莊嚴供養亦有同符之感乎登斯殿繹斯義仁人君子待諸惡業衆生有教無絕有憫無怒暫時岐路畢竟歸家卽生之殺之總爲指迷之導師俾知寶所若吾儕比丘稟三聚淨戒行菩薩道餓鬼畜生隨類而布慈雲隨人而指淨月不獨奉地藏爲標準其益知所先務矣

丹霞新建韋馱殿碑記　釋樂說

初結丹霞時卜建婁至閣於大雄寶殿之前七年未有檀越康熙戊申秋勤修引直歲夢中若有迓

新伽藍至其地立剎竿六丈有奇覺而竊喜謂當有福我者已酉秋予謁制府大司馬周公於端水以茲閣請公許之發府金五百爲助一年之後實爲一年之前嘉夢是踐則公于丹霞三生之緣殆未可以思議測也是歲嘉平工師平水度地閣之基高下相去二丈予乃構爲三重迴廊通殿直抵長老峰如與衆生同一悲仰明窓曲闌俯瞰錦溪石塘諸峰疊翠可拾如與諸佛同一慈攝左右翼以小樓亦三重下廊下達上廊上達盍茲山淑詭

之觀至此止矣按此忍土須彌山半有四王天四王各有八將韋將軍特三十二將之一隸南天王下護念正法切如眼目當於賢刦千佛最後成等正覺然且不舍天大將軍身舉九百九十九佛之法輪盡護之而後已乃知應身大士接物利生即佛果非其所急何也時無遲速位無尊卑法輪轉處有主有伴究其本懷寧爲伴不爲主寧遲無速寧卑無尊而婁至如來實與拘留孫佛同時成道韋將軍與婁至如來同時得名同時得位惟公文

武忠孝克相邦家綏靖交廣於震旦亦爲南天而以大司馬兼大將軍秉鉞之重慈護萬民等視一子與諸大士接物利生各暢本懷丹霞正法無相而見婁至寶閣無作而成甫入境之先示已發心之兆此中誰爲鑄形誰爲漏影多刦且無先後一念自具古今予方誓於賢刦最後補處行菩薩道不斷作佛公於此舉宜有嘿契而忘言者爾

準提閣記 釋樂說

諸大菩薩深達衆生習氣數見不鮮於是有互出之奇爲相續不可盡之勢以變其耳目者一其心志釋迦如來導人往生有彌勒內院淨琉璃國極樂世界自慈恩敎微修兜率勝業者絕少東方則無聞焉惟無量光佛刹攝受最久文殊師利普賢地藏各有靈跡而觀世音獨於此土有深重緣準提菩薩近百餘年前稍知趣向今則遍宇內仰威神幾與普陀競爽夫以大士願力不爲衆生早出而機感乃在三千年後豈所謂聖人不能違時亦以夢夢群黎有數見不鮮之習故不辭後起以作

其欲竭之氣歟丹霞既奉菩薩像兩載未有閣歲在戊申春南雄陸使君孝山以學使者馮公蒼心淨檀八十金至即自捐七十金故司李今萊陽令萬公松溪瀕行留一百金而南海令陳公試庵于初夏遠寄三百五十金始克集事及冬而成卜地則長老峰之左肩右臨法堂與藥師閣平出而高顯過之江山層疊之秀一攬可盡也菩薩爲毘盧遮那法身流出若以長老峰表現於此左方屈伸十八臂慈威並用據高臨下顯密互融法爾本然

事非有作惟此度門有主有伴菩薩不求護持而諸檀越示有祈禱誦秘密咒持清淨齋建寶嚴閣奉不思議像使已信者未信者將信者知有此事同入準提三摩地中等歸解脫此諸檀越即菩薩多生眷屬亦各有互出之奇為相續不可盡之勢者皆蓮華藏海全潮不可作一漚觀也

大悲閣記　　釋樂說

吾山建置有合而言者義歸於總總有別別有同有異一事而衆為成為異中同以一人成一事為

別中異大悲之閣成於督學使者侯公鈞菴此始為別者也大悲菩薩千手千眼觀世音之變也丹霞之大悲閣奉觀世音而不具變曰千手千眼出于大悲大悲出于觀世音舉觀世音而大悲具舉大悲千手千眼具矣公涖官造士與人及物仁心為質經緯之以交而一本於道德其於予往來論佛乘取其理之可信耳矣其理既信無不見理理既已見不可更見千手千眼中不見觀世音觀世音眼中不見大悲大悲閣中不見千手千眼則二

殊勝四不思議十四施無畏三十二應有此事無作此事者未有此事已有此事不得已而言具皆添足也索正眼於千手眼內索千手眼于一手眼內索正眼於一手眼千手眼外有正非眼有索非正文殊曰我真文殊無二文殊然我今者非無文殊於其中間實無是非二相吾以為公信理迴向是閣成於公像成於若海江公別中異異中同不各為記其所以記明夫不具變則異中異也

丹霞山兜率閣記　　冼欣

慈氏如來當次補釋迦佛處爾時祇桓遺法弟子皆于龍華樹下得道諸天於龍華會上護法亦不異祇桓如人王傳位太子則百官萬民無不傳者釋尊教人發願上生第四天即未立致植此勝因亦于下生獲果皆舊人非新人也丹霞初欲建兜率閣山陰吳公梅梁何公鳴玉聞之忻然請為主者梅梁別主慈氏鳴玉別主諸天而共主是閣成涵禔比邱諗於衆曰佛真法身猶若虛空應物現形如水中月慈氏如來不動道場而於吾浙有

大因緣其現身義烏則傅大士其現身奉化則布袋和尚皆浙產也戴逵以精思妙手作慈氏像感靈最著其子顒爲江夷造觀世音積歲不就髣髴若有人語夷於慈氏有緣顒從其指易之應手而成此山陰產也蘇子瞻夢遊西湖見有榜曰彌勒下生朗月處天而在西湖者見西湖之月月不偏於西湖西湖有全月今兩公山陰之產所勸導者皆同地而予亦杭人西湖之異於錦石溪審矣錦溪之月與西湖之月不異西湖之月與鑒湖之月

不異一切月天上之月不異惟予與諸公植勝因於慈氏如來如來知之而未嘗同未嘗異也所謂諸天與遺法弟子皆三會中伴侶而未嘗別未嘗共未嘗舊未嘗新也有欲見四天上及見龍華樹下者乎無過於此

華藏莊嚴閣記　釋古泯

別傳之寺倚長老峰據座而雄視右壁如列步障左如袈裟之展勢欲斷而仍連群石跳脫而下有巨石南向曰紫玉臺喬松百許如冠劍丈夫擁立而嚴衛跨一澗曰寶珠峰玉臺之右有壁如舒一臂華藏莊嚴閣直袈裟展幅之際前爲香積左之前爲藏閣並於右爲淨琉璃諸閣丹霞樓觀十數而嬴是閣也高無上上無上或謂毘盧遮那如來於三身無上疑有適得其位置者此非如來所自爲位置也法身於一切身不見異而能使一切身各不見同使法身自見其異於一切身中而曰法身法身耳即至高至上已與一切身爲類矣大中丞劉公鎮撫東粵至化所被予無以擬諸其形容

公未嘗以貴驕人不大聲以色驕人不以德驕人若留之一切人中亦不見異而文武吏士一切人輸寫智力各不見同葢於古一个臣有神似者以其不爲高不爲上而爲至高至上毘盧遮那於佛身至高至上華藏莊嚴閣於別傳樓觀亦至高至上眞有適得其位置者公未嘗有意位置此閣然不得不以此閣爲位置亦毘盧性海不見身而身見不見世而世見之一端也閣始于庚戌秋九月竣於辛亥夏四月兩成三楹闢土之半結石爲臺

而下成乃就右爲石級始基于上成級皆搆步廊覆之

丹霞山新建山門記　釋角子

丹霞之山所謂八方無路一門深入者也入此門者縣梯而登望者得奇陟者得危予以昔賢辟地殆于設險以守今爲道場所與人正大平易而已矣歲丙午南雄陸孝山使君捐俸成之於是梯以木者磴以石可雙輿並進也磴道之上爲平臺臺有門門上有樓門有内外二重外者俯見拾級于

前内者仰見拾級于後磴之勢依于石之壁立者壁立者之勢邐迤質緣不能以一向是故外爲門一向内爲門一向爲樓一向樓之廣狹壹依于倚立者之勢橫斜凹凸得異于自然之中而不覺其異斯其所以異也使君治南雄當往來之衝庾關峻險民亦勞止一切爲正大平易與斯人以安十餘年如一日今推其餘以安吾山苦行之僧樂遊之客喘息減半慮無不誦使君德者使君天才英絕其來吾山賦詩妙天下烟雲迴合與江山之氣相深皆因物賦形得自然之異不以危見奇門之成其可以見丹霞之風乎猗嗟此使君之風也

建丹霞雪巖石室供關帝呂祖碑記

探花右翼鎮　高登科

天下諸菩薩神道皆當誠敬奉事禮拜不忘香火永遠者也而又何擇焉雖然儒釋道分爲三教而人之跂嚮好尚亦各有所宗余獨感義高千古威振華夷如關帝君者從幼迄今入廟瞻像尤凛凛然起敬起畏蓋余天性也邇年官署閒暇喜養靜

凝神默坐斗室室中懸呂祖畫像焚香供奉又增余一天性也部屬仁化縣山號丹霞其奇特超忽靈秀變幻名勝之狀未更僕數自禘師建刹來以人事補天工在在經營處處點綴而勝者益勝凡四方高僧多馳驟雲集苦心潛修其中洵爲清淨道場而足接踵曹溪者哉是故縉紳士大夫咸遊覽觀眺或詩或序或記或畫以傳其名勝者亦往往而是余鎮南部十餘載矣不敢效放達之所爲雖心慕之而每登臨不果焉康熙乙亥年秋月同

關部丁公郡守陳公始知丹霞一時目擊之下種種名勝合之詩合之序合之記與合之畫良不誣也而願登顛步武曲折四望窮原竟委惟所稱雪巖一地位居正離前朝後擁左拱右仰奇峰惟石層巒疊翠或如怒馬之奔騰或如波濤踊躍或如劍戟之森嚴或如樓臺之巍峩悉羅列於雪巖之前後左右焉余徘徊久之彌嘆息觀止而不能去遂不禁穆然曰余素性敬關帝近奉呂祖思立像而禮事之此眞其所也乃商于常住雪巖可建造以供仙神乎應之曰可謂神固護佛者也仙亦不悖於佛者也余即述素性敬關帝近奉呂祖雪巖既可建造以供仙神而關帝與呂祖仙神可並列而並供乎又應之曰可謂仙與神雖殊途而實同歸者也爰捐俸資命匠氏隨山形勢加斧鑿功建石室三間中裝關帝呂祖之像於其上一切四壁六窗龕座几案角門露柱階陛欄楯咸以石爲取其固也俶載于康熙丁丑年二月吉日告竣于子月吉日董斯事者誰寺中曉事僧古喻也其人誠

信即以石室之供事付之再延一僧以相佐也雖然不有香火何以供奉不置產業何有香火復捐俸資買租田八十畝歲入國課外歲餘贏貯爲逐月長明香油及帝祖昇誕芳辰朔望時節設齋上供之資餘給守僧二人每歲衣食無缺焉使不饕餮于丹霞之常住永遠計也更囑常住後之繼古喻而爲守僧者必皆如古喻其人也惟常住而任焉其無怨勤記于石欲垂悠久云爾或曰應雪巖有靈可以不朽矣

新建丹霞別傳寺記　焦祈年

聖天子右文講學雅意隆儒盖以止邪於未形起教於微渺俾天下一歸於惇龐仁壽之域而後已兩粵爲南服地道里遼遠山川阻深號稱難治非得心膂大臣彈壓之不足惠和其下於是親政之年妙簡賢能臨軒策命而光祿大夫周公首膺兼鉞重寄公至未閱月政修事舉海波不揚文安於職武效於圉四民五兵歌舞醉飽於光天化日之內而深山窮谷草木亦爲向榮猗歟盛業哉公性

和而行方不通私謁其以方外見者拒不納所以肅體統衞名教也去夏六月涵禔開士因周公閱兵曾入其山與語大悅於是禔公從丹霞來謁公於和門公以賓禮相延四方之士驚而告語以爲宿緣冥契不介而孚豈知公之見取乎禔公非牽於福田之說也禔公少而習儒搦管爲詩文名著於粵弱冠登賢書將有大用於世不謂其棄初服披緇入山甘與麋鹿爲羣箕子就朝鮮猶爲周陳洪範叔孫顯於漢定禮綿蕞蔚爲制作之宗獨非

其人歟夫一介之士苟存心於濟物隨時隨地所謂止邪起教雖佛老亦能之公不奪其志卽其所欲致力者嘉與經營若殿閣經藏之資鳩材庀工俱捐清俸爲諸文武倡使丹霞一坐具地別闢三千極樂世界若天造地設者豈特山水之靈乎禔公非高賢不與談非正人不謀面隱居以來戒行兩淨宗說雙通未嘗苟且向人索檀波羅密而獨見禮於周公如謝安石王逸少輩與道林道安遠法師遊俱取人於天機之外而不可以世法議推

周公之意在於潤群生濟萬物一夫不得其所若已推而內之溝中而以丹霞爲符券耳吾聞燕趙多奇士南粤有秀民周公發跡於燕而匡濟著豐功禔公生長於粵而振奇多異采然則賢豪之所樹立應求不得而泯卽像服不得而拘爲今日之昌黎今日之大顚可矣寺成立石於紫玉臺以紀其勝緣其諸文武若總戎司道若郡守若叅府僚佐皆聞風樂助例得與書

丹霞勝畧

儒詩　香山陳蘭芝拂霞輯梓

丹霞山居　大學士李永茂中州

雲半結廬夜授經流泉細細曉來聽天空但立千羣竹月落猶餘數點星鴈陣南飛歸故國螺川西望恨街亭三岩一出秋容老慚愧閒身泛水萍倚杖鋤茶續陸經喈喈野鳥傍林聽客來共踏花間露老去徒憐鬢上星未闢八州開幕府空勞午夢立新亭曾緣多病覔方藥却熱應須瀚海萍

花謝花開逐歲經松風松雨四時聽長閒獨賦關山月小集俄占太史星丹詔一陽瞻鳳輦提書萬里發龍亭孤臣强搵朝昏淚高要峽邊頌野萍

量泉　李克茂

抉得新泉迸玉漿持將升勺細思量出黌先養兼天力生一郎同百谷王栽樹成陰皆冷冽採山作屽厚隄防不教飛去輿霖雨且蓄澄清待雪霜夜靜時來松月景春深半落嶺梅香名發由彼金焦涸汲少何須江海長無路飲牛邀逸許誰容花鳥僞奇莊相期竟日一千步便足道人三萬塲寄語夢婆休駭嘆臣心如水自泱泱

登岸憇園寮循海螺墩東行上夢覺關歷三井至錦石巖　茅兆儒錢塘

登山急在躁進銳退亦速劉生甫及岸飛步入林麓相招憩園寮從僧覔筇竹沿溪繞長林梯雲磴盤曲云誰履禪關猶然夢方熟遊仙何必枕岩前片石名仙人枕踞石且觀瀑岩頂飛瀑千尺注爲三井幽巖纈如錦奇妙幻心目文理疑鬼工紺赤間深綠憑闌臨百仞江

舟瞰如鷟靈區數百年錦石二字爲宋元祐年題來遊最清福題字滿懸崖懷傷不多讀

臺北從法堂下尋芳泉由泉右行過松嶺跨澗而臥者爲飛來石石東爲竹林巖巖上有泉依泉而楹者爲山主李鑒湖先生精舍由林右過碁盤石度小石梁梁下石澗深不可測而飛泉下注問其處曰錦石頂也向余坐仙人榻上仰觀懸泉千尺飛濺襟袖者非此也耶

冷然松下泉色味果芳冽蒼然澗邊石斑駁更奇
絕遥望竹中人端居傍岩穴塵縈脱如屣抗志守
完節片石坐窺天竹下有窺天望海石千竿夜吟月我度石
梁去獨木縛朽筏飛步木動摇旁觀爲咋舌隔澗
招同遊回看盡神慴笑我忘命徒無端爲險涉平
生濟勝具已愧老而拙兹遊較勝人自喜猶便捷
歡呼崖底深遠聽泉流咽欲更恣幽探凌空路難
越坐拾澗中花誰能返塵轍

從海螺右遶歷晚秀水簾草懸諸岩郎文定

公招同諸故人棲止處

造物生此峯千載委榛莽中丞若巨靈開闢憑孤
掌岩阿鬱深秀栖遯從俛仰豈知桃花源乃在雲
霞上陰晴簷瀑飛冬夏瑤華長雲中置雞犬招携
聚吾黨高岩卉木繁深洞日月朗至今几榻間令
人發遐想

自峯頂下歷松徑過虹橋坐片鱗岩㴱水石
上俯視七如來焰慧諸峯若在地底

桐花滿徑開一望徧山白白盡忽青來長松立千
百誰命此虹橋人行伏龍脊如何一片鱗矯若垂
天翼當年龍贔屭百靈盡辟易遂使七如來束身
就阡陌元風法輪轉刦火金臺坼浩浩此珠林蓮
花開淨域

望觀音石　劉法寛

風高難定白雲蹤月鏡孤懸似在胷土木自然非
法相星辰何幸傍慈容人隨見地看殊變獨現虚
空在幾重想復亦多山水癖立身天際閲諸峯

青龍頂玩月有懷禔公和尚

夜上平臺好月圓幾人坐臥聽松泉四圍露影低
嶭岫一代風流隔萬川未息塵肩難永逸將來佳
會恐虛懸清宵不寐春時候焉得連牀似舊年

方丈　南雄太守陸世楷 嘉興

精舍新開祇樹林翠屏當戶晝陰陰閒經錫杖苔
痕破靜擁繩牀草色深雪滿空山誰斷臂塵清午
夜獨傳心一燈幽室千年在衣裡明珠好自尋

藥師閣

解帶相携話曲欄高山覿面幾回看閣後即禔公岩墨池

花落三春雨丹閣風生五夏寒鶴影依稀歸殿側
經聲迢遞出林端六窓靜掩獼猴繫半榻蕭然客
夢安

舍利 從盧山棲賢迎至

寂然雙樹有餘哀聖塜誰從震旦開劍戟叢中還
應現旃檀林裏自飛來獨驚五色傳衣褫不覺全
身入鏡臺遥望祥光高幾許碧峰千仞共崔嵬

六祖堂

菩提樹下好安禪客夢常依石几邊一榻豈曾因

我設七燈應喜爲師懸衣行歷刼無紛競鉢付三
更孰後先獨惜庭梅開又謝拈花消息向誰傳

伽藍殿

漢業空餘百尺樓到頭何處說封侯銷殘往事香
千縷冷盡雄心茗一甌漫道山中無晉魏須知天
壤有春秋禪關是處神靈護聽到晨鐘萬慮休

遊丹霞山

絕壑幽崖睇盼窮又從地穴現天宮一龕佛火朝
還暮半枕仙牀雨更風斧鑿不嫌傷混沌品題終

自遜玲瓏頑山忽入文人手幻出精藍似畫工

由韶陽陸行至丹霞途中郎事　沈皡日當塗

出郭屏騶緣逍遥步江畔齋心謝歸舟載驅上高
岸滃雲冒前峰雨氣不可散愛此溪壑幽誰言登
頓倦
平川漸成磧改轍登前岡仰視浮雲馳俯瞰飛鳥
翔柔柯難就蔭風雨沾衣裳層巒更無極佇望心
徬徨
錦石衣帶水隔此數仞峰連岡亘無隙百里障崇

墉峰曲路亦敞豁然開心胸夕陽渡前溪荷鋤歸
山農

重遊丹霞紀事

黑雲吹霧散江風青花金勒行匆匆韶陽古道春
草瘦出門回首雲萬重身入萬重雲氣碧迴身衣
作玻璃色崩岸欲坼紫錢沉籃輿左右呼徤卒
古梅高檜猶如昨松間金碧增飛閣丹霞老人降
堦迎一時獅象皆欣躍雨聲不絕語不停幽禽自
笑草自青坐久驚辭簾外走千山濃綠上雲屏

竹坡宛似當時綠暮雲薄靄籠青玉老樹嘯風作
龍聲鼉鼉吹浪入松屋落日信步歸山房白雲拂
袖生虛堂老人敬客出舍利璇室瑤華發寶光

登舟入丹霞　　陳殿桂 海昌

韶陽還郡日有約到丹邱地爲傳燈闢人同指月
流語聞天地小身識古今浮暮色催寒景炊烟起
舵樓

野宿

登臨君踐約我得共盤桓沙逼灘聲淺江昏暮氣

寒丹楓青鳥外碧樹白雲端野渚篷牎靜挑燈入
夜闌

停舟

載欣登岸近還恐到山遲幽徑忘艱阻新堤任委
蛇沙明江勢濶樹暗嶺容崎此去祇園内齋心得
遠期

園寮

剪棘鋤山土町畦上下平冬葵含霧嫩石栗受霜
輕引澗通晨灌穿雲向夕耕昔人開創力只此見
經營

關門

路僻蒼苔滑山深竹樹幽依松修險棧叠石起危
樓佛土仙能到天門鬼不留可知成鳥道矯翼亦
生愁

紫玉臺

有石皆成嶺無松不見雲曲闌圍處絶峭壁轉時
分路與星辰接遊同鸞鶴群西山綿邈地江影澹
斜曛

松林

夕陽松樹下曲徑勢交橫白鶴還巢夜春禽不喚
晴月來皆藻影風定亦濤聲趺坐隨坡穩悠然澹
世情

望半岩頂

山頂何寥濶遙遙別有峰江心圍路盡龍脊引人
通窮睇雲迷壑投思境絶空共臨高衍處茅屋隱
峪崁

下海山門

至此渾難住將行未敢行短衣隨磴穩長袖逐風
輕苔滑艱雙屐峰危入九峥草根枯坐久猶覺旅
魂驚

宿丹山

山中無刻漏江上有鼉更細纈焚蒼术孤燈映水
晶星光搖樹冷嵐氣入窻清高枕眞無事關心花
落聲

早起

宿火披衣處香烟到竹門雞鳴沉遠梦鐘動響蒼

垠河漢淸將没雲霞出尚昏日高僧未起今識是
空言

丹霞和韻　趙永懷長沙

奮龍起伏聳三峰丹霞諸峰以長老海螺寳珠爲最羅列群巒若
附從天地愛奇生幻境山川爭秀變常容人來上
界探靈跡僧去他年訪舊蹤正欲穿林求一憩一憩亭在半山
忽看雲破落疎鐘
松影迢迢竹影淸池開雙鏡照人行千岩驟雨驚
猿出一逕斜陽晒鶴迎山到最高還有路鳥飛不

上絶無聲塵心至此難容處萬派丹青湧化城
烟浮螺黛翠微連幽澗香隨路蜿蜒先我山頭人
忽小入門石下帽猶偏道邊旋摘無名果有果似栗近人取名石栗座上還生有相蓮步步換形看不盡此時深
趣向誰傳
諸天蘿壁盡蕭然一坐蒲團了宿緣我入名山嗟
往事僧逢過客說當年無粮養鶴仙供米有竈烹
茶自引泉放眼雲霞心已醉此中不用杖頭錢山中有出米岩

遠世塵氛念已消御風寧更畏巖飈人行陡壁泉
偏滑樹影懸崖路覺遙三界梵音通帝座一聲淸
嘯答參寥水簾洞口看飛瀑匹練穿雲駕玉橋
不盡峰巒與不窮翠屏霞壁擁珠宮雲鋪應識下
方雨日落還生上谷風幾斷芒鞋因凸凹更尋月
窟透玲瓏自從夢覺瞿曇後化域頻開役鬼工
行到千岩萬壑深果然山水有清音梅花香壓僧
頭雪舍利光明佛面金文字常存今古蹟袈裟獨
憶去來心探幽尚恐留遺憾再約雲峰次第尋

遊丹霞　　陶煊 長沙

羅列驚看盡裏峰曉烟輕破一舟從溪凝寒碧新過雨嶺出天邊舊有容黃葉往來如待客白雲迴合想遺蹤懷禔公和尚也招提未到心先醉松影迢迢度午鐘

繞屋香薰古戒壇傍岩龍口接飛湍字磨碣石蒼苔古路轉天梯白日寒阮籍湧悲途頓盡昌黎應有淚闌干攀蘿躡鎖偏餘勇直到高峰絕頂看

螺峰千仞絕塵氛所見真堪慰所聞地接海天存

在掌宗開南北似張軍霜風石栗香猶在晴日梅花雪不分碧落漸通雲漸變此中山水有奇文

平生有夢忽如醒禮塔孤峰路下經舍利光中涵日月雁王影裏出辰星鐘傳下界諸天靜石鏤端嚴古佛型滿地葉堆霜徑滑獨悲蒲柳望秋零

董子頤先生偕遊丹霞值日暮不及登海螺岩　　吳鎮 休寧

雅人致自佳況袍烟霞癖鼓枻入清江山水添遊歷伊余臥荒村新知猶夙昔策杖偶相從共探洞奇蹟岩岫一何深竹陰垂礀碧樹靜雲不流嵐蒸翠欲滴到來心境閒俯仰隨所適谷口石為關疑自五丁闢過此見樓臺洵是仙靈宅達士時抱琴高僧屢卓錫紺宇淨無塵默坐神俱寂禪房曲徑通花草間紅白猿鶴亦忘機嘯咲依香積照影寒池清聞鐘思慮釋覽勝繞迴廊緇衣拱而立相與渡橋西笑指千仞壁乃名鐵索崖可望不可即屼嵂海山門丹梯百餘尺我欲御風行何由生羽翼衆鳥漸飛還煙暝日將夕轉步出深松翠動皆棲

息初月解迎人流光到蘿薜

錦水灘聲

幾曲清溪水潺潺韻不同波光流碎月雪浪捲寒風杜若沿洲綠桃花夾岸紅仙源何處是隔浦問漁翁

紫臺爽氣

夙慕談經處尋幽策杖來晴光浮畫棟爽氣入丹臺異草和煙發寒花向日開寧知塵世裏別有小蓬萊

傑閣晨鐘

層樓高百尺彷彿在瑶京自得空中趣誰躭物外情窺牕紅日近繞檻白雲輕默倚心方寂疎鐘過耳鳴

丹梯鐵索

鳥道何由闢螺岩不易登憑虛援鐵索冒險踏蒼藤面壁心猶恐乘風力未能孤亭聊止步轉眼失山僧

竹坡烟雨

昔是棲賢地今成竹萬竿綠陰連曲徑翠色映層巒漠漠春烟靄霏霏暮雨寒何須閒潑墨儼在畫中看

鱗岩秋月

碧落迥無塵清光滿片鱗眼中山色好天上月華新莫問吹笙客應來跨鶴人何當隨伴去夜夜到銀津

舵石朝暾

海角升初日烟光没遠天萬峰含曙色百卉逞幽姸瀑影雲根落風聲竹塢傳遥觀奇絶處怪石向空懸

虹橋擁翠

碧樹嵐光滿虹橋景色多仙人應淬劍織女漫停梭遠翠生岩岫輕烟散薜蘿從教天咫尺未許渡星河

螺頂浮圖

㙮起諸天近峰高四望遥陰崖留積雪絶頂出層霄鳥向鈴邊度雲從樹裏飄幽人常到此不待鶴

書招

紀遊丹霞山寺

步入丹霞處處幽宛然身在畫中遊纔燒栢子來香座又聽松風上石樓清磬一聲山寺午白雲千片竹房秋嶺南亦有神仙窟何必乘鸞向十洲

寄丹霞角子禪師 師自廬山栖賢寺駐錫兹山

陳大鵬 新田

十年卭壑願夢想到廬山何意栖賢錫重飛紫玉關携柑鶯語滑掃逕石苔斑白社如能續扶筇自

往還
魚磬諸天靜深山轉法華茶香凝穀雨寒具襍松
花雲起穿窓白泉飛帶月斜鹿門予未卜搔首一
長嗟
不識曹溪偈今賡惠遠詩鳴鐘山欲撼得句佛先
知花暗黃梅雨經翻洗墨池憑欄須有約莫問夜
何其

冬杪家君招同吳彤本陶奉長劉五原三先
生遊丹霞命與扶九家弟分賦丹霞十二

景之六　陳大鶴 新田

朝朝拄頰看山來爽氣偏多聚此臺翠色沾衣嵐
欲滴萬峰屏障一時開 紫臺爽氣
江流曲曲捲危湍岸草汀沙帶月寒一自雨花溪
漲後廣長舌本是豐干 錦水灘聲
寶珠應向髻中藏舍利光生照上方今日纔來峰
頂立莫將色相誤空王 螺頂浮圖
路入山深徑轉斜亂峰叠叠暮雲遮廣陵火樹無
消息留與諸天散彩花 虹橋叠翠

蒼翠篔簹高士村曉烟如黛護龍孫昨宵一夜淋
鈴雨洗出湘妃萬古痕 竹坡烟雨
白衣宰相老柴扉種就虬龍待鶴歸坐久濤聲來
絕巘擬成鱗鬣駕雲飛 松澗濤風

丹霞十二景之六　陳大鴻 新田

雙池劃出碧田田亭上香風襍晚烟我欲題名小
天目瀲波石鏡湧青蓮 雙沼荷花
天梯世路兩相宜努力凌霄頗自怡携得驚人謝
眺句欲將痛哭問昌黎 鉄索丹梯

泉聲淅瀝浸流沙屑玉飛珠映日斜活火蘭膏承
瀑至眠雲共試石花茶 乳泉春溜
又見峰頭日漸高舵盤石上捩輕舠山中尚有長
年老欲駕罡風泛海濤 舵石朝暾
梵王宮裏度朝昏寂寞香風淨耳根最是五更殘
月後一聲天樂嚮雲門 傑閣晨鐘
片鱗岩點石花斑硌戶秋烟擁髻鬟午夜猿聲淸
嘯冷月華已遍萬重山 片鱗秋月

丹霞集唐三景　凌玉京

錦江春色逐人來水碧沙明兩岸苔灘響忽高何處雨分明百里遠帆開 錦水灘聲

筍過東家作竹林繚坡秋斷草烟深千崖萬嶺相縈鬱風雨時時龍一吟 竹坡烟雨

山間乳竇流清泉凝碧池頭奏管弦浩蕩深謀噴江海浣花春水膩魚箋 乳泉水溜

紫臺爽氣 羅鳳威

開來牽袂笑登臨天朗臺空愜素心風使松聲入玉磬花容鳥語和瑤琴襲人翠色山間逈快我奇

談石上吟遊歷竟能忘日永豁開胸次任浮沉

螺頂浮圖

天開圖畫湧螺紋七寶靈光遍法雲夕照明霞高上下午吹嵐影見繽紛胎成舍利蓮花放幻出優曇貝葉薰佛骨當年歸淨土化城千古氣氤氳

初遊丹霞贈角子禪師 周命圭 衡陽

盧阜安禪久南華受法深峯因尊長老道可見天心日月依窗碧雲烟拔地陰我來聞震鼓頓欲起龍吟

遊丹霞山 周篆 松陵

彩雲千萬簇冉冉夾朝暾絕壁紅如染平坡翠欲翻人空傳閬苑世竟有祇園竹徑蟠松磴森森折到門

匆匆遊未徧若箇肯言還峽剩虹橋逈岩餘錦石斑夢魂依法界緣分落人間寄語籬邊菊開時再入山

與門人凌澹兮張子材登獅子岩 劉獻臣

徑轉雲迷杖奚童叩石扉風生猿共嘯霞帶鶴孤飛一水浮秋色千峯競翠微夜來銀漢近與子摘星歸

遊丹霞贈樂說方丈 蕭繼昌 古滇

李公闢丹霞造物既雨粟非大慧力人曷敢踵芳躅吾師幸西來琳公生靄肅譬之平陽相不撓鄧侯獄相携陟螺岩扳磴舌爲縮絕頂果奧區群巒紛起伏日觀凌蓬萊星泉濺珠玉流雲松脚湊趾雨石髮沐韶江繞斜指衡陽盪遠目重華不可遡

似聞靈均哭我名任馬牛我姓已麋鹿自飽青精飯深眷維摩宿刼感百年遐不殊一日速會當畢尚平結茅制龍毒師德懋諸天師教揚九服願分琉璃光鼠肝滌塵俗

別傳寺

別有傳燈旨給孤勞布金不因滄海力誰見白雲心花雨天中落松風人外深要知無限淚長聽梵王音

長老峰

不涉滄桑恨幽然此息機蘿盤千丈髮苔綉六銖衣侍嶺兒孫似看人歲月非籛鏗空欲問無語對斜暉

紫玉堂

臺豈西來者乾坤信手移虬松蟠古幹鳳巢結谷枝帆小林中見鐘高峽外知更憐立淸曉烟渾[illegible]迷離

虹橋

石髮開雲幙松鬚護月闌高僧天是竺隱士谷名

盤遊倦鳥聲寂坐深人影寒廣陵元夕步只向幻中看

別傳寺 李夢鸞 鐵嶺

琳宮通帝座龍象白雲邊邱壑怪如此乾坤疑偶然優曇開洞卉香積引山泉頓使塵囂絕安能買輞川

舍利墖

飛鳥無巢跡琳琅插杳冥粵浮諸郡紫楚送數峰青疎磬藏幽壁孤帆露遠汀神州烟九點欲喚下方醒

省家君于仁化兩過丹霞水迅舟駛不得上岸寄角子和尚 劉述義 湘潭

自來楚客慣悲愁况復秋容望裏收雨捲螺峰天欲墜濤生谷口舵真浮山有海螺岩舵盤石閉門茶熟渾無事擊鉢詩成獨倚樓喜著幽栖雲物志掃苔題遍萬山頭山志出家君手撰

同袁仁止遊丹霞留贈角子和尚

劉伯宗 巴陵

愛山今遂看山遊，疊疊奇峰曲曲流。不負棹行千里路，等閒銷去十年愁。曠懷喜得偕禽慶，好句終須遜惠休。螺頂依岩期結屋，他時白社許淹留。

丹霞山溪　副榜　衛金章

一道奔流急，青山遶數重。鳥屯沙上石，人在水邊峰。落日青杉冷，新秋野靄濃。前灣更空濶，迢遞到疏鐘。

薄暮仁化放舟夜抵丹霞山下

挂席背斜陽，亂流倒山影。江靄生茫濛，嶺雲翳昏

暝。遵渚折回灣，燒燭導前艇。篙工怯宵征，詎爲發豪猛。龍蛇大澤藏，鸛鶴高林瞀。窈冥飄海桴，勢遺群物屏。星辰隱見閒，天地杳孤逈。暗崖泄奔湍，夜氣積陰冷。棲泊烟水深，已近招提境。

由方丈右轉上海山門（海山門，丹霞山最高處，緣鐵索乃可上）

飛樓倚嶔岑，環迴覺路塞。四望窮躋攀，斗絕石痕闢。窺天剛半綫，披地乃千尺。鬼斧鑿何年，儼有巨靈跖。鵰鶚駭嵯峨，猱玃防仄窄。當茲斂心魂，直上緣登陟。鐵絙右鈎梯，手詭參足力。左顧窅然深，須

洞聽以黑。納趾踵外垂，高尻面內廻。神人御風行，中道尚棲息（崖中有御風亭）。況在塵世間，寧有次仲翮。我幸及其巔，餘喘定顏色。出險憑虛無，扶笻恣遊歷。下視蹲群峰，凌亂此一擲（尻，考平聲，山脊骨盡處也。○秦時有王次仲者，始皇徵之不至，大怒，詔檻車送之。次仲化爲大鳥飛去，落二翮於山。見地輿記）。

丹霞山樂說上人院坐雨　廖燕

高齋添客坐，鐙影隔長林。一雨催春盡，千峯落磬深。雹奔岩石火，寒逼艸蟲吟。莫厭通宵語，平生秪此心。

丹霞山訪願來上人　汪後來

拄杖聲相應，蹣跚兩腳同。老依爲性命，病且養鴻蒙。易作天人想，難埋國士風。似添長老石，無語立當中（丹霞方丈有奇石名長老峯）。

登海螺峰

鐵鎖亘丹梯，入門天轉低。巖花留蛺蝶，山果落蛸蠐。僧煮風前雪，人騎雨後霓。孤高何用下，一哭薄昌黎。

丹霞步月

千巖冰雪裏中夜一人醒有影松蕭瘦無言天沓冥靜方知石性動卽覺泉靈得得過橋去疑非日所經

宿雪岩

雪巘留信宿絕頂候初暘一片梅花色融爲舍利光何因成障礙有夢卽荒唐親見頻垂手雲端立象王

錦石岩在丹霞之半別一境也　給諫鄭際泰 順德

錦溪之水深瀰瀰錦溪之石光陸離水石交輝炫

五色雲波日影紛相披溪流宛轉帶岩壑危崖絕壁多靈奇初從險磴上巉峭竹樹搖曳天參差千盤鳥道若無路一關獨踞雲霞低側身石罅失故步回頭忽訝烟光迷米岩轉處見飛瀑珍珠百斛驚飆吹再過懸岩歷深洞幽泉落鏡涵清漪踏破青蒼見平麓方登錦石升天梯岩內嶒竑儼堂陛佛像云是蕭梁時磨崖題遍騷人字塵封蛛絡多殘碑頂懸纍纍看雜錯紺珠綠玉間玻璃眞如瑟瑟光絢爛又若蜂房咸倒垂翡翠斑剝不可數磾

磲瑪瑙無如斯疑是女媧昔曾煉補天已足多留遺石牀山跡互寒燠瓌瑰變幻非人爲憑欄四眺駭猿鶴千仞萬仞臨傾危回撥藤蘿尋夢覺谽谺穴竇當欽奇夢覺關在山門左徑多荆榛天然一小石屋圓窗如月亦非人造昔有僧修行于此數年忽一日大笑曰吾半生睡過今日方夢覺也天然月窟俯萬壑流光飛靄侵須眉下瞰川陸列城舍渾如蟻垤爭奔馳凌空一嘯增嘆息世間化域多有之三山九島復何異少見多怪誠爲宜一身蜉蝣寄天地有若芥子仰須彌歸舟瞑息轉成想疑空疑夢匪所

思一聲清磬落天際中心自得知者誰

由半岩歷龍爪岩洪岩諸勝

曉露猶未晞山厨飰脫粟長褐苦攀緣短衣矜結束出寺見晨光千峰聳群玉路入連山岑屐聲響幽谷谷幽杳沉深嵐氣朝騰速巇嶇降復升岡巒起仍伏邐迤穿雲烟宛轉通林麓歷澗始輕捷履棧方趑趄仰視百尺梯峭壁駭麋鹿乍陟息已微半登心益肅屢止達關門展轉氣乃續少憩仍復前尋異縱遐矚寒林葉未凋松風自謖謖取道窮

幽岩憑凌依石屋半砦視龍爪似腰還在腹俯仰
得清曠逍遥媚幽獨邱阜瞰蟻封城郭望烟簇危
岫翳茗柯平坡帶修竹棲遲愜素懷談笑謝塵俗
須更探洪厓景物换新目軒窓延空明徑路亦紆
曲新篁振琅玕落英散芳馥濕翠頓流雲寒玉激
飛瀑氣候藹冬春斗箕應南北六合仰天維萬有
分地軸朝暉爛霞錦夕陰綴烟縠商韻發林泉靈
芬萃草木會挾飛仙遊豈惟幽隱卜顧我得暇豫
欣然騁所欲人生展懷抱得意乃自足百歲幾盡

歡彭殤等局促勝境難再逢恨不學秉燭後來者
誰與攬兹當有觸

遊丹霞

登臨欲盡探奇峰賈勇無勞杖策從到岸漸看同
幻境入山方喜見真容千層丹碧開雲氣一路青
蒼引客蹤多少塵心何處滅飛來天半幾聲鐘
初來心境覺俱清好友偕遊勝獨行花雨影中三
界別烟霞堆裏一僧迎眼前處處變山態足下時
時聞水聲身到上方纔少憩俯看千仞壓孤城

峰巒起伏總相連真若遊龍勢蜿蜒絕壁陡分天
忽漏深林長翳日疑偏畫圖難寫人間筆詩賦應
枯舌本蓮豈是五丁開化域祇園猶未百年傳一線大山之勝境也
屢憩方登說法壇幾經露墊與風湍花開向客冬
偏煖樹密藏猿夏亦寒帝座可通疑不遠世塵都
得更相干老僧尚指天門路鉄鎖盤空仰首看緣鉄索而上始達海山門
滿空但覺萃霞氛縱有天風亦不聞濟勝敢誇過

許椽題詩祇愧遜參軍旋登螺頂諸峰小折到虹
腰萬派分却擬御風探碧落可能舉手摘星文

遊霧隱崖

岩與丹霞相對由別傳寺門左過一線天轉折上下或崇岡或長嶺或平田或溪逕或峭壁或飛澗約二里許路雖不遠而險仄居多屢憩始至其下復躡危梯數丈梯鑿石壁爲磴僅容半足橫履之方可上側即絕壑萬仞至此心目下足皆兢兢不敢少縱亦不敢下視一失足則千古之恨在轉瞬百年之身將不可問矣上即崖也儼然石室而堂廡天設不寒不燥氣候如初春予與友人至此時雖窮冬因登跡之勞汗流浹背坐定少寧喘息憑空一望丹霞之全身畢現歷歷俱在指顧間而四山重叠遠近高下如青螺之在盤拖雲霞親人又如良朋嘉客迭相往來

真令人應接不暇洵栖靈之勝境當不知作第幾洞天也上有清泉芳芬勝於他處雖亢旱不竭老僧云每朝氣騰發旭日初升萬山宿霧皆聚於崖內故名

仄逕躋攀路欲迷幽岩初見與雲齊身輕難說追猿鳥力怯方知任杖藜忽過茂林穿絕巘又從危岫下平畦紆迴窘步頻揮汗始接丹霄百尺梯

側身斂氣跰危岩甫入關門已隔凡輿室天然成戶牖層簷多半倚松杉俯臨谷口溪聲出坐看山腰日影銜更向白雲頭上望一僧開徑荷長鑱

丹霞山步韻　兩廣制府　吳興祚

石梁劍闕斷還連新築雙隄路蜿蜒金界開時天恰半珠衣覆處地無偏孤峰儼示輪王相九品中分寶座蓮紺宇輝煌成不日掌光從此與燈傳

丹霞歌　孝廉　羅天尺　順德

浮山風雨羅山合天南之秀盡此峯何意西南千百里丹霞競秀矗蒼穹蓬蒿白蔽千百載名號不列洞天中漁樵巢居猿猱穴儼與不求聞達高人同混沌鑿破山靈泣開創遂有舵石翁舵石翁手持鬼斧力闢天工海螺墩上別傳寺錦巖伐木闢

鴻濛上覩翠嶂如屏列千尋鐵索梯天通當前萬頃湧雲海下有蓮花九瓣佛當空一瓣一尊釋迦容更有青童合掌朝巘東千峰萬壑如獅象環衛拱立參魚鐘舵石揮斥衆獅象身充化主募王公布金分置金輪殿解帶橫築堤長虹天公不敢匿秘奧遂與蓬萊左股爭奇蹤憶我廿年客韶石猛欲策杖躋芙蓉緣慳似有移文責宛如弱水隔斷聲淙淙今觀丹霞幽景記臥遊十日揩雙瞳忽夢四百仙告我自稱我是勾漏洪丹砂萬里曾乞令

不用隻手闢鼇叢舵石舵石爾有掀天拔地之奇功力為佛子開花宮千古袈裟有程濟何不老佛相隨緬甸中

海山門　孝廉　張錦麟　順德

巖前村小山圍裹翠壁丹崖高硤碄雷磓月斧肆鐫劖雨沒烟蘿中豁闊若凡若聖足怡悅芝草琅玕紛婀娜倒垂泄乳滴衣袂玉笏瑤篸交璨瑳白鴉撲撲如殷雷布水轟轟劇飛笴蛇行巇折出幽壑跨閣縈樓才怗妥危梯下瞰怯扶闌撒手縣崖

誰曰可從洞右仄行有飛梯出于壁外閣道空懸兩翼爲楯檻承之高臺指點鍊形地鑿石爲函骨連鎖靈官羽使不得逢九蛻神丹誰贈我老衲肅客小禪室一榻辟雲常熾火荒寒自厭出無計枉向煙霞結趺坐安知有客抱仙心特枉行帆倚蘭枻羅浮石室七十二欲往不成計空左茲遊偶遂天付與莫更回頭嫌謫墮到難試誦羽皇銘異日爲期恐難果

恭和學憲吳頴雲老夫子丹霞紀遊

進士 翁張憲 順德

借得五丁力名山境盡開飛泉奔疊石佳氣結層臺庾嶺脉遙接南陽名易猜屐痕輕印處省識謝公來南陽古有丹霞爲燒木佛勝地

似入桃源境𡬶幽不厭深竹坡留鳳舞松磵起龍吟自昔傳飛錫何人爲布金晚鐘來古寺天外應潮音

登高須造極濟勝敢辭難鐵綆相牽引螺峯遶鬱盤雲深衣欲濕風定骨猶寒欲繪海山景歸懸四壁看

丹霞勝畧

僧詩

香山陳蘭芝拂霞輯梓

喜雄州陸刺史孝山入山　釋涵禔

世榮詎不慕所貴維物外但識電火機何辭金印大古者不賤目偶與水雲會今賢有奇情往返丹山旆丹山指二千𢈔食恆依賴感激發微言欲解東坡帶萬彙自乾坤焉有函無蓋起喚陸大夫庭株落寒籟搖搖空影中相對豈夢事縱使百千刼春光今夕在陸公諱世楷號孝山浙江嘉興府平湖人南雄府太守澹泊寧靜一介不苟士民頌之丹霞初開百凡拮据賴公分任其勞後先創造傾囊出橐一無所吝公事之暇輒杖笠入山與禔公爲蓮社之遊唱和甚多后禮禔老和尚受菩薩戒法名金亘字悟石蓋意爲南泉會下陸亘大夫再來云

望長老峯

萬丈孤危在目前亭亭不與衆山緣但看八面無行地想見中峯直到天遠近雲巒供恠石淺深沙磧繞晴川寶華玉座當空倚路滑還他長老禪

紫玉臺

左控重關拱上台擎空仙掌向陽開影分白日臨

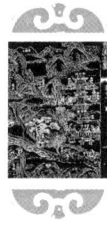

深壑玉斷丹邱作露臺絕巘流雲當北嶂亂峯吹
雨度東來石留古篆何年事暮轉寒颸楓葉哀

過錦岩

峭絕雲屏松逕欹大岩疎壑石離奇旁無宿地僧
歸少門對西江日到遲瞻仰金容疑近古指麾靈
鷲定何時杖頭舉處無多路歎息人間鐘梵稀

奉和陸孝山沈融谷遊丹霞原韻

釋樂說

春雨不欲霽山行良亦難使君超方意視若秋旻

寬舍舟戒輿徒岩岫增波瀾度溪逾九曲陟巘仍
千盤白雲墮澗底忽亘前林端我歸尚先期百丈
爭高灘積風蕩烟靄骨與神俱寒荒村入鴻濛曠
懷成古歡策杖愧未同念之不能餐
更解到山維隨流待嘉客夕嵐下天風雲暗水生
白候人落沙頭聯騎見山脊相對慰泥塗素蘂延
俶席軫公山水倩衡寒色彌僤此中亦有路登頓
倍險窄方舟蹴浪花篙齒嚙墮石炬火列長隄江
影亂明滅荒園且假榻風景半疇昔幽夢舒勞筋

徐理登山展

鐘聲發朝爽豁落天門開當年危絕梯磴道升崇
臺萬古一石梁設險疑天台有人闢廣路窮子忻
歸來峭壁兩相讓山勢無雄猜使君五鳳樓及此
分餘材凌空得壯觀過隙歸纖埃雙堤隱豐林樹
色何佳哉我無雨露功茅鐮儆蒿萊爲公建德標
紫金共崔嵬
炷香繞清磬攝齊過方丈吾師惟樸衷深靜各相
向沉候來朝霞意氣自清壯微言徐引伸亹亹生

趺宕庭戶雖蕭森霽色起疎暘爲道貴日損知公
淡無尚如來有遺身五色紛異狀顧惟同體疑仰
瞻一惆悵不見淨琉璃雲歸春亦放
前來越三載締搆咨重遊探岩獲清池倚松結飛
樓洩雲高未散碧影交雙眸插草故難竟分衞何
當周我如負山蚊經營胥長憂淨名遺一鉢七日
香俱浮新田三百畝子粒登深秋妙嚴十八臂傑
閣開重邱誰爲法長城七載如同舟豈無出塵士
一宿非其謀念此各有當吾亦安吾求

螺巖不可陟爲雨無常傾好客不可留爲官有常
程疾雷走山腰疑與蛟龍爭我心得誰安冷風暗
孤繫勝遊未易齊山靈失逢迎不因跋涉勞何由
見深情老人有別緒一語連三更人生會如夢一
夢談無生兩公近道姿春日聞秋聲來朝復衝泥
一念猶硜硜
送別在何所言從護生隄我方理扁舟千峯一時
迷籃輿下白雲玉臺爲之低溯流上窰塘指點前
游蹊北風吹別恨雨色仍凄凄欲別不能言滿口

無端倪吾儕具勝情矯首輕丹梯形役徒相牽戢
身任雲霓何時各無事倚杖聽黃鸝廻船復三歎
錦水東流西物外寄所懷渺與孤峯齊虛堂聞決
溜過膝思扶犂

初入丹霞

何處晴巒聳梵宮杖頭遙指隔寒空石關深隱千
峯日華蓋低垂萬壑風花落層崖香雨散雲沉蒼
樹碧烟叢幸隨龍象同高步一會靈山信異同

望長老峯

孤高逈出青霄上萬岫千山落暮鴉自有鶴翎垂
石髮還將雲影作袈裟峯邊晚翠停寒月天外殘
陽起夕霞曠刼胸懷今日事十年魂夢未全賒

登海螺巖

深山更有山深處萬道洪崖鳥道通古洞梅花同
雪白傍巖楓葉染霜紅千峯隱映斜陽裏一雁低
徊薄霧中此日從師何所有烟寒樹老日空濛

龍王閣

半巖深鎖一重樓檻外山光靜入眸霧捲疎簾香

篆落波澄寒日錦鱗浮細風谷口爲雲少薄雨池
邊出石幽還待春霖看潤澤莫愁寥寂碧峰頭

繞海螺巖

閒隨杖笠繞晴川翹首螺城天際懸長短蒼藤穿
暗石淺深丹嶂落寒泉谿花踐踏雲移處麥飯團
圝鳥宿邊歷歷溪山逢舊路疎鐘人外佛燈前

初入丹霞　釋角子

此山先住人先住今古還他長老知寶几高臨嵐
嶽靜香幢繚繞海雲隨孤峰壁立霜天逈萬壑晴

陰鐘梵遲丹梯有路從登陟撥草瞻風應爲誰（起句令人耐想收句拗）

望長老峰

溪山雲月古今同長老分明異別峰突屼倚空青嶂外峥嶸無路碧烟重石影自臨松頂月江聲只接下方鐘亭亭曉夕惟瞻仰舉目群巒未易從

篔竹坡

何年栽竹竟成陰搖落誰云換古今月色來侵寒鵲影風聲吹入夜猿心絲絲條抽筍含霜嫩黄葉迎

春裛露深殿掩疎鐘人定後閒隨高步一微吟

奉和籀書周大士　釋古義

登臨皆俊逸談笑見英豪載酒非躭飲捫蘿不憚勞沿崖疑路險開眼覺天高斟酌長松下前堤盡

種桃

商宫憐古調白髮怕臨流欹枕三巖石爭源一葉舟夜寒驚北斗吟咏浪西樓共看丹山月新弦欲上鈎

俯止推英絕才華冠世雄多君眞法喜憐我寄詩筒買隱慚支遁高懷見庾公閒身天際外心眼覺虚空

莫笑鶉衣結寒來便負暾桂枝香欲動陽焰影頻翻冷眼曾空世忘機亦灌園寥寥泉石下有客到蓬門

宗炳風流在尋僧到上方逍遥盤石上靜對菊花香慧日虹橋映秋風錦水涼幸逢高士過笑傲與偏長

白雲横谷口暮鳥不知還樹影侵階綠苔錢點石

斑扶筇過竹院倦眼厭塵寰莫負片鱗月何時更入山

望長老峰　釋古泯

長老峯尊覺表靈憑高一望勢亭亭芙蓉幾瓣藏衣鉢螺髻長青入窈冥半頂有香難着脚比肩無伴亦忘形閒來坐待中天月下界沉沉夢未醒

晚步松嶺　釋俱非

萬壑寒濤挂薜蘿夕陽倒影入銀河幹臨千仞枯榮外綠陰長林雨露多野鶴有心栖不住閒雲無

意去還過從師筞錫層巘下霜夜鐘殘月滿坡

芳泉

寒泉峯半聽潾潾出洞縈紆帶碧雲青落梧桐翻石泿絲騰瑤甕激龍文暮烟乍合源誰覔晨雨初晴響自分閒步獨尋人定後一池清冷夜深聞

登海螺巘

青螺出海鎮南陲今古何人下口吹九地任看峯盡處四天休訝月明時空中雨付龍王湧腦後風敎長老知慚愧杖藜虛跨跳到無行地不須疑

望長老峯 釋枯吟

蕩漢摩雲接上方須彌何事獨稱王頂門不盤通天路足下能開選佛塲喜得羣峯同法侶常將大地作禪牀眞風浩浩誰堪比惟有山高與水長

紫玉臺

崇臺蒼翠映晴空好鳥窺人啄落紅紫玉松篁疑畫裏別傳山水古南中擁雲坐上三竿日乘月行吟萬壑風勝槩盡歸襟帶下登臨一會許誰同

登海螺巘 釋古汝

青螺不住海門東倒卓爲巖插碧空留得江雲侵澗白尚餘蜃氣雜霜紅鐘聲過處落危石雪意開時度軟風俯覜千山烟樹遠未知誰臥石樓中

望長老峯 釋記汝

山中長老何年住寶髻雲衣自儼然孤岫遠分靈鷲脉諸峯羣繞石頭禪啣花鳥宿青螺上撥草人來黃葉邊終古攀躋誰得似一時翹首欲窺天

紫玉臺

相陪龍象上高臺下界羣巒拱上台紅日背山移

午食白雲沈石冷蒼苔幾家城郭千山外一鏡江河萬派回讀罷豐碑餘夕照隔林獻果見猿來

紫玉臺 釋雪木

承露青霄倚翠岑夕陽憑望彩雲深上方木葉落空谷下界人家響暮砧息影樹邊窺鶴去扶笻石畔聽猿吟玉臺古篃年年在梅柳榮枯任古今

篔竹坡

翠葉離離映半空差池雲影自成叢每憐勁節留哀壑翻笑高梧怯朔風解籜無聲烟未散拔梢有

勢露還濃行人且莫嗟搖落孤韻長存霜雪中

龍王閣

龍王高閣傍巖隈霽色應爲此日開布雨每從池上起爲雲多是石頭來窓中坐見星河轉林下遙聞塞雁回幽興獨尋流水住暮潭寒栗擬風雷

紫玉臺　釋古楖

紫雲截作石匡牀獨坐何人小八荒滿目空青山雨薄一林寒翠谷風長寫將孤韻憑流水剩作閒情餞夕陽斜月半峯疎磬裏此中有語却相忘

遶丹霞山　釋古理

一望巍峩逼梵天奇峯怪石水雲連倒垂古木風聲亂獨叫寒花鳥語圓側逕每難憑杖履細泉時復應山川不因師到誰能到回首塵勞一悄然

望長老峯　釋更涉

攀躋不及晝難成俯仰儀容儼典型霜月暗高初定夜石泉流響六時經丹峯幻出青螺髻寶几誰憑紫玉屏任去古今還底事一回瞻睇夢全醒

紫玉臺

高臺矗矗到無塵大地風烟淨不聞松氣鮮新昨夜雨竹光深淺下方雲看西江水兩杯瀉望北林巒幾雁羣金錫獨搖天外影更無人處自朝曛

繞丹霞山　釋慧則

偶隨缾錫繞丹霞望入南湖野興賒洞壑高低俱石骨溪橋深淺只霜花赤城絕漢侵雲直綠玉澄潭映日斜言息松陰還送目幾聲樵唱逐歸鴉

紫玉臺　釋古賢

籀篆何年鐫此岑爲探奇跡到雲林烟霞舒卷但

朝夕日月往來空古今風掠竹梢飛鳳墮雨翻松籟臥龍吟閒趺石上心無事臺自高高澗自深

紫玉臺　釋傳論

崔嵬百尺倚雲平搖落寒光擬九成隔浦雁回三楚影磨崖人認六朝名苔侵冷露虫書古竹引凉風石榻清臺畔坐餘僧舍晚一林松月夜猿情

紫玉臺　釋古燈

紫玉臺高俯百川烟霞骨相自超然回看大地全無地肯信諸天尚有天佳句也隨殘雪冷幽情還

逐暮雲添片帆江上風波疾輸與山中枕石眠

望長老峯

崑盧頂上絕行踪此老峯高望不窮寒木參天雲影外瀑泉漱石雨聲中幾人瞻仰懷先德特地低徊見大雄欲上上方爭未易何時振錫一凌空

龍王閣　釋古翼

龍王高閣倚巖開萬疊奇峯覿面來雲濕牕櫺疑布雨風吹庭樹似行雷曉聽長老宣高法夜見羣螺獻異瑰靜守名山藏變化莫歸滄海夜吟哀

法堂　釋仞千

畫棟朱楹敞翠岑迢迢烟水到來親門當曉日啣山影座擁香雲隱玉輪古柏愈深千嶂色碧桃初綻一簾春可堪往事重追憶寒夜泠泠立雪人

紫玉臺

石籀何人鐫玉臺松杉歲歲老巖隈一林霜月猿聲冷千古烟霞鶴夢回白社有緣酬惠遠文章無價慰宗雷登高更莫勞雙眼多少閒情付刧灰

燈前喜三一恕庵入棲賢　釋古輪

多年曾此會峽寺話來頻笠雪衝寒晚林花放早春湖光岳色動雲霽月華新不少相逢意窮山遇故人

送別歸丹霞

林間同聚復何期擬向梅花雪雁飛三峽澗邊寒折柳片雲天際趂征衣舟輕立水乘春曉路轉庾關入翠微歸到故山逢舊識爲言他日復相依師不識字作詩衝口而出倩人作書書就師仍一字不辨也但訛處即疑轉質他人點畫錯處無不確中二詩全無故實直寫性靈而老健真率竟在初盛之間雖非本山之作亦附刻于此五原識

竹坡烟雨　釋積山

舊竹低垂新竹高淡烟疎雨晚蕭騷筍根稚子窺泉脉林下閒人罷桔槔綠玉倚簷搖翠幌冷雲和夢濕緇袍何堪更憶瀟湘夜剔盡寒燈聽百勞

竹坡烟雨　釋古機

千丈懸崖倚碧空半坡綠竹淡烟中篩殘夜月餘疎影搖翠春光共一叢細雨濛濛迷宿鳥微涼陣陣引清風七賢踪跡歸何處長見猗猗梵宇東

乳泉春溜

一泓清泠從中出萬派洪波亦此分洒向碧天飛作雨結成幻影欲爲雲品泉自得三春勝落澗誰當午夜聞最是深山更深處幽人煮茗細論文

螺頂浮圖　釋福嵩

螺盤窣堵逼天齊遠近羣巒伏拜低面面藤蘿縣日月層層花蔓結雲霓珠垂碧漢搖光彩色璨清江映紫泥下界何人頻仰止回頭自是出塵迷

紫臺爽氣　釋寂誠

拳石何年闢橫斜小逕開嵐光千項碧樹色半林

猜坐久雲生袂狂吟花滿臺松風吹不盡山鳥又歸來

松磵濤風

山靜雲烟鬧秋風作雨聲疎鐘催浪急密梵接濤輕谷響樵歌徹峯孤夜月明聽來無限意幽磬晚來清

錦水灘聲　釋一舉

丹霞環錦水兩岸見波紋石激千山響灘聲十里聞夕陽流正急夜靜夢中分不盡長江去蒼茫照

水雲

虹橋環翠

紅塵飛不到草木自幽森翠積羣峯染青分衆壑陰杖拖雲影斷屐印蘚痕深夕照西山外虹橋駕碧岑

次劉五原見寄韻　續檢　釋角子

松梢挂白月潭下影微微汲水烹新茗裁雲補舊衣空山縣竹榻竟夕倚柴扉寄語宗居士何妨拂釣磯

渴想青蓮甚每承闡苑詩相期緣有待先遣夢通知應念三生石曾開雙鏡池荷花昨夜放懷抱益悽其

初秋劉石臺舟過丹霞水漲溯流見懷次韻

寒巖古木動高秋望入雲端意莫收一宿未能傾契濶三生何處話沉浮擬將良夜深投轄却憶清風獨拚樓何事豪吟歸輿促空餘明月照峯頭

詞　香山陳蘭芝拂霞輯梓

錦石巖 調金縷曲　馬　倫

十里梅花路正開紅一舸東風錦江容與何事尋春江上去別有神仙宮府看紫翠迎人欲舞一樣西川難織就訝天孫幻出眞奇處佳山水情興足

飛龍百尺晴天雨驚老龍夜半歸來道人知否曲曲闌干空倚遍身在畫圖影霧看上下漁舟無數九轉靈丹堪換骨想鐵橋千尺難飛度棋一局

了殘暮

紫臺爽氣 調青玉案　陳世英 新田

琳宮一片清涼地愛竹樹濃陰翳軟翠流丹圍石砌露朝烟夕月晴雲煖總可成幽致　蒲團竹杖隨時至白社青門有同契莫笑風塵稱俗吏塌來登眺雨花香裡此日誠非易

錦水灘聲 調驀山溪

澄溪如繡曲曲環流遠桂檝蕩揉藍看沙面素痕清淺四圍丹碧空影漾琉璃新漲落珍珠濺風起濤聲捲　亂飛晴雪寒色驚人眼誰促阿香車向波底殷殷輕轆凌窓驟目似覺浣塵心聽逸響堪留戀泉石情難遣

竹坡烟雨 調青衫濕

何時得到篔簹谷斯地有琅玕渭川千畝瀟湘萬个難比深山　溟濛一碧聲能戛石影欲藏巒憑凌高閣千層濕翠總做清寒

丹梯鐵索 調百尺樓

何日鑿鴻濛寒鐵盤千丈不羨陶公八翼生膽爲

探幽壯　翹首望青雲更在青雲上直欲乘風謁帝京手挽飛仙降

片鱗秋月 調江月晃重山　釋崧齡

絕巘千層縹緲晴空萬里澄鮮憑高獨立覺蕭然青天外長嘯挾飛仙　濯露松梢珠滴排空桂影氷圓好餐沆瀣俗塵捐潺湲處一道瀉紅泉

覓董舜民于江干已放舟下韶陽矣悵然作此以寄 調臨江仙

佳客已從凌水下長吟欲寄微風雙江橫插翠芙

蓉詩情遲速異人影淺深同　莫遣明年今歲約參差春燕秋鴻小亭幽處共談空碧瞳黃葉外赤脚錦溪中

壽羅繡九長者為丹霞施田檀越　調鳳凰臺上憶吹簫

香積傳餐淨名持鉢，一時四座俱周讓寶田歲入無盡春秋配與微塵甲子增減刼粒粒全收休提起南山碎礫東海浮漚　行籌團圝相喚做白石仙人爭肯低頭種北洲粳米方寸平疇為探溪流發處拈不出非發非流總知是長空萬古風月扁

舟

三巖梅花再開志喜　調東風第一枝

蜡索西谿燈連鄧尉一花誰定遲速多情自喜多才憐人賞心難足丹霞至後有開斷寒枝重續想巡簷待我歸來笑解秀眉雙蹙　一瓣瓣細鐫香玉一線線澹攢金粟深勻點點檀紅巧勝飛飛蕚綠氷霜妙用故抑勒嶺南松竹儘唱殘白雪高歌再鼓陽春一曲

风度楼记

《风度楼记》是清陈兰芝增辑明郭棐辑录《岭海名胜记》篇目。此记以韶州古迹“风度楼”为题，辑录了与风度楼古迹相关的历代文、赋、铭、诗等作品。全记共分文类、诗类两大部分。

風度樓

明光禄卿嶺南郭萬周先生著

嶺海名勝記

香山後學陳蘭芝增輯

風度樓記

文類　香山陳蘭芝拂霞輯梓

重修風度樓記　何嘉元

舜之治有韶聖帝之聲容在焉韶之都有樓賢相之風度存焉非斯人曷名斯樓有斯樓如覩斯人也天之篤生文獻張先生也江嶺以南文章相業先生闢之忠讜朝端人主敬憚丰裁不獨當時重之於致政猶思之於既歿猶永思之後人仰止芳徽溯九重褒美著爲萬古風鑑風度樓所爲昉也

風度樓記　卷十二　記　一

自古身邇黄扉道隆弼直代有其人在唐則貞觀開元爲尤盛史論詳矣先生身處其中時則倍難道則兼美有房姚之才而不矜風度勝也具魏宋之直而不激風度優也諸如遜諂睬進純厚非同寅協恭之風度乎迯廢興上金鑑錄非陳善納誨之風度乎識林甫之爲國蠹論祿山之爲外變非正色立朝之風度乎以先生之賢冈宜補衮銘勳凌煙圖象詎讒壬見妬忠義與容宰輔遂罷疎擯之厄嶺表徒與老成之觴展轉追思流涕不置也

憶何及哉先生明哲南歸身名俱泰彤管垂休迄今千百世後策馬驅車越嶺至止或典聞入告必曰知人辨物有文獻懿軌也巡方問俗必曰秉直嫉邪有文獻聲教也奉使往來則曰觸姦察佞有文獻遺鑑也校士育才則曰揚扢風雅有文獻體裁也續食計偕則曰質濟時用有文獻樂武也下逮游人俠客利賈行商莫不曰開鑿天工有文獻盛德終不可諼也樓建邑治之東左右學校前峙蓮岳後拱筆峯固文教標準亦仕宦模楷非僅岳

陽蘭亭侈郡邑之雄觀晝錦滕閣紀登眺之壯游已也多歷年所漸成蠹圮暨茲而丹雘之後起者諒有同心康熙癸亥季夏閩元奉命掌教斯土因自慰曰典型在望其爲尚友之資乎比至而亭臺如故榱桷蕭然甍簷半墮風雨不蔽難爲瞻眺矣元憮而慨舉而思倘得間上請復葺是所願也未幾而郡侯下車發政即有修舉廢墜之行且邑有
神君毅然經始不憚重繁鳩工於癸亥菊月告竣於甲子六月朽者更而痿者立楹者堊而梲者藻煌煌若還舊觀也亡何乙丑孟秋之望樓鼓方撾
祖龍肆虐下延環堵上迄層臺流赤亘天飛虹掩月雖佛圖澄難爲噴酒滅火之功劉江陵莫試叩首反風之效豈但咸陽楹棟悉付烟烽即石骨鄰鄰大半毀鑠斯時也悵勝槩千年消磨一旦又以時詘舉嬴必欲營而新之不知幾春秋矣何期刺史唐公握算在胸布楷在目遂筮吉中秋下浣當非常之舉不煩一帑不役一民僅以募緣稍資其後纔兩閱月拔地而成倚天而就問其穹窿則視

前加仞問其廣狹則址限四達之衝莫可增祗問其亭閣則環向廠軒涵盡江山嵐翠問其榮繕則層析其振丹絲其飾以檻以欄以檽以楯以壁以楣以榱以砌皆出人意表勝十倍昔矣登斯樓也咸謂文獻公道當一厄而旋泰益以嘆重建者之良工苦心迅若神運也使韶曲諸士惓前烈之不磨思奮興之有自從此而刻志董帷膏然丙夜則風度樓且與青藜石渠閣輝垂不朽矣所謂守先待後非太守誰與歸爲之綜其顛末鐫以不諼前

後攬成者太守襄平唐公也贊畧者別駕江夏吳公也措畫者邑侯聞喜秦公也董事者孝廉昆圃陳君元躍吳君明經蔡子侯綬廖生曄英文學黃生造廖生燕生陳生陛也紀勝者邑博南海何嘉元也

韶州張文獻公祠記

元　曾三省

開元宰相張文獻公者唐韶州人也萬年風度而長存億世鄉祠之無愧宜乎建義之士於其遺跡故躅荒塋舊業有一日之必葺也夫韶郡文獻之

生孔子曰才難何與上下古今通融宇宙尚論乎古之人古之人而眞知生才之不易司馬公通鑑一千三百六十有二年英君誼辟如漢高祖唐太宗直數百年而一見大臣宰相至蕭曹丙魏房杜姚宋尚矣究其事業刀筆歎於詩書刑政昧於禮樂惟中州人物清寧深厚之合凝扶輿清淑之鬱積而若此則夫服嶺以南得一張文獻公何其靈傑之至此也高志遠識載之新舊唐書至孝純誠天地爲之明格此天下之士萬世之人傑也乾坤

不息精神不忘固無有係廟宇之有無像祠之興替祠堂之屋三間風度之樓百尺此自邦侯郡佐之所宜風鄉黨里閭之所欽德不可得而廢也奈何搖落之日深摧頹之歲異士大夫來任是邦自至元己卯總管張侯榮元貞丙申總管張侯傑嘗修建之後來者往往視祠事爲不切里之人子推篤舉義不之乎瞿曇之室則奔走於老氏之宮後生晚輩不知風度之爲何名文獻之爲何義豈學殖將落及此乎抑倡義之風少衰也延祐丁巳春

黃君佑由廣東憲椽來提韶幕一日慨然喜曰祠其有興乎祠以人興西華張果卿眞其人也前尹番禺興新繕舊百廢具舉今授來韶其集此無難也且郡國諸張同承一族宗家誼事肯讓他人即而謀之曾無難色謂君佑既經其始盍相與亟其成兩賢一心千夫畢力乃隆舊址構新堂兩廡翼飛一亭筆立鐵胎顯飾之如玉祭器不假而成陳黝堊碧丹塈次甃礅祠門闢張垣壁崇繞凡所以昭嚴事而肅觀瞻者靡不臻至乃復諗於衆曰祠

固成矣風度奈何昔者負棟之柱如六鰲今者鰲骨柿而山欲壓於是拔而起之如瘞斯立除朽墜堅忽若神運重簷風雨之深入各增二而三之南北西東爲簷十二各書風度二字於其上以壁以梯以闌以楯巍乎偉哉立四達之通衢復九韶之壯觀斯民俛仰而駭矚故老徘徊而咨嗟不圖今日之至於斯也是役也二公捐俸而率先之官長次之同寅僚屬下至仕族大家莫不獻義財致用物不煩公帑不苦民役不踰時而工訖事於此見二公之爲政於此知文運之將興君佑既書千古作程四字冠于亭復以書來請記斯祠斯樓前賢記之多矣公之道德功名忠誠孝行由之天下著之萬世況其桑梓之間宜無待於記也謹記興修之歲月以寫二公之盛心君佑名晉其先世浮光仕武陽因家焉本路提控案牘兼照磨承發架閣果卿名昕承務郎本路推官同寅知事袁亨字道甫通州人德星聚文獻之邦其風度皆有得於文獻公者

張文獻公神道碑

徐浩

有唐既受命在太宗時有若梁公房鄭公魏衛公李格於皇天在高宗時有若梁公狄格於上帝在中宗時有若平陽王敬漢陽王張扶陽王桓南陽王袁博陵王崔光復宗社在明皇時有若梁公姚廣平公宋燕公始興公二張中興王業夫以天柱將傾大盜方起一振綱紀再闡皇猷始興公爲之公諱九齡字子壽一名博物其先范陽方城人軒轅建國弦弧受氏艮位爲帝師華才稱王佐或相韓五葉或佐漢七貂代有大賢時稱盛族四代祖諱守禮隋鍾離郡塗山令曾祖諱君政皇朝韶州別駕終於官舍因爲土著姓大父諱子胄越州剡縣令烈考諱　愈新州索盧縣丞贈太常卿廣州都督皆蘊德葆光力行未舉地積高而成嶽雲久蓄而作霖是生我公蔚爲人傑弱不好弄七歲能文居太常府君憂柴毁骨立家庭甘棠數株連理王公方慶出牧廣州時年十三上書路左燕公過嶺一見文章並深提拂厚爲禮敬弱冠鄉試進士

考功郎沈佺期尤所激揚一舉高第時有下等謗
議上聞中書令李公當代詞宗詔令重試再拔其
萃擢秘書省校書郎應道侔伊呂科對策第二等
遷左拾遺封章直言不協時宰拂衣告歸太夫人
在堂承順左右孝養之至閭里化焉始興北嶺㟭
險巉絕大庾南谷坦然平易公乃獻狀詔委開通
會不浹時行可方軌特拜右補闕尋遷禮部司勲
二員外郎加朝散大夫趍中書舍人封曲江縣男
轉為太常少卿出為冀州刺史以庭闈在遠表請

罷官改洪州都督徙桂州都督攝御史中丞嶺南
按察兼選補使黜免貪吏引伸正人任良發能究
賢勞事澤被膏雨令行祥風屬燕公薨斯文將喪
擢秘書少監集賢院學士副知院事時屬朋黨頗
將排擯竊棲歲餘深不得意渤海王武藝違戎王
命思絕其詞中書奏章不愜上意命公改作援筆
立成上甚嘉焉即拜尚書工部侍郎兼知制誥歷
從北巡使司后土命工撰赦對御為文凡十三紙
初為稾進上曰比以卿為儒學之士不知有王佐

之大今日得卿當以經術濟朕累乞歸養上深勉
之焉遷公弟九皐九章官近州伏臘賜告給驛歸
寧遷中書侍郎丁內憂中使慰問賜絹三百疋奔
喪南歸附葬先塋毀無圖生啗不容粒白雀黃犬
號噪庭塋素鳩紫芝巢植廬隴孝之至者將有感
乎既卒哭復遣中使起公本官同中書門下平章
事口敕敦諭不許為辭聞命號咷使者逼迫及至
闕下懇乞終喪手詔有曰不有至孝誰能盡忠墨
縗之義不行蒼生之望安在朕以非常用賢曷云

嘗禮哀訴即宜斷賜甲第一區御馬一匹尋遷中
書令集賢學士知院事修國史初公作相也奏擇
元戎皆取良吏不許入奏罷嘗戰諸軍兵省年支
賜諛臣緣議事竟不行明年公奏籍田躬耕禮節
加金紫光祿大夫進封始興伯又明年千秋節公
卿皆進寶鏡公上千秋金鑑錄五卷述帝王興衰
以為鑒戒公直氣鯁詞有死無二彰善癉惡見義
不回范陽節度薛王奏前太子索甲二千領上極
震怒謂其不臣顧問於公曰子弄父兵其罪當笞

況元良國本豈可動搖上因涕泣遂寢其奏武惠
妃離間儲君將立其子使中謁者私於公曰若有
廢也必有興焉公遂叱之曰宮闈之言何得輒出
御史大夫李公商隱太府卿裴公伷先不禮中官
皆忤上旨必在殊譴公全庇焉幽州節度張守珪
緣降兩蕃斬級突干將拜侍中凉州節度牛僊客
以省軍用將拜尚書並觸鱗固爭竟不奉詔平盧
將安祿山入朝奏事見於廟堂以爲必亂中原上
曰卿無以王衍知石勒此何足言無何祿山用兵

敗張守珪請按軍令留中不行公進諫曰穰苴出
軍必誅莊賈孫子行令亦斬宮嬪守珪所奏非虛
祿山不當免死再三懇請上竟不從及卒明皇追
歎曰公歿後不復聞忠讜言發中使至韶州弔祭
其先見之明有如此者學究精義文參微旨或有
興托或有諷諫後之作者所宗仰焉上表論事多
機密入皆削藁人莫得知嘗以致君堯舜齊名管
樂行之在我何必古人由是去循資格置採訪使
收拔幽滯引進直言野無遺賢朝無缺政百揆時

序庶工允釐同僚見嫉內寵潛搆罷公爲尚書右
丞相初不介意居之坦然執憲者索公所用劾奏
權臣冢冠得罪借以爲累貶荊州長史公三歲爲
相萬邦底寧而善惡太分背憎者衆虞機密發投
杼生疑百犬吠聲衆狙皆怒每讀韓非孤憤涕泣
沾襟開元二十八年春請拜掃南歸五月七日遘
疾薨於韶州曲江之私第享年六十三皇上震悼
贈荊州大都督有司謚行曰文獻公越來歲孟冬
葬於洪義里武臨原近於先塋禮也夫人桂陽郡

夫人譚氏循州司馬府君誨之子也淑愼宜家齊
莊刑國珮環有節纂組皆工幼作女儀長爲內則
太夫人樂在南國不欲北轅克勤奉養深得婦禮
至德二年十月六日終於私第春秋七十有七同
塋異穴卜兆從宜公仲弟九皐宋襄廣三州刺史
採訪節度經畧等使殿中監季弟九章溫吉虔等
州刺史鴻臚卿腰金拖紫三虎爲榮立德行政二
馮推美嗣子拯居喪以孝聞立身以行著陷在寇
逆不受僞官及收復兩京特制拜朝散大夫太子

右贊善大夫孫藏器河南府壽安尉永保先業克
凜義方侄抗殿中侍御史文吏雅才清公賢操以
兄拯早世姪藏器幼孤未建豐碑乃刻樂石用展
猶子之慕庶揚世父之美浩義深知已建以文章
禮接同人惠兼甥舅薄技効德無愧其辭銘曰夙
生丹穴鵬翥南溟天垂粹氣地發精靈傑生我公
揚於王庭甫稱降神說表奇星學究經術文高宗
匠再掌司言爰立作相忠義柱石謀猷帷帳王綱
允釐帝采惟亮退居右揆出守南荆黄鶴緝翼青

蝇營營不瞑猶視雖歿如生昭昭令名千古作程

風度樓記

香山陳蘭芝拂霞輯梓

修韶州府儒學記 尚書祀聖廟 羅欽順 江西

學校之教所以明倫理育人才厚風化隆治道自
古帝王君臨天下必以此為先務焉而凡為民師
亦皆預有其責其祗其怠而興廢係之矣凡教之
所以興必由於表率之端循誘之善勸戒之明固
無待乎其外然而廟貌之顯設堂宇之崇峙齋舍
之分列乃學者陟降瞻依之地藏修遊息之所完

且美則其居之也安而志不容於不篤故興修之
舉誠亦有資於教事不遂槩以末節視也然其所
望於學者豈徒藝焉而已哉夫學所以學為人也
人之所以為人仁而已矣四端五典萬事萬物無
一不統於仁故孔門教人以求仁為第一義凡古
聖賢經傳其言累千萬計無非所以發明是理博
學而慎擇之審問而精思之明諸心體諸身積之
厚而推之善其仁至於不可勝用然後為學之成
不此之求而徒事空言以致利達則其志亦陋矣

夫安能爲有無於斯世哉韶爲嶺南名郡在唐有張文獻公在宋有余襄公皆其人物之表表者郡故有學自宋景德開創迄今垂五百年中間屢壞屢修而其頹弊莫如頃年之甚蓋郡嘗爲猺寇所踐蹂繼以師旅之供給公私匱乏而修葺不時無怪乎其然也嘉靖初九溪周侯敘以前大理正起自謫籍來守是邦急民之難一意撫循爰及期年民用蘇息而歲復大稔喟然嘆曰廟學之修此其時哉昔寺僧以因果誑人事發當入其銀四百兩遂以給諸費不足則議毀諸淫祠通融以益之以白督府右都御史張公嵿巡按御史謝君珊涂君敬皆報如議於是涓日興事若大成殿及大成門及櫺星門若明倫堂皆撤而新之若兩廡若兩齋以及號舍之類則皆因而葺之又新作堂二曰會講曰習禮祠二以祀名宦鄉賢門一以表泮宮殿中塑加精兩廡仍用木主經始于嘉靖改年壬午之冬落成于三年甲申之夏材良工善計必經久輪奐之美迴軼舊觀於是師生共與謀曰玆學之

新凡以爲吾徒計爾顧其費省而功倍非吾侯詳於理勤於督視未易臻玆盍紀其成功刻之石以示永遠郡佐臨江符侯錫聞而韙之樂贊其成以余嘗涖南雍有一日之長具書及事狀遣訓導張杞芳來請記余聞周侯往以忠說獲罪賢名已振一時及起而涖韶政有以宜其民爲士者亦皆樂從其教至于修舉廢墜其成績又章章如此不賢而能之乎然學既一新第不知諸生之所以學者何也誠能遺其近小之圖而勵其遠大之志由昔之說以底于學之成處也德足以重其鄉出也道有以周于用風俗之厚治化之隆皆能有補於其間則其卓然爲一代之偉人也必矣伊周顏孟猶將可及矧其鄉先正乎哉余既嘉周侯之功又感符侯之書能達其意遂不辭而爲之記且因以致丁寧於其學者計亦諸君之所樂聞而不厭也杞芳歸矣持是說也以往殆不虛此行乎

余襄公神道碑　附錄　　歐陽修

始興襄公既葬於曲江之明年其子仲荀走於亳

以來告曰余氏世爲閩人五代之際逃亂於韶自曾高以來晦迹嘉遯至於博士府君始有祿仕而公繼之以大曲江僻在嶺表自始興張文獻公有聲於唐爲賢相至公復出爲宋名臣葢余徙韶歷四世始有顯仕而曲江寂寥三百年然後再有聞人惟公位登天臺正秩三品遂有爵土開國鄉州以繼美前哲而爲韶人榮至於褒卹贈謚始終之寵盛大葢褒有詔卹有物賻有誥而行謚考功有議有狀合而誌之以閟諸幽有銘可謂備矣惟是

螭首龜趺揭於墓隧以表見於後世而昭示其子孫者宜有辭而闕焉敢以爲請按余氏韶州曲江人曾祖諱從祖諱榮皆隱不仕父諱慶太常博士累贈太常少卿公諱靖字安道官至朝散大夫守工部尚書充集賢院學士知廣州軍州事兼廣南東路兵馬都鈐轄經畧按撫使柱國始興郡開國公食邑三千六百戶食實封二百戶治平元年自廣朝京師六月癸亥以疾薨於金陵天子惻然輟視朝一日賻以粟帛贈刑部尚書謚曰襄明年七月乙酉返葬於曲江之龍歸鄉成家山之原公爲人質重剛勁而言語恂恂不見喜怒自少博學強記至於歷代史記雜家小說陰陽律歷外暨浮屠老子之書無所不通天聖二年舉進士爲贛縣尉以書判拔萃改將作監丞知新建縣再遷祕書丞刋較二史充集賢較理天章閣待制范公仲淹以言事觸宰相得罪諫官御史不敢言公疏論之坐貶監筠州酒稅移泰州已而天子感悟亟復用范公而因之以被斥者皆召還惟公以便親乞知英

州遷太常博士丁母憂服除遂遷爲集賢較理同判太常禮院景祐慶歷之間天下怠於久安吏習因循多失職及趙元昊以夏叛師出久無功縣官財屈而民重困天子赫然思拯頹弊以修百度既已更用二三大賢又增置諫官四員使言天下事公其一人也卽改右正言供職公感激奮勵遇事輒言無所迴避姦諛權倖屛息畏之其補益多矣然亦不勝其忌嫉也慶歷四年元昊納誓請和將加封册契丹以兵臨境上遣使言爲中國討賊請

止毋與和朝廷患之欲聽重絶夏人而兵不得息
不聽生事北邊議未決公獨以謂中國厭兵久矣
此契丹之所幸一日使吾息兵養勇非其利也故
用此以撓我耳是不可聽朝廷雖是公言然猶留
夏冊不遣而假公諫議大夫以報公從十餘騎馳
出居庸關相見於九十九泉從容坐帳中辨折往
復數十卒屈其議取其要領而還朝廷遂發夏冊
臣元昊西師既解嚴而北邊亦無事是歲以公知
制誥史館修撰而契丹卒自攻元昊明年使來告

捷又以公往報坐習彼語出知吉州怨家因之中
以事左遷將作少監分司南京公怡然還鄉里杜
門謝賓客絶人事凡六年天子每思之欲用者數
矣大臣有不喜者第遷光祿少卿於家又以為雅
州刺史壽州兵馬鈐轄辭不拜皇祐二年祀明堂
覃恩遷衛尉卿明年知虔州丁父憂去官而蠻賊
儂智高陷邕州連破嶺南州縣圍廣州乃卽廬中
起公為祕書監知潭州卽日疾馳在道改知桂州
廣南西路經略安撫使公奏曰賊在東而徙臣西

非臣志也天子嘉之卽詔公經制廣州而智高復
西走邕州自智高初起交趾請出兵助討賊詔不
許公以謂智高交趾叛者宜聽出兵毋阻其善意
累疏論之不報至是公曰邕州與交趾接境今不
納必忿而反助智高乃以便宜趣交趾會兵又募
儂黄諸姓皆縻以職與之誓約使聽節制或疑其
不可用公曰使不與智高合足矣及智高入邕州
遂無外援既而宣撫使狄青會公兵敗賊於歸仁
智高走入峒邕州平公請復終喪不許諸將班師

以智高尚在請留公廣西委以後事遷給事中諫
官御史列疏言公功多而賞薄再遷尚書工部侍
郎留廣西逾年撫緝完復嶺海肅然又遣人入特
磨襲取智高母及其弟一人俘於京師斬之拜集
賢院學士而徙知潭州又從青州再遷吏部侍郎
嘉祐五年交趾寇邕州殺伍巡簡天子以謂恩信
著於嶺外而為交趾所畏者公也驛召以為廣西
體量安撫使悉發荆湖兵以從公至則移檄交趾
召其臣費嘉祐詰責之嘉祐皇恐對曰種落犯邊

罪當死願歸取首惡以獻郎械五人送欽州斬於界上公還邑人遮道留之不得明年以尚書左丞知廣州英宗即位遷工部尚書代還道病卒享年六十五公經制五營前後十九年凡治六州所至有惠愛雖在兵間手不釋卷有文集二十卷奏議五卷三史刊誤四十卷娶林氏封留郡夫人子男三人伯莊殿中丞早卒仲荀今爲屯田員外郎叔英大理評事女六人長適職方員外郎郭師愈次適屯田員外郎孫邵次適宿州觀察度支使周熊

次適祕書省較書郎章惇裕次適越州上虞縣主簿張元潭一尚幼孫男七人嗣恭嗣昌皆大理評事嗣隆太常寺奉禮嗣徽嗣光嗣立嗣京未仕女五人銘曰余遷曲江仍世不顯奮自襄公有聲甚遠始與開國襄美於前兩賢相望三百年間偉哉襄公惟邦之直始登於朝官有言責左右獻納兹謀屏息慶歷之治實多補益逢時有事奔走南北功書史官名在異國出入艱勤咸有一德小人之讒公廢於里一方有警公起於家流行信結狗從

罔遐公之在焉帝不南顧胡召其還殞於中路返匶來歸韶人負土伐石刻辭立於墓門以貽來世匪止韶人

濂溪書院記附錄

宋　楊大異醴陵

淳熙丙午春大異以廣東嘗平事蒙恩除憲時經師鐵庵方公來見曰吾不賀子之得遷而賀子得濂溪之官也濂溪自漕易憲在曲江十閱月而歸迄不復出矣先生暮年之事必有遺澤可考者而未之見也今五羊有書堂而韶陽獨闕焉天其有

待於子乎大異應之曰道猶元氣也有天地人物處即有此道則當崇此學謹當與爲濂溪之徒者共商之豈待得其官而後爲之哉是年冬至曲江求諸文牘訪諸故家則咸無存焉惟有朱張二先生作祠堂記所以原天人之理發圖書之奥昭如日星越三日謁祠敝廬三間隘在後圃而僉仙之樓丹荔之堂乃雄峙左右因喟然歎曰豈有食福祥後遊宴而輕吾道一至此乎翌日集郡僚與士而言其故欲擇一爽勝地創爲書堂聚士以祀而

習之自太守而下皆欣然而作曰願效力惟所命
即日相攸得地於帽峯之麓湘江之濵越月而成
右爲祠五間繼以講堂間亦如之左右爲兩齋皆
五間外爲三門總而翼之以室浚井闢池開垣門
周幾二百步廣植松竹閎壯甲一方不役之民而
速辦諸司相與佐之教養之需於是粗備既成四
方來觀雖黃童白叟往來於閭閻城市鄉村間皆
曰吾濂溪先生祠也嗚呼先生去此其久矣其感
人如是哉豈非道在人心自有與天地相爲長久

者乎八月既望迎先生像侑以二程朱張大合俊
士釋菜而告之曰太極者該天地人物而言之也
吾身雖物之一然太極之在吾身全體具足無有
虧欠自吾之父子兄弟日用飲食太極未嘗不在
焉須臾不可得而離也即吾身而推之人物即人
物而推之天地一理所通位天地育萬物而成位
乎其中矣秦漢以來學者或求之淺近或求之虛
寂淺近則爲申商虛寂則爲佛老惟先生即太極
陰陽之妙善惡萬事之殊無有遠近幽深一以貫

之先生豈殊夫人哉亦不過以一己性分之本然
體認得眞而已桂嶺峻天流而東者爲虞部流而
西者爲濂溪地如此其近也先生在五羊踰半載
曲江幾一年澤如是其深也先生圖書得二程而
尊得朱張而明後來諸賢相與講論相繼之學如
此其碩大光明也吾徒苐以此身之所嘗行者體
而求之則極固在我有餘師矣苟舍夫理氣身心
之切於我者而馳騖於曠蕩幽深之境或牽於勢
利情欲之私則此極既離且無以爲生矣繼自今

其勿替引之則庶乎此道之脈可壽於無窮諸生
曰然因記之石使來者有考焉若其興創之本末
教養之條目別有記錄擇其疏於碑陰

風采樓記 附錄 檢討 陳獻章 白沙

宋仁宗朝除四諫官其一人余襄公是也蔡君謨
詩曰必有謀猷被帝右更加風采動朝端宏治十
年春部守錢君鏞始作風采樓與唐張文獻風度
樓相望襄公之十八世孫英走白沙徵文以表之
夫自開闢達唐自唐達宋不知其幾千萬年吾瞻

於前泰山北斗曲江公一人而已耳吾瞻於後泰山北斗公與菊坡二人而已耳噫士生於嶺表歷玆年代之久而何其寥寥也然則公風采世人爭先覩之爲快若鳳凰芝草不恒有於天下可知矣如公之才得行公之志所謂障百川而東之回狂瀾於既倒公固有之公有益於人國也大矣雖然一諫官豈能盡公哉顔淵問爲邦孔子斟酌四代禮樂告之顔淵處士也何與斯理耶居陋巷以致其誠飲一瓢以求其志不遷不二以進於聖人用

則行舍則藏微顔子孔子作春秋之旨不聞於後世矣故後之求聖人者顔氏其的乎時乎顯則顯矣時乎晦則晦矣語默出處惟時夫豈苟哉英乎勉諸毋曰襄公可爲也聖人不可爲也元人曾三省作余公祠記末云公三使契丹兩平蠻寇經制五官前後十年所至州郡有惠愛而公宏詞博學有拔萃之才忠言逆耳有諫臣之體運籌討賊有安邊之功論道經邦有廟堂之器昔人所謂異代九齡者信不誣矣後之賢者豈無希風烈而慕德業者乎

侯司空廟碑記 附錄　李渤 樂昌

客有遊曲江者始入境則望韶石之山既至郡則瞻張公之祠以謂吾韶之美盡於此矣曾未知直韶之西北四十里有桂山之峻有侯公之偉余請言其畧山之肇迹自荆山南走千餘里至於衡山斗起爲炎帝國又自衡山南走千餘里至於桂山欝然爲祝融神區山之盤薄方廣幾八百餘里峻極崇高幾五千仞青峯碧嶂雲霞所棲丹崖紫壑神仙之宅山下之廟則司空侯公故家也公名安都字師成本末具南史工隷書能鼓琴長於五言詩善騎射爲邑里豪雄陳武帝時強梗數起惟與

公定計稱爲侯郎未嘗名平侯景擒王僧辯破徐嗣徽刺齊將降蕭孜所向必尅其智勇之大畧如此始封富川縣子次授南徐州刺史又進爵爲侯進號平南將軍改封曲江縣公又加開府儀同三司又遷司空又進爵爲清遠郡公又加侍中征北大將軍其功烈之盛如此始武帝崩朝議未知所立公獨翼戴臨川王是爲文帝何其壯哉文武之士雲集門下何其富哉公起布衣提義衆乘風雲之會依日月之光位極人臣勳書竹帛眞所謂豪

傑之士也侯師成以功烈為陳將軍張子壽以德業為唐宰相韶之曲江眞所謂將相之鄉也惜乎功大主疑盛名之下難乎其終而子壽最為稱顯也余嘗東遊泰山西登華嶽南觀衡廬顧未有以過韶之桂山而不列祀五嶽者葢其遠在南裔自古帝王耳目之所不接故也到今里中習俗風流慷慨猶存時或旱澇四遠來祈未旋輒應公之族有登進士第者名晉升字德昭託予記之予既作記又作迎神送神之詩以遺其鄉人使歲時祈報

得以長言而歌之歌曰天作高山兮去天幾何翠岫巉巉兮與天相摩紫桂千尋兮上拂金波飛瀑萬丈兮倒傾銀河宅靈氣兮欝嵯峩降生司空兮此山之阿入拔臺城兮親操義戈百射百中兮戰功居多爵位崇高兮人誰我過威名震主兮莫予敢訶齋中會客兮槃趾逶迤擘牋點翰兮掉頭吟哦昔時閭巷兮今已張羅當年富貴兮恍若南柯哀江南兮淚滂沱弔故里兮影婆娑空餘古廟兮白雲東坡緬想陳迹兮淸風荔羅奠桂酒兮伐鳴鑼折瑤草兮席輕莎靈紛起兮舞傞傞首紅帊兮足繡鞾神之來兮揚玉珂芳菲菲兮離芰荷神之云兮朱顏酡杳冥冥兮駕蛟鼉西風瑟瑟兮吹黍禾暮雨瀟瀟兮濕釣蓑此方之氣兮神人以和此方之物兮天無薦瘥我作此詩兮匪商之那俾爾遺俗兮慷慨而歌

風度樓記

古體詩　香山陳蘭芝拂霞輯梓

張相國九齡　杜甫

相國生南紀金璞無留礦仙鶴下人間獨立霜毛
整矯然江海思復與雲路永寂寞想土階未遑等
箕潁上君白玉堂倚君金華省碣石歲崢嶸天地
日蛙蠅退食吟大庭何心記榛梗骨驚畏曩哲鬒
變負人境雖蒙換蟬冠右地恧多幸敢忘二疏歸
痛迫蘇躭井紫綬映暮年荆州謝所領庾公興不

淺黃霸鎮每靜賓客引調同諷詠在務屏詩罷地
有餘篇終語清省一陽發陰管淑氣含公鼎乃知
君子心用才文章境散帙起翠螭倚薄巫廬並綺
麗爭暉攡牋誄任昉騁自成一家則未闕隻字警
千秋滄海南名繫朱鳥影歸老守故林戀闕悄延
頸波濤良史筆兼絕大庾嶺向時禮數隔制作難
上請再讀徐孺碑猶思理烟艇

夏日登風度樓懷張文獻公　吳鏌

儼對寶山坐凜然風度樓暑消韶石雨涼入曲江
秋日月懸金鑑簪裾侍玉旒文章氣奪帥伊呂道
相侔鷹隼心無競鵷鸞世寡儔公思歸作海燕詩有鷹隼莫相猜句
終妨蜜口佞預識赤心憂俎豆亘今古河山仰斗
牛推輪開大雅芳躅在炎州

聞余安道左遷附　泉州太守　蔡襄仙遊人

南方之強君子居卓然安道襟韻孤詞科判等履
得攜呀然鼓焰天地爐三年待詔處京邑斗粟不
足榮妻孥耳聞心慮朝家事螭頭北奏帝曰都
書計課當敘進麗賦集仙來顯途誥墨未乾壽已

奪不奪不爲君子儒前日希文坐言事手提敕詰
東南趨希文鯁亮素少與失勢誰能肯相扶嶄然
安道生頭角氣虹萬丈橫天衢臣靖腹中有屈語
舉隘不避蕭斧誅使臣仲淹在廷列日獻陛下之
嘉謨刺史榮官雖顯寄奈何一郡卷不舒言非出
位固當罪隨遭扁舟盡室俱炎陬此去數千里索
中狼藉惟蠹書高官長佩叢闕下千百共羣歌爾
愚吾知萬世凜凜英風敦懦夫

風度樓記

今體詩　　香山陳蘭芝拂霞輯梓

讀張曲江公金鑑錄有感　　蘇軾

遠泝淵源曲水東猶存文獻舊家風江南作相何人始嶺表孤忠獨我公豈特魏房姚宋上直追天保卷阿中幸將箴鑑當前照半百痴迷頓破蒙

平圃張文獻公故居在曲江平圃驛　　尚書　王士正　山左

扣舷聊騁望川上暮烟波往往奇峰出行行松石多人言故相宅迷指曲江過太息開元後爭傳得寶歌開元間宏農野得寶改元天寶遂作宏農得寶歌

張文獻公祠　　王士正

峽寺重雲裏人瞻丞相祠開元如宿昔風度想當時羽扇三秋恨淋鈴萬古悲何來雙海燕猶自入簾帷曲江公與李林甫同列度其巧譎慮終不免爲海燕詩以致意

張文獻公祠　　提學　惠士奇　江南

海燕辭巢日何曾戀舊痕南州一麾去北闕幾人存蕃將頻蒙寵胡雛竟負恩淒涼謫仙怨空向曲中自注劇談錄玄宗幸蜀次雒後下馬望長安論嗚咽流涕謂高力士曰朕用九齡之言不至此因上馬索長笛吹之有司旋錄成譜名謫仙怨○即少陵所云受諫無今日臨危憶古人也公賦南州而李林甫牛仙客用事矣北闕尚有人乎幾人存婉言之也

謁張文獻祠　　同知　徐志岩　德清

曲江風度遠流徽姚宋同心日並暉金鑑果能陳黼座玉環何事繫羅衣貶官荊豫緣持正遺祭邱墳爲見機古廟蕭聮松栢下藹然遺像見依稀五行志仙人徐返周詩曰若逢山下鬼環上繫羅衣即馬嵬之讖也三四見信用曲江必無六軍不行之禍矣

張文獻公祠　　王摅　太倉

祠堂突兀倚江開瞻拜空餘海燕哀只道主由金鏡致豈知兵爲玉環來文章自昔傳徐碣香火常新傍舜臺風度依然想像停舟一爲渚蘋回元人咏太白有承恩金馬詔失意玉環詞句人以爲工此更說得關係

風度樓　　文學　梁樸生　順德

高高欄檻立蒼茫往事逢人話夕陽金鑑若成臣志苦玉堂春盡燕巢荒樓臺不用生前賜風度誰能沒後忘莫問開元舊宮殿冷烟深竹閉迴廊

舟泊韶陽　　副貢　余錫紳　順德

幾片紅霞散夕光看花還擬到河陽舟過峽口憐天少地盡南方覺水長風度有樓空鎖雨鷓鴣無籍亦徵粮衣冠豈似江湖樂一櫂煙波學漫郎

登曲江風度樓懷張文獻公　杭世駿 仁和太史

張公風度見無由梓里懷思尚此樓過客登臨當落日晴山風氣接深秋高城木秃炊烟出古縣江空閣影浮幾點亂鴉啼不歇似聞遺恨失黃虬

風度樓　孝廉 羅天尺 順德

鷹隼相猜海燕哀瞻懷風度此登臺千秋金鑑終

何用博得巴陵一祭來

重修風度樓成　何嘉元

巍巍直節著三唐輪奐重開有烈光風度儼留天子眷几筵猶續老成觴千秋事業江山闢一代文章館閣揚燭影照餘釁令月恍披金鑑在鱣堂

韶陽張文獻祠　孝廉 張錦麟 順德

高位偃經綸憂危報國身不逢離亂日誰憶老成人家祭來中使祠垣近卜隣飄飄泥滓燕終絲在堂春

余忠襄公 以下附　明 湛若水

武溪溪水深欲往隔雲津美人在何許風采空遺音憂思滿南北托之被絃琴惟有江門石可以寫吾心 甘泉爲白沙高弟收句故云

余襄公祠　王偁

寂寞孤城野水濱亂餘猶見幾家存女墻落日埋秋草官樹啼烏集暮雲百戰徒聞存國步孤忠誰復弔英魂夜來遺廟荒庭月長逐悲笳不忍聞

前題　王洙

瓣香時過曲江千古廟遺容再拜看天聖年間眞諫議芙蓉山下舊衣冠忠良獨際三公會流落同歸一寸丹天地無窮悲感在晚風疎雨自漫漫

曹溪志略

《曹溪志略》是清代陈兰芝根据明郭棐辑录《岭海名胜记·曹溪记》篇目增补。此记以韶州古迹曹溪为题，增辑了南华寺历代沿革、形胜，与文赋、碑铭、诗等作品，并更名为《曹溪志略》，全记共分曹溪记、曹溪形胜，以及文类、诗类四部分。

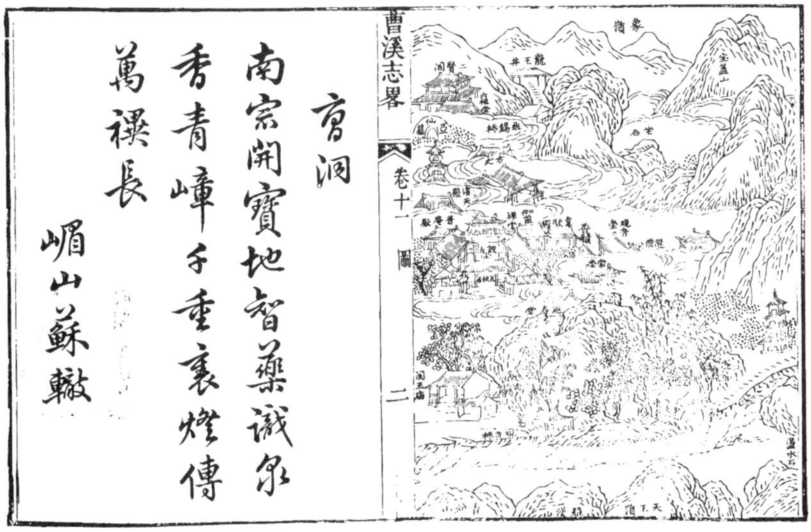

清陈兰芝《曹溪志略》刻本附曹溪图

香山陳蘭芝拂霞輯梓

曹溪記

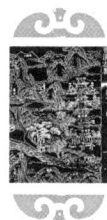

蓋聞淨土總稱佛界名山多屬僧居滇有靈鷲蜀有峩嵋誌公卓錫於灊山長者布金於祇樹所繇來遠矣粤在五嶺之表蒼多旃檀之林若茲曹溪最稱名勝自能公演化以來與黃梅並峙宇內入其境者浥水聞磬登其壇者覩菩悟性頓承北指蔚為南宗蓋衣鉢之傳自達師始之能公止之其

傳其止孰窺其秘耶然稱青原而下若南岳臨濟雲門曹峒之徒咸不失師門宗旨又孰謂其無傳哉摩詰柳州以及賓客各為塑師碑稱其有得於性命之際嗟嗟師居寶林以澄其性曹溪得師以永其傳地靈人傑不兩相成與予嘗登師法壇凭高眺遠見其融結瓌奇形勢踔絕甲於嶺嶠與靈鷲三峩並雄爭勝洵天造地設有所待而授者迨宋蘇子瞻余安道登高有咏後諸名公繼而留題篇章璀璨與雲霞相掩映已茲著於篇然此特可覩能公之象耳至其精神心性之奥備載壇經今觀其書奚啻萬言要之皆由自性透悟悟發於性而貫於道則與聖門至命盡性之學何以異耶其一謁黃梅而即覺焉悟可知已因併識之以諗觀者

曹溪形勝

寶山寺東北一里遠自庾嶺蜿蜒融結狀類寶蓋故名

象嶺寺主山勢止形昂坡陀蹲伏陳亞仙謂生龍白象蓋指此乎

香爐山寺正南狀如爐

羅漢嶺香爐山左右諸峰磊落有羅漢拱立之狀

招隱巖一名石寶山在寺西北巨石隆起巖竇可棲

馬鞍山寺西八里絕頂一石狀類馬鞍曹溪流其下

廻龍山寺西十里卽曹溪滙合湞江處昔智藥三藏嘗至此

曹溪源出攸嶺經黃巢庄西流三十里入盪水石至曹侯村過鎖龍石折而北流又折而東與瀵水合溪水環曹侯村故名曹溪

瀵溪源出木坪村流四十里環遶寺後至小象嶺與曹溪合

盪水石一名臥龍石寺東二里怪石橫亘水勢噴薄澎湃有聲

鎖龍石寺西一里當曹溪轉處一石橫偃故名鎖龍

卓錫泉在龍王廟下祖嘗引錫指石清泉逆出宋蘇軾有銘

明通泉在象嶺下大旱不竭舊志云每卓錫泉涸寺僧持祖衣拜祝泉卽通流故日明通泉

拜石寺西天王嶺前祖嘗登石膜拜

坐石象嶺下祖嘗憇坐有遺跡云

避難石寺南三里世傳祖居寶林九月忽然心動卽遁於前山惡黨至縱火焚之祖潛藏石穴中遂免

寶林寺梁天監元年建始天竺僧智藥泛舶來自海至曹溪口飲其水曰此

中有勝地乃泝流曹溪語居民建寺後百七十年有無上法寶於此演化得道者如林宜名寶林時州牧侯敬中奏聞遂賜額寶林隋末兵火寺廢唐龍朔元年祖自黃梅南歸曹叔良重建梵宇延祖居之儀鳳改元祖旣祝髮復回曹溪時徒衆數百堂宇湫隘乃就陳亞仙求坐具地袈裟一展盡罩曹溪亞仙曰也知和尚法力廣大但祖宗邱墓具在幸望存留且斯地生龍白象異時建寺可平天耳神龍元年改寶林爲中興寺三年勅韶州刺史重加崇飾賜額法泉寺宋天寶初王師平劉氏殘兵不靖塔廟焚毀會太宗卽位頗增脩焉仍賜名南華今因之

花果院祖遇山水勝處每登覽小憇遂成蘭若十三所統名花果院如庫前興雲寺石寶資聖寺曹崗常林寺演山寶興寺瀵溪高泉寺大坪望雲寺楊梅崇雲寺回龍靈山寺高角厚峯寺其田鬱林寺蒼村東林寺社溪深峯寺是也

重刻東菴昱微禪師所藏六祖傳

唐慧能姓盧氏新州人（今新興縣是）少孤貧流移南海鬻薪供母年二十四聞人誦金剛經有省乃往黃梅叅五祖忍大師忍使充薪水之役一日會衆傳法弟子神秀爲偈書壁間曰身是菩提樹心如明鏡臺時時勤拂拭勿使惹塵埃能不識字聞人誦之乃爲偈請人書其側曰菩提本無樹明鏡亦非臺本來無一物何處惹塵埃忍見之遂傳法於能

爲說金剛經至應無所住而生其心言下大悟曰何期自性本自清淨何期自性本不生滅何期自性本自具足何期自性本無動搖何期自性能生萬物忍即以達摩所傳衣鉢授之且曰汝既傳此命如懸絲可速去恐人害汝因送之九江驛令上船曰合是吾渡汝能謂曰迷時師度悟了自度忍曰如是如是今佛法由汝大行矣南行度庾嶺果有惡僧欲奪之者至廣州法性寺值印宗法師講涅槃經因二僧論風旛義一曰風動一曰旛動議語不已能進曰不是風動不是旛動仁者心動印宗聞之悚然知其能也遂邀入室執弟子禮請衣鉢出示告于衆曰此肉身菩薩也因爲立戒壇薙髮爲僧時儀鳳元年正月十五日也又十六年居曹溪寶林寺爲人師往來叅禮者常數千人武后中宗降勅徵之能竟不奉詔遂送百衲袈裟及錢帛等以供養常嘆曰七寶布施等恒河沙億刼脩行盡大地黑不如無爲之運無碍也慈宏濟四主大庇三有先天二年七月八日忽謂門人曰吾將

行矣至八月三日奄然而化有異香滿室白虹屬地之祥門人以香埿塑其身置諸塔曰靈照之塔其說布天下凡言禪皆本曹溪大鑒云有金剛經解行世初能說法時南海僧志道往叅之請曰學人覽涅槃經十餘年未明大意能曰汝何處未了對曰諸行無常是生滅法生滅滅已寂滅爲樂於此疑惑能反覆開釋又爲之偈有曰外現衆色象一一音聲相平等如夢幻不起凡聖見不作涅槃解二邊三際斷常應諸相用而不起用想分別一

切法不起分別想刼火燒海底風鼓山相擊眞常寂滅樂湼槃相如是志道遂有所得其所說皆此類也見世所傳六祖壇經後有徵公者居寺中頗能知佛法

僧徒傳

法嗣行思安成人劉氏子聞曹溪法席乃往叅禮問曰當何所為即不落階級祖曰汝曾作甚麼來曰聖諦亦不為曰落何階級曰聖諦尚不為何階級之有祖深器之一日謂思曰從上衣法雙行吾

受衣以來遭此多難況乎後代其爭必多衣即留鎮山門汝當分化一方思既得法歸住青原山付法石頭謚宏濟禪師

懷讓金州杜氏子初謁嵩山安和尚安指詣曹溪祖問甚麼處來曰嵩山來曰甚麼物恁麼來讓無語經八載乃白祖曰某甲有箇會處曰作麼生曰說一物即不中曰還假脩證否曰脩證則不無汙染即不得曰秖此不汙染諸佛之所護念汝既知是吾亦如是後居衡岳付法馬祖謚大慧禪師

元覺温州人戴氏子丱歲出家精天台止觀玄妙法門與玄策同詣曹溪繞祖三匝振錫而立祖曰大德自何方來生大我慢曰生死事大無常迅速曰何不體取無生了無速乎曰體即無生了本無速祖曰如是如是覺方具威儀叅禮須臾告辭祖曰返太速乎少留一宿時謂一宿覺後著證道歌永嘉集謚無相禪師

法海曲江人初見六祖問即心即佛祖曰前念不生即心後念不滅即佛成一切相即心離一切相

即佛聽吾偈曰即心名慧即佛乃定定慧等持意中清淨悟此法門由汝習性用本無生雙脩是正海遂信受

法達豐城人念法華經三千部未知宗趣祖令念至方便品曰止此經以因緣出世為宗何者因緣唯一大事一大事即佛知見汝勿錯聽吾偈曰心迷法華轉心悟轉法華誦經久不明與義作讎家無念念即正有念念成邪有無俱不計長御白牛車達聞偈領悟

智通安豐人看楞伽經不會三身四智禮師求解祖曰三身者清淨法身汝之性也圓滿報身汝之智也千百億化身汝之行也若離本性別說三身卽名有身無智若悟三身無有自性卽名四智菩提通遂頓悟

智常貴溪人初禮大通示以本性猶如虛空反觀自性了無一物可見是名正見猶未決了師示以偈曰不見一法存無見大似浮雲遮日面不知一法守空知還如太虛生閃電此之知見瞥然興錯

認何曾解方便汝當一念自知非自己靈光常顯現常聞偈豁然

志道南海人初叅六祖問涅槃經云生滅滅已寂滅爲樂未審何身寂滅何身受樂祖曰佛爲一切迷人以常樂涅槃翻爲苦相終日馳求乃示涅槃眞樂刹那無有生相刹那無有滅相更無生滅可滅是則寂滅現前當現前時亦無現前之量乃謂常樂此樂無有受者亦無不受者更示以偈道踴躍作禮而退

智隍始叅五祖自謂正受結庵河北長坐二十餘年後遇玄策激勵遂叅曹溪祖愍其遠來便垂開決隍豁然契悟二十年所得心都無影嚮後回河北開化四衆

志誠泰和人初叅神秀秀令往曹溪質疑乃隨衆叅請祖曰今有盜法之人潛在此會誠出具陳其事祖曰汝師若爲示衆曰長令大衆住心觀靜長坐不臥曰住心觀靜是病非禪長坐拘身於理何益誠聞偈悔謝卽誓依歸

玄策金華人游方河朔知智隍曾謁黃梅所得未眞與論入定有心無心隍不語良久問嗣誰策曰師曹溪曰六祖以何爲禪定曰祖云玄湛玄寂體用如如五陰本空六塵非有不出不入不定不亂禪性無住離住禪寂禪性無生離生禪想心如虛空亦無虛空之量隍聞此說遂造曹溪祖意與策冥符隍始開悟

神會襄陽人年十四爲沙彌謁六祖祖曰知識遠來將本來否若有本則合識主曰以無住爲本見

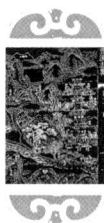

即是主後祖授記云此子向後設有把茅蓋頭也只成得箇知解宗徒祖滅後曹溪頓旨沈廢于荊吳嵩岳漸門盛行於秦洛天寶間方定兩宗乃著顯宗記

志徹江西人姓張名行昌少任俠爲北宗門徒行刺揮刃不損驚仆悔謝即願出家祖令他日易形而來後再至曹溪問涅槃經常無常義祖爲宜說忽如醉醒祖曰汝今徹也宜名志徹禮謝而去

崛多三藏天竺人於六祖言下契悟後游五臺見

一僧結庵靜坐問曰奚爲曰觀靜曰觀者何人靜者何人僧茫然曰汝出誰門耶曰秀禪師曰我西域異道最下種者不墮此見兀然空坐於道何益僧却問師所師者何人曰我師六祖汝何不速往曹溪決其眞要僧即往叅六祖崛多後不知所終

本靜絳州人幼披緇於曹溪之室受記司空山無相寺天寶三年遣使楊光庭採常春藤因造丈室禮問曰願和尚開示曰貧道偎山傍水無所用心光庭泣拜曰爲求佛耶問道耶若欲求佛即心是佛若欲求道無心是道庭具以所遇奏聞即勅光庭詔靜到京住白蓮亭謚大曉禪師

慧忠諸暨人姓冉氏自受心印居黨子谷肅宗上元二年詔徵赴京居千福寺代宗臨御復迎止光宅精藍時大耳三藏自云得他心通命忠試驗至三問而藏罔測肅宗嘗問師在曹溪得何法忠對曰陛下還見空中一片雲麼曰見曰釘釘着懸挂着後謚大證禪師

匾擔山曉了傳記不載北宗門人忽雷澄撰塔記

畧曰師住匾擔山號曉了六祖之嫡嗣也得無心之心了無相之相

文類　香山陳蘭芝拂霞輯梓

崇正皇帝御製壇經序

朕聞佛西方聖人也爲善不倦博濟無窮又曰佛弼也其能弼世教而隆大行者也故周頌曰佛時仔肩示我顯德行是知佛爲弼訓無餘蘊矣昔達磨遠歸東土不立文字直指人心見性成佛夫性天人一也文字爲心之畫而性融焉有善有惡有邪有正得其正則性善而言順得其邪則性惡而

言乖子思曰自誠明謂之性又曰誠者天之道不誠無物苟能於性上究其眞宗辨其善惡則聖賢地位何患乎不至耶故佛樂於爲善心無邪見性體圓明虛靈澹泊於空而不著空於相而離諸相所以成佛果而弼隆朕治道也若謂崇供養而求福田利已朕所不取焉越之南有禪和者盧慧能乃新州人也師於黃梅得衣鉢之傳究性宗之學隱於曹溪沒後其徒會其言傳爲壇經法寶其言正其性善大槩欲人循諸善道離諸惡趣與吾儒窮理盡性自誠入聖之理而無殊矣因萬幾之暇製爲序命廷臣趙玉芝重加編錄鋟梓以傳爲見性入善之指南云故敘

六祖能禪師碑銘并序　唐尚書右丞　王維　藍田

無有可捨是達有源無空可住是知空本離寂非動乘化用常在百法而無得周萬物而不殆鼓棹海師不知菩提之行散花天女能變聲聞之身則知法本不生因心起見見無可取法則常如世之至人有證於此得無漏不盡漏度有爲非無爲者

其惟我曹溪禪師乎禪師俗姓盧氏嶺南新州人也名是虛假不生族姓之家法無中邊不居華夏之地善習表於兒戲利根發於童心不私其身臭味於耕桑之侶苟適其道羶行於蠻貊之鄉年若干事黃梅忍大師願竭其力卽安於井臼素刳其心獲悟於稊稗每大師登座學衆盈庭中有三乘之根共聽一音之法禪師默然受敎曾不起予退省其私廻超無我其有猶懷渴鹿之想尚求飛鳥之跡香飯未消弊衣仍覆皆曰升堂入室測海窺

天謂得黃帝之珠堪授法王之印大師心知獨得謙而不鳴天何言哉聖與仁豈敢子曰賜也吾與汝不如臨終遂寄授以祖師袈裟謂之曰物忌獨賢人惡出已予且死矣汝其行乎禪師遂懷寶迷邦銷聲異域衆生爲淨土雜居止於編人世事是度門混農商於勞侶如此積十六載南海有印宗法師講涅槃經禪師聽於座下因問大義質以真乘既不能酬翻從請益乃歎曰化身菩薩在此色身肉眼凡夫願開慧眼遂領徒屬盡詣禪居奉爲

挂衣親自削髮於是大興法雨普灑客塵乃教人以忍曰忍者無生方得無我始於成初發心以爲教首至於定無所入惠無所依大身過於十方本覺超於三世根塵不滅非色滅空行願無成即凡成聖舉足下足長在道場是心是情同歸性海商人告倦自息化成窮子無疑直開寶藏其有不植德本難入頓門妄繫空花之狂曾非惠日之咎常歎曰七寶布施等恒河沙億劫脩行盡大地墨不如無爲之運無礙之慈宏濟四生大庇三有既而道德遍覆名聲普聞泉館卉服之人去聖歷劫塗身穿耳之國航海窮年皆願拭目於龍象之姿忘身於鯨鯢之口駢立於戶外趺坐於床前林是旃檀更無雜樹花惟薝蔔不嗅餘香皆以實歸多離妄執九重延想萬里馳誠思布髮以奉迎願叉手而作禮則天太后孝和皇帝並勅書勸諭徵赴京城禪師子牟之心敢忘鳳闕遠公之足不過虎溪固以此辭竟不奉詔遂送百衲袈裟及錢帛等供養天王厚禮獻玉衣於幻人女后宿因施金錢於

化佛尚德貴物異代同符至某載月日忽謂門人曰吾將行矣俄而異香滿室白虹屬地飯食訖而敷坐沐浴畢而更衣彈指不留水流燈焰全身永謝薪盡火滅山崩川竭鳥哭猨啼諸人唱言人無眼目列郡慟哭世且空虛某月日遷神於曹溪安坐某所擇吉祥之地不待青烏變功德之林皆成白鶴嗚呼大師至性淳一天姿貞素百福成相衆妙會心經行宴息皆在正受談笑語言曾無戲論故能五天重跡百越稽首脩蛇雄虺毒螫之氣銷

跳殳彎弓猜悍之風變畋漁悉罷蠱酖知非多絕
羶腥效桑門之食悉棄罟網襲稻田之衣永惟浮
圖之法實助皇王之化弟子曰神會遇師於晚景
聞道於中年廣量出於凡心利智踰於宿學雖末
後供樂最上乘先師所明有類獻珠之顧世人未
識猶多抱玉之悲謂余知道以頌見託偈曰
五蘊本空六塵非有終生倒計不知正受蓮花承
足楊枝生肘苟離身心孰爲休咎至人達觀與佛
齊功無心於有何處依空不着三界徒勞八風以

茲利智遂與宗通愍彼偏方不聞正法俯同惡類
將興善業敎忍斷嗔脩慈捨獵世界一花祖宗六
葉大開寶藏明示衣珠本源常在妄轍遂殊過動
不動離俱不俱吾道如是道豈在吾道遍四生常
依六趣有漏聖智無義章句六十二種一百八喻
悉無所得應如是住

元和詔謚大鑒禪師碑 唐刺史柳宗元 河東

扶風公廉問嶺南三年以佛氏第六祖未有稱號
疏聞於上詔謚大鑒禪師塔曰靈照之塔元和十

年十月十三日下尚書祠部符到都府公命部吏
洎州司公掾告於其祠幢蓋鍾鼓增山盈谷萬人
咸會若聞鬼神其時學者千有餘人莫不欣躍奮
勵如師復生則又感悼涕慕如師始亡因言曰自
有生物則好鬭奪相賊殺喪其本實悖乖淫流莫
克返於初孔子無大位沒以餘言持世更楊墨黃
老益雜其術分裂而吾浮屠說後出推離還源合
所謂生而靜者梁氏好作有爲師達磨譏之空術
益顯六傳至大鑒始以能勞苦服役聽其言言希

以究師用感動遂受信具隱遁南海上人無聞知
又十六年度其可行乃居曹溪爲人師會學者來
嘗數千人其道以無爲爲有以空洞爲實以廣大
不蕩爲歸其敎人始以性善終以性善不假耘鋤
本其靜矣中宗聞名使幸臣再徵不能致取其言
以爲心術其說具在今布之天下凡言禪皆本曹
溪大鑒去世百有六年凡治廣部而以名聞者以
十數莫能揭其號乃今告天子得大謚豐佐吾道
其可無辭公始立朝以儒重刺虔州都護安南由

海中大蠻夷連身毒之西浮船聽命咸被公德受
旂纛節戟來蒞南海屬國如林不殺不怒人畏無
𠌫允克光於有仁昭列大鑒莫如公宜其徒之老
乃易石於宇使來謁辭其辭曰達磨乾乾傳佛語
心六承其授大鑒是臨勁勞專默終揖於深抱其
信器行海之陰其道爰施在溪之曹龎合猥附不
夷其高傳告咸陳惟道之褒生而性善在物而具
荒流奔軼乃萬其趣匪思愈亂匪覺滋誤由師內
鑒咸獲於素不植乎根不耘乎苗中一外融有粹

孔昭在帝眞宗聘言於朝陰翊王度俾人逍遙越
百有六祀號謚不紀由扶風公告今天子尚書既
復大行乃誄光於南土其法再起厥徒萬億同悼
齊喜惟師教所被洎扶風公所履咸戴天子天子
休命嘉公德美溢於海夷浮圖是視師以仁傳公
以仁理謁辭圖堅永胤不已

六祖大鑒禪師第二碑 唐尚書 劉禹錫

元和十一年某月日詔書追褒曹溪第六祖能公
謚曰大鑒實廣州牧馬總以疏聞繇是可其奏尚
道以尊名同歸善善不隔異教一字之褒華夷允
懷得其所故也馬公敬其事且謹始以垂後遂咨
於文雄今柳州刺史河東柳君爲前碑後三年有
僧道琳率其徒由曹溪來且曰願立第二碑學者
志也惟如來滅後中五百歲而摩騰竺法蘭以經
來華人始聞其言猶夫重昏之見曶爽後五百歲
而達磨以法來華人始傳其心猶夫昧旦之覩白
日自達磨六傳至大鑒如貫意珠有先後而無同
異世之言眞宗者所謂頓門初達磨與佛衣俱來

得道傳付以爲眞印至大鑒置而不傳豈以是爲
筌蹄耶芻狗耶將人之莫己若而不若置之耶吾
不得而知也按大鑒生新州三十出家四十七年
而殁既殁百有六年而謚始自蘄之東山從第五
祖得授記以歸中宗使中貴人再徵不奉詔第以
言爲貢上敬行之銘曰

至人之生無有種類同人者形出人者智蠢蠢南
裔降生傑異父乾母坤獨肖元氣一言頓悟不踐
初地五師相承授以寶器宴坐曹溪世號南宗學

徒爰來如水之東飲以妙藥差其瘉𦗴詔不能致許爲法雄去佛日遠羣言積億著空執有各走其域我立眞筌揭起南國無脩而脩無得而得能使學者還其天識如黑而迷仰見斗極得之自然竟不可傳口傳手付則碇於有留衣空堂得者天授

佛衣銘 并序

劉禹錫

吾既爲僧琳撰曹溪第二碑且思所以辯六祖置衣不傳之旨作佛衣銘曰

佛言不行佛衣乃爭忽近貴遠古今常情尼父之

生土無一里夢奠之後屨存千祀惟昔有梁如象之狂達磨救世來爲醫王以言不痊因物乃遷如執符節行乎復關民不知官望車而畏俗不知佛得衣爲貴壞色之衣道不在茲由之信道所以爲寶六祖未彰其出也微既還狠荒憬俗蚩蚩不有信器衆生曷歸是開便門非止傳衣初心有終傳豈無已物必歸盡衣胡久恃先終知終用乃不窮我道無阿衣於何有其用已陳執非芻狗

卓錫泉銘 并序

宋學士蘇軾 眉山

六祖初住曹溪卓錫泉涌清涼滑甘贍足大衆逮今數百年矣或時小竭則衆汲於山下今長老辯公住山四歲泉日涌溢聞之嗟異爲作銘曰

祖師無心心外無學有來扣者雲涌泉落問何從來初無所從若有從處來則有窮初轉法華集衆湞水水性融會豈有無理引錫指石寒泉自洌衆渴得飲如我說法云何至今有溢有枯泉無溢枯溢其人乎辯來住此泉水洋洋烹煮濯羊手不病汲肩不病負匏勺瓦盂莫知其故我不求水水則

許我訊於祖師有何不可

重脩法堂記

宋尚書始興公余靖 曲江

孟子曰聖人者百世之師也蓋至聖之道高深廣博百世而下遺烈猶存賢者襲其規模學者窺其戶牖此其所以日鑽歲仰歸之無窮者也然而道之大者必久而後隆事之美者不一而能具昔者六祖大鑒禪師初傳信器歸隱海嶠混跡弋獵艱難備嘗及其建梵宮登師座敷陳眞覺開導人天其亦勤矣滅度已來四百餘載雖千燈繼照光徧

河沙而布金遺址筌蹄寂寞向非睿哲當天英材接迹講求世務餘力佛乘曷能恢復宗風以續先軌者哉天禧四年前轉運使起居舍人陳絳上言曹溪演法之地四方瞻仰歲八至豐僧徒至衆主者不能均濟率多侵牟乞於名山僉選宿德俾其舉揚宗旨招來學徒制詔曰可於是南陽賜紫僧普遂首膺是命莊獻皇太后今皇帝親遣中貴人詣山迎致信衣禁闈瞻禮遂師得於便座召對移刻陛辭之日賜號智度禪師錫以藏經供器金帛

等當時恩顧莫與爲比歸作衣樓藏殿以示光寵餘亦未遑開緝也遂師即示中旨付荆湖南路博訪高僧今長老緣師自南嶽雲臺山再當是選紹光正念宣揚了義居者蒙潤來者如歸乃擊鍾而謀曰嗣其業者爲之子也誨於人者爲之師也子之克紹然後起家師之不嚴何以尊道此世教之所以壯堂構也日明月暗墻壅戶通因分别以見塵緣視頑虛而識空性此梵刹之所以崇堂宇也由是蓄羨餘廣購募窮山跨谷以求棟幹殫能極

藝以召匠石協定星之期觀大壯之象材得以呈其美工得以肆其功計廣以席度深以筵外像祇陀之居中施獅子之座尋聲至者圜立於前如渴飲河滿腹而去嗟乎聖不世出故微言易絶昔仲尼生於鄒魯去世未久而楊墨申韓各就其術爲異同之論以戕賊教化所賴荀孟大儒開陳仁義然後君臣上下大倫以篤夫子之道不絶如綫况其遠者乎如來生於西域萬里之外寂滅千歲教乃東被而語皆重譯書不同文故翻經著論得以

紛綸其說昏愚迷妄貪着福報淪家耗國棄質趨權亦賴諸祖以實際理地密相付囑然後知佛不外求見於自性造惡脩善俱同妄作所以遣空破有不陷邪觀者宗乘維持之力也不然者天下沓沓奔走有爲之果何能已乎初大鑒以諸佛大法眼藏傳青原思思傳石頭遷如是展轉相傳至今長老緣師爲十世矣佛教之來中國也達磨最後諸祖出世各分宗派而曹溪之胄最衆乃知道在乎要不在乎先後矣緣師與元南鄭人本府出家

受具得大乘之要於漢東祚師遂振錫至於南嶽郡將邦伯悉欽其名乃於唐與南臺雲蓋三啓禪師稱爲嶽中之冠及被朝旨乃克歸紹本統而肯其基搆六祖之道由是中興矣前所謂必久而隆不一而具者有待而然也緣師狀其事請辭鑿石以圖不朽且予里閈所託故於辭爲備云康定二年十二月日記

重脩南華寺碑記　戸部侍郎　劉繼文 靈璧

南華寺韶郡古名刹也先是西國異僧道經曹溪

掬其水香覽其山秀遂揚言於衆曰後百七十年當有無上法寶於此演法旣而惠能禪師起自新州受法黃梅得衣鉢之傳還果說法斯地其徒稱爲六祖適協僧期而寺從茲建矣自唐迄宋代有詔褒莫可殫述我明興　宣廟則有金書法華及繡絨羅漢之賜　英廟則有金書華嚴及護持勅書之賜　孝廟　世廟則有九蓮觀音與護持金牌之賜而　憲廟御製壇經序文尤炳如日星學士大夫咸服膺焉昭哉寺之爲國重也非他琳宮梵宇倫第歲久就圮本來說法諸堂幽然無光而廻廊一帶蟲齧且盡寺駸駸非其舊且　憲廟序文建有碑亭　英廟勅書尚雜褻甚非所以妥神靈而崇國寶也直指程公觀風其地而有慨焉爲之遲回者久之適住持以脩理狀請之府府上之道道上之直指及余咸可其請委官勘計幽者更而爽之蠧者易而新之創　英廟勅書碑亭與憲廟序文東西並峙又稍廓　御經閣以庋經書圖籙之藏又更壇門外挹翠亭竪一石坊題曰嶺

南第一山以示雄瞻是役也經始於庚寅年十一月初二日落成於辛卯年閏三月十五日計費僅捐金一十七萬六千九百八十八兩而古刹煥然一新矣余因惟禪教固不得與吾儒並用乃其意未始不相發明也吾儒曰性善又曰人性上不加一物彼則云明心見性又曰離性無佛豈俱幻語耶惠能頓悟自性偈曰本來無一物何處惹塵埃因此遂得信具卓爲南宗元和間詔諡大鑒而撥厥本旨實默與吾儒合先正湛文簡有題云生若

逢仲尼吾國有顏子蓋眞知曹溪法門矣且鷲棃之徒頑嚚之婦語以聖諛王法彼皆悍然不顧而一語之以禪家之因果則靡不降心而拱志焉惟恐不免於佛氏之收以庶幾於善之什一則禪教又自陰助吾儒者也故　御製壇經序亦曰佛弼也謂能弼此教而隆大行此　列聖褒崇本意也豈謂求福田利已而皈依之耶知　列聖褒崇本意則今日脩葺之故可知已是役成而下使小夫愚婦益興起其爲善之心中使吾儒之徒因禪悟

性各自得其本來上則不惟永護　御珍而　列聖弼成世教之意又至是而益光大矣倘所謂一舉而三得者非耶向非直指公之目擊而決其議亦安能不日而成若斯之速耶余幸贊直指而樂觀其盛也故遂爲之記如此云直指公名達號信吾清江人登萬歷丁丑科進士與議則分守嶺南道左叅政李君得陽帶管分巡屯鹽道游君朴分巡道僉事王君制韶州府陳知府奇謀黃推官華秀而任勘督之勞者則同知劉承範也例得並書

刻壇經序

御史李材豐城

嘗考孔子有曰朝聞道夕死可矣又曰原始要終故知死生之說豈不以必聞道者乃不徒死不徒死者乃不爲虛生也乎嗟乎此非眞有見於性命之際者未易以語此也故子貢以夫子之文章可得而聞其言性與天道不可得而聞而世之學者復漫曰文章之所在卽性與天道之所在也此其所以曠數千年而聖人至命盡性之學卒以不盡聞於世也釋氏之爲學誠與儒異然以其不立文

字故牿亡晦蝕者少而宗傳因以不泯其徒之慧達者亦間起而追繹之有以紹明其如綫之緒如六祖者其尤傑然者也今其書具在和生說法何啻萬有餘言總之俱從自性起用無一蔓語謂非眞有見於性命之際不可也新興自漢已入中國逮今二千餘禩藻雅猷伐世有其人求能脫然於世累超然有悟於性命以幾不畔於道者有其人乎吾是以有愧於其人因諸生之請也異色今王君道服刻而廣之庶因有悟者且有激云

重刻壇經序

叅政　王民順　金谿

昔昌黎氏闢佛骨以正言持世而其後乃與大顛游至稱大顛能外形骸以理勝不爲事物所侵亂誠予之矣矣闢耶程明道歿年冥意釋氏終乃排之甚力學者於是議韓而與程固然余謂釋氏豈能害人溺焉者之有害孔子曰攻乎異端斯害也已言溺也君子取其言爲吾道助而不溺焉以濟吾道之眞何害之有顧世儒者疇不循迹詆佛及語心性靈徹處亦自不離法乘見解則昌黎氏始

而排終而入而不自知焉亡尤矣昔夫子論爲仁曰由己而孟氏發其蘊於存心養性之說曰夭壽不二脩身以俟之夫未明於死生之故則二矣二則雜雜則亂亂則惑於不可知將失其性之本然而不可以爲仁故曰朝聞道夕死可矣是性命之精也釋氏本指雖以出離生死誘人超切然大要欲廓無礙一切破諸邪法妄相直從自心見性成佛證以聖賢性善爲己之譚無甚差別惟是棄絕倫物其究不可爲天下國家此君子所以辭而闢之耳余亦目佛書然非其好至壇經則好之矣其言直截近理而本來無物尤標眞詮其答刺史章直教人以孝義脩行勿須脩禪持戒又自不障佛魔與緇教弗類故世亦有言曹溪儒者豈欺我哉曹溪生新州號六祖說法曹溪之上故云曹溪先是余爲新州令從見羅先生論學龍山寺寺即六祖生身地適取壇經刻之今年夏余分視韶陽過南華得縱觀曹溪之勝謁六祖像眉目儼然如生益世所傳眞身也因檢篋中前所刻壇經復畀曲

江令張君履祥付之梓嗟夫壇經故自釋學者取其是而不溺其非深於好者也是明道之所冥契而昌黎之入而不自知焉也不然一禪耳固宜力排如二君耳矣其好

法寶壇經序

盧　震　香山

此丈夫天人師法寶也直指人心見性成佛無上了義忍大師金剛經以前諸秘密藏重欲翻譯而此固明白顯易不費詮解者矣人人有心人人可以自明人人有性人人可以自見而其所以明之

見之者要在不思善不思惡口無言心無着先儒多謂壇經自闢頓門接引上根予直謂壇經耑闢漸路普渡有情誠有如忍大師所謂依此偈修不墮惡道依此偈修有大利益者世人強分南北而宗風直揭中天大哉王言謂越南有禪和師黃梅得衣鉢究性宗與吾儒自誠入聖者相合信不誣也今其心印具在七葉之從聞思脩者苦無善本固於選佛場中覓得憨山禪師所訂舊刻發懽喜心再付剞劂行之冀與十方有意致者共證之不徒自侈吾家之有西方聖人也時崇正癸酉上元日撰

壇經序

自達磨以心印傳二祖并楞伽四卷授之曰此如來心地要門至五祖易以金剛六祖遂從金剛悟入既悟寘衣鉢不傳於是楞伽金剛皆爲絶學而壇經出矣壇經者楞伽金剛之註疏而闡圓頓秘密不絶之學如磨尼珠如吹毛劍苟非鈍根下器讀之鮮不決目洞胸涕汗交下者直指人心見性成佛所謂教外別傳非與顧舊本漫滅余將謀重鋟之梓而憨頭陀業先之矣梓未竟予以入賀萬壽行頭陀扁舟破浪追及靈鼇謂曹溪行脚僧可無爲壇經作一法施予時未及擬議曰即法施無踰頭陀第爲讚歎如此時萬歷庚子春三月下浣

曹溪修行觀察祝以幽題

初師往黃梅禮五祖應對契旨恐人害之着槽厰去後五祖至碓房見師腰石舂米語曰求道之人當如是乎龍朔元年師受衣鉢南歸石留黃梅明嘉靖間有粵人官於黃梅者遂移歸曹溪矣金石略載石高一尺寬近三寸王漁洋皇華紀聞言現在黃梅亦有腰石想是後來人再造作耳

寶林原刊十八大阿羅漢頌

蘇東坡曰蜀金水張氏畫十八大阿羅漢軾謫居儋耳得之民間海南荒陋不類人世此畫何自至哉久逃空谷如見師友乃命過躬易其裝標設燈塗香果以禮之張氏以畫羅漢有名唐永𦷯世擅其藝今成都僧敏行其𤣥孫也梵相奇古學術淵博蜀人皆曰此羅漢化生其家也軾外祖父程公少時游京師還遇蜀亂絶糧不能歸困臥旅舍有

僧十八人往見之曰我公之邑人也各以錢二百貸之公以是得歸竟不知僧所在公曰此阿羅漢也歲設大供四公年九十凡設二百餘供今軾雖不親覩其人而困厄九死之餘鳥言卉服之間乃獲此奇勝豈非希闊之遇也哉乃各即其體像而窮其思致以爲之頌

第一尊者結跏正坐蠻奴側立有鬼使者稽顙于前侍者取其書通之頌曰月明星稀孰在孰亡煌煌東方惟有啟明咨爾上座及阿闍黎代佛出世惟大弟子

第二尊者合掌趺坐蠻奴捧牘于前老人發之中有琉璃缾貯舍利十數頌曰佛無滅生通塞在人牆壁瓦礫誰法非身尊者斂手不起于坐示有敬耳起心則那

第三尊者扶烏木養和正坐下有白沐猴獻果侍者執盤受之頌曰我非標人人莫吾識是雪衣者豈具眼隻方食知獻何愧於猿爲語柳子勿憎王孫

第四尊者側坐屈三指答胡人之問下有蠻奴捧函童子戲捕龜者頌曰彼問云何計數以對爲三爲七莫有知者雷動風行屈信指間汝觀明月在我指端

第五尊者臨淵濤抱膝而坐神女出水中蠻奴受其書頌曰形與道一道無不在天宫鬼府奚往而礙婉彼奇女躍于濤瀧神馬尻輿攝衣從之

第六尊者右手支頤左手拊稺獅子顧視侍者擇瓜而剖之頌曰手拊雛猊目視瓜獻甘芳之意若

達于面六塵並入心亦徧知卽此知者爲大摩尼

第七尊者臨水側坐有龍出焉吐珠其手中胡人持短錫杖蠻奴捧鉢而立頌曰我以道眼爲傳法宗爾以願力爲護法龍道成願滿見佛不怍盡取玉函以畀思邈

第八尊者立膝而坐加肘其上侍者汲水過前有神人涌出於地捧槃獻寶頌曰爾以捨來我以慈受各獲其心寶則誰有視我如爾取與則同我爾福德如四方空

第九尊者食已𢹂鉢持數珠誦呪而坐下有童子構火具茶又有理筒注水蓮池中者頌曰飯食已畢𢹂鉢而坐童子若供吹籥發火我作佛事淵乎妙哉空山無人水流花開

第十尊者執經正坐有仙人侍女焚香于前頌曰飛仙玉潔侍女雲眇稽首炷香敢問致道我道大同有覺無脩豈不長生非我所求

第十一尊者趺坐焚香侍者拱手胡人捧函而立頌曰前聖後聖相喻以言口如布穀而意莫傳身觀寂如諸根自例孰知此香一炷千偈

第十二尊者正坐入定枯木中其神騰出于上有大蟒出于其下頌曰默坐者形空飛者神二俱非是孰爲此身佛子何爲懷毒不已願解此相問誰縛爾

第十三尊者倚杖垂足側坐侍者捧函而立有虎過前有童子怖匿而竊窺之頌曰是與我同不噬其妃一念之差墮此髮鬚導師悲愍爲爾顰歎以爾猛烈復性不難

第十四尊者持鈴杵正坐誦呪侍者整衣于右胡人横矩錫跪坐于左有虵一角若仰訴者頌曰彼髯而虬長跪自言特角亦來身移怨存以無言音誦無說法風止火滅無相仇者

第十五尊者須眉皆白袖手趺坐胡人拜伏于前蠻奴手持拄杖侍者合掌而立頌曰聞法最先事佛亦久耄然衆中是亦長老薪水井臼老矣不能摧伏魔軍不戰而勝

第十六尊者横如意趺坐下有童子發香篆侍者

注水花盆中頌曰盆花浮紅篆烟繚青無問無答如意自横點瑟既希昭琴不鼓此間有曲可歌可舞

第十七尊者臨水側坐仰觀飛鶴其一既下集矣侍者以手拊之有童子提竹藍取果實投水中頌曰引之浩茫與鶴皆翔藏之幽深與魚皆沉大阿羅漢入佛三昧俯仰之間再拊海外

第十八尊者植拂支頤瞪目而坐下有二童子破石榴以獻頌曰植拂支頤寂然跏趺尊者所游物

之初耶聞之於佛及吾子思名不用處是未發時佛滅度後閻浮提衆生剛狠自用莫肯信入故諸賢聖皆隱不現獨以像顯遺言提引未悟而峩眉五臺廬山天台猶出光景變異使人了然見之軾家藏十八羅漢像每設茶供則化爲白乳或凝爲雪花桃李芍藥僅可指名或云羅漢慈悲深重急於接物故多現神變儻其然乎今於海南得此十八羅漢像以授子由弟使以時修敬遇夫婦生日輙設供以祈年集福并以前所作頌寄之子由以二月二十日生其婦德陽郡夫人史氏以十一月十七日生是歲中元日題

茅坤評曰此等見解韓歐所不能及可謂絕世之文

六祖髮塔記 時儀鳳元年歲次丙子吾佛生日

佛祖興世信非偶然昔宋朝求那跋陁三藏建茲戒壇預讖曰後當有肉身菩薩受戒於此梁天鑒元年又有梵僧智藥三藏航海而至自西竺持來菩提樹一株植於戒壇前且立碑云吾過後一百六十年當有肉身菩薩來此樹下開演上乘度無

量衆眞傳佛心印之法主也今能禪師正月八日抵此因論風旛語而與宗法師說無上道宗踴躍欣慶昔所未聞遂詰得法端由於十五日普會四衆爲師祝髮二月八日集諸名德受具足戒既而於菩提樹下開單傳宗旨一如昔讖法才遂募衆緣建茲浮圖瘞禪師髮一旦落成八面嚴潔騰空七層端如湧出偉歟禪師法力之厚彈指即遂萬古嘉猷巍然不磨聊敘梗槩以紀 法性寺講湼槃經法師印宗 勸緣法性寺住持比邱法才全立

五言古詩　香山陳蘭芝拂霞輯梓

自衡陽至韶州謁能禪師　唐　宋之問

謫居窺炎壑孤帆淼不繫別家萬里餘流目三春
際猿啼山館曉虹飲江皐霽湘岸竹泉幽衡岑石
閣閉嶺嶂窮攀越風濤極沿濟吾師在韶陽欣此
得躬詣洗賓慮空寂香焚結精誓願以有漏軀聿
薰無生惠物用益冲曠心源日閑細伊我獲此途
游道迴晚計宗師信捨法擯落文史藝坐禪羅浮

中尋異南海裔何辭禦魑魅自可乘炎癘迴首望
舊鄉雲林浩虧蔽不作別離苦歸期多年歲

見六祖眞相　宋學士　蘇　軾　眉州

云何見祖師要識眞來面亭亭塔中人問我何所
見可憐明上座萬法了一電飲水旣自知指月無
復眩我本脩行人三世積精煉中間一念失受此
百年譴摳衣禮眞相感動淚雨霰借師錫端泉洗
我綺語硯

望南華寺　宋丞相　文天祥　廬陵

北行近千里迷復忘西東行行至南華匆匆如夢
中佛化知幾塵患乃與我同有形終歸滅不滅惟
眞空笑看曹溪水門前坐松風

遊南華寺　明尚書　湛若水　增城

大師天所生靈境地所啓白業入乐門下士超上
智化身隨香煙落葉歸根蒂草木皆佛性雲日照
定慧生若逢仲尼吾國有顏子

二

應變意彌定到寺心頗動因知泥空着無事乃大

用溪行得自身雲臥無塵夢覺聞隔嶺鍾風吹過
陰洞

遊南華寺　提學副使　章　拯　蘭溪

韶陽多勝景詎得無異人曲江滙武溪寶林亦橫
陳巖巖大鑒師一語了諸塵云何無住心眩俗留
色身衣鉢等瓦礫傳者豈其眞我來試一勺愛此
青嶙峋乘月出白沙悠然詩興新

遊南華寺　尚書　黃　佐　香山

維舟訪寶林策蹇登翠微晴坡無鳥聲雲霞隨客

衣寒威起層碧楓葉隨意飛山僧見行塵竹房開
半扉南能本無物金碧何榮輝風旛忽高下泠然
啓塵機雲春雜疎磬嵐影青四圍眺兹川原幽冥
心澹忘歸逃禪非我事且與邱樊違振纓一鳴轡
皓月生苔磯

遊南華寺　提學副使周　瑯　蘄水

崎嶇歷山谷窈窕經林邱廣川相縈帶梵境迥以
幽金光蕩松筠鍾磬雲間流苔痕交虎跡塔影沉
龍湫依依示化身鬱鬱祥煙浮撫念得深省榮利

非所求人生異金石蹤跡那久留安得逐羣衲從
此事焚脩

二

弱齡事篇翰中年役纓冕世路浩紛馳潦倒嗟重
趼適來偶公暇逐勝忘疲喘眺兹靈境幽登巓越
層巘古殿隱松杉廻廊映苔蘚連岡宿雲霧環溪
挹清淺福地啓夲宗圓經證前典悠悠累刧灰奕
奕金身展試此塵慮消覺路應非緬浮榮竟何裨
徙倚成悲泣

遊南華寺　提學副使胡汝霖　四川

西方聖人者六代此開山道妙形神外名垂宇宙
間定僧依福地游客慕禪關嶂擁屏千疊溪迴玉
一灣登臨初不厭栖息豈知還笑被風塵染華簪
漸欲斑

遊南華寺　知府陳大綸　宜化

今我篤眞游載入曹溪林佳景協清夏飛潛獲我
心上有千年木一鳥懷其音下有千仞潭雙龍復
潛吟暮夜神不寐萬籟含幽陰焚香攬夲默孤棲

思不禁緬彼寂樂人其理尚可尋塵世豈不悠須
臾成古今因識無生理石門芳草深

遊南華寺　給事岑用賓　南海

能師空門聖弱歲慕眞詮廼舍負薪擔遠抑法王
禪登堂佛性現說偈勢自然米熟得篩了上乘領
心傳衣鉢承正脉渡江歸南天默默脩功果僻隱
十六年削髮菩提下正覺度人緣卜築曹溪勝慧
日照八埏今兹餘千禩法澤愈昭宣我來恭頂禮
景仰遺像前眞性恍有悟靈根信無偏風清孤月

白天籟在山川

遊南華寺　太學生　黎民懷　從化

開從海上遊掛席遵韶石星驛鬱夫容應有彌須
跡爐峰聳秀異龍門湛空碧中天據南華四境若
完璧靈感寶林識名重開元額祥雲澹不飛古檜
何翼翼象教亘千齡傳燈惟一夕不飲曹溪水世
塵無由釋不悟明鏡臺本來那可譯師言不二門
至乘無千百冥濛恣敖遊含筏惟所適悠悠此溪
流天地無與易

遊南華寺　鹽運使　張廷臣　番禺

一酌曹溪水地靈知佛國坐具展四山彌天普法
力羣峯互蛇蜒二溪交環翼梵境逈以幽乎機涵
峻極明鏡本無臺恒河胡可測龍蜕湫已平虎馴
穴逾伷旃檀裊林巒十里丹艧飾上乘猶太虛與
着相與色寶林踰千年誰為善知識問鍾覺夙緣
眞如非外得

遊南華寺　叅議　袁昌祚　東莞

溪山佳寶林初冬煦晴旭僧房夭蟜八佛殿稜層

屬言携方逸士覽勝紓清矚遥望芙蓉峰美人隔
江曲忽聞伯仲至紫嶂嘶驊騄神情洵超曠文采
何紛縟惠我茶栗芳舉杯引醽醁翹然命巾舄躡
磴雲霞觸聽泉豁幽抱付法恩乎躅本來自空寂
妙有原具足障言日以競眞諦誰能續與君且留
連晚就諸天宿

遊南華寺　知府　陳奇謀　秀水

乾坤一莽買扶靈維奇哉五嶺多梵剎法界何崔
嵬群岫羅絕壁二溪遶曲隈竺僧卜茲土歸然寶

林開隻履既西去法印傳黃梅能者得其授本來
無塵埃結果符五葉空語傳八垓一朝返眞宅衣
鉢幻成灰乎風忽已渺獨遺明鏡臺宰官居士者
紛紛車騎來言尋祖眞義壇經響法雷伊余探靈
境攝心重低徊慈雲紛晻靄慧日相昭回古今洵
靈異眺矚逸興催余希永嘉守石壁若為裁

曹溪同跡公賦　武信郎　汪後來　番禺

南天第一剎西來第六枝梁唐懸四世二百有餘
期肉身茲演法智藥已前知夏熟王戎李秋垂大

谷梨金莖雲表露卓錫湧泉奇衣鉢爭何拙難磨一偈詞龕園龍象建福地亞仙施智珠分滿月佛火續重離苦海慈航渡枯株花雨滋聖相僧繇繪壇經鳩什披溪流分派遠源滙日灘灘藥自醫王種教主大宗師

遊南華寺 五言排律　參議 徐九皐 餘姚

停驂寶林寺四望心悠然葱蒨回千嶂逶迤遶二川飛甍凌象嶺幻塔出江煙桂露三秋冷松風萬壑連菩提花欲發屈朐衲仍傳虎伏猶馴錫龍降

已蜕淵地偏眞出世禪定不知年北斗藤蘿外南溟杖履前探奇那可盡投跡豈無緣薜荔幽懷愜眞如俗理捐獨憐驂馬客不共大羅天

六祖法壇 五言排律　同知 郭棨 番禺

寶刹鬱嶙峋停雲萬象新何時布金地重見雨花人鉢小龍堪馭壇空鴿自馴法界超塵累名香結淨因欲識空中趣寧同物外身三車何用演萬刼自迴輪磬聲雲外落僧語月邊論風幡如可悟臺鏡本無塵

七言古詩　香山陳蘭芝拂霞輯梓

遊南華寺　訓導 黃器先 翁源

名園縹緲尋給孤韶石磊落似硨磲靈鷲寶林皆飛走西域天竺東來儲刹土毫光萬里照鴈蕩靈湫寓梵書韶州之北舜張樂韶州之南佛結閣白象轔囷獸蟠地朱門灼爍金爲砭香藤古樹曹溪口美室良田鷲嶺初諸天高閣鳴鍾磬半夜長廊擊木魚累朝受勅帝爲護八聖延光皇作譽法寶

蝌文首天語虞書周誥錫當宁眷兹大鑒屬全智故來一人謂起予兒今紛紛學孔輩視爲月窟奔蟾蜍闕里沙門道非隔南華東魯近通渠三千萬億周儒釋縫掖袈裟互卷舒杏壇菀茂當蘭若作禮威儀比曳裾小子何當來懺悔跏趺蹴踏復與與歎息孔廟蔑由至遙瞻曲阜帝農墟

南漢僞公主補鉢歌 南華有南漢公主補鉢莊出貲耳錄　孝廉 羅天尺 順德

西來本是無一物達摩之鉢胡爲哉大庾嶺頭爭

不動羯獠米熟歸黃梅紫金色吐毫光現馴龍法水六時變漢家公主號平陽鳳輦來遊纖指玷指痕觸處如初月上弦補完晦又缺女媧之石鍊不成賜莊特代金條脫公主奉佛心何虔降王一去失山川此莊萬古屬公主毋乃佛力人爭傳我來曹溪獨訪古守鉢人傳有猛虎誰知猛虎終無權西來法器淪荒圃嶺南使者玉尺方能將色相還空王一聲揰呴鉢不見寶光飛滿南華殿（書影云鉢後爲揰碎）

魏提學

五言律詩　　香山陳蘭芝拂霞輯梓

贈仰山禪師　　張喬

仰山因久住天下仰高名井邑身誰到林泉性本清野雲看處盡江月定時明鬢鬚曾相識今來隔幾生

贈仰山歸曹溪

曹溪山下路猿鳥重相親四海求予理千峯繞定身異花天上墮靈草雪中春自惜經行處焚香禮舊真

同李秘校譚員外月華長老宿寶林道場　　曲江始興公　余靖

祖堂留勝迹再宿此登臨雲月自明晴山川無古今谷聲猿嘯遠泉脉虎跑深共到忘言處休論佛與心

登塔　　南海侍郎　黃衷

絕頂天門近雲霞上客衣蒼杉巢鶴徧古路見人稀偶與道心愜寧知塵事違大千何世界一點佛

燈微

遊南華寺　參議　倫以諒　南海

遠來參六祖日晚望諸天衲子能留客山靈亦愛賢菩提原有種衣法可無傳試問曹溪水源流幾百年

遊南華寺　參政　胡璉

蘭若諸天迥頭陀一祖尊寶林依淨土金刹引名源優鉢何時見菩提豈在言湯休老禪客寂寞駐雲門

二

午夜招提客跏趺坐轉貪永懷三觀力未了十玄談草樹音仍寂茶蔬澹自甘前身今忽悟瀟灑向瞿曇

遊南華寺　知府　姚鵬　崇德

雨宿南華寺空堂夜半時塵勞無地着鍾磬出雲遲人寂僧歸定風喧鳥亂棲欲投香火社惟有樂天知

遊南華寺　御史　李遂　豐城

妙有超三乘微塵徧八埏菩提何法相衣鉢是空詮悟從無住入訣匪夜深傳死骨遺神秀應知未解禪

遊南華寺　參政　郭大治　番禺

寶林稱勝地紺鉢得眞傳一悟菩提法千春祇樹先象山青得月溪水紫生烟覽景憐春仲逢僧且問禪

登南華象嶺臺　尚書　何維栢　南海

春日多佳興同登象嶺臺路緣松澗入詩向鳫聲

催共說仙踪遠應知客夢囘山僧閑詫笑廊廟未歸來

遊南華寺　廉使　張元冲　紹興

菩提本來義風旛教外傳持齋常近肉依獵獨安禪月白千山曉風淸萬籟宣客途聊假息幽夢亦栩然

遊南華寺　王汝孝　東平

久慕曹溪勝焚香禮大千法門元不二空界果誰緣貝葉傳三昧曇花照四禪眞如淸淨域何用謝

塵喧

遊南華寺　副使劉穩 衡山

舊謁黃梅寺今登法寶堂風幡驚妙悟衣鉢嘆荒
涼明鏡懸圓影菩提散異香最憐沉苦海還欲駕
慈航

曹溪觀盪水石還遇滄師邀酌　知州吳旦 南海

山路少蹊徑行吟隨所之偶然閑坐處便是會心
時石壁分泉口雲過桂樹枝野僧邀共酌不覺忘

還期

曹溪　提學副使林如楚 侯官

大士傳心印南宗最上乘如何千刼裏已少六朝
僧竹院聞風鐸花龕見夜燈到來無一字面壁記
吾曾

入南華深處

谷暗樹重重人稀見虎踪引泉僧荷鍤聽鳥客扶
筇勾漏還堪問桃源似可逢莫愁歸路晚明月在
西峯

卓錫泉

卓錫泉何處流傳事有無氣分金掌露光射玉氷
壺鴈塔春陰薄龍宮夜月孤獨醒憐我在不必問
醍醐

六祖眞相

雙林初示寂存者復誰眞定裏開金像空中湧月
輪猶龍仍黻世作鶴竟依人有相皆成妄因何住
色身

宿曹溪方丈　給事岑用賓 南海

蘭若隱珠林窓虛月半陰僧開蓮閣曉客戀草堂

深塔影連雲影鍾音和梵音溪流留演偈一切本
無心

宿曹溪方丈　光祿寺卿郭棐 番禺

一酌曹溪水冷然清客心野雲飛不定江月影長
陰六葉藏珠鉢千秋見寶林悠然趺坐處幽鳥隔
花吟

宿曹溪方丈　副使游朴 福建

偶取曹溪水言尋不二門空傳無相偈誰識本來

存衣鉢眞塵物風旛亦寓言祇餘山上月流影倒
芳尊

宿曹溪方丈　黄在裘

鷲嶺從初刼忘言得證詮菩提留廣蔭卓錫受眞
傳花雨虛諸相靈光耀萬年慈航如可度從此滌
煩喧

自濛瀼趨南華寺　參議　袁昌祚　東莞

爲愛曹溪勝郵亭晚泊船行隨僧錫入坐想佛衣
傳樹色深園寺山腰細引泉眺游情不厭翻欲息

塵緣

六祖

作務初隨俗聞經已出家慧根超北秀香氣指南
華法演雙林樹傳開五葉花竭來凝眄久不獨戀
雲霞

二

靈骨千年在禪心一物無僧來勤洒掃客到靜停
呼古殿燈光續層林塔影孤秖緣觀自性閒者待
醍醐

遊南華寺　禮部主事　梁　孜　順德

一入菩提境飄然萬慮灰歌從仙侶放尊仗故人
開旛訣來何國檀械秘法臺禪居留信宿幽夢繞
雲隈

二

翠華環四壁絕勝隱魏宮梵供青山響鍾聲紫霧
籠虎跑曹水畔猨嘯雨花叢千里瞻依切躋攀興
未窮

遊南華寺　同知　胡　相　廬陵

杖履入南華天高日未斜攤經翻貝葉掃塵着[illegible]

花佛土秋逾淨香臺夜復佳名山吾欲買不用苾
芻賒

遊南華寺　禮部主事　梁　欽　順德

梵宇梁唐古偏餘問法宗疎煙籠古塔急雨散長
松快意山中景攢眉夜半鐘塵途嗟擾擾吟望思
無窮

南華謁六祖　縣尹　黎偉光　順德

自得黄梅偈南宗泒獨傳法華開五葉衣鉢紹千

年米熟三更候身空萬刼前風幡不動處智月到今圓

曹溪雜詠　釋超岸

底事消閒日銜茅適性靈引泉通藥塢滴露寫茶經野鳥分中食巖花落淨瓶最憐秋雨後洗出數峰青

謁六祖禪師　編檢　歐必元

久坐但參禪風旛任往年欲知不二法別自有三天慧火乾坤盞飯心海月懸西來無所事何用七燈傳

七言律詩　香山陳蘭芝搆霞輯梓

題寶林禪院　方干

山搽臺殊郛遶山徑盤蒼翠到山巔巖中古井雖通海窗裏陰雲不上天羅列象星依木末周廻萬室在簷前我來可要歸禪老一寸寒灰已透禪

遊寶林　始興公謚忠襄　余靖　曲江

浮生萬慮日營營同訪禪居耳目醒尋勝已窮煙霞外談空應有鬼神聽松筠不變春長在風雨無時地本靈便擬搆庵來結社莫嫌頻此扣巖扃

遊寶林　蘇軾

扁舟震澤定何時滿眼廬山覺又非春草池塘惠連夢上林鴻鴈子卿歸水香知是曹溪口眼淨同看古佛衣不向南華結香火此生何處是真依

遊寶林　指揮使　王濤　濟寧

六祖山門何處尋曹溪長鎖白雲深千年佛骨空生死一點靈光自古今寶座香風搖燭影碧潭明月印禪心來游頓覺塵凡淨雨夜松臺聽梵音

遊寶林　　侍郎 唐胄 瓊州

菩薩偈心豈偶然鶴林鷲嶺本同天山空水逝徵原靜鳥語松陰味總禪六授輪迴今九百一衣世界已三千來遊頓覺塵心淨獨坐空堂月正圓

遊寶林　　侍郎 黃衷 南海

兩袖緇塵四十年曹溪暫爾放春船南朝只有松間寺西祖祝傳劫后禪樂業畦人租者闌隨緣老衲飼秔田片時閑自浮生得莫訝無衣與大顛

遊寶林　　張玉 鳳陽

緊馬松陰聽曉鐘諸天樓閣翠重重身遊南粵繼千古道啓中原第六宗明鏡無臺塵自靜斷碑有字蘚還封老僧只管參禪坐直在白雲深處逢

遊寶林　　郎中 王漸逵 番禺

鄉國兒時聞惠能廿年孤抱此登臨飛巒合歟涵介境寶霧香花散夕陰大地河山歸寵澤南宗支派過雙林居人不解曹溪水只說春田灌溉深

宿南華効白沙體

曉起籃輿快一登三盃卯酒未肯騰天從勝地開三昧我與盧能共一燈雲外飛來千世界杖頭帶處幾崚嶒却倚不用袈裟卜自解藤蓑白曲肱

宿南華　　尚書 何維栢 南海

南華路日別多時尚逐塵勞覺已非野寺蒼松虛鶴夢洞門芳草待人歸傳燈塔裡留偕偈說法堂前有佛衣日暮肩輿獨乘興曇花琪樹正依依

宿南華　　知州 吳旦

滿天涼露淨微風向夜疏簾手自披明月故人千里共白雲禪室九秋期齋鐘乍斷啼猿續塔火初燃落雁知一與遠公談諦義欲投蓮社戀真師

遊南華寺　　參政 李得陽 廣德

青山叠叠白雲浮草樹叢深古寺幽老衲不知何處去曹溪依舊遶村流當年傳法非衣鉢此日遊骸亦贅疣欲識本來真面目白雲天際水悠悠

遊南華寺　　侍御 楊起元 歸善

來到師門謾說禪寶林今始識西天蒼蒼古木淸因地泌泌春流帶福田錫水暗通香積裏孟龍長護法堂前千經一句渾無用使我真慚學竄編

遊南華寺　　叅議　梁士楚　番禺

樓船千里駐清灘寘從相將禮法壇出匣靈光生錫鉢登臺佳氣遍旃檀江留花影諸天靜濤落松聲五月寒此去萬緣俱息盡青山隨處逐黃冠

遊南華寺　　知府　周啓祥　海寧

天籟初收曉氣分梵音縹緲入凝雲花迎甘露含珠影溪傍祇園瀉縠紋谷口松蘿如有待林端麋鹿自成羣爲探寶地躭幽賞欲向初禪辟世氛

訪南華寶林謁六祖　光祿寺卿　郭棐　番禺

窣堵龍從倚碧霄四山靈氣護仙寮雲邊架影開金刹天外紅光度石橋客到鳴鍾羣籟應僧來說偈五花飄瓣香一縷心如見笑對菩提思泬寥

宿曹溪禪林

曹溪溪水發天馨偶向溪頭一濯纓寶樹春來爭荏苒絣流東去總清泠千山齊后舒乎覽五葉從前演法乘欲見本來眞面目焚香中夜讀壇經

遊南華寺值雨　　主事　楊瑞雲　南海

馬首荒凉村復郵曹溪壇樹雨中縈菩提不改南華色明鏡長從下界尊寺裡烟嵐千嶂合殿前鐘鼓幾僧存千年我到談眞偈猶有天香落酒尊

遊南華寺　　檢討　劉克正　從化

道在無生悟者稀遲來猶得款禪扉天開寶地出龍象人自祇園傳鉢衣溪上雲霞常映帶山中蘭若歲芳菲勞勞塵土多年夢暫向空門學息機

遊南華寺　　鹽運同知　鄧于蕃　南海

渡筏先登楚岸堤南宗衣鉢入曹溪千尋智海源堪遡一語風幡徑豈迷金檢有書傳貝葉玉繩無

影落菩提當年多少叅禪侶寂寞花邊聽鳥啼

遊南華寺　　黃鰲

黃梅一夕蚤傳燈寶刹宏開上乘僧明鏡非臺心月皎風幡不運法雲澄芳溪瞑漲羣猶渡古樹陰穠獨鶴升安得霞蹤如尚子閒從竹徑漫支藤

遊南華寺　　黃在衮

偶遊雙鷲思微茫梵落平臨日長石鼎搖青浮貝動金砂含翠斷臺荒晴廻覺海探龍藏雪滿祇園過鴈堂可是袈裟垂巨石幾人能得度迷方

遊南華寺　縣尹馮紹京 順德

山開靈境啓禪扉聞貯伽藍舊鉢衣白馬西來經六授黃梅南去又初依三年碓石明心訣一夕風旛悟道機靜坐焚香翻貝葉天花偏向譯臺飛

遊南華寺　楊王休

駐車齋食謁如來乍妙還歸明鏡臺白馬馱經龍護法黃梅傳鉢鶴初迴青都穆肅搖山岳寶閣玲瓏燭斗台三十六天心印會禪關今日又重開

陳亞仙墓　李一韓

古墓巋然不計年無窮燈火伴金仙能除一刻慳癡念遂使千秋姓字傳夜靜祇聞松謖謖春來不見草芊芊泉臺莫怨袈裟影唐室諸陵久變田

曹溪志畧

五言絕句　香山陳蘭芝拂霞輯梓

曹溪水　布政鄒善 安福

笑飲曹溪水西天味不二燈燈遞相傳佛性亦如是

挹翠亭

千峰環淨土蒼翠若可挹峯雲晚歸來侵我霞裳濕

法堂夜坐　光祿寺卿郭棐 番禺

夜深羣籟寂明月在菩提吾性應如是圓光自不迷

七言絕句

遊南華暮泊溪口　徵聘明經黎貞 新會

閑隨飛鳥訪招提直躡雲根足不迷花雨弄晴天欲曙滿船明月出曹溪

南華雜詠　光祿卿王漸逵 南海

遠渡溪頭入翠微鐘聲縹緲隔煙霏遙知古刹深藏處夾岸青松盡合圍

二

中天英粹異寰荒萬古山川瑞氣藏天竺不知何
世界寶林猶自說西方

三

虎伏猿啼揖萬峰壇經猶在講堂空當時正果應
誰得潭上深憐蛻骨龍

四

遠從天竺遡源芳萬古曹溪接脈長草木已知津
潤合至今山茗亦凝香

五

法水澄深卓錫泉袈裟一展是誰緣頭陀鐘罷遲
歸院共坐堦前語亞仙

六

藏山細雨留人住愛客高僧鎮日隨長夏山林無
一事遶廊空讀古今碑

登靈照塔　布政 鄒善 安福

古塔凌空出上方煙巒四顧鬱蒼蒼相輪中有西
來意一點靈光照八荒

南華寺 增補　宋開國男 李昴英 番禺

誦經聽得入從門壁上偷他四偈言畢竟單傳端
的處賣薪供母是心源

其二

西方嘗董南方寶留鎮曹溪幾百年自是後人當
不得有如翁者亦單傳

其三

從前梵說隨虛空獨有壇經說不同體用圓明皆
寶相一丁不識却心通

其四

未參五祖已開山介下全身此地安不是香烟忘
故里衣留孔道要人看

其五

清者何曾飲盜泉僧盂底飯逆巢田此疑欲問師
無語風撼長江嘯半天 五詩俱摘錄

送僧歸曹溪　黎民懷 從化

南人自識菩提樹半偈深知去住情今日祥煙何
處所芙蓉驛路入邊城 韶州對河有芙蓉山

梅岭记

《梅岭记》是清陈兰芝增辑明郭棐辑录《岭海名胜记》篇目，以雄州府古迹“梅岭”为题，辑录有唐一代名相张九龄开凿大庾岭路史实，以及与梅岭相关的历代文、赋、记、铭、诗等作品。全记共分文类、诗类两大部分。

张文献公像

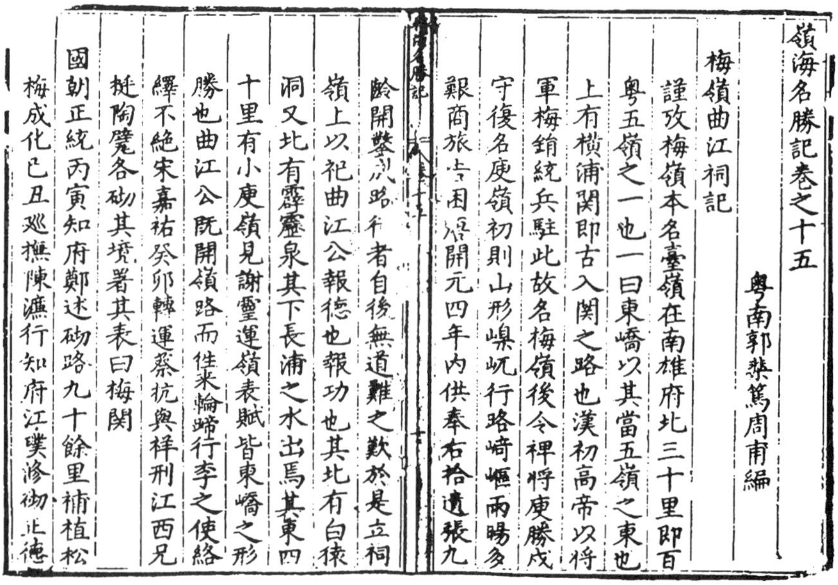

嶺海名勝記卷之十五

粵南郭棐篤周甫編

梅嶺曲江祠記

謹攷梅嶺本名臺嶺在南雄府北三十里即百粵五嶺之一也一曰東嶠以其當五嶺之東也上有橫浦關即古入關之路也漢初高帝以將軍梅鋗統兵駐此故名梅嶺後令裨將庾勝戍守復名庾嶺初則山形嶕屼行路崎嶇雨暘多艱商旅苦困唐開元四年内供奉右拾遺張九齡開鑿成路行者自後無道難之歎於是立祠嶺上以祀曲江公報德也報功也其北有白猿洞又北有霹靂泉其下長浦之水出焉其東四十里有小庾嶺見謝靈運嶺表賦皆東嶠之形勝也曲江公既開嶺路而往來輪蹄行李之使絡繹不絕宋嘉祐癸卯轉運蔡抗與祥刑江西兄挺陶甓各砌其境署其表曰梅關

國朝正統丙寅知府鄭述砌路九十餘里補植松梅成化己丑巡撫陳濂行知府江璞修砌止德

甲戌方伯吳廷舉屬府增植松梅萬五千餘株
而一路蒼翠蓊鬱輪轅輻輳盖有以演曲江之
澤于無斁云謹綴次于篇并雲封寺及韶之樓
祠味歌附入馬作梅嶺曲江祠記

文類

開鑿大庾嶺路記　張九齡

先天二載龍集癸丑之吉我皇帝御宇之明年
也理内及外窮幽極遠日月普燭舟車運行無
不求其所宜易其所弊登于至治者也初嶺東

廢路人苦峻極行逕寅緣數里重林之表飛梁嶫
峨千丈層崖之半顛躋用惕漸絕其元故以載則
曾不容軌以運則負之以背而海外諸國日以通
商齒革羽毛之殷魚鹽蚕蛤之利上足以備府庫
之用下足以贍江淮之求而越人綿力薄材夫負
妻戴劳亦久矣不虞一朝而見恤者也不有聖政
其何以臻兹乎開元四載冬十有一月俾使臣左
拾遺内供奉張九齡飲冰載懷執藝是度緣磴道
披灌叢相其山谷之宜革其坂險之故歲以農隙

人斯子來役匪逾時成者不日則已坦坦而方五
軌闐闐而走四通轉輸以之化劳高深為之失險
於是乎鐻耳貫胷之類殊琛絕責之人有宿有息
如京如坻寧與夫越裳白雉之時尉佗翠鳥之献
語重九譯数上千雙若斯而已哉凡趣徒役者聚
而議曰慮始者功百而變常樂成者利十而易繁
一隅何幸二者盡就况啓而未通通而未有斯事
而盛皆我　國家玄澤寖遠絕垠胥洎古所不載
寧可黙而無述也盍刊石立紀以貽来裔是以追

之琢之樹之不朽

銘　蘇銑

石巖嵬兮山崖崖嶔崟岸嵑兮相蔽虧槎桍峭兮
嵙芊芊噫兹路兮不記年大聖作兮萬物覩惠吾
人兮道俊古役斯来兮力其成石既攻兮山可平
懷荒服兮走上京遷百商兮重九譯車屯軌兮馬
齊跡招孔翠兮倈齒革伊使臣之光兮將求求而
無斁

開鑿大庾嶺路碑陰記　丘濬　瓊山人
大學士

嶺南自秦入中國歷兩漢三國南北朝以至于唐八百八十八年丞相張文獻公始鍾光岳全氣而生于曲江之湄時唐高宗咸亨四年癸酉也公生七歲即知屬文十三以書于廣州刺史王方慶是時已為張燕公所知年三十五登進士第授校書郎蓋公長于武后時不欲仕女主即至中宗復辟之三年始出也玄宗即位之初又策道侔伊呂科為左拾遺內供奉開元四年承詔開大庾嶺路唐書地里志謂開路在十七年非也當以公序文是年為是燕公於開元十三年薦公可備顧問明年燕公卒玄宗思其言召公為秘書少監集賢院學士知院事會賜渤海詔書命無足為者召公為之被詔輙成遷工部侍郎知制誥尋遷中書侍郎是歲又拜同中書門下平章政事又進中書令與李林甫裴耀卿並相林甫無學術見公文雅為玄宗所知內忌之竟為所傾而罷公在相位甫三年耳俄以周子諒事出為荊州長史卒年六十有八公之氣節文章治功相業著在信史百世共知自公

生後大嶺以南山川燁燁有光氣士生是邦北仕於中州不為海內士大夫所鄙夷者以有公也凡生嶺海之間與夫宦游于斯土者經公所生之鄉行公所闢之路而不知所以起敬起慕真非夫哉予生巔海極南之徼在公既薨之後六百又八十年甫知讀書即得韶州所刻千秋金鑑錄讀之已灼知其為偽既而即史攷之史臣僅著其名而不載其言意其遺文必具也求之偏方下邑無所謂曲江集者年二十七始道此上 京師游太學偏求之兩京藏書家亦無有也三十四登進士第選讀書中秘見曲江集列名館閣群書目中然木天之中卷帙充棟檢尋良艱計求諸掌故凡積十有六寒暑至成化己丑始得之乃并與余襄公武溪集手自錄出是歲丁內艱南還道韶適鄉友余暐景旻倅是郡因話及之留刻于郡齋公之遺文至是始傳于人間竊覩集中有公所作開大庾路序而蘇銑為之銘意公此文當時必有碑刻歲久傾圮磨滅今陳迹如故而遺刻不存豈非大缺典歟

每遇士夫之官廣南勢力可為者輙為浼其伐石鑴文以復當時之舊諾之而食言者多矣今上即位之三年嶺北袁君慶祥由秋官屬擢廣東按察司僉事奉　勅提督雄韶等府兵備臨行别予予復申前語君曰諾哉又明年以書抵予謂近得碑石於英山磨礲已就將求善書者録公序文及蘇氏之銘刻諸其陽屬予一言識其陰於乎天地大勢起自西北而趨於東南大庾嶺分衡岳之一支突出横亘江廣之間自此之南以極于海島奇材珍貨出焉戰國以前亦始通中國也秦特始謫徙中原民戍五嶺漢武帝始遣將分路下南粤樓船將軍揚僕出豫章下湞水疑即此途也然序文謂嶺東路廢人苦峻極行徑僅緣数里重林之表千丈層崖之下意者大嶺逈東舊别有一途公既登朝始建議相山谷之宜革坂險之故以開茲路也歟茲路既開然後五嶺以南之人才出矣財貨通矣中朝之聲教日被矣遐陬之風俗日變矣公之功於是為大後之人循其途而履其迹息肩于古松之陰寓目于新亭之下讀公之遺文想公之風度豈徒若晉人望峴山而思羊叔子哉萬世之後亦有過洛水而歌大禹如昔人者已雖然公之功固大而著矣然使千載之下往来之人臨公遺跡而知開鑿之功真出於公無疑傳誦感戴於無窮蓋亦有賴於斯碑之重建焉僉事君之功亦不可以不紀也君字德徵贑之雩都人其家去此百里而遠蓋在嶺之北也君在太學時常建言　國計大有補于時用是名聞遠近今持憲節于嶺南肇登籍籍以起其進焉未可量也予雖家嶺之南亦去此幾二千里年踰公薨之歲始見知于

當宁而日薄西山無能為矣所以追前人之芳躅而振發其聲華者不無望於嶺南北後來之俊彦而於僉憲君蓋惓惓焉予也幼有志尚友古人而於鄉衮尤所注意今年七十二矣將歸首丘素願乃酬豈非平生一快事哉不勝欣幸爲為書之畀以刻焉

開路六難議　　胡永成　知府

其一事不可以兩利本府既是南安之人以開路必強烏逕之民以塞路而平昔以載馱為業者須盡數逐遣而後利可盡歸于南安不然小明裏之路雖開無益也然則烏逕之民奚罪焉其二必將本府原設太平橋改建下流一二里間方可濟事蓋橋不改則關防無所私鹽盛行軍餉日耗國計轉虛且百年成規一旦改作數千金之費無從而出也其三必須別處保昌料價蓋烏逕牙鹽及沿河鹽店不下一二下户因此鹽利歲納牙稅給[illegible]兩抵補前料設使彼既下移鹽往西行此輩得[illegible]獲利又豈肯虛賠前稅勢必派于保昌之民昌民方困于虛糧又復以此加之是安人受利雄人受害本府所不忍也其四必須奏設巡檢衙門於佛嶺尖峰以司盤詰蓋烏逕庾嶺有路則平田紅梅巡司並設建置之意微矣今查此路西通湖廣北通江西南通廣東若巡司不設則姦細交通得以自由萬一生變咎將誰歸其五山川丘陵國險所係其佛嶺南瀧李潭凹等處既係懸崖絕壁則峻

徑擅離輕開聞知正德間四川夔州地方新開鹽路後聞于　朝將守土官吏抵罪夫此路一開不過南安鹽牙店家倍專其利而已至于軍餉全無干係萬一事體非宜本府先任其責是又有所畏而不敢也其六行鹽之地河必深廣路必平曠本府東河固小較之西河深廣頗過之梅關一帶固非曠野較之佛嶺南瀧平曠頗過之千百年來水陸通行公私俱便今乃率爾告開新路恐求利未得而先有開路之害商人亦心殆不然矣況沿途俱係納粮田地而以為人行通衢居民甚不心服其忝守土若棄地與人以成其登隴之望亦恐得罪于民也議允事遂寢

張文獻公祠記

翁甫

古記曰唐丞相始興縣伯贈司徒張文獻公有祠在南雄州學甫謹按國志公生始興清化鄉縣有丞相户公子孫在焉十世孫唐輔元祐間嘗貴矣唐無雄州始興隸曲江故天下謂曲江公云祠在講堂之東偏且挾有像古甚殆敝甫至拜祠瞻像

退而嘆曰非所以嚴公也與學子謀闢宮稍廣之
命工更摹公像而櫃其故既奉乃奠諗于衆曰公
忠于君孝于親其教化在人心功烈在史冊無以
記為也然人可學而能也其不可學而能者識安
禄山必反請誅之以絕後患此公之天資有過人
者唐有國三百年開元天寶之際其盛極矣漁陽
發難海內麋起蜩螗沸羹迄于唐亡明皇不以一
胡人首易天下豈非腥德彰聞之驗天欲豢禄山
以啄唐祚乎雖公亡若也自古儒人之衛世與
於機也微而契於也遠知之愚者忽不幸如公
言而不用天下受其明患極害然後拊膺頓足悔
恨而追思之幸而用人不過曰勸唐室誅一胡雛
耳何足載哉亦孰知治亂得失之所終歸重若彼
哉因是知儒者以一言福生民利後世者固有矣
世猶以儒言為任為衡為不悉事情此甫之所為
重嘆也甫來典教是邦獲奉公祀而覩其遺風故
樂為此邦之人道公故云

曾閔用　廬陵人　監察御史

盱江高侯世勛筮仕始興逾二年政成民裕可議
制乃按圖志慨然懷古曰維古在昔維茲邑僻維
山川明麗用篤生闢人勝茲邑張文獻公其人也
史謂生有榮號沒見奉祀而鄉先生沒可祭於社
公不當祭法歟今累閱世紀爰乏專祠實為邑缺
典實遺小子責遂詢諸老長得公書堂遺址沒為
寺者闢地去穢撤故宇而新之搆堂八楹設主其
中以歲春秋仲月祀侯慮曰祠須需世世祀也弗
焉今可祀也乃節縮與隸人二十兩貿民田八畝
割廢寺山一十畝歲賦之以供祠費仍于邦丑位
公冀之弗忘提學歐陽公實尸之謂侯曰盍紀而
傳傳奚若託諸石永也時國用待罪蓮塘高侯將
公命撤為識之嘗讀唐史有感於君臣遭際之艱
矣公自左拾遺以至為中書令中間若奏記姚元
之之疏千秋金鑑之獻與夫奏開梅嶺路議復河
南水也其學政有如此者沮守珪僊客之拜相知
林甫禄山異日必為社稷憂其明哲有如此者而
最其大焉者如不奉廢三子之詔叱官奴牛貴兒

之請其言曰太子天下本本不可輕搖凛然萬世之經也論者謂其識高而見明慮遠而憂大為唐家一代大本豈其微哉夫何明皇信任未久而擯斥之奄及非大有所拂于其心固不偶然矣及其秦也間関蜀道追悲公之先見遣使吊祭立祠曲江奉少牢以祀之繫亦晚矣信乎上下之交良維艱哉公去今歷千三百餘年所而高侯仰止景行之心勤勤懇懇茲固崇德象賢翊我皇風識從周遵式恭奠典仕于此邑者官業師焉小于此邑德業師焉風俗有不厚哉桐鄉之祀朱邑羅池之祀子厚侯其知是誼也夫獨念昔狄梁公之祠李嵩紀之馮元以為愧色顧愚荒落何敢為公記哉雖然公之初得貶荊州者以薦御史周子諒故也用無似使命嶺表亦以朋友之誼爾生平大致安敢望公眉睫而偶爾一節庶幾公之影響焉紀固不敢辭高侯名輔世佐其字江西廣昌人以儒業起家其在雄郡嘗新文廟表貞嫂清冊籍寺田以得士民之心贊譽于當道他日固當有記之者茲可畧至其祭田坵段佃人姓名俱當附鐫于碑陰以訓夫來者

何維栢 南海人 尚書

梅嶺重修曲江公祠者何重報也勸也初嶺路未闢廣人皆取道樂昌連陽而入水陸紆僻山複層巒絕壁鳥道嶢嶫行者病之開元四年公為左拾遺上議奉命蒞茲土履險相宜殫慮布畫於是鑿重関為周行車馬駢達風氣流通實嶺海內外無彊之休大公之治嶺也猶禹之治水也因勢利導不自為能昔人覩河洛曰微禹吾其魚乎至今飲路之行思公之功而不忘者以公之利民遠也公祠建于元人追我 明嘗修之歲久漫漶不治日就傾圮嘉靖甲辰公仲第殿中公裔孫惠安淨峰公奉 命總督南土過謁愀然曰守土之責也欲新之廼為文以告明年郡侯某以其事白淨峯公可之又白贛臺某公某按院某公某暨守巡某公某某公某咸可之於是經工理財考度定制圮者興之敝者易之卑者崇之隘者廓之堂宇齋濠門

廡森翼赫為具瞻過者樂而觀之是役也董厥事者某某相厥成者某某工肇自丙午夏越丁未仲冬某日落成周侯某與其貳張子某將淨峯公命俾予記之某公鄉人也素仰公義不當辭廼為之言曰公為唐代名臣文章功業炳燿史冊如抑守珪之濫賞罷仙客之實封上千秋金鑑録其風褰諤為大臣典謨其最重而難者則寢惠妃之謀叱責兒之請國本賴以不摇至于請誅禄山以絶後患愛深言切惜明皇不悟遂至乘輿播遷四海之毒雖曲江一祭亦已晚矣公之卓見忠賢繫國家安危類如此及以直道見黜安義達命不少介戚若公者孔子所謂大臣以道事君不可則止者也庾嶺介江廣要津四方之學者往來于茲謁公祠瞻遺像志摛藻者仰其文章事功烈者慕其相業尚操節者思其風度安社稷者鑒其先識以直道見斥者慰其安義以奸邪被逐者惧其靈耿仁者淑其利澤貪夫媿其穢跡是祠之建實所以昭報勸而廣風教也詩曰周道如砥其直如矢君子所履小人所視信乎公之道宜于天下後世矣是為記

庾嶺嫗說　　郭棐

通志載大庾嶺有老嫗自汴洛來居嶺上廬多遜南遷時度嶺憩其家嫗頗能言多遜因問之則曰我中州士族有子居官亦顯為宰相盧多遜挾私竄以死多遜中懷毒螫當犯法禁我且留此嶺俟其過嫗不識多遜而多遜此行甚窘因倉皇避去嗟嗟世言仕路窄此之謂也臨川嫗之咔啗固足寒安石之膽而寇萊公之慕羊遇以重丁謂之愧若萊公者不尤偉歟

詩類

五言古詩

遊始興道館　　唐沈佺期

紫臺高不極，青嶂千仞餘。壇邊逢藥銚，洞裏閱仙書。庭舞眷經鶴，池遊被擢魚。稍昏蘿葉歛，欲暝槿花疎。徒教斧柯爛，會日不凌虛。

早發大庾嶺　　宋之問

晨躋大庾險，驛鞍馳復息。霧露晝未開，浩途不可測。嶸起華夷界，信為造化力。歇鞍問徒旅，鄉關在西北。出門怨別家，登嶺恨辭國。自惟最忠孝，斯罪懵所得。皇明頗照洗，廷議日紛惑。兄弟遠淪居，妻子成異域。羽翮傷已毀，童幼憐未識。踟蹰戀北顧，亭午睎霽色。春暖陰梅花，瘴回陽鳥翼。含沙緣澗聚，吻草依林植。適蠻悲疾首，懷鞏淚沾臆。感謝鶖鷺朝，勤修魑魅職。生還倘非遠，誓擬酬恩德。

喜度庾嶺　　張說

東漢興唐曆，南河復禹謀。寧知瘴癘地，生入帝皇州。雷雨蘇蟲蟄，春陽放鷺鳩。洄沿炎河畔，登降無

小庾嶺，路分中夏州。源得上流見，花使獨笑看。草即忘憂。自始居重譯，天星已再周。鄉閑絕歸望，親戚不相求。棄杖枯還植，窮鱗涸更浮。道消黃鶴去，運啓白駒留。江妾晨炊黍，津童夜擢舟。盛明良可遇，應返洛城遊。

自始興谿夜上赴嶺　　張九齡

常蓄名山意，茲為世網牽。征途屢及此，初服已非然。日落青巖際，谿行綠篠邊。去舟乘月後，歸鳥息人前。數曲迷幽嶂，連圻觸暗泉。深林風緒結，遙夜曲情懸。非梗胡為泛，無膏亦自煎。不知于役者，相樂在何年。

二弟宰南海見群鴈南因成詠以寄

鴻鴈自北來，嗷嗷度烟景。嘗懷稻粱惠，豈憚江山永。小大每相從，羽毛當自整。雙鳧侶晨泛，獨鶴參宵警。為我更南飛，因書至梅嶺。

逢南中使因寄嶺外故人　　盧綸

見說南來處，蒼梧接桂林。過秋天更暖，邊海日長陰。巴路緣雲斷，蠻鄉入洞深。信迴人自說，臺劍

應沉碧水通春色青山寄遠心炎方難久客為爾一霑襟

餞宋八充彭中丞判官之嶺外

高適

覩君濟時畧使我氣填膺長策竟不用高才徒見稱一朝已知達累日詔書徵羽檄忽然動風飈誰敢凌舉鞭陟嶺障屈指冐炎蒸北燕送馳驛南人思飲氷彼邦本倔強習俗多驕矜翠羽干平法黄金撓直繩若將除害馬慎勿信蒼蠅𧍴魅寧無患忠貞適有憑

猿啼山不斷鳶跕路難登海岸出交阯江城連始興繡衣當節制幕府盛威稜勿憚九嶷隂須令百越澄立談多感激行李即嚴凝離別胡為者雲霄遅爾昇

張曲江鐵像詩

宋唐庚

開元太平久錯處非一柏就令乏賢人何至相仙客直道既雕喪曲江遂疎斥汲黯用後薪賈生罷前席全鑑束高閣鉄胎空數尺妖冶難形容英表良彷彿摩挲許國姿尚想立朝色同時及兼置異代長歎息

曲江祠

任濬　宋餘杭令

山川清淑氣鍾為賢與良卓哉文獻公壯歲登廟堂一朝見疎斥奸讒遠披猖誰知宰相戢進退関存亡胡羯忽騷動鼙鼓驚漁陽昭昭金鑑録日月同輝光允宜千載下竹帛長留芳

謁張丞相祠

蘇葵

堂堂曲江公山川氣攸萃忠節貫日星時艱惜遺際當庭視奸諛明明見肝肺天不假上方長安乃為沸鳶輿遠播遷神器幾乎墜一時豈無人十九卅泄泄李唐業數傳賢相公獨最廟食宜千秋芳名應萬世樞衣謁公祠起敬復起畏治績並夔龍為公一揮涕我幸遇　皇明不比公之季寸階可樹勲不在公之位借得公之位願為公永誓丹心照天地前光後無愧

黎民襄

季冬風日凄于役遡燕門舊疆遵五嶺雄圖肇百
越還顧天井隅回亙秦山別關門凝紫烟朧梅欺
芳雪翼翼曲江祠羨橋訪遺哲豈伊宏詞選風度
自殊絶再陟承明廬文武見彰設洋洋白羽揮煌
煌金鑑晰拜相啓江南鑿嶺神功揭唐歷彌千禩
高名齊稷契茫茫撫鴻輿地靈由人傑

七言古詩

度庾關　蘇葵

庾關前庾關後馬蹄蹩躠行人瘦寒梅樹老不開
花怪石岩深有虛竇我曾掉鞅從關右十年不歸
路如舊不應双鬢漸滄浪愧見山靈行逗遛吁噫
嘻關路險關路艱盤旋百折青雲間曲江祠廟官道
左流泉漱石聲潺潺遊人過日公莫笑咼鷁動名
今古難

五言律詩

度大庾嶺　唐宋之問

度嶺方辭國停軺一望家魂随南翥鳥淚盡北枝
花山雨初含霽江雲暁覆霞但令歸有日不敢恨
長沙
陽月南飛鴈傳聞至北迴我行殊未已何日復歸
來江靜潮初落林昏瘴不開明朝望鄉處應見嶺
頭梅

張祐

萬里南邊客辛勤嶺路遥溪行逢水弩野店避山
魈瘴海須求藥貪泉莫舉瓢但能堅志義白日甚
昭昭

宋張士遜

靈蹤遺幾載卓錫在高岑妙法歸何地清泉流至
今谷花生細細雲葉映沉沉桂魄皎清夜分明六
祖心

何維柏　南海人尚書

梅關山色舊蒲石未寒盟古木甚垂釣江門好濯
纓片雲浮世界孤月澹滄溟八極神遊遠悠悠得
此生

陳紹儒　南海人尚書

入望山門逈長征日月進雄成臨百粵嶺路鑿前

朝古洞循猿嘯遺松但鳥嬌不堪行役意歸夢武

溪橋

河洲辭迈棹嶺路候征鞍地以横分險山從直北

寒野梅香可嗅猿洞杳難攀惟有賢祠鶴千秋明

羽翰

畢于楨　南海人 知縣

古廟儼松杉遺容想佩環黄樞聲烜赫金鑑淚洗

瀾臣節丹心壯時危蜀道難千秋松頂鶴猶自傍

梅關

唐守明　番禺人 同知

嶺莬千里外相對且含杯横浦初含凍庾關欲放

梅粵雲傾望杳海燕際天來共向賢祠拜相期入

鳳臺

郭棐　光祿寺卿

相才千古重乃與四賢班忠自披金鑑時猶發玉

環羯奴先失戮蜀駕可須還萬祼孤臣淚猶凝松

栢閒

姚光泮　南海人 御史

梅開鳥道疏鑿是誰功一統秦封拓千秋禹貢

通人文標嶺嶠相業海雲空仰止高祠下共如去

騎奴

王學曾　南海人 光祿寺丞

一年頻度嶺三謁曲江祠風度乾坤壯精城金石

移梅開千樹白雲鎖萬山垂莫道庾關險皇途更

有岐

區大相　高明人 翰林檢討

開河誰設險道路至今平花樹迷秦戍風雲捲漢

旌揚懸滄海日樓望尉佗城慎德今皇事樓舡罷

遠征

蘇景熙　順德人

斯人不可見遺像肅青山似掇星辰履如趨鵷鷺

班蘋蘩嚴俎豆伏臘儼容顏廟食千秋事高風未

易攀

過熊飛嶺

陳良珍　南海人 知州

曲徑千回轉盤雲疊嶂重馬疲愁嶮坂日夕丁高

春断塹流裒屮崩崖過古松十年曾到此石上有
行踪

七言律詩

唐沈佺期

天長地濶嶺頭分去國離家見白雲洛浦風烟無
用說崇山瘴癘不堪聞南浮漲海人何處北望衡
陽鴈幾群兩地江山萬餘里何時重謁 聖明君

曹松

百花成實未成歸未必歸心與志違但把壺觴資
逸詠盡交風景入清機半川陰霧藏高木一道晴
蜺雜落暉遊子馬前芳草合鷓鴣啼歇又南飛

吡駁樓

余靖

山巔層構與雲平賢者新題吡駁名為要登清歸
治道不辭艱險表忠誠南枝初見梅林秀九折遥
思劍棧横若使當時嫌遠宦海隅那得有歡聲

來鴈亭

南方舊說無燕鴈歲序嵗殘亦皆來天外每隨寒

雨過春前先以風回人稀弋射矰休避俗層
網莫猜況是弟兄封境接登臨因此幾徘徊

通越亭

行盡章江庾水濱南踰梅館陟崚峋漢中紹祚千
年聖海外占風九譯人嶠嶺古来稱絕徼郴山從
此識通津輿深輦盡無虛歲徒說周朝白雉馴

謁文獻張公祠

倫以訓

峻嶺擎雲瀉碧川先生風度故依然勳名史外琢
蹤遠文獻江南萬古先金鑑未磨天譴[illegible]嬰峰不
動日烘烟堂堂廟宇江湖拜欲寫孤忠媢遠天

黄佐 香山人 大學士

蹇蹇王臣起海涯荊州南去為誰家鼓鼙塵裏青
螺遠鷹集風前紫燕斜揭日聲華垂宇宙格天
来在雲霞十年舊路生秋草長憶寒梅遶樹花

蘇葵

不是開元願治時可憐金鼎有危機諸人未識
兇相一江酹招漢主疑化鳥曲江供白首風塵

武換朱衣古今用舍多堪慨聊奠祠前酒一巵

吳廷舉 蒼梧人 尚書

肩輿緩緩度雲封已見星河燦碧空午夜𨂍頭驚亂石歲寒心事寄喬松靜依僧榻眠真穩高視人寰夢亦雄行縣本來吾有命伯寮徒爾愬天公

又

嶺海如公百世師雲封我得拜新祠玉環恩愛終無策金鑑謀猷始見奇斧鑿賢勞山徑闢往來尸祝禮文宜老松挺節風霜外想像明堂正色時

謁張文獻公祠

陳紹儒

何代關山今相祠冊青歷歷表南鄉開元人物多文獻庚塞風雲幾夢思疏刺胡雛宗社計詩題海燕哲臣思夔龍寂寞金胎舊臺榭輝輝鶴樹枝

侯緘 臨海人 按察使

開元相業嶺南祠從此胡塵向内吹正氣迴隨花萼謝英風長繫草茅思中書腰斂客仙客戚里金刀綬祿兒一曲霓裳兵四海九原可作豈勝悲

王大用 副使

洞口歸來偶發興玲瓏巖畔仍留題久知花鳥近喜山城無鼓鼙仙翁已乘玉龍去結茅仙烟霞深處人跡絕我欲從之踏轆

過梅嶺

葉夢熊 歸善人 工部尚書

連年書劍過梅山山上梅花識客顏縹緲洞雲元不改驅馳人世未應閒為文敢謂堪題柱建節寧誇獨出關為語峰頭華表鶴肯將名利一區寰

張廷臣 南海人 鹽運使

三十年餘此度過鴻名峻嶺共嵯峨使星南指風霜異驛騎北歸金鼓多松幹猶存巢野鶴梅花折盡長烟蘿往來名利滔滔逝頫仰乾坤一浩歌

郭棐 光祿寺卿

嶺上松杉接碧空紛紛木葉下冊楓越王經略烽塵外相祠堂霄漢中日落栖烏分古樹天高飛旆遡流風凭輿幾度頻來往猶憶含香侍紫宮丞相巍祠聳嶺丫老成風度迥無加立朝忠著千

秋鑑制屢幾先一章麻羯鼓只聞胡部樂馬嵬方
莫曲江沙萬年唐社悲歸燕獨有公碑長歲華

梁有貞　番禺人

鑿空穿嶠路逶迤下馬臨階謁相祠華國文章鐫
琬琰立朝明哲謝台司幽州胡羯憐先識蜀道追
思悔後時千載冊青猶炳煥白雲長護嶺梅枝

梁紹袞　庠生

名相當年誰伯仲杜房姚宋若為儔韶陽俎豆贈
依切唐代儀刑感既又功在梅關標百世智岳岱
鑑照千秋古今嶺表多賢俊請看南來第一流

鄧于蕃　南海人　鹽運使

重關複嶺削天開丞相曾經啓闢來萬里車書通
絕域千秋祠廟倚高臺雲封鳥道從天下風挈松
濤盡日哀文獻未亡半度在令人臨眺重徘徊

黃在袞

風度誰如宰相隆爕調經濟亮天工関通巧鑿重
巒險血食崇祠萬世功春早梅花過驛使日高山
道掛晴江酒思入吟瞻依地金鑑精誠感慨同

郭槃

懸蘿攀磴出芳林敬謁人龍再整簪寶剎飛時山
磬落玉依啼處嶺雲深知多半度標黃閣勝有文
章照紫岑自愧年來頻仰止不知經世後何心

游朴

風度樓高入碧霄開元相業此遺標獨憂宗社堪
誰托一去荊州竟莫招仙客未除金鑑燭胡兒不
斷玉環妖君王空有西川念嶺外孤臣骨已銷

黃鰲　[illegible]

家在梅關曲水陽字祠北望五雲鄉[illegible]白羽絲
綸重鑑北黃金日月光老向故山楚諫草澤存遺
笏是非崇自從海燕吟成後風度誰如入建章

馮紹京　順德人　知縣

丞相遺祠倚嶺岐古松蒼檜蔭參差千年靈淑鍾
光岳一代勳名勒鼎彝金鑑若懸龍袞照玉環何
至馬嵬悲開元舊事如追憶羽扇清風是表儀

五言絕句

[illegible]貞

自出梅関外江山非故吅夢魂不怕遠夜夜到隣州

七言絶句

放鉢石

章得象

石上曾經轉鉢盂石邉南北路崎嶇行人見石空嗟嘆還識當年意也無

汪廣洋

春深長憶出秦関寒擁貂裘馬上還今日入関春更淺野花紅白草斕斑

一劔南來兩鬓星君真隨處看冊 八庾嶺梅邉客却上交州海角亭

張詡

六旬七次度梅関回首梅関想歲闌衰病似雖跋涉寸心覺比舊時冊

十五卷終